International Criminal
Procedure Law

国际刑事诉讼法

朱文奇 /著

商务印书馆
The Commercial Press
2014年·北京

图书在版编目(CIP)数据

国际刑事诉讼法/朱文奇著.—北京:商务印书馆,2014
ISBN 978-7-100-10430-2

Ⅰ.①国… Ⅱ.①朱… Ⅲ.①国际法—刑事诉讼法
Ⅳ.①D997.9

中国版本图书馆 CIP 数据核字(2013)第 272913 号

所有权利保留。
未经许可,不得以任何方式使用。

教育部人文社会科学重点研究基金重大项目
编号:2007JJD810167

GUÓJÌ XÍNGSHÌ SÙSÒNGFǍ
国际刑事诉讼法
朱文奇 著

商 务 印 书 馆 出 版
(北京王府井大街36号 邮政编码 100710)
商 务 印 书 馆 发 行
北京瑞古冠中印刷厂印刷
ISBN 978-7-100-10430-2

2014年5月第1版	开本 880×1230 1/32
2014年5月北京第1次印刷	印张 18¼

定价:50.00 元

序　　言

由于严格的正当程序和证据规则,国际刑事法庭判决的公正性一般不容置疑,但有一则消息却令人费解和震惊。

据韩国《中央日报》网站2013年8月15日报道,东京国际军事法庭判以死刑的日本前首相东条英机等七名甲级战犯,被作为殉国烈士安葬在日本爱知县三根山风景秀丽的山麓上(我国《参考消息》于2013年8月16日在第三版上转载了这一报道),而且这一墓地还竟成日本右翼的"圣地"。这真是令人难以置信:被国际法庭通过正当程序和证据确定的有罪之人,竟被当作"英雄"膜拜,这是对历史和正义的极大嘲讽,但同时也折射出对包括远东国际军事法庭在内的国际刑法还缺乏必要的研究和反思。

成立国际刑事法庭的目的,是要惩治战争犯罪。众所周知,日本军国主义在侵华战争期间犯下了滔天罪行,尤其是震惊全世界的南京大屠杀。当第二次世界大战还正在激烈进行时,同盟国家就如何在战后处理战犯问题进行了协议。1943年,苏、美、英三国在莫斯科会议闭幕时发表了关于德国法西斯和日本军国主义分子暴行的宣言。这个宣言除了重申战犯必须严惩之外,还宣布"对于主要罪犯的案件绝不偏袒;他们所犯的罪行无地理上的区分,应该由同盟国政府去共同审判治罪",并决定成立纽伦堡和远东国际军事法庭来惩治犯下滔天罪行的法西斯分子。

远东国际军事法庭的审判,又称"东京审判"。它始于1946年5

月,历时两年半,最后将全部被告确定有罪,并将其中七个被定为犯有"反和平罪"的甲级战犯处以绞刑。东京审判对我国意义重大。在我国近代历史上,从鸦片战争以来的100多年时间里,中国受到西方列强无数次的侵略,而且在1945年前对这些侵略的反抗中没有一次取得胜利;中国的财富被掠夺、被压榨到没有一滴油水的地步,中国人民为此也受尽了种种屈辱和痛苦……。所以抗日战争是中国反抗外国侵略中第一次真正的胜利,东京审判则是中国人民真正得以扬眉吐气的一个大事件。

国际刑事法庭是为了惩治犯罪,但同时也要认识到:东京审判不是为了报复,更不是为了清算。国际军事法庭的目的,最终是要通过惩治来警示世人,是为了通过证明和纪录被告的罪行来告诉世人:在国家关系中以及在战争中,什么行为是国际罪行、是被国际法所禁止的,并通过惩治其严重罪行来防止它再次发生……,所以其中心思想是为了能世世代代的和平。但要真正达到这个目的,离不开对国际刑法的了解。

国际刑法是用来调整国际社会在刑事法律关系方面的学科。国际社会在发展。国际关系体系中权力结构变化,会引起国际法原则的相应改变;国际法原则和规则一旦确立,它们反过来会对国际体系产生极其深远的影响。国际刑法的发展对传统国际法规则产生了很大的影响,对构建一个和谐的国际社会也至关重要。

国际刑法由两方面的规则组成:一是实体法规范,即与国际罪行有关的国际法规则,包括国际犯罪的定义、构成要件以及在何种情况下国家有对这些罪行进行起诉和惩罚的义务;另一是程序和证据规则(rules of procedure and evidence),是关于对犯有国际罪行的被告提起公诉或审判所必须遵守的程序规则。本书是国际刑事诉讼法、主要是对程序和诉讼规则进行研究。

迄今为止,国际社会已成立了不少国际刑事司法机构。除"特设"

（ad hoc）的以外，还有常设性的国际刑事司法机构。国际法庭不同，其性质和类型就不同，管辖权也不一样。尽管如此，这些国际法庭在诉讼程序的特征方面却有很多的相似之处，如关于追究个人的刑事责任、控审分离的平衡机制以及被告和嫌疑人的权利保障等。

追究"自然人"的个人刑事责任，在法律上不是简单的问题。例如，由于国家元首、政府首脑或政府负责官员的所作所为，是为了维护他们的国家利益，所以国际法上原来有国家豁免（其中也包括刑事豁免）原则。但随着国际刑法的发展，现这些人如果犯有战争罪、反人道罪或种族灭绝罪等，是否可因其官职而免除其刑事责任呢？出于同理，"军人以服从命令为天职"，那军人是否可以因为执行命令（似乎是没办法拒绝的事）而被免除其刑事责任呢？

其实一个人到底是否有罪？答案只能是一个。但无论是否有罪，在审判结束之前是不能确定的。这个结论只能由审判来决定，只能由证据来确定。

国际刑事法庭的审判程序主要是围绕证据而展开。证据是国际刑事诉讼中的关键。它之所以重要，是因为国际法庭主要是采用英美法系而不是大陆法系的审判程序。它是对抗制，它以证据为中心，被告在定罪之前假定是无罪的，而控辩双方在审理的过程就证据进行辩论，国际刑事审判的诉讼程序就是按照这个对抗制来设计的。

国际刑法发展很快。国际刑事诉讼程序规则起步于二战后的纽伦堡和东京国际法庭的审判。但1993年前南国际刑事法庭成立之前却没有什么发展，所以前南、卢旺达及其他国际刑事法庭的《程序与证据规则》就具有试验和摸索性质。现经过20年的实践，其《程序与证据规则》针对实践中不断出现的新问题进行修改和补充，不管是从国际刑法、国际公法、国际刑事诉讼法还是从国际比较法等的角度来看，对整个国际刑事法律的发展都做出了巨大的贡献。

国际刑法已经成为国际法所有领域内最具有强制力的一个学科,国际刑事诉讼正对国际法和国际关系产生深远的影响。国际刑事法院近期对苏丹总统巴希尔的起诉以及对利比亚领导人卡扎菲的逮捕令,清楚地表明:国际刑法将对国际秩序及国际政治产生不可忽视的影响。中国虽还未参加国际刑事法院,但对它一定要了解,要有所研究。作为一个人口众多、幅员辽阔的国家,中国应该有一些国际刑法的人才和专家。从道理上讲,中国是联合国安理会常任理事国,是一个对世界和平与安全负有"首要责任"(primary responsibility,《联合国宪章》第 25 条用语)的大国之一,所以对发挥重大影响作用的国际刑法一定要做深入研究。

我曾有幸在联合国国际刑事法庭工作,七年多时间里先后担任法官法律助理、检察长法律顾问及上诉检察官,主办或经办了不少案件。毋庸置疑,这是一段极其难得和宝贵的经历,也是我撰写本书的理由之一。我愿意将这些经历与大家分享。同时,考虑到目前国际刑法教学的需要,本书还可作为我国国际刑事诉讼法的教科书。

最后,我想表达对商务印书馆的谢意,感谢它对本书出版的支持。国际刑法的研究对象是国际刑事法律关系,是国际罪行及如何维护世界和平,自然要求关心国家大事和世界大事,这在物欲横流的大环境里是一个相当高的要求。但商务印书馆却能够看到这一点,所以对本书出版提供了不少帮助。当然,我还要感谢编辑王兰萍女士。她不但专业与敬业,而且善解人意,与她合作非常愉快。

朱文奇

2013 年 11 月 北京人大明德法学楼

目 录

第一部分　国际刑事诉讼基本框架

第一章　国际刑事司法机构类别 ………………………………… 5
　第一节　特设国际刑事诉讼机构 ………………………………… 5
　　一、纽伦堡与远东国际军事法庭 ……………………………… 6
　　　1.国际刑法实践之起始 ……………………………………… 6
　　　2.国际刑事诉讼之意义 ……………………………………… 9
　　二、前南、卢旺达国际刑事法庭与黎巴嫩问题特别法庭 …… 11
　　　1.国际刑法的新发展 ………………………………………… 11
　　　2.司法与维护和平使命 ……………………………………… 14
　　　3.黎巴嫩特别法庭 …………………………………………… 16
　第二节　国际与国内混合型刑事诉讼机构 …………………… 19
　　一、东帝汶严重犯罪特别法庭 ………………………………… 19
　　二、塞拉利昂特别法庭 ………………………………………… 23
　　三、柬埔寨非常法庭 …………………………………………… 27
　第三节　常设国际刑事法院 …………………………………… 32
　　一、法院建立的背景 …………………………………………… 32
　　二、缔约国大会 ………………………………………………… 34
　　三、法院启动机制 ……………………………………………… 35
　　四、对受害人的保护 …………………………………………… 39

第二章 国际刑事诉讼机构的管辖权 ……………………… 43
第一节 管辖范围 …………………………………………… 43
第二节 管辖原则的基本类型 ……………………………… 46
一、优先管辖原则 …………………………………………… 46
二、补充性原则 ……………………………………………… 49
三、利比亚情势与"可受理性"问题 ……………………… 52
第三节 所辖的国际罪行 …………………………………… 57
一、国际法"核心罪行"概念 ……………………………… 57
二、种族灭绝罪 ……………………………………………… 59
三、反人道罪 ………………………………………………… 63
四、战争罪 …………………………………………………… 67
  1. 惩治战争罪行的必要性 …………………………… 68
  2. 战争罪与国内性武装冲突 ………………………… 72
五、侵略罪 …………………………………………………… 76
  1. "侵略罪"定义的困惑 …………………………… 76
  2. "侵略罪"定义上的突破 ………………………… 78

第三章 国际刑事诉讼法的法律渊源 …………………………… 83
第一节 法律适用的基本概念 ……………………………… 83
第二节 国际条约 …………………………………………… 86
一、"条约必须遵守"原则 ………………………………… 86
二、条约与程序规则 ………………………………………… 89
第三节 国际习惯 …………………………………………… 91
一、习惯的基本要件 ………………………………………… 91
二、习惯与国际刑法 ………………………………………… 94

第四节 国际法一般性原则 ··· 96
   第五节 国际司法判决在国际刑事审判中的适用 ······················· 101
      一、"遵循先例" ·· 101
      二、司法决定的借鉴与适用 ·· 104
   第六节 国内法 ··· 109
      一、国际与国内法的关系 ··· 109
      二、国际与国内法的互补作用 ··· 111

第二部分 国际刑事诉讼法基本特征

第四章 自然人为承担刑事责任的主体 ··· 119
   第一节 追究个人刑事责任理念的演变与发展 ······························ 119
      一、追究个人责任实践之开创 ··· 120
      二、追究个人刑事责任之必要 ··· 126
   第二节 官方身份不免责 ·· 128
      一、传统国际法豁免理论 ··· 128
      二、不免责原则的确立 ·· 131
      三、不免职原则的实践与发展 ··· 134
      四、国际法院与不免责原则 ·· 140
   第三节 上级指挥官责任 ·· 142
      一、指挥官"不行为"的犯罪性质 ······································· 143
      二、"指挥官责任"的新发展 ·· 147
      三、指挥官刑事责任的成立要件 ·· 151
         1. 具有上下级关系 ··· 151
         2. "知道或者应当知道"要素 ··· 153
         3. "未能采取合理、必要的措施,阻止或惩罚犯罪行为"要素 ···· 155
   第四节 "执行命令不免责"原则 ·· 157

一、历史演变与发展 ………………………………………… 157
　　1. 从"免责"到"不免责" ……………………………… 158
　　2. 原则的基本哲理 ……………………………………… 162
　　3. 原则的立法实践 ……………………………………… 164
　　4. 原则的"纽伦堡模式" ……………………………… 167
　　　(1) 纽伦堡法庭"领导原则问题" ………………… 168
　　　(2) 联合国刑事法庭适用的"纽伦堡模式" ……… 172
二、原则在国际刑法中的发展 …………………………… 174
　　1. 绝对责任原则的概念 ………………………………… 174
　　2. 国家关于"绝对责任"原则的立法 ………………… 175
　　3. 国际刑事法院与"执行上级命令不免责" ………… 180

第五节　共同犯罪团伙 ………………………………………… 182
一、"共同犯罪团伙"的基本概念 ………………………… 183
二、"共同犯罪团伙"的习惯法问题 ……………………… 187
三、适用"共同犯罪"的意义 ……………………………… 191

第五章　国际司法公正程序的基本制度 ………………… 195
第一节　"控审分离"与独立原则 …………………………… 196
一、平衡机制的基本考虑 …………………………………… 196
　　1. 控辩的分工与平等 …………………………………… 196
　　2. 独立性 ………………………………………………… 199
二、平衡制度的基本设计 …………………………………… 202
　　1. 法官处 ………………………………………………… 203
　　2. 检察长办公室 ………………………………………… 207
　　3. 书记长官处 …………………………………………… 213
　　　(1) 拘留所 ……………………………………………… 216

　　　　(2)新闻处………………………………………………… 216
　第二节　法官公正与公平的保障措施…………………………… 217
　　一、司法公正性………………………………………………… 218
　　　1.公正的理念………………………………………………… 218
　　　2.法官的资格………………………………………………… 220
　　二、公正的制度保障…………………………………………… 225
　　　1.法官的地域分配制度……………………………………… 225
　　　2.对法官的监督制度………………………………………… 229
　　三、对司法公正的质疑………………………………………… 232
　　　1.关于要求姆芭法官回避的案例…………………………… 233
　　　2.关于克勒比—维特法官是否公正审理的案例…………… 238
　　　3.关于申请贝尼托法官回避的案例………………………… 239
　　　4.关于申请麦当娜法官回避的案例………………………… 241
　　　5.挑战柬埔寨政府对审判的干预…………………………… 243

第六章　被告及嫌疑人的权利保障………………………………… 245
　第一节　程序正义与"无罪推定"原则…………………………… 245
　　一、"无罪推定"基本概念与规定……………………………… 246
　　二、保护性的假定原则………………………………………… 250
　第二节　被告的基本权利………………………………………… 255
　　一、公开受审与出庭的权利…………………………………… 257
　　　1.被告的基本权利…………………………………………… 257
　　　2.出庭的权利………………………………………………… 260
　　二、告知被控罪行及迅速受审的权利………………………… 265
　　　1.知晓被告罪行的权利……………………………………… 265
　　　2.迅速受审的权利…………………………………………… 266

第三节　享有律师帮助权 269
一、律师帮助的必要性 270
1. 获得帮助是项权利 270
2. 帮助权的确立 272
3. 被告自行辩护 275
二、辩护人的资格要求 277
1. 律师资格的规定 277
2. 辩护律师的语言要求 279
三、辩护律师的待遇 281
第四节　反对强迫自证其罪的权利 286
一、基本规定 287
二、沉默权 288
第五节　辩护律师的豁免权 291
一、关于豁免权的基本考虑 291
二、关于律师豁免权的埃林德案 293

第三部分　国际刑事诉讼基本程序

第七章　审前程序 301
第一节　调查与起诉 302
一、调查 302
1. 条文规定 302
2. 检察官的调查职能 305
3. 法律顾问的作用 308
二、起诉 310
1. "具有初步确凿"的证据 310
2. 指控的罪行 313

3. 变更起诉的罪名 …………………………………… 317
　　　4. 起诉书的确认 ……………………………………… 320
　第二节　逮捕、移交与羁押 …………………………………… 324
　　一、逮捕 …………………………………………………… 324
　　二、移交 …………………………………………………… 330
　　三、羁押 …………………………………………………… 332
　第三节　辩诉交易 ……………………………………………… 336
　　一、辩诉交易的基本概念 ………………………………… 336
　　二、实践和案例 …………………………………………… 339
　　三、辩诉交易的利与弊 …………………………………… 342
　第四节　卷宗移送与披露证据 ………………………………… 344
　　一、案卷移送制度 ………………………………………… 345
　　二、证据展示 ……………………………………………… 348
　　　1. 公平与必要性 ……………………………………… 349
　　　2. 限制性 ……………………………………………… 352
　　三、证据披露 ……………………………………………… 355
　　　1. 检方的披露义务 …………………………………… 355
　　　2. 双向披露 …………………………………………… 359
　第五节　对法庭管辖权的挑战 ………………………………… 361
　　一、东京审判 ……………………………………………… 362
　　　1. 质疑"破坏和平罪" ………………………………… 362
　　　2. 日本侵略罪行的认定 ……………………………… 368
　　二、联合国特设国际刑事法庭 …………………………… 370
　　　1. 挑战的背景情况 …………………………………… 371
　　　2. 对挑战的回应 ……………………………………… 373
　　　3. 法庭关于管辖权的裁决 …………………………… 377

4. 法庭是否有失公正性 …………………………………… 380
　　三、塞拉利昂特别法庭 ………………………………………… 383
　　　1. 特别法庭成立背景 …………………………………… 383
　　　2. 特别法庭的裁决 ……………………………………… 384

第八章　审判程序 …………………………………………………… 391
第一节　证据 ……………………………………………………… 392
　　一、证据的呈现顺序与方式 …………………………………… 392
　　二、证据的采纳与拒绝 ………………………………………… 394
　　三、证人证词与实物证据 ……………………………………… 399
　　　1. 专家证人 ……………………………………………… 401
　　　2. 书面证据 ……………………………………………… 403
　　　3. 传闻证据 ……………………………………………… 404
　　　4. 旁证 …………………………………………………… 407
　　　5. 实物证据 ……………………………………………… 408
　　　6. 司法认知 ……………………………………………… 409
　　　7. 法庭之友 ……………………………………………… 411
第二节　罪行的确定 ……………………………………………… 414
　　一、定罪的程序要求 …………………………………………… 415
　　二、质询证据 …………………………………………………… 418
　　三、定罪标准 …………………………………………………… 421
　　　1. 定罪标准的基本概念 ………………………………… 421
　　　2. "超越任何合理性怀疑"的定罪标准 ………………… 424
第三节　作证义务及其豁免 ……………………………………… 427
　　一、证人的作证义务 …………………………………………… 428
　　二、作证豁免的基本考虑与规定 ……………………………… 431

三、国际红十字会组织的特殊性质和地位 …………… 436
　　　1. 国际红十字会的独立性与中立性 ………………… 436
　　　2. 前南国际刑事法庭的决定 ………………………… 439
　　　3. 作证豁免规定的意义及其影响 …………………… 445
第四节　判决与刑罚 …………………………………………… 449
　　一、判决的基本考虑 …………………………………… 449
　　　1. 最高刑罚为终身监禁 …………………………… 450
　　　2. 罪刑加重与减轻情节 …………………………… 454
　　二、刑罚的基本考虑 …………………………………… 459
　　　1. 威慑力 …………………………………………… 459
　　　2. 预防 ……………………………………………… 460
　　　3. 报应 ……………………………………………… 462
　　　4. 回归社会 ………………………………………… 463
　　　5. 维护世界和平与安全 …………………………… 464
　　　6. 综合性的考虑 …………………………………… 467

第九章　上诉及复核 …………………………………………… 469
　第一节　上诉权内涵与规定 ………………………………… 469
　　一、关于上诉的基本规定 ……………………………… 470
　　二、上诉的适用范围 …………………………………… 472
　第二节　上诉的可受理性 …………………………………… 476
　　一、上诉的标准及要求 ………………………………… 477
　　二、上诉庭的自由裁量权 ……………………………… 479
　第三节　上诉制度的新发展 ………………………………… 482
　　一、塔迪奇案中的"中间上诉" ………………………… 483
　　二、"中间上诉"的基本逻辑 …………………………… 485

第四节　复核 …………………………………………… 489
　　　一、复核的基本规定 …………………………………… 489
　　　二、复核的典型案例 …………………………………… 491

第四部分　国际刑事诉讼法的基本保障

第十章　国家与国际刑事司法机构的合作 …………………… 497
　第一节　合作的法律规定 ………………………………… 498
　　一、合作的基本概念 …………………………………… 498
　　二、联合国安理会的作用 ……………………………… 500
　　三、尊重国际人道法义务 ……………………………… 504
　第二节　合作与国内立法和司法 ………………………… 506
　　一、需要国家合作与支持 ……………………………… 507
　　二、国内立法必要性 …………………………………… 510
　　　1. 立法措施 …………………………………………… 511
　　　2. 代顿和平协定 ……………………………………… 513
　　　3. 波黑战争罪法庭：国际国内合作的范例 ………… 517
　第三节　国家的合作义务 ………………………………… 520
　　一、前南国际刑事法庭的管辖特权 …………………… 520
　　二、国际社会的支持 …………………………………… 522
　　三、国内合作的协调问题 ……………………………… 523
　　　1. 限制性条件与合作义务 …………………………… 523
　　　2. 强制性义务与灵活安排 …………………………… 525
　第四节　国家不予合作的法律后果 ……………………… 527
　　一、缔约国不予合作问题 ……………………………… 527
　　二、非缔约国不予合作问题 …………………………… 532

跋 ··· 535
　一、国际刑事诉讼法的兴趣点 ··· 535
　二、中国是国际刑法的摇篮之一 ·· 538
　三、加强国内立法,为国际刑事诉讼法的发展作贡献 ····················· 539

参考文献 ··· 542
　一、文件 ··· 542
　二、卢旺达与前南国际刑事法庭案例 ··· 543
　三、国际刑事法院案例 ··· 546
　四、著作 ··· 547

索引 ··· 555
案例索引 ··· 563

第一部分

国际刑事诉讼基本框架

当听到南斯拉夫总统米洛什维奇被审判、卢旺达前总理坎班达、苏丹总统巴希尔被起诉或利比亚领导人卡扎菲被通缉时,人们在惊讶之余会觉得奇怪:这些人可都是国家领导人呵,什么样的法庭居然会有这样的权力?它们是如何成立?这些总统又究竟犯了什么样的罪行呢?此外可能还会好奇地想:这样的审判是如何进行?是否会公正呢?等等。这些问题看似简单,但它们却涉及到了国际刑法的一些最要紧的东西,其中也包括国际刑事诉讼的基本框架问题,即:国际刑事诉讼的机构、管辖权以及所适用的法律等。

国际刑法主要有两方面所组成,一是它的实体法,另一是它的程序法。国际刑事实体法规定国际罪行,即何为犯罪行为及犯罪的构成要件等;国际刑事程序法则通过法律来规制国际审判各个阶段允许和接受的方式方法。所以,国际刑事程序法的目的是为国际刑事执法提供一种基本的框架和机制。如果没有一个有效的程序机制,就达不到惩治国际犯罪的目的。因此对国际刑事司法系统的运作来说,一个健全有效的国际刑事程序的基本框架和机制是必不可少的。

随着冷战后一个个国际刑事司法机构的成立,国际刑法已逐渐成为法学界非常热门的学科。不同的国际法庭具有不同的使命和管辖权,这是常识。换句话说,日本前总理东条英机、南斯拉夫总统米洛什维奇、卢旺达前总理坎班达、苏丹总统巴希尔等被审判或被起诉,皆因为东京国际军事法庭、前南国际刑事法庭、卢旺达国际刑事法庭及国际刑事法院的性质及管辖权所决定的。

国际程序规则起步于纽伦堡和东京国际军事审判。这两个国际军事法庭在其各自的《宪章》中建立了审判、证据的采纳、判决的程序规则,同时也确定了法庭的管辖权、法律渊源以及如何保证被告人能受到公平审判的规定等问题。这个审判程序规则本质上受英美法系的影响,其对抗制的元素包括允许被告人详细陈述、自我辩护或者取得辩护律师的援助以举证和交叉询问证人,等等。国际刑事诉讼的基本框架问题,既涉及各类国际刑事诉讼机构本身的组织结构,也涉及到这些机构的管辖权及其所适用的法律问题。

第一章 国际刑事司法机构类别

任何一个法庭在案子开审之前,首先要解决的就是案子的可受理性问题,也就是管辖权问题。每个国际法庭都有其独特的成立方式和管辖权,所以国际刑事司法机构可以被归为不同的类别。

在国际刑法发展的进程中,或具体地说,在国际刑事法院《罗马规约》1998年签订之前就已经有相当数量的国际刑事司法机构,如二战后成立的纽伦堡和远东军事法庭、冷战结束后的联合国前南和卢旺达国际刑事法庭、东帝汶特别法庭、塞拉利昂特别法庭以及柬埔寨特别法庭等。这些都是含有国际因素的司法机构。如果细看就可发现,这些法庭的成立方式、组成和管辖权等方面有相同之处,但也有不同的地方。

从性质上看,所有司法机构可分为特设、混合型和常设性质的国际刑事法院这几类。尽管它们在要审判的国际罪行方面没什么大的区别,但法庭的组织结构及其要完成的具体使命却有很大不同。

第一节 特设国际刑事诉讼机构

迄今为止的国际刑事司法机构,在性质上大都属于"特设"。

"特设"(*ad hoc*)一词,源自拉丁语,其基本意思是"一事一理"。特设国际刑事法庭就是为了起诉和惩治在某一时间内、某一地方发生的某些特定罪行而设立的国际性质的刑事司法机构,它具有临时性质。

除常设性的国际刑事法院以外的国际刑事法庭,如纽伦堡国际军事法庭、远东国际军事法庭、联合国前南国际刑事法庭和卢旺达国际刑事法庭,性质上都属于特设的国际刑事法庭。当然,即便是属于同性质的国际机构,其相互之间在管辖权及诉讼程序规则方面也还是有不少区别。

一、纽伦堡与远东国际军事法庭

纽伦堡和远东国际军事法庭,是现代国际法意义上成立最早、对国际刑法最具影响和冲击力的国际性刑事诉讼机构。它们在国际社会中开创了国际刑事诉讼的实践。

1. 国际刑法实践之起始

第二次世界大战还正在激烈进行时,同盟国,即对德、意、日等轴心国作战的各国,就已经就如何在战后处理战犯问题进行了讨论,并作出了决定。

1943年,苏、美、英三国在莫斯科会议闭幕时所发表了关于德国法西斯和日本军国主义分子暴行的宣言。这个宣言除了重申战犯必须严惩之外,宣布"对于主要罪犯的案件绝不偏袒;他们所犯的罪行既无地理上的区分,应该由同盟国政府去共同审判治罪",并决定在二战一旦结束后就马上成立纽伦堡和远东国际军事法庭来惩治那些在战争中犯下滔天罪行的法西斯分子。

第二次世界大战是以轴心国的失败而告终。就在德国和日本分别在1945年5月8日和同年9月2日无条件正式投降以后,取得胜利的同盟国便在德国纽伦堡和日本东京先后设立了两个国际军事法庭。前者名称是"纽伦堡国际军事法庭";后者名称是"远东国际军事法庭",由于审判地在东京,所以有时又被称为"东京国际法庭",对日本军国主义分子的审判,有时被简称为"东京审判"。

同盟国一致同意在德国纽伦堡和日本东京设国际军事法庭来审判那些罪大恶极的纳粹战犯和日本军国主义分子，主要是出于以下的动机和目的：

第一，彰显盟国维护正义和文明秩序的原则和其遵循正当法律程序，也体现了盟国在此与轴心国野蛮行径的截然不同；

第二，通过历史性审判阐明纳粹种族主义和极权主义，向全人类揭露侵略者的丑恶罪行；

第三，向全世界公开由轴心国决策中心的领导人所犯罪行的历史档案；

第四，通过对轴心国犯罪集团的野蛮罪行，包括其对少数民族的灭绝，侵略邻国，背信毁约和野蛮主义等全部历史高度精确的查证和审判，禁止国际犯罪行为的滋生。

纽伦堡和东京国际军事法庭属于早期的国际刑事司法机构。它们成立的时间间隔不长，所以学术界讨论时经常将这两个法庭相提并论。确实，如果从组织和结构上来看，纽伦堡法庭不同于远东法庭，但它们的任务和目的却是一样，都是为了惩治战争罪犯。纽伦堡国际军事法庭宪章第一条："依照……协定，应设立一国际军事法庭，以公正并迅速审判及处罚轴心国之主要战争罪犯。"《远东国际军事法庭宪章》第一条："远东国际军事法庭之设立，其目的为公正与迅速审判并惩罚远东之主要战争罪犯。"

《远东国际军事法庭宪章》由东京盟军最高统帅列克阿瑟于1946年1月19日以特别通告的方式颁布的，共分五章，17个条款。主要内容涉及该军事法庭的组织、人事、行政，以及相关的法律问题。在法律问题中，实体法方面规定法庭的审判权力，也就是对人和对罪行的管辖权、刑罚权和程序方面的规定等。程序方面的规定包括陈述的顺序、审判的进行，证据的被接受、对证人如何诘问、判决的型格、刑罚的执行等。所有这些内容,在宪章里都有比较清楚的规定。

《远东国际军事法庭宪章》在刚成立时规定,法庭成员由5名以上、9名以下法官所构成;法官的人选系由盟军最高统帅从在日本投降书上签字的九个受降国所提出的候选人名单中任命之。在宪章颁布不到一个月内(2月15日),盟军最高统帅部宣布任命的法庭成员只是9名法官,他们分别来自中国、苏联、美国、英国、澳大利亚、加拿大、法国、荷兰和新西兰各国。但在1946年4月26日,盟军最高统帅对宪章修改,这也是该宪章被作的惟一的一次修改,这次修改将法庭成员国又增加了两个,即印度和菲律宾。这样,当远东国际军事法庭1946年5月3日正式开庭时,就有11名法官。[①]

国际检察处是在盟军最高统帅部之下还设立了机构。它作为一个起诉机关,由十一国各派一名检察官组成,在审判中作为代表在二战中取胜的盟国的11个国家。由于起诉机关负责对甲级战犯控诉,权限非常大,所以,首席检察官即检察长由美国人季楠担任。由于检察起诉工作的独立性,法官与检察官各自独立,彼此地位平等但又不同。东京审判的国际检察处实行的是首长负责制。除国际检察处之外,当时在最高统帅部下面,还有一个法律事务部,它除了承办一些盟军总部的一般法律事务之外,还主管日本战犯的引渡以及对乙级和丙级战犯的检举、逮捕、侦察和组织审判他们的法庭工作。

与法庭和检察处人员比较精干相比,东京审判的辩护机构十分庞大,人员众多,这是与纽伦堡审判的一个重要区别。东京审判中的每个被告不仅拥有2至6名不等的日本律师,而且还有美国律师(共20多名)的帮助,整个辩护队伍达到了130人。

纽伦堡与远东国际军事法庭之所以能够设立与开庭,其背景是美、

[①] 详细参见梅汝璈著:《远东国际军事法庭》第二章第三部分,法律出版社1998年版。

苏、中等同盟国在第二次世界大战中取得了对德国和日本法西斯的反侵略战争的胜利。由于美国在这场战争中的作用和影响，所以在设立国际法庭的过程中也发挥了重要的和主导的作用。

2. 国际刑事诉讼之意义

纽伦堡与远东国际军事法庭成立的目的是为了惩治战争罪犯。在这两个国际军事法庭受审主要战争罪犯都是当年纳粹德国和法西斯日本政府中对策划、准备、发动或执行侵略战争有最高或主要责任的人物。这些人对于国家侵略战争政策的制定和侵略战争的进行是起过重大作用的，所以在报纸和新闻媒体方面时常被称为"甲级战犯"（Class A War Criminals）。

把战犯分为甲、乙、丙级可以说是一种习惯性的用语。其实这些用语在正式的国际文件中是不存在的。比如在1945年英、美、法、苏四国签订的"伦敦协定"和《国际军事法庭宪章》中，用的是"控诉及处罚欧洲轴心国主要战争罪犯"一语；1946年1月19日东京盟军最高统帅部颁布的设立远东国际军事法庭的通告和法庭的《宪章》中，用的是"公平及迅速审讯并惩罚在远东的主要战争罪犯"。

尽管如此，"甲级战犯"也已成了一个常用的词语。从两个国际军事法庭的司法实践可以看到，"甲级战犯"有它自己的特征。首先，所谓甲级战犯们的地位都很高，属于国家政治核心领导人的范围；其次，所有甲级战犯都被指控犯有纽伦堡和东京国际军事《宪章》中所规定"甲项"罪行，即"反和平罪"，亦即策划、准备、发动或实施侵略战争的罪行。由于这种罪行被国际军事法庭认为是"最大的国际罪行"，是"包括全部祸害的总和"的罪行，因此，被称为"甲级战犯"的也都是侵略战争中的"罪魁祸首"。当然，这些罪魁祸首被起诉犯有"反和平罪"的同时，也被指控犯有他项战争罪行，如战争罪行和反人道罪行。然而，犯有破坏和平的罪行是对他们主要的控诉，其他被控的罪行都是次要的。

对纽伦堡与东京国际军事法庭的审判,有不少批评意见。例如,它违反了"法无明文规定不为罪"的基本原则,追溯反和平罪,在审判中适用双重法律标准,反人道罪和武装冲突之间的联系,等等。国际军事法庭程序和证据方面的规则被认为很不健全,被告权利也没有得到应有的关注。例如,纽伦堡国际军事法庭《宪章》第16条规定:被告有律师帮助权,然而一直到开庭前却都没机会见到律师。纽伦堡国际军事法庭也被不少人认为是"事后法律",审判是胜利者的正义。

尽管有这样或那样的缺点,纽伦堡和东京法庭对国际刑法的发展还是作出了显著的贡献。首先它确认了个人刑事责任的原则,而且还否定了遵循上级命令就可以免职的抗辩(同时承认这类命令可以作为减轻惩罚的一个因素),并确定了什么是反人道罪,等等。尤其是远东国际军事法庭,虽然它基本沿用了纽伦堡审判适用的实体法和程序法,但在有些地方还有所创新,其中最重要的是关于"指挥官责任"问题。东京审判起诉书指控的第55项罪名,就是关于战俘集中营和对待战俘方面的"指挥官责任"。根据这一责任,战俘管理的高层领导到基层军事人员,都有责任为战俘提供一系列的保护措施,并确保措施的实施效果。如果违反了这一责任,就要承担法律上的责任与后果。毋庸置疑,东京审判基于这一理论作出的重要判决,为日后被整个国际社会接受的"指挥官责任"开创了重要的先例。

国际社会通过成立这两个国际刑事法庭,从国际司法实践方面肯定了惩罚战争罪犯的原则,分别以10个月和两年半的时间完成了对战争罪犯的审理和判决。这在国际法和国际关系的历史上还是第一次。所以,对战犯进行审判并定罪更是第二次世界大战后国际法和国际关系中的一件大事,也是人类发展史上的一个创举。战争罪、灭绝种族罪、危害人类罪和侵略罪等国际犯罪以及个人的国际刑事责任原则在二战后通过国际习惯、条约及纽伦堡和远东军事法庭的实践而得以确立和发展。

二、前南、卢旺达国际刑事法庭与黎巴嫩问题特别法庭

在纽伦堡和远东军事法庭审判后的45年多的时间里,尽管国际上不时也发生严重违反国际人道法的事件,国际社会亦有要对那些严重违反人权法和人道法的人予以惩治的呼声,但由于当时国际社会处于冷战和极度分裂状态,不能达成一致的意见,对这些人的审判一直没有付诸实施,所以国际刑法在二战后相当长的一个时期内的发展速度,是非常缓慢的。

直到20世纪80年代末冷战结束以后,国际社会才重新关注对人权法和人道法的严重违反的情势,采取措施要对犯罪嫌疑人进行起诉和审理,并成立了前南和卢旺达两个国际刑事法庭。国际刑法随着这两个法庭的建立进入了一个快速发展的时期。国际刑法的发展有一定的偶然性,它之所以能飞速发展,主要是因为当时国际形势发展所致,并不是国际社会长期和深思熟虑的结果。

1. 国际刑法的新发展

前南国际刑事法庭 (International Criminal Tribunal for the Former Yugoslavia),是由联合国安理会于1993年5月25日通过第827(1993)号安理会决议建立的特别法庭。根据该法庭《规约》的规定,它只受理对自然人提起的刑事诉讼,其管辖范围仅限于自1991年1月1日起,发生于"前南斯拉夫"(南斯拉夫社会主义联邦共和国)领土范围内(包括领路、领空和领水)的特定的国际罪行,其中主要是严重违反1949年日内瓦四公约的罪行,违反战争法规及惯例的罪行,种族灭绝罪,以及反人道罪,等等。该国际法庭的所在地设在荷兰海牙。

前南国际刑事法庭,主是针对在1991年前南斯拉夫联邦解体的过程中,武装冲突各方犯下的严重违反国际人道法的行为而设立的。随

着前南斯拉夫联盟于1991年开始解体,在各民族之间爆发了武装冲突和大规模的屠杀事件。在前南斯拉夫领土,尤其是在波黑地区发生了大规模屠杀,大规模有组织地、系统地拘捕和强奸妇女以及种族灭绝行为。这些唤起了人们对于二战中大屠杀的回忆,并引发了要求阻止屠杀的大声疾呼。

在这场武装冲突中,尤其在波黑地区发生了严重的种族清洗,还发生了大规模的屠杀平民百姓,有组织、有计划地拘留和强奸妇女,实施酷刑,毁坏文化和宗教财产等不法行为。应对前南国家领土范围内的大规模侵犯人权的行为,联合国安理会先是谴责,而后成立了一个调查委员会前去查明真相。以后又决定建立一个国际刑事法庭,将那些应为所犯罪刑负责的人绳之以法。

安理会是在《联合国宪章》第七章基础之上成立国际刑事法庭的。也就是说,联合国安理会认为前南国家领土范围内发生的暴行对国际和平与安全构成威胁,所以就在《联合国宪章》第七章"关于维护世界和平和安全"规定的基础上通过第827号决议,决定设立一个特设国际法庭来审理前南斯拉夫境内所发生的上述罪行。目的就是要通过惩治犯罪来制止在南斯拉夫发生的暴行。

联合国前南与卢旺达两个国际刑事法庭与二战后成立的纽伦堡和远东国际军事法庭一样,都是特设的国际刑事法庭。但它们相互之间还是有许多不同之处。

关于成立前南国际刑事法庭的目的,联合国安理会在其通过的第827号决议的序言中明确表述:"联合国安理会决定……建立一个国际法庭,其唯一目的(for the sole purpose)是起诉自1991年1月1日起至安理会确定的日期之间在前南斯拉夫境内实施的严重违反国际人道法的行为负责的人,并为此目的通过附在(annexed to)上述(联合国秘书长)报告之后的国际法庭《规约》。"

前南国际刑事法庭《规约》分有 34 个条款。其中有的是关于法院的组织及法官和检察官的人事任命;有的则是关于法律问题。而在关于法律问题方面,有的是属于实体法,如法庭所管辖的国际罪行及刑罚权等;有的是属于程序法方面的,例如程序的顺序、审理的进行、证据的采取、证人的诘问、判决的型格、刑罚的执行等。这些条款,就是前南国际刑事法庭的根本大法,是该法庭在审理案件时要遵循的规则。

前南斯拉夫国际刑事法庭《规约》,是由联合国安理会于 1993 年 2 月委托联合国秘书长,具体又是联合国法律部(Legal Department)起草的。鉴于当时前南斯拉夫还有武装冲突及国际罪行的存在,起草工作显得紧张而又短促。前南国际刑事法庭是联合国组织 1945 年成立后自己创建的第一个司法机构,然而安理会给联合国秘书长的时间只有 60 天,很仓促;《规约》草案出来后,安理会成员国事实上也没有认真对其研究并进行必要的修改。

尽管如此,联合国安理会通过的 827 号决议仍明确地规定,安理会成立前南刑事法庭的基础是《联合国宪章》关于"维护世界和平和安全",目的是为了制止在前南斯拉夫境内所发生的违反人道法的罪行。在成立的第二年,联合国安理会出于同样的目的,又成立了卢旺达国际刑事法庭。

卢旺达国际刑事法庭(International Criminal Tribunal for Rwanda),是由联合国安理会于 1994 年 11 月通过第 955(1994)号决议设立的国际刑事司法机构,其使命是检控和惩治犯有种族灭绝和其他严重违反国际人道法行为的责任者。该国际刑事法庭的地址设在坦桑尼亚的阿鲁沙(Arusha),但在卢旺达首都基加利(Kigali)、纽约和海牙也设有法庭或检察长办公室的办事处所。

根据卢旺达国际刑事法庭《规约》,该法庭仅能对自然人提起诉讼,且其管辖范围仅限于 1994 年 1 月 1 日至 1994 年 12 月 31 日发生于卢旺达境内的罪行，以及发生于卢旺达邻近国家由卢旺达公民犯下的罪行。卢旺达国际刑事法庭的审理范围，包括种族灭绝罪、危害人类罪以及违反《日内瓦公约》共同第三条和《第二附加议定书》的行为。

卢旺达国际刑事法庭的建立，是因为卢旺达在1994年发生的大屠杀震惊了全世界。而大屠杀的背景，则是该国历史上胡图族与图西族两个群体之间长期以来的纷争。

占卢旺达人口85%的胡图族人（*Hutu*）自该国独立其便掌握着国家权力，而占人口14%图西族人（*Tutsi*）则在殖民地时期占统治地位。1990年，胡图族政权在展开一系列行动将图西族难民驱赶到邻国的同时，对其发动了军事袭击。同年，双方达成和平协议，希望在有关国家的监督与联合国组织维和行动下，通过遣返难民、分享政权，来使图西族人减轻其弱势群体心态。

1994年4月6日，随着前总统哈比亚利马纳（*Habyarimana*）遇袭身亡，胡图族人开始对图西族人展开灭绝性的大屠杀，数以千计的图西族人，以及试图阻止屠杀的开化胡图族人在史无前例的暴行中惨遭毒手。卢旺达人积尸成山，从1994年4月至7月，在短短的一百天左右的时间里，就有80—100万人被杀，其屠杀情形惨不忍睹，全世界为之震惊。联合国安理会鉴于这一屠杀行为构成了1948年《预防和惩治种族灭绝罪公约》里所界定的罪行，并断定这一局势对国际和平与安全也构成威胁，于是接受卢旺达总统给联合国秘书长信里关于要成立一个国际刑事法庭的建议，于1994年11月在《联合国宪章》第七章"关于维护世界和平和安全"规定的基础上通过了第955号决议，设立一个特设国际法庭来审理1994年在卢旺达境内所发生的种族灭绝及其他严重违反国际人道法的行为，以达到维护和平和民族和解的目的。

2. 司法与维护和平使命

司法与维护世界和平之间存在着一种天然的联系，这就是所谓的

"没有正义,也就没有和平"(There is no peace without justice)的理念。卢旺达发生种族灭绝的大屠杀之后,联合国安理会在讨论应对措施后就通过了第955号决议,其中声明:

> "安理会考虑了秘书长根据935(1994)号决议第3段提交的报告,并且注意到联合国人权委员会卢旺达特别报告员的报告……;
>
> 对该报告中所显示的灭绝种族以及其他系统的、广泛的和公然违反国际人道法的行为在卢旺达发生再次表示严重关切(grave concern)……;
>
> 断定这个局势构成了(constitute)对国际和平与安全的威胁……;
>
> 深信在卢旺达这个特定的局势中,对为严重违反国际人道法而负责的人进行起诉将使这个目标能够实现并且将有助于推动国家和解进程(national reconciliation)以及有助于和平的恢复和维持;
>
> 相信一个起诉应为灭绝种族和其他上述违反国际人道法的行为负责的人的国际法庭的建立将有助于确保这样的违反行为被制止并且得到有效的纠正(such violations are halted and effectively redressed)。"

所以,成立卢旺达国际刑事法庭的目的与成立前南国际刑事法庭的目的一样,都是为了惩治在这些国家发生的严重违反国际人权法和人道法的罪行。联合国安理会为成立这两个特设法庭而通过的决议表明:成立这两个司法机构是为维护世界和平和安全而采取的措施,是为了将对这些罪行负有责任的人交付法庭审判,以便能依法起诉和审判,从而打破对无辜的人民采取暴力行为和报复的无止境循环。这两个国际刑事法庭的设立，表达了联合国要起诉和惩治在前南斯拉夫武装冲突和在卢旺达种族灭绝中犯有严重违反国际人道法行为的人的愿望和决心。

归纳安理会这一决议的内容，可以看到它成立国际刑事法庭主要是为了达到五个目标，即：

(1)防止且消除对世界和平与安全之威胁；

(2)惩治国际罪行；

(3)结束国际社会中有罪不罚的现象；

(4)通过惩治来预防国际犯罪行为的发生；

(5)尊重国际法。

国际刑事诉讼机构的设立是要追究个人的刑事责任，这样做的目的与《联合国宪章》所规定的关于联合国安理会组织的目的又是相一致的。

3. 黎巴嫩特别法庭

黎巴嫩特别法庭（Special Tribunal for Lebanon，简称为"STL"）也是联合国安理会干预下成立的另一个特设性质的国际刑事法庭。

2005年2月14日，黎巴嫩总理拉菲克·哈里里和其他22人在贝鲁特受到袭击并遇难。这一事件本是发生在一国国内的恐怖活动，但在国际上引起很大的反响，2005年12月13日，黎巴嫩政府向联合国提交申请，要求专门设立一个国际刑事法庭，以对该袭击事件的所有负责者进行审判。

联合国安理会经过讨论后，通过第1664(2006)号决议，决定由联合国组织和黎巴嫩谈判达成设立一个特别法庭协定。以后，联合国安理会又通过第1757(2007)号决议，宣布成立一个特别法庭，并规定由该决议所附文件的规定和《特别法庭章程》自2007年6月10日起生效。

黎巴嫩问题特别法庭成立的目的,就是负责对拉菲克·哈里里总理及其他人进行袭击的负责者提起诉讼。为了弄清事实真相,也是为了还一个公正,该特别法庭规定,其管辖权可追溯至2005年2月14日爆炸事件之前。这是因为,袭击事件是发生在2005年2月14日,但有些相关的要素和行为却非常有可能是在这之前的,如关于犯罪的意图(动机)、攻击的目的、被攻击者的身份、攻击模式(作案手法)和行为人,等等。

截至2012年11月15日,黎巴嫩问题特别法庭检察官办公室向预审庭提交了审前诉讼要点。这份文件包括了检察官计划在庭审时传召的证人以及准备出示的证物。根据这份文件,检察官计划传召557名证人,出示13170份证物,并预计法庭陈述时间是457.5个小时。这份要点本身总共有58页,在起诉书的基础上更详细地阐述了检方的要点和所起诉的罪名。这包括起诉书中每一项罪名的具体解释,以及检察官用以支持这些罪名的证据总结。这份诉讼要点,以及一起提交的证人名单和证物名单都暂时不对外公开。诉讼要点的公开版本可以在黎巴嫩特别法庭的网站上找到。①

所以如果归纳起来,尽管上述三个国际刑事法庭宗旨与目的基本上是一致的,但它们的成立方式,以及在"属人管辖权"或"属地管辖权"等方面相互之间有很大的不同。尽管如此,所有这些机构都是临时性的(ad hoc),因而都被称为"特设"性质的国际刑事法庭。

国际刑法上常有比较方面的研究。由于都是属于特设性质的国际刑事司法机构,人们也通常会将纽伦堡国际军事法庭与远东国际军事法庭作比较。另外也会拿纽伦堡、远东国际军事法庭与前南、卢旺达国

---

① 黎巴嫩问题特别法庭的官方网站为:http://www.sudbih.gov.ba。

际刑事法庭及黎巴嫩问题特别法庭来作比较。当然,这中间有相同之处,但也有区别。这些区别主要表现在以下几点。

第一,纽伦堡和远东国际军事法庭为战争法、人道法或整个国际法作出了重要贡献。但它们和联合国成立的这三个特设法庭在成立方式上有着根本的区别:纽伦堡和东京国际军事法庭是二战后由同盟国设立的,但联合国成立的这些国际刑事法庭不是战争的产物,更不是由大国来垄断的。相比较而言,联合国安理会成立的这些国际刑事法庭似乎更能体现整个国际社会的愿望。

第二,纽伦堡和东京国际军事法庭审判的罪行,都是在侵略战争或第二次世界大战过程中犯下的,而联合国成立的这些法庭审判的罪行,则不完全是战争中违反国际人道法的行为。这是国际法一个很大的发展,从而也进一步确立了关于追究种族屠杀罪、战争罪和反人道罪个人刑事责任的原则。

第三,纽伦堡国际军事法庭在其《宪章》下除了追究个人刑事责任外,还追究犯罪组织的刑事责任,[1]而在联合国成立的特设国际刑事法庭《规约》下的审判,只追究个人的刑事责任。

第四,纽伦堡法庭和东京法庭,根据它们的法庭宪章,是可以判处死刑的,而联合国成立的特设国际刑事法庭最多只能判处无期徒刑。

第五,纽伦堡和东京法庭没有上诉机构,而联合国成立的特设国际刑事法庭有上诉机构。

第六,这两个类型的国际法庭的管辖权是不一样的。纽伦堡和东京法庭是管辖破坏和平罪、战争罪和危害人类罪,联合国成立的特设国际刑事法庭追究的是种族灭绝罪、危害人类罪和违反1949年8月12日通过的《日内瓦公约》共同第三条和1977年6月8日通过的《第二议

---

[1] The term "criminal organizations" was not defined by the London Charter.

定书》的行为。

第二节 国际与国内混合型刑事诉讼机构

混合型法庭其实也是"特设,也是属"一事一理"临时性的国际机构,但它不是纯粹的国际性质,而是国际与国内混合性质的诉讼机构。

混合型法庭(mixed tribunal)有时被称为国际化法庭,是一个既有国内、也有国际诉讼因素的法庭。其组成方式之所以混合,目的是为了在尊重国家主权的前提下、在当事国参与之下保障在审判过程中适用国际标准,完全遵守适当的程序,尊重被告的权利,并通过审判消息的广泛传播和公开审判,使所有国家都能够全面参与和目睹正义和公正的实现。

联合国东帝汶过渡行政管理局于 2000 年在东帝汶设立了第一个国际和国内混合型特别法庭;2002 年联合国与塞拉利昂政府共同建立了塞拉利昂特别法庭;2003 年联合国与柬埔寨签署了条约,建立非常法庭,审判 20 世纪 70 年代红色高棉时期所犯的严重违反国际人道法的罪行。这些都是国际和国内混合刑的法庭。

一、东帝汶严重犯罪特别法庭

东帝汶严重罪行特别法庭(Special Panels for Serious Crimes)是 2000 年根据联合国过渡行政管理局于 1999 年颁布的法令［United Nations Transitional Administration in East Timor（UNTAET）Regulation 1999/1 of 27 November 1999］建立的。

东帝汶(East Timor)原是葡萄牙殖民地,1960 年成为非自治领土。1975 年,葡萄牙了为使它逐渐过渡到独立就撤出东帝汶。然而,就在葡萄牙一撤出以后,印度尼西亚便占领了东帝汶,并于 1976 年 12

月7日宣布东帝汶是印度尼西亚的第27个省。但不少民众对此不服。1999年8月30日联合国就东帝汶是否独立举行了公民投票。结果，绝大多数东帝汶人投票反对东帝汶继续留在印度尼西亚内。在公民投票前，当地就已发生暴力事件。投票后，遍布东帝汶的暴力事件越发增多，其中包括谋杀、绑架、强奸、破坏财产、偷盗、放火和捣毁军事设施、办公室和民用住宅，其目的是为了强制驱逐东帝汶人。在这些暴力事件中，许多东帝汶人被杀害，成千上万人被迫流离失所。

1999年9月20日联合国派维和部队恢复了东帝汶的秩序，而后设立了联合国过渡行政管理局（UNTAET）。2000年，联合国过渡行政管理局颁布了关于东帝汶法院组织法第2000/11号法（Regulation No. 2000/11）和第2000/15号法（Regulation No. 2000/15），规定在帝力地区法院内设立一个由国际和当地法官组成的特别法庭，对严重犯罪具有专属管辖权。

当东帝汶的形势稳定下来后，联合国与东帝汶过渡行政管理局表示欢迎难民回返，其中包括那些在1999年实施犯罪的人。但如果实施有犯罪行为，那么在返回来后就得根据罪行的严重程度来决定该公民是否会收到法庭的起诉。[①]

从东帝汶特别法庭成立的法律依据来看，它是依联合国在东帝汶的过渡行政管理局颁布的法令而设立的，因而是联合国一个行使当地政府职能的机构。之所以如此，是因为当时并不存在当地政府，因此也就没有当地政府参与法庭建立的决策的问题。

联合国过渡行政管理局颁布了关于东帝汶法院组织法第2000/11号法第1部分规定：东帝汶的司法权威应完全的赋予根据法律设立并

---

① 转引自：Rodney Dixon, Karim Khan, Judge Richard May, Archbold: International Criminal Courts: Practice, Procedure and Evidence, Sweet & Maxwell, London, 2003, p. 1154.

且由根据联合国过渡行政管理局第1999/3号法任命的法官组成的法院。

组织法第2000/11号法第9部分是关于地区法院的组成问题（Composition of the District Courts），其中规定：每个地区法院应由过渡行政管理局根据1999/3号法任命给各个法院的法官组成；审判庭由三名法官组成，法官拥有同样的投票权，小组应由多数票决定（decision）。

东帝汶特别法庭关于设立对严重刑事犯罪行为进行排他性能管辖的组织法（Regulation No. 2000/15）第22部分对上诉庭的组成明确规定，该法庭在帝力地区的上诉庭（the Court of Appeal in Dili）应由两名国际法官（international judges）和一名东帝汶法官（East Timorese judge）组成。在特别重要或严重的案件中可以由三名国际法官和两名东帝汶法官共五名法官组成。

上述规定表明，东帝汶特别法庭是设立在帝力地区法院内的一个混合性质的法庭，每个分庭由两名国际法官和一名当地法官组成。特别法庭还特别设有调查法官，他有权命令拘留嫌疑犯长达6个月，6个月后由一个审判分庭来审查拘留问题。调查法官还负责保护嫌疑犯的权利。特别法庭还设立一个调查股，在东帝汶总检察长领导和监督下，专门调查严重的犯罪，调查员大多数是国际职员。有关严重犯罪的起诉书向帝力地区法院提交，在特别法庭审理。上诉案件则向帝力上诉法院提出，其多数法官也为国际法官。

关于法庭所要起诉和审理的罪行，组织法第2000/11号法在关于排他性严重罪行管辖权（Exclusive Jurisdiction for Serious Crimes）的第10部分中明确规定：

"帝力的地区法院将对下列严重罪行具有排他性管辖权：

(a) 灭绝种族；

(b) 战争罪；

(c) 反人道罪；

(d) 谋杀；

(e) 性犯罪；

(f) 酷刑。"

对以上所有这些罪行的定义和特征，在东帝汶法院组织法第2000/11号法都一一作了规定。此外，该组织法第15部分还明确规定了"官方身份无关"原则(Irrelevance of official capacity)，即：

"15.1 本规约将平等适用于所有的人而不基于官方职务给予区别。特别是，作为国家元首或政府首脑，政府或议会议员，或政府官员等在任何情况下(in no case)都不能免除其在本规约下的刑事责任(criminal responsibility)，其地位也不能构成减轻判决(reduction of sentence)的理由。

15.2 不管是基于国内法还是国际法，与官方职务有关联的豁免或特别程序规则(immunities or special procedural rules)，都不应妨碍法庭对其行使管辖权。"

在迄今为止成立的几个混合型特别法庭中，东帝汶严重罪行特别法庭是第一个。该法庭是在当地社会秩序混乱、司法体系受到严重破坏的情况下成立的。所以在其成立之初，法庭本身就存在一些司法管理方面的问题。然而，东帝汶严重罪行特别法庭在2001年正式开始运转以后，通过努力理顺自己内部体制，逐渐提高法庭的工作效率，成功地对犯有严重国际罪行的嫌疑人都进行了起诉和审理，从而为以后成立的其他混合法庭提供了经验和借鉴。

二、塞拉利昂特别法庭

塞拉利昂特别法庭(Special Court for Sierra Leone)是 2002 年 1 月 16 日通过塞拉利昂政府与联合国组织签署协议建立的。它的成立与其他法庭一样,有着其特定的背景和目的。

1991 年 3 月,利比里亚总统查尔斯·泰勒支持的塞拉利昂革命统一战线发动了反政府的起义,并杀害了成千上万的平民。1997 年革命统一战线和军队革命委员会一起夺取了政权,并于 1999 年 5 月 22 日与政府签署了《洛美和平协议》,给予革命统一战线成员以大赦。然而,联合国秘书长特别代表在《洛美和平协议》签署时附了一个声明:认为联合国并不认可《洛美和平协议》的大赦条款应适用于灭绝种族罪、危害人类罪和战争罪以及其他严重违反国际人道法的国际罪行。

《洛美和平协议》签订后不久,安理会建立了塞拉利昂维和部队帮助执行《洛美和平协议》以及解除武装等。但《洛美和平协议》不久又被撕毁,武装冲突再度发生,其间发生了攻击联合国维和人员,绑架了数百名维和部队人员等严重的违法事件。2000 年 8 月 14 日,联合国安理会通过第 1315 号决议,对在塞拉利昂所发生的针对塞拉利昂人民、联合国维和人员及其他相关人员的犯罪行为表示了关切(expressed deep concern),要求联合国秘书长与塞拉利昂政府谈判,以便能设立一个独立的特别法庭(an independent special court)来对犯罪分子进行起诉和审理。

与此同时,塞拉利昂总统写信给联合国秘书长,请求国际社会的援助以恢复国内司法程序,并要求对在国内动乱时期犯了罪行的人进行审判。在这一背景形势下,联合国秘书长与塞拉利昂政府进行了谈判,就成立塞拉利昂特别法庭达成了协议并通过了塞拉利昂特别法庭《规约》。

塞拉利昂特别法庭《规约》第1条规定了该法庭的管辖权问题（Competence of the Court），即该法庭"有权起诉为1996年11月30日以来发生在塞拉里昂境内的严重违反国际人道法和塞拉里昂法律而负最大责任的人，包括那些对塞拉里昂和平进程的确立和执行构成威胁的人。"

根据塞拉利昂特别法庭《规约》第1条的规定，特别法庭属时管辖从1996年11月30日起算。之所以从这一天开始，是因为这是塞拉利昂政府和革命统一阵线签订了第一个和平协议的日期。

该特别法庭不仅对自1996年11月30日以后发生的严重违反国际人道法行为最具责任的人予以起诉和审判，而且对被怀疑犯有罪行的维和人员也具有管辖权。《规约》第1条第2款规定，"塞拉里昂境内任何维和人员或与之相关人员的任何违法行为……应首先（primary）处于派遣国的管辖权之下"，但"派遣国不愿或不能够真正（unwilling or unable genuinely）进行调查或起诉时，法庭经国家提请并经安理会授权同意（if authorized），就可以对此类人员进行管辖（exercise jurisdiction over such persons）。"

根据上述规定，塞拉利昂特别法庭也对维和部队以及有关人员在塞拉利昂的犯罪也能行使管辖权，只要派出维和部队的国家不愿意和不能够对犯罪切实地进行调查。反过来讲，这个协定承认派出国对它们的维和部队有首要的管辖权。特别法庭在对维和部队人员行使管辖权的时候必须得到安理会根据任何国家的建议作出的授权。塞拉利昂特别法庭《规约》关于管辖权的规定是一项比较特殊的规定。

塞拉利昂特别法庭《规约》第12条规定，法庭应有8位或11位独立法官。关于这些法官的分配，该条款规定："（1）初审庭由三名法官组成，其中一名应由塞拉里昂政府任命，另外两名由联合国秘书长任命；

(2)上诉庭由五名法官组成,其中两名法官应由塞拉里昂政府任命,三名由联合国秘书长任命。"

这条规定表明,塞拉利昂特别法庭与东帝汶特别法庭虽然在性质上同为"混合性"法庭,但两者之间有所不同。东帝汶特别法庭是由联合国在东帝汶的过渡行政管理局通过颁布法令设立的,设立后是帝力地区法院内的一个混合的法庭。但塞拉利昂特别法庭成立后与塞拉利昂国内的刑事司法体系完全分开,它由联合国和塞拉利昂共同管理。在塞拉利昂特别法庭的法官和检察官中都有当地的和国际的人员。法庭有两个审判分庭,六名一审法官,其中两名法官由塞拉利昂政府任命,四名由联合国秘书长任命;还有一个上诉分庭,五名上诉法官,其中两名由塞拉利昂政府任命,三名由联合国秘书长任命;法官任期为三年。

塞拉利昂特别法庭在法庭检察官方面也具有混合的性质。该法庭《规约》第 15 条首先规定检察长的独立性,即:"检察官应作为特别法庭的一个独立机关行事。他或她不应寻求或接受来自任何政府或任何其他来源(or from any other source)的指示。"然后,该条款就检察长与副检察长的分配问题规定:"检察长应由联合国秘书长任命,为期三年(a three-year term)并且可以连任;"以及"检察长应由塞拉里昂副检察长的协助(assisted by a Sierra Leonean Deputy Prosecutor),以及为他或她有效和高效率(effectively and efficiently)履行职务需要而指派的其他塞拉里昂和国际人员的协助。"所以,特别法庭的检察长和书记官长也由联合国秘书长任命,其任期也是三年。

塞拉利昂特别法庭所管辖的罪行,主要包括:反人道罪、违反《日内瓦公约》共同第三条以及《第二附加议定书》行为、其他严重违反国际人道法行为和塞拉利昂法律所规定的罪行(Crimes under Sierra Leonean law)。从罪行的定义上看,反人道罪、违反《日内瓦公约》共同第三条以及《第二附加议定书》的行为和其他严重违反国际人道法行为基本上与《罗马规约》中的定义相似。除了这三种罪行以外，特别法庭还对酷刑、谋杀和性犯罪具有管辖权。而对于这些罪行，特别法庭将按照塞拉利昂刑法来审判。这反映了塞拉利昂特别法庭混合的性质。

塞拉利昂特别法庭《规约》还取消了《洛美和平协议》中赦免的规定，其第10条规定："给予特别法庭根据本规约第2条到第4条规定行使管辖权的人以豁免(amnesty)，将不构成被起诉的障碍(not be a bar to prosecution)。"

塞拉利昂特别法庭适用卢旺达刑庭的《程序和证据规则》，规定"特别法庭成立之时卢旺达国际刑事法庭程序与证据规则做必要的修改后(*mutatis mutandis*)应适用于特别法庭的法律诉讼程序。"不过，特别法庭法官如果感到有必要，他们就有权修改这些规则使它们符合法庭的特别需要，法庭也可以适用塞拉利昂1965年的刑事诉讼法。

尽管塞拉利昂特别法庭不是联合国安理会根据《联合国宪章》第七章设立，但它的《规约》第8条"并行管辖权"(concurrent jurisdiction)与前南和卢旺达国际刑事法庭一样，含有"优先权"的规定，即：

"1. 特别法庭和塞拉利昂国内法院将有并行管辖权(concurrent jurisdiction)。

2. 特别法庭将对国内法院拥有优先权(primacy)。在审理的任何阶段，特别法庭根据本规约和法庭程序和证据规则正式要求国内法院服从其管辖(defer to its competence)。"

所以，塞拉利昂特别法庭与塞拉利昂国内的法院对《规约》内的罪行因此具有并行管辖权，但特别法庭的管辖权优先于塞拉利昂国内法院的管辖权。塞拉利昂特别法庭有权要求塞拉利昂的任何一个国内法院在诉讼的任何阶段服从它的管辖。

塞拉利昂特别法庭于 2002 年 7 月 1 日开始运作后,已对不少被怀疑犯有国际罪行的人进行了起诉,其中包括利比里亚总统查尔斯·泰勒。这些人被控犯有战争罪、危害人类罪和其他严重违反人道法的行为,包括谋杀、灭绝、强奸、恐怖主义行为、奴役、抢劫和放火、性奴役、招募儿童参军、强迫结婚、攻击联合国维和部队人员和人道救援人员等。毫无疑问,塞拉利昂特别法庭的审判将丰富国际刑法的实践。

三、柬埔寨非常法庭

柬埔寨特别法庭(Extraordinary Chambers for Crimes Committed During the Periodof the Democratic Kampuchea)有时又被称为"红色高棉特别法庭(Khmer Rouge Tribunal, KRT)。它由柬埔寨王国政府和联合国组织于 2003 年签订联合国和柬埔寨王国政府《关于按照柬埔寨法律起诉在民主柬埔寨时期所犯罪行的协定》而共同建立的。该法庭的人员组成、财政支出等都由联合国和柬埔寨政府共同负责,因此被成为一个混合式法庭(Hybrid Tribunal)。柬埔寨法院特别法庭是当今所有国际刑事司法机构中唯一设在亚洲的国际性质的刑事法庭。

柬埔寨在 20 世纪下半叶经历了一个极其悲惨的时期。1970 年,西哈努克政府由于军事政变而被推翻,成了流亡政府。红色高棉组成了新的政府,并制定政策对共产主义者和越南人进行镇压。1975 年,红色高棉掌握了政权,宣告成立民主柬埔寨共和国(Democratic Kampuchea)。从 1975 年到 1979 年,红色高棉在全国进行了清洗运动,尤其对受过国外教育的知识分子进行迫害,意图建立一个不受外国支持的由工厂工人和农场农民组成的公社组织。在这一政策的执行过程中,城市里不少人被强制迁移到农场去,很多人被饿死或劳累致死,甚至不经审判被处死。在红色高棉统治的四年期间,不计其数的人被迫害致死。1979年越南攻入柬埔寨,扶植了一个傀儡政府。红色高棉成为游击组织,并开始进行了对抗政府的内战。直到1991年,政府与红色高棉签订了和平协定,才在联合国的指导下建立了一个新的联合政府。

1979年,越南在攻入柬埔寨以后,曾和它的傀儡政府共同审判了两名红色高棉最高领导人,当时也是柬埔寨政府的国家领导人波尔布特和英萨利。但由于审判程序本身缺少公正性,也未遵守适当的公认的程序规则,所以后来以民族和解的名义赦免了他们。1997年,柬埔寨政府请求联合国帮助起诉和审理红色高棉在其统治时期所犯下的罪行。但柬埔寨出于维护本国主权的考虑,却又不同意联合国专家小组关于建立一个国际法庭的建议,认为自己也有能力进行审判。联合国与柬埔寨经过协商和谈判,最后同意在国际参与的情况下,根据柬埔寨的法律建立一个在柬埔寨控制下的法庭。

《关于按照柬埔寨法律起诉在民主柬埔寨时期所犯罪行的协定》第1条规定了它的宗旨和目的,即:"制订本法的目的,是为了审判民主柬埔寨高级领导人(senior leaders)和那些为1975年4月17日至1979年1月6日之间发生的犯罪和严重违反柬埔寨刑法、国际人道法和习惯以及柬埔寨承认的国际公约的行为而负主要责任(most responsible)的人。"所以,柬埔寨特别法庭并不是对任一什么人都进行审理,它只是要审判民主柬埔寨高级领导人和那些对犯罪负主要责任的人;法庭的属时管辖也只是从1975年至1979年期间。

关于法庭混合性的组成,《协定》第9条明确规定:"审判庭将是一个由五名专业法官(professional judges)组成的特别法庭(an Extraordinary Chamber),其中三名为柬埔寨法官(Cambodian judges),一名为庭长,另外两名是外国法官(foreign judges);联合检察官将向该庭提交他们的案件。庭长将任命一名或多名职员(one or more clerks)参加法庭工作。

上诉庭将是由七名专业法官组成,其中四名为柬埔寨法官,一名为庭长,另外三名是外国法官;联合检察官(the Co-Prosecutors)将向该庭提交他们的案件。庭长将任命一名或多名职员以参加法庭工作。

最高法庭(The supreme court)将由九名专业法官组成,其中五名为柬埔寨法官,一名为庭长,另外四名是外国法官;联合检察官将向该庭提交他们的案件。庭长将任命一名或多名职员以参加法庭工作。"

柬埔寨特别法庭是一个国际和国内混合型的法庭,这与塞拉利昂特别法庭一样。但与塞拉利昂特别法庭不同的是,柬埔寨特别法庭设立在柬埔寨法院内,所以不完全独立于国内司法体系。柬埔寨特别法庭包括审判分庭、上诉分庭和最高分庭。但在每一级分庭内,柬埔寨的法官都占多数。在审判分庭的五个法官中,三个由当地任命,二个由联合国秘书长任命,在七个上诉分庭的法官中,四个是当地的法官,三个是国际法官。在最高分庭中,五个法官是当地的,四个法官是国际的。根据《协定》第14条,特别法庭在对被告作出有罪和无罪的判决时如果不能达成一致,必须要由超过多数的表决来决定。

《协定》第16条是关于起诉检察机制的规定。该条款规定:"特别法庭的所有起诉书(all indictments)应由两名检察官共同制作,一名为柬埔寨检察官,另一名为外国检察官,他们应作为联合检察官(as Co-Prosecutors)在特别法庭对嫌疑人共同准备起诉书。"

另外,特别法庭还设置两个调查法官(two investigating judges),也是国际和国内的各一位。他们可以根据从各个来源取得的资料进行调查,可以讯问嫌疑人、受害人和证人,可以收集证据。

在柬埔寨特别法庭管辖范围内的犯罪是:灭绝种族罪、危害人类罪、严重违反《日内瓦公约》、违反1954年《在武装冲突中保护文化财产的海牙公约》以及对受国际保护人员的犯罪。法律上有意思的是,严重违反《日内瓦公约》的罪行本来要求发生在国际武装冲突中这一要素,但在红色高棉执政时期,罪行主要是那些针对国内平民所犯的罪行。其实在柬埔寨发生的武装冲突的性质既有属于国际性武装冲突,也有属于非国际性武装冲突,但法庭对此不作区别,只是在第6条一般性地规定:"特别法庭应有权起诉在1975年4月17日至1979年1月6日期间犯下的严重违反(grave breaches)或命令严重违反1949年8月12日日内瓦公约行为的嫌疑人。"

柬埔寨特别法庭对于杀人、酷刑和宗教迫害则可根据1956年柬埔寨刑法进行起诉。灭绝种族罪的定义采取了1948年《防止及惩治灭绝种族罪公约》中的定义;危害人类罪的定义与《卢旺达刑庭规约》中的定义相似。考虑到在红色高棉时期的武装冲突中破坏了大量的文化遗产,所以第7条规定:"特别法庭应有权根据1954年关于在武装冲突中保护文化财产的海牙公约,起诉在1975年4月17日至1979年1月6日期间在武装冲突中犯有毁灭文化财产(destruction of cultural property)而负责的所有嫌疑人。"这是第一次根据《在武装冲突中保护文化财产的海牙公约》起诉审判违反文化遗产公约的罪行。

由于在红色高棉时期曾发生过把外交人员从法国使馆中赶出来并谋杀的事,因此特别法庭的管辖权中还包括对受国际保护人员的犯罪,其《协定》第8条规定:"特别法庭根据1961年《维也纳外交关系公约》有权起诉在1975年4月17日至1979年1月6日期间实施的针对受国际保护人员(against internationally protected persons)所实施犯罪行为的嫌疑人。"

虽然同是混合性质的特别法庭,柬埔寨特别法庭与其他两个特别法庭相比还是有不同之处。例如,东帝汶特别法庭是依联合国在东帝汶的过渡行政管理局颁布的法令而设立的,属于联合国的一个行使当地政府职能的机构,柬埔寨特别法庭则是因为首先向联合国提出要求审判犯罪责任者并希望获得援助,然后再通过谈判和协商,根据与联合国签署的特别协议建立的。所以,柬埔寨特别法庭的建立反映了本国政府的意愿和政策。这个过程与塞拉利昂特别法庭是一样的。

正是因为塞拉利昂和柬埔寨特别法庭是通过两国政府与联合国间缔结的条约建立的,所以在这些条约的规定里融入了国内的因素,例如,对国内法上的犯罪的管辖以及任命一些国内的官员等,前南和卢旺达国际刑事法庭是联合国安理会按照《联合国宪章》第七章建立的机构,它们的《规约》除在量刑问题上规定要考虑被告国籍国的法律以外,基本上都没有提到国内法。塞拉利昂和柬埔寨特别法庭则能够根据协定来适用本国的相关法律。

如果将混合性质的东帝汶、塞拉利昂和柬埔寨法庭与联合国前南和卢旺达特设国际刑事法庭相比较,其最明显的区别是:所有这三个特别法庭的所在地都是设在犯罪发生地的塞拉利昂、东帝汶和柬埔寨,而联合国前南和卢旺达国际刑事法庭的所在地则都不在犯罪发生地国。其原因是因为前南和卢旺达这两个国际刑事法庭成立时,武装冲突仍在进行,所以为了司法不受干扰和公正的原因没有设在本国。由于这个原因,这两个法庭在审理过程中就不可避免地遇到了不少困难,例如,法庭的调查人员需要离开法庭所在地去罪行发生地进行调查,而当地的证人需要被安排去法庭所在地作证,等等。而特别法庭设在罪行发生地的国家,就可以避免这些困难和麻烦。更主要的是,由于案审就在本地举行,这就使当地人民能近距离地了解法庭的工作和案审的进展情况,从而有利于进行民族和解。

第三节 常设国际刑事法院

国际刑事法院（International Criminal Court）成立于 2002 年。其法律基础是 1998 年在意大利罗马通过的《罗马规约》。国际刑事法院对发生在缔约国领土上、缔约国国民以及联合国安理会提交的情势中的战争罪、反人类罪和种族灭绝罪具有管辖权。当缔约国不愿或不能调查和起诉这些犯罪时，国际刑事法院可以行使管辖权。国际刑事法院是人类社会历史上第一次在联合国的框架以外成立的独立的、常设的国际刑事法院。

国际刑事法院的成立是国际刑法发展的一个重要里程碑。与前述所有国际刑事法庭特设（ad hoc）不同，它是一个常设性质，对全世界范围内国际严重罪行都具有管辖权的国际刑事法院。正因为如此，它在管辖权、起诉机制以及保护受害者等方面与其他国际法庭都有很大的不同。国际刑事法院的成立和运作将对国际法和国际关系产生很大的影响。

一、法院建立的背景

国际刑事法院设立本身就是国际刑法的发展的自然结果。早在第二次世界大战以后，随着纽伦堡和东京国际军事法庭的成立和对德国、日本战犯进行的成功的审判和惩治，国际社会感到有必要成立一个常设的国际刑事法院，以审理类似第二次世界大战中发生的那些暴行。联合国组织曾就成立这样的刑事法院进行了多次讨论。但由于国家相互之间无法就国际刑事法典达成一致性的意见，成立国际刑事法院的议题就此耽搁了下来。

1989 年 12 月，联合国大会应特立尼达和多巴哥共和国的请求，请国际法委员会重新就国际刑事法院的创设问题进行工作。1994年,国际法委员会将该法院《规约》草案提交给了联合国大会。经过国际刑事法院筹备委员会的多次讨论和协商,《规约》草案提交给于1998年6至7月在意大利罗马召开的外交大会,并最后于1998年7月17日得以通过。此后,因为超过60个国家在2002年4月11日批准加入了该《国际刑事法院规约》(又称《罗马规约》,Rome Statute)[1],国际刑事法院根据《规约》第126条关于"生效"的规定,于2002年7月1日正式成立[2]。

《国际刑事法院规约》里所规定的该法院管辖权,不仅与国家在刑事管辖方面有很大不同,而且与联合国安理会1993年成立的前南国际刑事法庭和1994年成立的卢旺达国际刑事法庭的管辖权相比,也有很大的不同。它不是根据安理会的决议建立的,也不是以联合国与一个国家的双边条约建立的,而是根据一项多边国际条约建立的,是建立在缔约国自愿的基础上的,因而在管辖权方面具有普遍性。所以,国际刑事法院本身就是一个独立的国际组织,它对其管辖权范围内的犯罪采取行动,无须联合国安全理事会或任何其他国家的特别授权。

在属时管辖(Jurisdiction ratione temporis)方面,国际刑事法院只对2002年7月1日规约生效后所实施的犯罪具有管辖权,它不能审判那些被指控曾在此之前实施犯罪行为的人。这就是为什么在《罗马规约》已经生效后还要建立类似柬埔寨特别法庭的理由,因为柬埔寨特别法庭要审理的犯罪行为发生在1975到1979年之间,是发生在国际刑事法院成立的2002年以前,所以法院根据《罗马规约》规定对那些罪行没有管辖权。这也是国际刑事法院与前面所述的其他国际法庭或军事

---

[1] Rome Statute of the International Criminal Court, July 19, 1998, 2187 UNTS 3.
[2] 关于国际刑事法院的一般情况介绍,参考:http://www.icc-cpi.int.

法庭的不同之处。其他法庭都是在犯罪发生后才设立来审判那些罪行,国际刑事法院则是对其建立以后发生的犯罪行为进行起诉和审判,它追求的目的,主要是对严重的国际犯罪发挥威慑和预防性的作用。

国际刑事法院的成立是国际刑法发展的一个重要的里程碑。国际刑事法院与联合国已成立的两个国际刑事法庭在机制上最主要的不同点在于它不是一个"特设"(ad hoc),而是一个常设的(permanent)司法机关。只要符合了《规约》里规定的条件,它就能对世界范围内发生的国际罪行具有管辖权。国际刑事法院还具有"自动管辖权",即:国家一旦批准加入《国际刑事法院规约》,就自动地接受该法院的管辖。因此,国际刑事法院的成立及其运作,对国际刑法的发展,以及对国际法和国际关系的发展,都会产生深远的影响。

2005年3月31日,根据《罗马规约》第13(b)条,联合国安理会通过了1593号决议,将苏丹达尔富尔情势提交给国际刑事法院。达尔富尔情势是国际刑事法院自2002年成立以来收到的第一个由联合国安理会提交的情势。

在国际刑事法院成立十周年时,即2012年3月14日,该法院作出了第一份判决,裁定被告卢班加(Lubanga)犯有战争罪,其具体罪行就是在刚果发生的武装冲突[①]中招募、征召和使用15岁以下的儿童。在国际刑事审判的历史上,这还是第一次裁定被告犯有如此的战争罪行。

二、缔约国大会

缔约国大会(Assembly of States Parties)是负责国际刑事法院管理监督以及立法的机构。这一机构的成立依据是《罗马规约》第112条

---

① Prosecutor v. Lubanga, Case No. ICC-01-04-01-06, Judgment Pursuant to Article 74 of the Statute(Mar. 14,2012). This is available at the Court's website,http://www.icc-cpi. int.

第1款。根据这一规定,缔约国大会由已批准和加入《罗马规约》的缔约国代表组成。根据《罗马规约》第112条的规定,缔约国大会在海牙(法院所在地)或纽约(联合国总部)每年举行一次会议。截至2013年6月30日,国际刑事法院《罗马规约》的缔约国数量已经达到122个国家[①]。2012年14日至22日,缔约国大会第11次全会在荷兰海牙召开。

在机制设计方面,缔约国大会设有主席团。它由大会选举产生的一名主席、两名副主席和18名成员组成,任期三年。在缔约国大会上,每一个缔约国均享有一票表决权。大会和主席团应当尽力以协商一致的方式作出决定。非缔约国可以以观察员的身份参与缔约国大会的工作,但不享有投票权。截止到2013年为止,中国还没有加入《罗马规约》,但这并不妨碍中国以观察员身份出席大会。此外,国际刑事法院的院长、检察长和书记官长或其代表也可以参加缔约国大会。依照《罗马规约》第112条的规定,缔约国大会要向院长会议、检察长和书记官长提供关于法院行政工作的管理监督。迄今为止,《程序和证据规则》和《犯罪构成要件》是大会批准和通过了两份重要的法院文件。在其年度会议上,大会在审议一些重要的议题,其中包括法院的预算、捐款情况和审计报告,以及关于法院永久办公楼的修建计划,等等。

三、法院启动机制

一个国际诉讼机构的"启动机制"(trigger mechanism)至关重要。国际刑事法院的起诉启动机制,有它自身的特点。但与其他国际刑事法庭不同的是,国际刑事法院的检察官在自行进行刑事调查之前,必须

[①] http://www.icccpi.int/EN_Menus/ASP/States%20Parties/Pages/the%20states%20parties%20to%20the%20rome%20statute.aspx.

依据《罗马规约》第 15 条的规定获得预审庭的批准。①

《罗马规约》的第二部分规定了法院行使管辖权的范围、行使管辖权的先决条件、管辖权的启动及可接受的控告。起诉机制涉及到国际刑事法院本身审理程序的起动,也涉及到缔约国或非缔约国的权利和义务,因而是国际刑事法院管辖权问题中最复杂、最敏感的问题之一。

关于国际刑事法院的"启动机制",《罗马规约》第二部分中的第 13 条规定:

"本法院可以依照本规约的规定,就第五条所述犯罪行使管辖权:

1. 缔约国依照第十四条规定,向检察官提交显示一项或多项犯罪已经发生的情势;

2. 安全理事会根据《联合国宪章》第七章行事,向检察官提交显示一项或多项犯罪已经发生的情势;或

3. 检察官依照第十五条开始调查一项犯罪。"

按照这条规定,国际刑事法院行使管辖权的要求可以分别来自法院缔约国、联合国安理会和国际刑事法院检察官。所以,国际刑事法院的起诉活动不仅仅是自己的事情,而且还涉及到联合国安理会这一对世界和平与安全负责任的政治机构。2005 年 3 月和 2011 年 2 月,安

---

① Rome Statute of the International Criminal Court, Art. 15, July 17, 1998, 2187 UNTS 3 [hereinafter Rome Statute]. Article 15(1) states: "The prosecutor may initiate investigations *proprio motu* on the basis of information on crimes within the jurisdiction of the Court." Article 15(3) provides in relevant part: "If the prosecutor concludes that there is a reasonable basis to proceed with an investigation, he or she shall submit to the Pre-trial Chamber a request for authorization of an investigation, together with any supporting material collected."

理会曾就苏丹和利比亚的情势通过决议,决定要求该法院对苏丹达尔富地区及利比亚国内动乱与战争中发生的战争罪和反人道罪行为进行调查和起诉。[1]

《规约》第 14 条还规定,缔约国可以向检察官提交能显示犯罪已经发生的情势,请检察官予以调查,以确定被指控的人是否实施了该罪行。自从国际刑事法院成立后,好几个非洲国家就主动向该法院提交案件。事实上,现在由非洲国家主动提交的案件的数量占据了法院受理案件的主导地位。[2]

不过在国际刑事法院的启动机制方面,检察长的作用最为关键。从国际刑事法院《罗马规约》第 13 条规定的字面上看,缔约国、联合国安理会以及国际刑事法院的检察长,都可以启动法院的审理程序,这三者好像是处于同等的权利地位。但其实不然。因为当联合国安理会和国家有时出于政治方面的考虑犹豫不决时(这在国际关系方面是经常的事情),国际刑事法院的检察长就可能主动启动法院的机制。此外还有更重要的一点:虽然联合国安理会和缔约国也都能启动法院的机制,但按照第 13 条的规定,它们只能向刑事法院提交能显示犯罪行为发生的"情势"(situation),即:关于在一个地区可能发生有严重违反国际人道法行为的情况存在,而对该"情势"里的"罪行"(a crime),即:具体有没有人应负刑事上的责任,或者有哪些人该负这些责任,则由国际刑事法院的检察长负责调查。因此,作为国际刑事法院的检察长,他(她)有决定国际刑事法院将受理哪些具体案件的权利。例如,2005 年 3 月 31 日,联合国安理会通过了 1593 号决议,将苏丹达尔富尔情势提交给国际刑事法院。而在这个情势中,经过调查,国际刑事法院共向包括苏丹

---

[1] SC Res.1593,para.1(Mar.31,2005)(Sudan); SC Res.1970,para.4(Feb.26, 2011)(Libya).

[2] 参见国际刑事法院网站,http://www.icc-cpi.int/.

总统阿巴希尔在内的四名在苏丹政府担任要职的嫌犯签发了五份逮捕令,并向三名反政府武装领导人签发了出庭传票。

2010年3月31日,国际刑事法院还作出一项决定,决定对2007年12月27日肯尼亚的总统选举结果公布后爆发了种族暴力事件进行调查,并要对其中发生的反人道罪行为进行起诉和审理。[①] 这个决定,是自国际刑事法院2002年成立以来,第一次由该法院的检察机关自行提出并展开调查。

检察长办公室的最高负责人,当然是检察长。根据《罗马规约》第42条(4)款的规定[②],国际刑事法院的检察长和副检察长的任期为九年,但不得连任。2003年6月16日,国际刑事法院缔约国大会在2003年4月21日的第一次全会上以协商一致的方式,推选出阿根廷籍的路易斯·莫雷诺·奥坎波(Luis Moreno Ocampo)任国际刑事法院的第一任检察官。2012年6月,检察官奥坎波任期届满。6月15日,来自冈比亚的法图·本索达(Fatou Bensouda)女士接替了奥坎波的职位,成为国际刑事法院的第二位检察官。

国际刑事法院《规约》中的检察长,字面上理解好像是指一个人,其实不然。在国际刑事司法活动中,它经常是指检察长办公室机构,是指国际刑事法院进行调查和起诉的整个机制。从国际刑事法院的机制设计上看,前南国际刑事法庭的检察长不仅负责案件的起诉,而且还负责立案前的调查取证工作。这点和一国国内的司法体制有很大的不同,

---

① Situation in the Republic of Kenya, No. ICC-01/09-19, Decision Pursuant to Article 15 of the Rome Statute on the authorization of an investigation into the Situation in the Republic of Kenya(Mar. 31,2010), *at* http://www.icc-cpi.int/iccdocs/doc/doc854562. pdf [hereinafter Kenya Decision],http://www.icc-cpi.int/.

② 该款具体规定如下:检察官应由缔约国大会成员进行无记名投票,以绝对多数选出。副检察官应以同样方式,从检察官提出的候选人名单中选出。检察官应为每一个待补的副检察官职位提名三名候选人。除非选举时另行确定较短任期,检察官和副检察官任期九年,不得连选。

因为在一国国内的司法制度上，公安（警察）与检察（起诉）隶属于两个不同的部门。一国的国内法院通常专司审判职权，因此国家刑事管辖权是单一的审判管辖权。国际刑事法院作为一综合性质的国际刑事司法机构，在其组织机制上规定案件调查权和起诉权都由检察长独立行使。原来联合国安理会成立的前南刑庭和卢旺达国际刑庭的《规约》就是这样规定的。现在《罗马规约》又与联合国的特设法庭一样，把这两个职能集中在检察长办公室。国际刑事法院在机制上作如此规定，目的是为了保持调查和起诉工作中的统一性。

正因为国际刑事法院检察长在调查和起诉方面享有独立和说一不二的权力，使得有些国家对检察长的权力有所顾及，因而不愿批准加入国际刑事法院。

四、对受害人的保护

惩治国际犯罪，目的是为了维护社会的安定和广大人民的基本人权。国际刑事法院对受害人的保护机制，是它与其他特设国际刑事法庭又一不同之处。

《罗马规约》第 68 条第 3 款规定："本法院应当准许被害人在其个人利益受到影响时，在本法院认为适当的诉讼阶段提出其意见和关注以供审议。被害人提出意见和关注的方式不得损害或违反被告人的权利和公平公正审判原则。在本法院认为适当的情况下，被害人的法律代理人可以依照《程序和证据规则》提出上述意见和关注。"

《罗马规约》第 75 条第 2 款规定："本法院可以直接向被定罪人发布命令，具体列明应向被害人或向被害人方面作出的适当赔偿，包括归还、补偿和恢复原状。本法院可以酌情命令向第 79 条所规定的信托基金交付判定的赔偿金。"所以根据《罗马规约》这条规定，国际刑事法院可以制定关于赔偿被害人的基本原则，其中包括归还、补偿和恢复原状方面的具体措施。

《罗马规约》第 79 条第 1 款还规定成立一个基金:"应根据缔约国大会的决定,设立一个信托基金,用于援助本法院管辖权内的犯罪的被害人及其家属。"根据《罗马规约》以上这些规定,受害人被赋予了较为具体的求偿权利:他们可以直接参加刑事诉讼,并在涉及他们利益时提出自己的观点和意见;国际刑事法院还为受害人设立了一个基金,所以受害人可以向国际刑事法院寻求对他们所遭受的损害的赔偿,法院可以命令将通过罚金或没收取得的财物转入信托基金,用于援助法院管辖权内的犯罪的被害人及其家属。法院还可以命令被定有罪的人对这些受害人予以赔偿;其用于赔偿的资金可以转到信托基金,可由信托基金根据法院的指示付给被害人。

国际刑事法院的这些规定是受害人求偿方面一个全新的机制。在联合国安理会成立的前南和卢旺达国际刑事法庭中,根据这两个特设法庭的《规约》和《证据与程序规则》,受害人没有以个人身份参加刑事诉讼的权利,也没有能获得对他们所受损害予以赔偿的权利。从两个法庭的《规约》和《证据与程序规则》的规定来看,这两个机构注重起诉和犯有严重违反国际人道法行为的人,也注重保障起诉检察官和被告的权利,但却忽视了被害人参加诉讼或取得赔偿的权利。所以,国际刑事法院关于受害人求偿的规定,既能惩治犯罪,同时也能通过给予受害人赔偿来帮助恢复他们的尊严,并促进个人和社会的和解进程,使正义能得到真正的实现。

在国际刑事法院成立十周年时,即 2012 年 3 月 14 日,该法院作出了第一份判决,裁定被告卢班加(Lubanga)因在刚果发生的武装冲突中招募、征召和使用 15 岁以下的儿童而犯有战争罪[①]。在国际刑事审

---

① Prosecutor v. Lubanga, Case No. ICC-01-04-01-06, Judgment Pursuant to Article 74 of the Statute(Mar. 14, 2012). This is available at the Court's website, http://www.icc-cpi.int.

判的历史上,这还是第一次裁定被告犯有如此的战争罪行。而在有罪的判决下来后的六个月后,国际刑事法院依据《罗马规约》又作出了关于给予被害者赔偿的决定[①]。

根据《罗马规约》第75条的规定,国际刑事法院可以制定关于赔偿被害人的原则。在卢班加一案中,国际刑事法院认为这一点"反映了国际刑事司法要追求恢复性司法正义"的意愿[②]。而根据《罗马规约》第75条第2款和第79条,国际刑事法院既可以"直接向被定罪人发布赔偿命令",也可以"设立一个信托基金,用于援助本法院管辖权内的犯罪的被害人及其家属"。因此在2012年8月卢班加一案的判决中,国际刑事法院的审判庭作出了关于赔偿的原则和程序性方面的决定。

在如何赔偿方面,国际刑事法院的检察长办公室、书记长官处、被害人援助处、辩护方以及一些非政府组织等,相互之间存在着不同的意见,这主要集中在受害者的识别和赔偿的性质方面等。国际刑事法院认为,赔偿方案主要是为了"弥补犯罪行为对被害者造成的伤害",为此需要一个"广泛且灵活"、"考虑性别差异"囊括金钱和非金钱形式的赔偿方案[③]。然而,考虑到受害人的广泛性和资源的有限,国际刑事法院将首先考虑集体赔偿方案,其中优先考虑对性暴力受害者、HIV感染者和其他弱势群体的赔偿。

此外,国际刑事法院不同意将赔偿只是局限于提交申请的85名受害者的范围,它认为从法律上讲应该平等地对待每一个受害者,不管他们参加还是没参加法庭的审理程序。这就包括了被征召和被利用儿童

---

① Prosecutor v. Lubanga, Case No. ICC-01/04-01/06, Decision on Sentence Pursuant to Article 76 of the Statute (July 10, 2012). Rome Statute of the International Criminal Court, July 19, 1998, 2187 UNTS 3.
② Ibid, para. 177.
③ 同上,第179–180、第200及274段。

兵,他们是"直接受害者"。但除了他们以外还有"间接受害者"[1],这包括儿童兵的家庭成员等。此外,像学校、医院、非盈利组织等实体都应该被考虑。简而言之,赔偿应建立在行为与受损结果之间联系的原则之上,这之间应该存在着一种因果关系。

在制订出了基本原则之后,国际刑事法院就委派信托基金来落实赔偿方案。基金负责最终赔偿的筹款,估计将有一百万欧元用于赔偿计划。[2]基金也设有确定的评估步骤。但在卢班加一案中,将首先评估该案中伊图里地区的赔偿程序,然后再由专家来确定被害者所受损害和赔偿受益人,但最后的赔偿方案还将提交国际刑事法院的审判庭予以批准[3]。

国际刑事法院在卢班加一案中确立的赔偿原则,开启了国际刑事司法制度在保护和赔偿国际罪行受害者方面的新的制度。

---

[1] Prosecutor v. Lubanga, Case No. ICC-01/04-01/06, Decision on Sentence Pursuant to Article 76 of the Statute (July 10, 2012). Rome Statute of the International Criminal Court, July 19, 1998, 2187 UNTS 3, 第 187 和 194 段。

[2] Trust Fund for Victims, Financial Info. at http://www.trustfundforvictims.org/financial-info。

[3] 同上, 第 282-287 段。

第二章 国际刑事诉讼机构的管辖权

日本前首相东条英机只能由东京国际军事法庭审判，而不能由同时期的纽伦堡国际法庭来审；南斯拉夫总统米洛什维奇只能由前南国际刑事法庭审判，不能由同时存在的卢旺达国际法庭来审，原因就是法庭各自的管辖权不同。

管辖权是法院受理案件的权能和效力的根据。但在国际刑事诉讼机构的管辖权方面，并不存在全球统一的规定。每个国际刑事司法机构的管辖权，即它的根据、范围和效力，都由每个法庭通过它自己的《规约》来具体地规定。从大体上讲，所有国际刑事诉讼机构的管辖权，无论是在属时、属地或组织机制等方面，其相互之间都有很大的不同。但它们在其管辖的国际罪行方面，却又存在着不少相似之处。

第一节 管辖范围

国际刑事司法机构的管辖范围由其自己法庭的《规约》规定。例如，纽伦堡国际军事法庭《宪章》第1条规定："根据美利坚合众国、法兰西共和国临时政府、大不列颠及北爱尔兰联合王国以及苏维埃社会主义共和国联盟政府1945年8月8日签署的协议，将建立一个国际军事法庭(International Military Tribunal)以正当和迅速的审判(just and prompt trial)和惩罚欧洲轴心国主要战犯(the major war criminal of the European Axis)。"第2条规定该国际军事法庭将包括四名法官及其替补(alternative)法官。每个签署国将任命一名法官和替补法官。

这个规定清楚地表明,纽伦堡国际军事法庭是由二战中取得胜利的四个同盟国对欧洲轴心国首要战犯进行审判的国际司法机构。其管辖的国际罪行是战争罪、反人道罪以及破坏和平罪。

远东国际军事法庭则是为了审判日本主要战犯而设立的国际刑事法庭,由对日本取得胜利的11个国家选派的法官组成。其《宪章》第5条明确规定:"本法庭有权审判及惩罚被控以个人身份或团体成员身份犯有各种罪行包括破坏和平之远东战争罪犯。"因此,远东国际军事法庭管辖的国际罪行与纽伦堡国际军事法庭一样,即:战争罪、反人道罪以及破坏和平罪。

纽伦堡和远东国际军事法庭在其《宪章》都规定要对德国和日本的侵略罪行进行清算,明确将"反和平罪"定义为:计划、准备、发动或进行一场侵略战争或一场违反国际条约、协议或保证的战争,或为前述任何行为而参加共同计划(common plan)或共谋(conspiracy)。纽伦堡和远东国际军事法庭起诉并追究侵略罪行,这是后来成立的特设刑事法庭所没有的。

前南与卢旺达国际刑事法庭都是联合国安理会通过决议成立的,属于联合国安理会的附属机构。前南国际刑事法庭《规约》第1条规定:"根据本规约的规定国际法庭将有权力起诉为1991年以来发生在前南斯拉夫境内严重违反国际人道法的行为负责的人。"

卢旺达国际刑事法庭《规约》第1条规定:"根据本规约的规定,卢旺达国际法庭将有权力起诉1994年1月1日至1994年12月31日期间为发生在卢旺达境内的严重违反国际人道法的行为负责的人以及为发生在邻国境内的此种行为而负责的卢旺达公民。"

以上规定表明:联合国这两个特设法庭的管辖权也是有限制的。前南国际刑事法庭的管辖时间限于"自1991年以后",而其管辖的地域范围,则限定在"前南斯拉夫国家的"的领土范围,即南斯拉夫联邦在1991年解体前的领土;卢旺达国际刑事法庭的管辖权,在时间上被严格限制在"1994年",也就是从1994年1月1日到1994年12月31日期间内所发生的犯罪行为;而"属地管辖权"和"属人管辖权"则被限制在"在卢旺达境内所犯"和"在邻国所犯的灭绝种族罪和其他此类暴行负责的卢旺达公民"。

国际刑事法院是一个常设性质的国际刑事诉讼机构,它在自己的管辖范围方面则属于另一类型。

在属时管辖(Jurisdiction ratione temporis)方面,国际刑事法院只对2002年7月1日规约生效后所实施的犯罪具有管辖权,它不能审判那些被指控曾在此之前实施犯罪行为的人。这就是为什么在《罗马规约》已经生效后还要建立类似柬埔寨特别法庭的理由,因为柬埔寨特别法庭要审理的犯罪行为发生在1975到1979年之间,是发生在国际刑事法院成立的2002年以前,所以法院根据《罗马规约》规定对那些罪行没有管辖权。这也是国际刑事法院与前面所述的其他国际法庭或军事法庭的不同之处。其他法庭都是在犯罪发生后才设立审判那些罪行,国际刑事法院则是对其建立以后发生的犯罪行为进行起诉和审判,它追求的目的,主要是对严重的国际犯罪发挥威慑和预防性的作用。

国际刑事法院的成立是国际刑法发展的一个重要的里程碑。由于国际刑事法院与其他国际刑事诉讼机构在机制上最主要的不同点在于它不是一个"特设"(ad hoc)、而是一个常设的(permanent)司法机关,所以在其成立以后,只要符合了《规约》里规定的条件,它就能对世界范围内发生的国际罪行具有管辖权。国际刑事法院还具有"自动管辖权",即:国家一旦批准加入《国际刑事法院规约》,就自动地接受该法院的管辖。因此,国际刑事法院的成立及其运作,对国际刑法的发展,以及对国际法和国际关系的发展,都会产生深远的影响。

第二节　管辖原则的基本类型

国际刑法是国际法与刑法结合产生出来的规则,目的将一些行为定义为"国际犯罪"来加以惩治,为惩治和预防这些罪行就强加给国家一定关于起诉的国际义务。至于国内法庭及国际刑事司法机构如何履行义务？里面首先碰到、需要解决的就是管辖权的问题。国际刑事诉讼机构要审理案子,第一或首先要面对和处理的就是管辖权问题,即它是否有权利审理案子？

在传统国际法中,每个人仅受自己国家排他性(又称"专属性")的司法管辖(exclusive jurisdiction)。根据国际法的属地管辖权原则,如果犯有国际法上的不法行为,如:虐待外国人、袭击外交官、政府官员违法逐出外国人等。如果被起诉或惩治,那也只能由该行为发生地的司法当局进行起诉和惩罚。我国刑法也明确规定:对在中国境内触犯刑律的行为(不管是中国人还是外国人所为)以及对中国"国家工作人员和军人"在外国所犯违反法律的行为,我国法院都具有管辖权。[①]

然而,如果国际刑事法庭的管辖权与一国国内的管辖权发生冲突时,即当这两类法庭对同一个自然人都有管辖权时,比如当前南国际刑事法庭对米洛什维奇总统和卢旺达国际刑事法庭对前总理坎班达起诉时,而这两个国家也分别对这两个人在国内法院也都提出了刑事诉讼,那又该如何解决呢？

一、优先管辖原则

优先权管辖权,英文为 primacy jurisdiciton,意思是当国际刑事诉

---

① 《中华人民共和国刑法》,第 6-8 条,1979 年订立,1997 年修订。

讼机构与国内法院的管辖权发生管辖冲突时,国际性的刑事诉讼机构具有优先管辖权。

前南国际刑事法庭与卢旺达国际刑事法庭都是联合国安理会通过决议成立的。由于联合国安理会根据《联合国宪章》所具有的权威,所以这两个法庭在其与国家管辖相比较方面,具有绝对的优势。前南国际刑事法庭《规约》第 9 条是关于"并行管辖权"(concurrent jurisdiciton),它规定如下:

"1. 国际法庭和国内法院对起诉自 1991 年 1 月 1 日以来,在前南斯拉夫境内犯有严重违反国际人道法行为的人有并行管辖权。

2. 国际法庭应优于国内法院。在诉讼程序的任何阶段,国际法庭可根据本《规约》及国际法庭《诉讼程序和证据规则》正式要求国内法院服从国际法庭的管辖。"

卢旺达国际刑事法庭《规约》里也有同样的规定。联合国的这两个特设法庭与国内法庭对种族灭绝罪、反人道罪和战争罪都有管辖权。然而当国际刑事法庭与国内法庭的管辖权发生冲突时,国际刑事法庭的管辖权就具有"优先权"(primacy),也就是说,特设国际刑事法庭可以要求国内法庭把案子移送过来,由它们审理。所以,在联合国这两个特设法庭在它们与国家管辖权的关系方面,具有优先的地位。

为此,前南斯拉夫与卢旺达国际刑事法庭的《规约》里还规定了国家与法庭合作的义务问题。前南国际刑事法庭《规约》第 29 条规定:

"1. 各国应与国际法庭合作调查和起诉被告犯有严重违反国际人道法罪行者。

2. 各国应不作任何不当延迟,遵从要求援助的请求或初审法庭发布的命令,包括但不限于:

(a)查人找人;

(b)录取证词和提供证据;

(c)送达文件;

(d)逮捕或拘留;

(e)将被告引渡或让渡给国际法庭。"

根据这些规定,联合国的两个特设法庭与国家的国内法庭在起诉种族灭绝罪、战争罪、反人道罪方面都有管辖权,但如果当国际刑事法庭与国内法庭在管辖权方面发生有冲突时,国际法庭优先于国内法院。在诉讼程序的任何阶段,国际刑事法庭都可以要求国内法院就法庭管辖事项服从国际法庭的管辖。

前南国际刑事法庭和卢旺达国际刑事法庭的"优先管辖权",是两个法庭能有效运转的首要条件之一。前南国际刑事法庭成立后审理的第一个案例是塔迪奇(Dusko Tadic)。被告塔迪奇于1994年2月在德国被捕,不久后就被德国司法机构起诉并已开始审理。由于前南国际刑事法庭的也愿意行使管辖权,德国司法当局按照"优先权"的原则,通过国内法定程序将他移送给了前南国际刑事法庭[1]。

同样,在1994年卢旺达发生的种族灭绝大屠杀中,原卢旺达总统办公室主任巴伽索哈(Bagasora)被普遍地怀疑是这场屠弑的最主要组织者和策划者之一。当巴伽索哈于1995年在喀麦隆被捕时,卢旺达政府基于与喀麦隆两国之间的引渡协议,以及犯罪行为发生在卢旺达、犯

---

[1] 关于该案例,请参考:Judgement, The Prosecutor v. Tadic, 7 May 1997; UN Doc IT-94-1-T.

罪嫌疑人和被害人都是卢旺达国民的事实,向喀麦隆政府提出引渡要求,以便能将他引渡回国、进行审理。比利时司法机构基于巴伽索哈对原保护卢旺达前总理的十位比利时籍维和士兵的被害应负刑事责任的理由,也向喀麦隆司法部门提出了引渡要求。然而,由于卢旺达国际刑事法庭适用"优先管辖权",并决定对巴伽索哈提出起诉。因此,卢旺达和比利时两个国家的司法权都不得不让位于卢旺达国际刑事法庭,喀麦隆也只得将巴伽索哈及有关的材料按照法庭规定,移送到设立在坦桑尼亚阿鲁沙(Arusha)的法庭所在地。

二、补充性原则

前南与卢旺达国际刑事法庭在管辖权问题之所以能显得凌驾于国家之上,是因为联合国安理会的权威。与此相反,国际刑事法院是由国家通过谈判成立的。所以,它不但没有类似特设法庭的优先权,相反还特地规定了"补充管辖权原则"(complementarity)。

《罗马规约》在其序言中,认为"各国有义务对犯有国际罪行的人行使刑事管辖权",鼓励国家对国际刑事法院管辖权内的犯罪行使管辖权。但它同时强调"本规约的任何规定不得解释为允许任何缔约国插手他国内政中的武装冲突",并明确如果在国家和国际刑事法院对《罗马规约》里的罪行具有并行管辖(concurrent)的情况下,"根据本规约设立的国际刑事法院对国内刑事管辖权起补充作用"[①],从而确立了国际刑事法院管辖权方面的补充性原则。

《国际刑事法院规约》第 1 条规定:"本法院(国际刑事法院)为常设机构,有权就本规约所提到的、受到国际关注的最严重犯罪对个人行使其管辖权,并对国家刑事管辖权起补充作用(complementary to na-

---

① 《罗马规约》序言,第十段。

tional criminal jurisdictions)。"

《罗马规约》第 17 条规定:"在下列情况下,本法院应断定案件不可受理:1. 对案件具有管辖权的国家正在对该案件进行调查或起诉,除非该国不愿意或不能够(unwilling or unable)切实进行调查或起诉;2. 对案件具有管辖权的国家已经对该案进行调查,而且该国已决定不对有关的人进行起诉,除非作出这项决定是由于该国不愿意或不能够切实进行起诉;3. 有关的人已经由于作为控告理由的行为受到审判,根据第 20 条第 3 款,本法院不得进行审判;4. 案件缺乏足够的严重程度,本法院无采取进一步行动的充分理由。"

所以,国际刑事法院管辖权的补充性的规定是《规约》的一项基本原则。它在整个《规约》里反复得到强调。根据这些规定,如果具有管辖权的国家正在对案件进行调查或起诉,或者如果具有管辖权的国家已经对案件进行了调查,并决定对该嫌疑人进行起诉,或者如果该嫌疑已经因为其行为受到了审判,那国际刑事法院都不能对该罪行或该嫌疑人行使管辖权,除非有关国家对罪行"不愿意或不能够(unable or unwilling)"切实地进行调查或起诉。

《罗马规约》里所规定的该法院管辖权,不仅与国家在刑事管辖方面有很大不同,而且与联合国安理会 1993 年成立的前南国际刑事法庭和 1994 年成立的卢旺达国际刑事法庭的管辖权相比,也有很大的不同。它不是根据安理会的决议建立的,也不是以联合国与一个国家的双边条约建立的,而是根据一项多边国际条约建立的,是建立在缔约国自愿的基础上的,因而在管辖权方面具有普遍性。所以,国际刑事法院本身就是一个独立的国际组织,它对其管辖权范围内的犯罪采取行动,无须联合国安全理事会或任何其他国家的特别授权。

国际刑事法院"补充性原则"表明,国际刑事法院对国际罪行的管辖是有特定条件的,即:它只有当一国的国内法院不愿意或不能够时,国际刑事法院才可以行使管辖权。国际刑事法院成立的目的,不是为了包揽对所有违反国际法犯下"灭绝种族罪"、"危害人类罪"和"战争罪"的起诉和审判。它仅仅是对国家管辖起一种"补充"的作用。换句话讲,当一国国内法庭和国际刑事法院对这些罪行都有管辖权时,首先将由国家法庭来进行审理。只有当国家"不愿意"或"不能够"进行审理时,才轮到国际刑事法院来行使管辖权。因此,成立国际刑事法院的目的,是通过该法院的"补充"性的司法机制,来防止犯有《罗马规约》里规定的严重罪行的人逃脱法网。

自1998年《罗马规约》以来,补充性原则成了众多学术论文研究的对象。但实践中应如何走?国家的"不愿意"或"不能够"应如何理解?2009年国际刑事法院上诉庭在针对被告人热尔曼·加丹加(Germain Katanga)提出的可受理性质疑作出的判决中[1],表明了该国际法院的意见和观点。

热尔曼·加丹加是刚果民主共和国人。他于2007年10月17日被捕后就被移交到国际刑事法院。2008年9月30日,预审第一分庭确认了对他及其共同被告人马蒂厄·恩乔洛·崔(Mathieu Ngudiolo Chui)的指控,指控他们在2003年2月24日在刚果伊图里(Ituri)省薄高罗村庄发生的一次袭击中因使用儿童兵,下令袭击平民,故意杀人,破坏、掠夺财产,迫使妇女充当性奴以及强奸妇女,从而被指控战争罪和反人道罪。

但在指控被提出后,加丹加对该案的可受理性提出了质疑,认为国际法院缺乏管辖权,理由是国际刑事法院因薄高罗(Bogoro)村庄的袭击发出逮捕令的同时,刚果当局正开展针对同一袭击的调查,法院检察

---

[1] 参见:Prosecutor v. Katanga & Chui, Case No. ICC-01/04-01/07, Reasons for the Oral Decision on the Motion Challenging the Admissibility of the Case (Article 19 of the Statute), (June 16, 2009); 网站:www.icc.int/iccdocs/doc/doc 711214.pdf.

官没有向预审分庭披露一些文件。另外,他还质疑刚果将案件移交国际刑事法院的合法性问题。他认为当局之所以停止对他的调查乃至把他移交给国际刑事法院是因为迫切希望把司法的重任转移给国际刑事法院。对这些问题,国际刑事法院上诉庭一一作出回答。

关于可受理性的决定性的披露问题,上诉庭认为检察官没有完全公开文件不构成违反规则,因为有些文件对预审分庭而言并不是非披露不可的。基于加丹加涉嫌反人道罪的行为,金沙萨高等军事法院(Kinshasa High Military Court)请求延长他被临时拘留的时间,这些行为有:加丹加从 2002 年至 2005 年在几个地方进行的洗劫以及破坏财产,其中包括薄高罗村庄。审判分庭认为关于该请求的文件"十分模糊"并且缺乏"判断实际情况的决定性信息"。因此,它并不必须被披露给预审分庭。

关于"不愿意"和"不能够"的标准或界定问题,国际刑事法院上诉庭认为,没有对国际罪行进行调查或起诉的国家的"不愿意"有两种形式。第一是出于阻碍司法的渴望,第二则是表现为不希望由自己起诉某个个人,但却愿意看到他被国际法庭审判。根据第 17 条,在"国内调查或起诉已经开始但并未终止"的情形下,无论是以上任何一种形式的表达都足以使一个案子得以受理。这里,刚果通过把加丹加案联系给国际刑事法院,默认他本人的被移交以及没有质疑该案的可受理性,也充分表达了不愿在国内起诉加丹加的意愿。所以结论就是:他应当被国际刑事法院所审判。

毫无疑问,国际刑事法院的这一观点无疑对"补充性原则"的界定提供重要的指导作用。

三、利比亚情势与"可受理性"问题

2013 年 5 月 31 日,国际刑事法院关于赛义夫一案的裁决涉及到

了该法院的可受理性问题,也是涉及国际刑事法院的补充性管辖权的问题。

2011年2月15日,在利比亚境内发生的内乱及人道危机,2011年2月26日,联合国安理会针对利比亚境内发生的内乱及人道危机进行讨论并通过第1970号决议,授权国际刑事法院介入到在那里发生的国际犯罪行为。经过调查,国际刑事法院于2011年6月27日就赛义夫·伊斯拉姆·卡扎菲等前政权领导人被怀疑犯下的罪行签发逮捕令,认为他们对利比亚境内多地发生的反人道罪(包括谋杀、迫害等)应负有刑事责任。但当赛义夫自2011年11月23日被逮捕后,利比亚则就对国际刑事法院对赛义夫一案的管辖权(可受理性)提出了异议,目的当然是想自己来审理。赛义夫一直被利比亚的津坦地方武装力量所关押。那么,究竟是国际刑事法院还是利比亚应对赛义夫案行使管辖权呢?

围绕这个问题,国际刑事法院和利比亚方面进行了长达一年多的争辩,其中包括得出的书面申请、答复、裁决,以及于2012年10月举行的听讯会等。期间还发生了当国际刑事法院辩护人办公室代表进入利比亚后被津坦地方武装扣押的情景。同时,利比亚对赛义夫就谋杀、迫害以外的数项罪名进行国内审理等事件。

在管辖权问题上,由于补充性原则的规定,国家对案件的审理自然具有优先权,国际刑事法院是第二位的。对于任何刑事案件,国家有当然的管辖权;只有当国家"不愿意"或"不能够"时,国际刑事法院才能介入。然而,从法律上讲,"愿意"还是"不愿意"?或者"能够"还是"不能够",这应首先由谁来承担证明责任呢?

利比亚方面的理论里面有一定的逻辑,很有意思。它认为这方面的举证责任分为两层,第一是证明相关国家是否正在就相关犯罪行为进行调查或起诉;第二是证明相关国家是否属于不愿意或不能够切实进行调查或起诉。而在这二层证明责任方面,利比亚认为第一层举证责任在自己,即要证明利比亚国内正在就相关犯罪行为进行调查或起诉;但关于第二层举证责任,利比亚则认为是在国际刑事法院,即国际法院要证明利比亚"不愿意"或"不可能"进行起诉。此外,利比亚认为这两层证明的程度是不一样的,第一层证明标准应为"概率平衡",英文为"balance of probability",这是比较低有;但第二层的证明标准则应当比较高,因为《罗马规约》的设置就是倾向于支持由相关国家来行使司法主权[1]。

利比亚关于证明标准的提法很有创造性。《罗马规约》对从签发逮捕令到最终作出案件判决的每一阶段的证明程度作出了规定,但对案件可受理性问题上的证明程度却没有任何的规定。然而,检察长办公室却不同意,它认为两层举证责任均在利比亚方面,其标准应适用"清楚并具说服力的证据"(clear and convincing evidence)。2013年5月31日,国际刑事法院终于就赛义夫一案作出了裁定。当然,这在国际刑事法院的可受理性问题上是一个重要的决定。

国际刑事法院同意利比亚的关于《罗马规约》确立了国家对所犯罪行进行调查和起诉的优先权的观点。然而同时也认为:这并不免除提起可受理性异议一方的证明责任。国际刑事法院的观点是,"提出可受理性争议的国家应当负有证明该案不具可受理性的证明责任"[2]。至于证明程度或标准,国际刑事法院认为它的要求并非相当高,只是需要达到能够"表明"(demonstrate)的程度即可。

---

[1] ICC-01/11-01/11-344-Red, May 31, 2013, pp. 18-19; http://www.icc-cpi.int/iccdocs/doc/doc1599307.pdf.

[2] 国际刑事法院上诉分庭,"关于肯尼亚共和国就第二预审分庭于2011年5月30日作出的'针对肯尼亚共和国根据《罗马规约》19条2款b项提起的可受理性异议的裁定'的上诉的判决",2011年8月30日,ICC-01/09-01/11-307(OA),第62段,参见:http://www.icc-cpi.int/iccdocs/doc/doc1223118.pdf.

根据《罗马规约》第 17 条 1 款的规定,在考虑可受理性问题时,必须要首先要考虑有关国家是否正在进行针对相同案件的国内调查或起诉程序。对于"相同案件"这个词,主要就是包含两个因素,即"人"和"行为"。在赛义夫案中,人是同一个,所以焦点就是利比亚调查针对的行为与国际刑事法院所调查的行为是否相同。

利比亚方面认为《罗马规约》里的"相同",是指"实质性相同"。利比亚是一个主权国家,国际刑事法院不应要求利比亚国内检察机构只是基于国际法来进行起诉。此外,利比亚并不是《罗马规约》的成员国,因此没有义务在本国刑法中要纳入国际刑法罪名。所以利比亚并不认为一个国家与国际刑事法院对同一个被告的罪名要完全一样。但国际刑事法院不这样认为。它认为:如果一国想要证明某一案件在国际刑事法院的不可受理性,其开展的国内司法程序就必须是"针对国际刑事法院审理的同一人的相同行为"[①]而进行的,所以具体"案件"的构成应当是"人"和"受指控的行为",而不是"事件",所以其"相同"程度的考量标准应为"实质性相同"[②]。

关于赛义夫一案,国际刑事法院通过审查文件、目击者证言和截获的情报,认为利比亚正在采取措施寻求使赛义夫承担刑事责任。利比亚对他起诉的罪名,其中包括侮辱宪法机构,毁坏、掠夺、屠杀,内战,阴谋,纵火,散播疾病,隐匿尸体,协助犯罪集团成员,以武力胁迫他人及搜查他人等,也都充分涵盖了国际刑事法院签发的逮捕令中所描述的罪行。然而国际刑事法院还认为,要证明赛义夫所犯罪行的可受理性

---

① 检察官诉托马斯·卢邦加·迪洛,"关于第一预审分庭于 2006 年 2 月 10 日作出的决定和将文件纳入卢邦加案记录的决定",2006 年 2 月 24 日,ICC-01/04-01/06-8-Corr,第 31 段,参见:http://www.icc-cpi.int/iccdocs/doc/doc236260.PDF.

② 关于赛义夫·伊斯拉姆·卡扎菲案可受理性的裁定,ICC-01/11-01/11-344-Red,2013 年 5 月 31 日,第 18-19 页,第 39 段,参见:http://www.icc-cpi.int/iccdocs/doc/doc1599307.pdf.

问题,重点是利比亚是否已经采取措施来调查如国际刑事法院逮捕令中所述的几项犯罪行为。

正是在这一点上,国际刑事法院认为利比亚提交的证据仍无法充分证明其国内调查的范围已涵盖逮捕令中所述罪行的所有方面,以证明其国内调查的案件与国际刑事法院案件为"同一案件",因此并未能提出足够具体(sufficient degree of specificity)并具证明力(probative value)的证据,来满足第一层关于正在进行调查或起诉的举证责任。

基于《罗马规约》第17条第3款的规定,为了确定一国是否有"能够"或"不能够"开展调查或起诉的情况,国际刑事法院认为它应当考虑该国国家司法系统是否全部或部分瓦解或无法开展活动,以及该国是否无法接触嫌疑人、获得必要的证据或证言、或有其他无法开展程序的情形。在衡量利比亚的"能力"时,所以就必须要考虑实体和程序法两方面的情况。而国际刑事法院在审议相关法律和事实后认为,利比亚国内司法体系尚未从内乱中完全恢复,利比亚仍面临无法在全国各地行使司法主权的困难,例如利比亚中央至今无法使津坦地方武装交出赛义夫,所以如现在进行审判,则可能构成缺席审判从而违反利比亚法律;又如利比亚可能无法获得足够的证人证言,也未能及时为赛义夫指派辩护律师,等等[①]。

所以国际刑事法院最终认为,由于利比亚未能提出足够具体(sufficient degree of specificity)并具证明力(probative value)的证据,充分证明其国内调查的范围已涵盖逮捕令中所述罪行的所有方面,又考虑到目前为止利比亚国内司法体系的能力不足,国际刑事法院最后驳

---

① 关于赛义夫·伊斯拉姆·卡扎菲案可受理性的裁定,ICC-01/11-01/11-344-Red, 2013年5月31日,第84–88页,参见:http://www.icc-cpi.int/iccdocs/doc/doc1599307.pdf。

回利比亚就本案提出的可受理性异议。确认国际刑事法院对案件的管辖权,并敦促利比亚尽快将赛义夫移交法院。

国际刑事法院的这个决定是针对赛义夫一案的,但在该法院在实践中该如何补充性原则问题上却具有比较重要和普遍的意义。

第三节 所辖的国际罪行

到目前为止,国际社会已成立了不少国际刑事诉讼机构,目的是为了起诉和审理国际法下的严重罪行。但"国际罪行"究竟有哪一些?国际社会对此没有一致性的看法。但如果从实践方面看,有一点是比较清楚的,即:国际刑事司法机构并不是对所有严重的国际罪行都具有管辖权。具体可以审判什么样的国际罪行?主要由各国际刑事诉讼机构的《规约》决定。

一、国际法"核心罪行"概念

国际罪行的范围很宽,就目前实际情况来看,国际犯罪的范围具有被扩大化的趋势。在不少关于国际刑法的讨论中,如海盗和奴隶制度、恐怖主义行为以及酷刑等,早就被认为是国际法上的罪行。就是像劫机、损害海底光缆或毒品犯罪等,有时也被认为是国际罪行。所以国际社会需要制订一个关于国际罪行的标准,以便人类作为一个整体来惩治危害所有人利益的行为,以维护整个国际社会利益和基本价值。

尽管国际刑事犯罪还缺乏统一的标准,但明确国际刑事犯罪的主要特征还是可能的。从定义上看,国际犯罪是一种被国际社会普遍认可的犯罪行为。正是由于它的严重破坏性,所以这种犯罪行为引起整个世界的关切,而不能只是由一国国内司法专属性地独立管辖。

从迄今为止的国际刑法实践上看,国际刑事犯罪必须包括以下三项内容：

第一，它违反国际惯例及条约；

第二，它违反国际社会公认价值观；以及

第三，抵制并惩治这些犯罪行为符合整个国际社会的普遍利益。

由于国际刑事犯罪属于违反国际惯例及条约里所规定的行为,所以如果只是违反某个国际组织的决议还不算国际犯罪,因为国际组织的决议通常只是国际组织的某种决定,不属于惯例。

另外,国际刑事犯罪行为同时还会违反国际社会公认价值观,尤其是那些重要的国际及地区性人权条约,如 1949 年《日内瓦公约》及其 1977 年《两个附加议定书》、1948 年《种族灭绝罪公约》和 1984《禁止酷刑公约》等具有国际公认的普遍价值的法律文件。国际刑事犯罪行为之所以是违法行为,其核心就是违反国际公认价值,且威胁世界和平安全和谐。当然,抵制或惩治这些国际犯罪行为,自然符合整个国际社会的普遍利益。因为违背国际法的犯罪,是故意违反国际法保护的根本利益的行为。对这样的犯罪行为,通常的国内司法是不足予以惩戒的。它需要国际社会的共同努力。

其实,某一种具体行为是否构成国际罪行? 取决于国际社会根据当时法律的发展、道德及刑法所要求的司法公平来决定。国际罪行与否? 由国际法(国家的同意)来认定。但一旦是国际罪行,其要追究的则是个人的刑事责任。对此,纽伦堡国际军事法庭认为:"违反国际法的犯罪行为是由个人所致,而不是什么抽象的个体,只有通过惩罚这些犯罪的个人,国际法规则才能得到实施……。所以,国家制订的法律责任,最后还是要落到了个人头上。"

国际刑事法院要惩治的国际罪行,完全符合国际刑法和国际关系发展的实际情况。第二次世界大战后成立的两个国际军事法庭以及前南斯拉夫国际刑事法庭、卢旺达国际刑事法庭、塞拉利昂特别国际刑事法庭管辖下的国际法罪行,基本上都是这些国际罪行。

例如,前南斯拉夫国际刑事法庭是联合国自己成立的第一个司法机构,其目的是要对犯有最严重国际罪行负责任的人进行审判。然而,前南国际刑庭起诉和惩治的国际罪行范围,则仅限定在严重违反1949年《日内瓦公约》行为、战争罪、反人道罪和种族灭绝罪。其他国际刑事司法机构,如卢旺达国际刑事法庭、塞拉利昂特别法庭,以及国际刑事法院等,其起诉和审理的国际法罪行,也都仅限于战争罪、反人道罪和种族灭绝罪。

《国际刑事法院规约》第五条是关于国际刑事法院实质性管辖权的规定,即:"法院管辖权内的犯罪"。该条款中所列罪行,即:灭绝种族罪、危害人类罪、战争罪和侵略罪,都是国际法上最严重的罪行(the most serious crimes),从而明确表明:国际刑事法院并不是对国际法下的所有严重罪行都具有管辖权,它只是对国际法上最严重罪行具有管辖权。而这些罪行,在成立国际刑事法院的讨论中通常被认为是国际法上的"核心罪行"(core crimes)。

国际罪行,是由于个人违反了国际法规则而须承担的个人刑事责任,但这并不必然地排除国家犯有不法行为的可能性。例如,"反和平罪"就是国际不法行为。即便就是战争罪、种族灭绝罪或反人类罪等,里面可能也有涉及到国家及政府团体因素。不管这些人的犯罪行为是以国家身份,还是以政府官员身份,国际刑事诉讼主要是要追究个人的刑事责任。身份在国际刑法上已不是一个主要问题。但反过来讲,由于这些人的官方身份,他们被追究个人刑事责任的同时,可能还会有国家责任问题。

二、种族灭绝罪

种族灭绝罪,英文为"Crimes of Genocide",它主要由《防止与惩治种族灭绝罪公约》所制订。

《种族灭绝罪公约》订立于1948年。这是国际社会在种族灭绝罪方面迄今为止通过的唯一国际公约,在种族灭绝罪方面被视为最具权威的法律文件。国际刑事法庭和国际刑事法院的法律文件中所规定的灭绝种族罪的规定,都是从1948年的国际公约援引而来的。灭绝种族罪被视为强行法的犯罪。

种族灭绝罪因为其对国际社会的危害性和性质上的严重性,因而成为国际社会首先要惩治的国际罪行。几乎所有国际刑事司法机构管辖的罪行中,都有种族灭绝罪。前南国际刑事法庭《规约》第4条规定:

"1.国际法庭应有权对犯有本条第2款定义的灭绝种族罪的人或犯有本条第3款所列举任何其他行为的人予以起诉。

2.灭绝种族指蓄意全部或局部消灭某一民族、人种、种族或宗教团体,犯有下列行为之一:

(a)杀害该团体的成员;

(b)致使该团体的成员在身体上或精神上遭受严重伤害;

(c)故意使该团体处于某种生活状况下,以毁灭其全部或局部的生命;

(d)强制施行办法,意图防止该团体内的生育;

(e)强迫转移该团体的儿童至另一团体。

3.下列行为应予惩治:

(a)灭绝种族;

(b)预谋灭绝种族;

(c)直接公然煽动灭绝种族;

(d)意图灭绝种族;

(e)共谋灭绝种族。"

所以,如果"蓄意"要全部或局部地消灭某一民族、族裔、种族或宗教团体而犯有"杀害"、"致使在身体上或精神上遭受严重伤害"或"强制施行办法,意图防止该团体内的生育"等行为,就犯有种族灭绝罪。

前南国际刑事法庭中关于这一罪行的定义,又是从 1948 年《防止与惩治种族灭绝罪公约》的第 2 条援引而来的。其理由正如联合国秘书长所声明的:"(防止与惩治种族灭绝罪行)公约今天已被认为是习惯国际法的一部分,这可以从 1951 年国际法院关于防止及惩治灭绝种族罪公约保留案的咨询意见中显示出来。"[①]

卢旺达国际刑事法庭、国际刑事法院及其他国际刑事司法机构《规约》时关于种族灭绝罪的规定,也都与《防止与惩治种族灭绝罪行公约》的第 2 条里的一样。

国际刑事法院《规约》文本最早是由联合国国际法委员会起草。当国际法委员会完成起草工作后于 1994 年把草案提交联合国大会讨论时,它只是将种族灭绝罪列入国际刑事法院应管辖的罪行当中,并没有对种族灭绝这一罪行下定义[②]。以后,在联合国成立国际刑事法院的讨论过程中,有的国家提出要求将该罪行的定义扩大为其受害者包括社会和政治团体,但大多数国家赞成仍引用 1948 年《种族灭绝罪公约》中的定义[③]。在 1997 年 2 月召开的国际刑事法院预备会议,尽管很多关于修改该定义的建议也曾引起了注意和讨论,但各国代表最终还是

---

① Report of the UN Secretary-General, UN Doc. S/25704, May 3, 1993, para.45.

② Report of the International Law Commission on the Work of its Forty-Sixth Session, Draft Statute for an International Criminal Court, 2 May-22 July 1994, UN Doc. A/49/10 (1994), article 20(a), p. 70.

③ Report of the PrepCom on the Establishment of an International Criminal Court, UN Doc. A/50/22, pp.12-13, paras. 59-72.

又回到了1948年公约的定义。在罗马外交会议上,主席团建议采用1948年公约中的定义时没有任何人表示反对[1]。因此在由起草大会提交、全体大会同意、最后同意通过的关于种族灭绝的定义,就没有经过任何的修改。[2]

种族灭绝罪的行为中最重要的罪行构成要件,是关于"特别的杀人动机",即:被控者的行为,必须为了全部或部分地摧毁定义所保护四个团体中的其中一个。前南国际刑事法庭曾就"种族清洗"(ethnic cleansing)问题上分析认为:

> 起诉书中描述的大规模处决明显的是有系统性的,它由 Pale 的塞尔维亚当局军事和政治机构组织的,显然得到来自南斯拉夫联盟共和国(塞尔维亚—黑山)军队成员的密切支持。这些处决在"种族清洗"这个更广阔的政策背景下实施,这个政策针对波斯尼亚穆斯林平民进行了大规模的放逐,其目的是通过使用暴力改变居民的民族和宗教构成而创造新的边界。作为这个政策的一个结果,斯雷布雷尼察(Srebrenica)的穆斯林平民被完全禁止在这个区域居住。

上面提到的"种族清洗"政策,在其最终表现形式中,呈现出灭绝种族的特征。另外,在这种情况下,全部或部分消灭一个民族、种族、人种或宗教团体的意图——这是灭绝种族所特有的,从发生在斯雷布雷尼察(Srebrenica)及其周边地区的"种族清洗"的严重性上可以推断出来,也就是说这里的种族清洗主要是指1995年7月斯雷布雷尼察

---

[1] 联合国文件 A/CONF. 183/C.I/L.58, p.9.
[2] 联合国文件 A/CONF. 183/C.I/L.91, p.2.

(Srebrenica)陷落之后发生的对穆斯林的大规模屠杀,当时在一种呈现几乎空前残酷性的情况下发生。"[1]

在联合国卢旺达国际刑事法庭 *Gambanda* 案中,该法庭的庭长 Gama 法官认为:种族灭绝罪是罪中之罪(crime of the crimes)[2]。因此灭绝种族罪通常被认为是国际法下非常严重的罪行。

前南和卢旺达国际刑事法庭《规约》里的种族灭绝罪[3],其中不仅有《种族灭绝公约》第 2 条的定义,而且还有其第 3 条除了追究该罪行主要行为者,也追究如协助人、企图行为人、直接地和公开地鼓动其他人犯下该罪行的人的责任。

三、反人道罪

反人道罪(Crime Against Humanity),有时被称为"反人类罪",它是所有国际诉讼机构予以惩治的国际罪行之一。

国际法禁止并惩罚反人道罪的行为。包括酷刑、非法人体实验、奴役、种族隔离等行为,在法律上都属于反人道罪的犯罪行为。如第二次世界大战后订立的《纽伦堡国际军事法庭宪章》第 6 条(c)和《远东国际军事法庭宪章》第 5 条(c)就分别确立了这种犯罪,《管制委员会第 10 号法案》第 2 条(c)也规定了反人道罪。其反人道罪的规定如下:

> "反人道罪,即,战前或战时针对任何平民人口实施的杀害、灭绝、奴役、驱逐,以及其它非人道行为,或,基于政治、人种或宗教理

---

[1] In the Confirmation of the Second Indictment againt Radovan Karazic and Ratko Mladic-the Srebrenica Indictment, UN Doc. IT-95-18-I, p. 4.

[2] 联合国文件 Prosecutor v. Kambanda, UN Doc. Case No. ICTR 97-23-S, para. 16.

[3] 卢旺达国际刑事法庭《规约》第 2 条。

由为实施法庭管辖权下的任何罪行而进行迫害或因为与之有关的原因而进行迫害,而不管在犯罪地国是否违反其国内法。"

前南斯拉夫国际刑事法庭《规约》也将一些具体行为规定为反人道罪,如:杀害、灭绝、奴役、放逐、监禁、酷刑、强奸,基于政治、人种和宗教理由而进行迫害,以及其它非人道行为,只要这些行为在国际性的或非国际性的武装冲突中实施,并且针对任何平民人口。

在这一定义中,"国际或国内武装冲突中所犯的针对平民的罪行"一语与"武装冲突"(committed in armed conflict)要素联系在一起,要求反人道罪只能发生在武装冲突中。这一规定与卢旺达国际刑庭又不一样。根据卢旺达国际刑事法庭《规约》的规定,该法庭对类似于杀害、灭绝、奴役、放逐、监禁、酷刑、强奸,基于政治、人种和宗教理由进行的迫害以及其它非人道行为具有管辖权,只要这些行为作为基于民族、政治、种族、人种或宗教理由而针对任何平民人口的广泛的或系统的攻击的一部分实施。

从反人道罪的国际立法过程来看,在类似于 murder, extermination 等具体行为方面没有什么争论或不同意见,但关于这些行为发生的大环境,即反人道罪行为究竟是只发生在武装冲突期间,还是应将和平时期也包括在内? 对此则有不同的意见。

前南国际刑事法庭在塔迪奇一案中认为:

"反人道罪并不需要与国际武装冲突存在联系,这是现在国际习惯法中一个确定了的规则。如同检察官指出的,国际习惯法可以根本就不需要反人道罪和任何冲突之间存在联系。这样,通过要求反人道罪应在国内或国际武装冲突中实施,安理会就把第5条中的罪行定义的比习惯国际法所需要的限度还要狭窄……。

第 5 条可以作为对国内或国际武装冲突期间发生的罪行进行管辖的基础而被援引。"①

以后,前南国际刑事法庭在反人道罪的定义上又进一步认为:"第二种情况,必须'直接针对任何平民人口'是反人道罪特有的一个要素。规约以宽泛的措辞对它做出规定,根据多数人的意见,它包含三个不同的组成部分。首先,罪行必须针对一个平民人口,特别是被做出这些行为的人确认为一个团体。其次,罪行必须在一个特定的程度上有组织而且是系统的。尽管它们不需要和一项建立在国家层面上的政策有联系,在措辞的常规意义上讲,它们不能是孤立的个人的工作。最后,罪行,作为一个整体考虑,必须具有一个特定的规模和严重程度。"②

国际刑事法院《规约》第 7 条也是关于"反人道罪"的规定。由于在这以前,对平民进行大规模或有系统攻击的反人道罪行为是否应仅被限制在战争时期还是应包括和平期间有不同的规定,所以在国际刑事法院成立的讨论过程中,意见不太统一。但国际社会最后决定不再要求有与"武装冲突"这一要素相联系。其第 7 条具体行文为:"为了本规约的目的,'危害人类罪'是指在广泛或有系统地针对任何平民人口进行的攻击中,在明知这一攻击的情况下,作为攻击的一部分而实施的下列任何一种行为"。

国际刑事法院《罗马规约》第 7 条在取消与武装冲突有联系的要素后,"大规模或有系统"攻击这两个因素就显得非常重要。因此,法院在《罪行构成要件》(Elements of Crimes)中进一步规定:"每项反人道

---

① Decision on Defence Motion for Interlocutory Appeal on Jurisdiction, Prosecutor v. Tadic, 2 October 1995, UN Doc. IT-94-1-T, paras. 141–142.

② Review of Indictment Pursuant to Rule 61, Prosecutor v. Nikolic, 20 October 1995, UN Doc. IT-95-2-R61, para. 26.

罪的最后两项要件,要描述行为发生时的必要背景情况。这些要件明确指出了必须是参加且明知系广泛或有系统地针对平民人口进行的攻击。"

前南国际刑事法庭关于"反人道罪"的定义,要求有武装冲突存在这一要素①。不管是国际性的或非国际性武装冲突,必须是构成反人道罪不可缺少的一个罪行构成要件。但卢旺达国际刑事法庭和国际刑事法院却没有这一要素。国际刑事法院将"反人道罪"定义为,具有"广泛或有系统地针对任何平民"进行的攻击,而且行为人"明知"这一攻击并作为攻击一部分而实施的如谋杀、灭绝、奴役或驱逐出境等行为。

另外,《罪行构成要件》还明确规定:对平民的"攻击"是指"大规模的"或是"有系统的"。这种"攻击"还不能局限在一般人所理解的"军事攻击"(military attack),而应被理解为针对平民而发动的运动或行动。另外,这一规定还用了"行为过程"(a course of conduct)一词。

《国际刑事法院规约》中关于"反人道罪"的定义(第7条)非常重要。在国际刑事法院成立之前,"反人道罪"还没有一个被国际社会普遍接受的定义,也没有任何国际条约清楚地规定关于该罪行的定义。反人道罪主要规定在第二次世界大战后成立的纽伦堡国际军事法庭和远东国际军事法庭的《宪章》、盟军司令部第十号法案以及其他特设国际刑事法庭的《规约》里面。但在所有这些规定中,不论是在罪行的构成要件还是在对犯罪行为的列举上,都存在着相当大的分歧。

如果对照以前的定义,《国际刑事法院规约》对"反人道罪"的定义具有以下几点新的突破:

第一,它不再要求"反人道罪"必须具有武装冲突这一要素。在国际刑事法院以前,所有二战后成立的特设法庭都要求反人道罪必须与

---

① 联合国前南国际刑事法庭《规约》第5条。

武装冲突有联系,即:该罪行只能发生在武装冲突期间。但《国际刑事法院规约》不再设这点限制。由此,反人道罪的犯罪时间可以是在战争过程中,也可以是在和平时期。

第二,国际刑事法院《规约》第7条规定:反人道罪的行为是对平民的攻击,这一攻击或者是"广泛的",或者是"有系统的"的。这样,在犯罪构成要件方面就取消了"广泛"与"有系统"两个条件必须同时满足的要求。

第三,国际刑事法院《规约》的定义并不要求迫害必须是出于反人道罪所列举的任何行为的动机。相反,迫害被作为犯罪行为的一种,包括在列举之中了①。另外该罪行的定义,还将罪行与犯罪行为人所担任的职务分离开,这就使得《国际刑事法院规约》对"酷刑"和"强迫失踪"的定义②与其他相关的人权条约相比③,显得更为广泛。

《国际刑事法院规约》第7条关于反人道罪的定义,与国际习惯法在该罪行方面的基本概念是相一致的。从国际刑事法院反人道罪的定义上可以看到,该罪行的范围、罪恶的程度和它的规模,都足以对国际社会构成危险,并对人类的良知引起震惊。这在对反人道罪的构成要件进行分析时应作为一个指导性的原则来考虑。

四、战争罪

战争罪(war crimes)在传统上是国际法的重要罪行之一。战争罪一词,涵盖着由国际公约和国际习惯法里许多被禁止的行为。它也是

---

① 《国际刑事法院规约》第7(1)(h)条。
② 《国际刑事法院规约》第7(2)(f)和(i)条。
③ 参见《禁止酷刑以及其他残忍的、不人道的和有辱人格的待遇和处罚的国际公约》(以下简称《反酷刑公约》),1984年12月10日,第1条;以及《保护任何人不受强迫失踪宣言》,联合国大会47/133号决议,1992年12月8日,序言第三段。

国际人道法整个法律体系在很长历史时期内的调整对象。

1. 惩治战争罪行的必要性

战争罪在历史上被认为是作战人员在国际武装冲突中违反战争法的行为。如果发生有战争罪行为,有关人员(其中也包括职位较低的人员)将会因为其不法行为而被审判和惩罚。当然犯有如此不法行为的人不仅会受到本国司法当局的起诉和惩罚,而且还可能受到敌国的起诉和惩罚。但战争的特殊性质,即战争的每一方都声明是为了保护国家的利益,又使得国家不愿起诉己方的将士。所以在历史上很长的一段时间内,都是战争取得胜利的一方在冲突结束以后,通过运用国际法上的"被动国籍原则"(principle of passive nationality),即为了保护本国受害者利益的原则,对战争中对方犯罪的人提起诉讼和实行惩罚。订立于1912年的英国"陆战作战手册"(Manual on Land Warfare)毫无掩饰地认为:"战争罪就是为了使敌方士兵(enemy soldier)和敌方平民(enemy civilians)在被俘时受到惩罚的一个专业术语表达(technial expression)。"[①]

随着国际法的发展,尤其是战争法或国际人道法的发展,使得国际社会认识到惩治战争罪的必要性与重要性。在所有国际犯罪种类中,与战争罪相关的国际法律文件的数量最多。它涵盖了广泛的禁止性规定和规范,具体说明、编纂或者阐明了习惯国际法,并规定违反这些文件将在国际法上受到起诉和惩罚。这些文件中最重要的有:

——1899年7月29日《关于陆地战争法与习惯公约》(第一次海牙和平会议);

——1907年10月18日《关于陆地战争法与习惯公约》(第二次海牙

[①] Col. J. E. Edmons and Prof. L. Oppenheim, *Land Warfare*, *An Exposition of the Laws and Usage of War on land for the Guidance of Officrs of His Majesty's Army* (London: His Majesty's Stationery Office, 1912), at 95, para. 441.

和平会议);

——1949 年 8 月 12 日四个《日内瓦公约》;

——1977 年 6 月 8 日《日内瓦公约的两个附加议定书》,等等。

这些国际法律文件都充分地编纂了战争罪的具体行为,并明确包含了其刑罚特征的规定。尽管对这些文件里规定的禁止性条款的执行还做不到完全和彻底,但这些规定至少表明,国际社会一直存在对犯有这类犯罪行为的人进行起诉和惩罚的要求。

1949 年四个《日内瓦公约》及其两个《附加议定书》是可适用规则的最综合性的编纂,而且具有最具体和最广泛的刑罚特征。"日内瓦规则"涵盖了"海牙规则",后者中的大部分规则已经纳入前者之中,反之亦然。在很大程度上,"日内瓦规则"被视为已经确立的习惯。《前南国际刑事法庭规约》、《卢旺达国际刑事法庭规约》,以及国际刑事法院管辖范围内的罪行均包括战争罪。

《前南国际刑事法庭规约》第 2 条是关于"严重违反 1949 年各项《日内瓦公约》的情事"(Grave breaches of the Geneva Conventions of 1949)的规定。根据这一规定,前南国际刑事法庭将对犯有 1949 年日内瓦公约中"严重违反"(grave breaches)行为的人进行起诉。这些"严重违反"具体为:

(a)故意杀害;

(b)酷刑或非人道待遇,包括生物实验;

(c)故意造成巨大痛苦,或给肉体或健康造成严重损伤;

(d)大量毁灭或占用财产,而并非为军事必要证明为正当,并且非法和肆意的实施;

(e)强迫战俘或平民在敌方部队中服役;

(f)故意剥夺战俘或平民获得公平正常审判的权利;

(g)非法地放逐或转移,或非法地监禁平民;

(h)劫持平民作为人质。

前南国际刑事法庭《规约》里之所以有关于1949年日内瓦公约中"严重违反"的规定,其理由主要是因为它在国际习惯法,尤其是在国际人道法方面的作用。联合国秘书长在法庭成立时向安理会提交的报告中解释了为什么要有这么一个条款,他声明说:

"日内瓦公约构成了国际人道法的规则并提供了适用于国际武装冲突的习惯法的核心(the core)。这些公约从人道角度规范战争行为用来保护特定种类的人(certain categories of persons):即,战地武装部队的伤者和病者;海上武装部队的伤者、病者和遇船难者;战俘及战争中的平民。

每个公约都包含一个条款列举被确认为'严重违反'(grave breaches)行为或战争犯罪(war crimes)。实施或下令实施严重违反的人将受到审判和惩治。日内瓦公约中包含的严重违反情形的清单将在下面条款中被援引(reproduced)。

安理会多次重申(eaffirmed),在前南斯拉夫境内实施或下令实施严重违反1949年日内瓦公约行为的人应作为个人为严重违反国际人道法的行为而承担责任(individually responsible)。[①]

除了关于1949年日内瓦公约中'严重违反'的规定以外,前南国际刑事法庭《规约》第3条还订立了关于'违反战争法和惯例的行为'(violations of the laws or customs of war)的规定。根据这一规定,该法庭将对犯有包括以下行为的人进行起诉:

(a)使用有毒武器或其它任何蓄意造成不必要痛苦的武器;

(b)肆意摧毁城市、集镇或乡村,或进行不能由军事必要证明

---

① Report of the UN Secretary-General, UN Doc. S/25704(1993), paras. 37-39.

为正当的毁灭；

(c)通过任何手段攻击，或轰炸不设防的集镇、乡村，住所或建筑物；

(d)夺取、摧毁或故意损害目的在于宗教、慈善和教育的机构，艺术和科学、历史纪念物，以及艺术和科学作品；

对于前南国际刑事法庭为什么要惩治'违反战争法和惯例的行为'，联合国秘书长特地作了说明，认为1907年关于陆战法规和习惯的海牙公约及其附件包含了次等重要领域(second important area)的国际人道法、条约法规则，这些规则现已成为国际人道法总体的一部分(part of the body of international customary law)。

纽伦堡法庭认为，海牙公约中的许多规则虽然在它们通过时还比较新颖(innovative)，但到了1939年时，这些规则已被所有的文明国家(by all civilized nations)所承认，并且被认为宣示了战争法和战争习惯(customs of war)。纽伦堡法庭认为纽伦堡宪章第6条C款定义中的战争罪也已经被承认是国际法上的战争罪，在海牙公约中已被规定。因此，如果犯有这些行为的人就应被惩治(punishable)。

海牙公约还含有1949年日内瓦公约中国际人道法诸项规定。然而，海牙公约也承认交战方进行交战的权利不是没有限制的(not unlimited)，陆战规则禁止在战争中使用某些特定的作战方法(certain methods of waging war)。"[1]

1994年，当联合国国际法委员会向联合国大会提交关于《国际刑

---

[1] Report of the UN Secretary-General, UN Doc. S/25704(1993), paras. 37-39.

事法院规约》草案时,其中就包括有战争罪[①]。以后,在讨论成立国际刑事法院的过程中,尽管对战争罪的构成要件有各种各样的建议,对适用战争罪的武装冲突性质有不同的争论,然而在关于战争罪应该是国际刑事法院管辖范围内的核心罪行这个问题上,却从来没有引起过任何争论和疑问。

2. 战争罪与国内性武装冲突

战争罪在传统国际法中仅仅适用于国际性的武装冲突。然而随着国际法的发展,尤其是因为国际刑法和国际人道法的发展,战争罪适用于国内性武装冲突也被国际社会所承认和接受。这方面最显著的例子,就是当1994年在卢旺达发生的种族灭绝和其他严重违反国际人道法行为时,联合国安理会成立了卢旺达国际刑事法庭,以对这些违法行为负责的人进行惩治。卢旺达国际刑事法庭要处理的这些罪行,都发生在卢旺达的国内性的武装冲突中。

1994年,联合国安理会通过第955号决议,决定成立卢旺达国际刑事法庭,以对1994年期间在卢旺达国内武装冲突中所犯种族灭绝行为和其他严重违反国际人道法行为的人进行起诉并追究刑事责任。卢旺达国际刑事法庭《规约》第4条具体规定:该国际刑事法庭将对违反1949年《日内瓦公约》的共同第三条和日内瓦公约1977年《第二附加议定书》的人进行起诉。而这些法律文件,都要仅仅适用于非国际性的武装冲突。这一规定对论证战争罪可以发生在一国国内的武装冲突中,国家可以在"普遍管辖权"的基础上对战争犯罪人进行起诉和追究刑事责任有着重要的意义。它对国际法中战争罪概念的发展,起了相当大的推动作用。

[①] Report of the International Law Commission on the Work of its Forty-Sixth Session, Draft Statute for an International Criminal Court, 2 May-22 July 1994, UN Doc. A/49/355 (1994), article 20.

2002年7月1日正式成立的国际刑事法院《规约》第8条,是关于"战争罪"的条款。该条款规定:"为了本规约的目的,'战争罪'是指:

严重破坏1949年8月12日《日内瓦公约》的行为,即对有关的《日内瓦公约》规定保护的人或财产实施下列任何一种行为:

(1)故意杀害;

(2)酷刑或不人道待遇,包括生物学实验;

(3)故意使身体或健康遭受重大痛苦或严重伤害;

(4)无军事上的必要,非法和恣意地广泛破坏和侵占财产;

(5)强迫战俘或其他被保护人在敌国部队中服役;

(6)故意剥夺战俘或其他被保护人应享的公允及合法审判的权利;

(7)非法驱逐出境或迁移或非法禁闭;

(8)劫持人质。"

上述规定是1949年四个《日内瓦公约》中"严重违反"的行为。由于《日内瓦公约》在整体上是一个适用国际性武装冲突的法律文件,所以只是适用于国际性的武装冲突。但由于卢旺达国际刑事法庭及国际人道法整体的发展,《罗马规约》第8条"战争罪"除规定适用于国际性武装冲突外,还有适用于非国际性武装冲突的规定:"在非国际性武装冲突中,严重违反1949年8月12日四项《日内瓦公约》共同第三条的行为,即对不实际参加敌对行动的人,包括已经放下武器的武装部队人员,及因病、伤、拘留或任何其他原因而失去战斗力的人员,实施下列任何一种行为"。

因此,国际刑事法院管辖下的战争罪既有"严重违反国际法既定范围内适用于国际武装冲突的法规和惯例的其他行为"等,同时也包括有"在非国际性武装冲突中,严重违反1949年8月12日四项《日内瓦公约》共同第三条的行为,即对不实际参加敌对行动的人,包括已经放下武器的武装部队人员,及因病、伤、拘留或任何其他原因而失去战斗力的人员"的行为,如"对生命与人身施以暴力,特别是各种谋杀、残伤肢体、虐待及酷刑","损害个人尊严,特别是侮辱性和有辱人格的待遇","劫持人质"或"未经具有公认为必需的司法保障的正规组织的法庭宣判,径行判罪和处决"等。

战争罪既包括国际性武装冲突中犯下的罪行,也包括一国国内武装冲突中所犯下的罪行。这在国际法上是一个重要突破。由于国际刑事法院是一个常设机构,它对世界所有国家所犯战争罪都具有管辖权。因此,它的这一规定对国际法发展将产生深远影响。

如果把上述所有关于战争罪的罪行基本构成要件概括起来,战争罪行一般性的构成要件主要有:

(1)犯有国际条约或国际习惯法中所禁止行为其中之一;

(2)这一行为发生在武装冲突中;

(3)犯有该行为的人,与武装冲突中的某一方有某种联系;

(4)行为的受害者,属于中立或属于武装冲突中另外一方。

概括地说,在战争罪定义下,有些行为被国际性的武装冲突所禁止,有些被国内性质的武装冲突所禁止,而有些则被所有性质的武装冲突所禁止。在国际刑事法院成立10周年时,即2012年5月14日,该法院作出了第一份判决[①],裁定被告卢班加(Lubanga)犯有战争罪,具体罪行就是在刚果发生的武装冲突中招募、征召和使用15岁以下的儿童。在国际刑事审判的历史上,这还是第一次裁定被告犯有如此的战争罪行。

卢班加在审判前曾是"刚果爱国阵线"(UPC)和"刚果爱国解放力量"(FPLC)的创始人和总司令。这两个组织深深地卷入了发生在刚

---

① Prosecutor v. Lubanga, Case No. ICC-01-04-01-06, Judgment Pursuant to Article 74 of the Statute (Mar.14, 2012).

果的武装冲突,而这场冲突给成千上万的平民带来了浩劫和灾难。2004年,刚果政府向国际刑事法院提交了关于本国发生的情势后,国际法院的检察官展开调查,其后对卢班加和另一嫌疑人发出了逮捕令,并对他们提出了指控。①

在刚果发生的武装冲突中,儿童的境遇是非常惨的。审理中的不少证据表明,不少15周岁以下的儿童,无论他们愿意还是不愿意,都被招募到武装组织里担任卫兵、苦工劳力和作战人员,其中许多人还时不时地遭受暴力或严厉的惩罚②。有一年龄只有12岁的女孩,在军队里遭受了性虐待而导致怀孕、流产、并受到污辱和身心创伤(第890－895段);还有一名被称为"妻子"的女孩,由于饱受军官的凌辱而整夜哭泣(第894－894段,脚注)③。

根据《罗马规约》第8条第2款5项的规定,"严重违反国际法既定范围内适用于非国际性武装冲突的法规和惯例的其他行为,即下列任何一种行为:(7)征募不满15岁的儿童加入武装部队或集团,或利用他们积极参加敌对行动。"

上述规定关于儿童加入武装部队方面共含有三种不同的行为,即:招募,征召和使用。"招募"是强制性的,但"征召"则是自愿性质的。然而,如果考虑到15周岁以下的儿童还不具备选择是否参与战争的能力,所以无论他们是否自愿,只要将15岁以下的孩子纳入军队就都是犯法的(第618段)。至于使用,法庭把"利用他们积极参加敌对行动"

---

① Prosecutor v. Lubanga, Case No. ICC-01/04-01/06, Decision on the Confirmation of Charges 156－157(Jan.29,2007)(reported by mark A.Drumbl at 101 AJIL 841(2007)).

② Prosecutor v. Lubanga, Case No. ICC-01-04-01-06, Judgment Pursuant to Article 74 of the Statute (Mar.14, 2012), paras. 883－889.

③ Prosecutor v. Lubanga, Case No. ICC-01-04-01-06, Judgment Pursuant to Article 74 of the Statute (Mar.14, 2012), paras. 890－895.

这一阶段解释为让孩子们"置于可能成为攻击目标的危险"(第628段)[①]。法庭如此解释,其用意当然是为了尽可能地在武装冲突中保护还未成年的孩子。

五、侵略罪

侵略罪(crimes of aggression)可以说是在国际刑事诉讼机构起诉的所有罪行中最具争议、在法律上也是最为复杂的罪行。

1."侵略罪"定义的困惑

在国际刑法的历史上,除了第二次世界大战后纽伦堡与东京国际军事法庭曾对德国和日本法西斯以反和平罪进行起诉、审判和定罪以外,其后所有国际刑事司法机构还从来没有就"侵略罪"行使管辖权。直到国际刑事法院在2002年7月1日成立以后,才又开始成立关于"侵略罪"工作组,研究该罪行的定义问题。如果要探究长期以来为什么没有关于侵略罪的案例,其主要原因就是国际法迄今为止还没有一个国际社会能普遍接受的关于侵略罪的定义。

二战同盟国在1943年11月1日的《对德国暴行宣言》中表示,他们将承担起诉和处罚战犯的责任和义务。以后在1945年8月8日的关于起诉和惩治欧洲轴心国主要战犯的协定的《伦敦宪章》和1946年1月19日《远东国际军事法庭宪章》中履行了惩治战犯的承诺,从而成功地对德国纳粹分子和日本法西斯分子进行了审判。在这些法律文件里,反和平罪(侵略罪)的定义为:"计划、准备、发动或进行一场侵略战争或一场违反国际条约、协议或保证的战争,或为前述任何行为而参加共同计划(common plan)或共谋(conspiracy)"的行为。

[①] Prosecutor v. Lubanga, Case No. ICC-01-04-01-06, Judgment Pursuant to Article 74 of the Statute (Mar.14, 2012), paras. 618, 628.

在纽伦堡与东京国际军事法庭的诉讼审判中,虽然订有关于反和平罪(侵略罪)的规则,也成功地进行了审判,但还是缺乏明确处罚战争犯罪的法律禁止性的规定。不少指控"反和平罪"的证据,似乎更能证明是战争罪的行为。所以,在二战结束以来,国际社会还未就什么是侵略罪达成普遍共识。

传统国际法上关于"正义"战争与"非正义"战争的观念,在联合国成立的时候被反映在1945年国际社会所起草和通过的《联合国宪章》里面。该《宪章》第2条第4款明确禁止对他国使用武力。《宪章》明确禁止对他国使用武力。其后,联合国大会在1974年12月14日通过《关于侵略罪的定义》。但尽管如此,从国际法渊源角度来说,联合国大会的文件还不是一份对国家具有约束性的国际文件。

没人能否认侵略是破坏力最大、国际法上最严重的罪行。联合国国际法委员会1994年向联合国大会提交《国际刑事法院规约》草案里也有侵略罪行,但它没有对该罪行的定义提出任何具体的建议。国际法委员会将定义问题,留给各国通过谈判解决,因为它认为在"侵略罪"方面不存在任何较为实际、可被国家所接受的定义[1]。最后国际法委员会在草案中规定:任何关于侵略罪或与侵略罪有关的司法诉讼程序,都不在国际刑事法院被提起,除非联合国安理会已经作出判断,认为某个国家已经实施了侵略行为。

在讨论成立国际刑事法院的过程中,主权国家之间没能就侵略罪定义达成共识。非洲和阿拉伯地区一些国家主张在联合国大会第3314号决议的基础上,作出一个较为广泛的定义[2]。而其他国家则建议订立一个既能体现联大会议决议中的要点,又能反映国际刑事法院

---

[1] (1995) 2 Year Book of International Law Commission, Part 2, 38-39.
[2] For details, see UN Doc. A/CONF. 183/C.1/L.37 and A/CONF/183/C.1/L.56.

的司法程序需要的一个定义。但在罗马外交会议上还没能找到一个各方面都能接受的、折衷的定义。所以,主席团最后在1998年7月10日向外交大会提交了一个草案,建议在《国际刑事法院规约》有关该法院所管辖的罪行中,暂时不包括侵略罪,而将它留给法院成立后的缔约国大会审查决定。不结盟国家也提出了一个决议草案,建议在《国际刑事法院规约》所管辖的罪行中,先包括侵略罪,但关于该罪行的定义,再由缔约国大会进行讨论决定[①]。

2."侵略罪"定义上的突破

《罗马规约》第123条1款规定,在该《规约》生效七年后,缔约国大会审查会议将考虑对《规约》进行修订,内容包括第5条中的罪名列表。虽然《罗马规约》对此没有特别的规定,但在国际刑事法院的缔约国当中,要审议关于侵略罪的条文草案,似乎越来越成为一个普遍的共识。

《罗马规约》于2002年7月1日正式生效。在该《规约》生效后的七年里,侵略罪工作组经过努力,起草了一个定义。2010年6月12日,在乌干达首都坎帕拉召开的会议上,国际刑事法院成员国通过了一项修正《罗马规约》的决议(Resolution RC/Res.6),将侵略罪的定义和法院对之行使管辖权的条件写入了《规约》[②]。从而也引起了《罗马规约》与《联合国宪章》之间的协调问题。

根据《联合国宪章》第39条的规定,安理会有权"断定任何和平之威胁、和平之破坏或侵略行为之是否存在",因而对侵略行为可以说是具有专属权力。正是因为这一点,《罗马规约》第5条2款也规定,制定侵略罪的条款应符合《联合国宪章》的相关规定。然而,就在乌干达首都坎帕拉召开的国际刑事法院成员国缔约国会议上,通过了一项决议,

---

① 联合国文件,A/CONF.183/C.1/L.75。
② 凤凰网:http://news.ifeng.com/world/detail_2010_06/12/1616808_0.shtml 。浏览于2011年7月2日。

缔约国以协商一致的方式同意"删除《罗马规约》第5条第2款",[①]并同意增加第8条之二、第15条之二和之三。

在新增加的第8条之二当中,《罗马规约》对"侵略罪"定义如下:

"1.为了本规约之目的,'侵略罪'是指能够有效控制或指挥一个国家的政治或军事行为的人策划、准备、发动或实施一项侵略行为,此种侵略行为依其性质、严重性和规模,构成对《联合国宪章》的明显违反。

2.为了第1款之目的,'侵略行为'是指一国使用武力侵犯另一国家的主权、领土完整或政治独立,或以与《联合国宪章》不符的任何其他方式使用武力的行为。根据1974年12月14日联合国大会3314(XXIX)号决议,下列任何行为,无论是否宣战,都构成侵略行为:

(a)一国的武装部队对另一国实施的入侵或攻击,或此种入侵或攻击导致的任何军事占领,无论其如何短暂,或使用武力对另一国领土或部分领土实施的兼并;

(b)一国的武装部队对另一国的领土实施轰炸,或一国使用任何武器对另一国领土实施侵犯;

(c)一国武装部队对另一国的港口或海岸实施封锁;

(d)一国的武装部队对另一国的陆、海、空部队或海军舰队和空军机群实施攻击;

(e)动用一国根据与另一国的协议在接受国领土上驻扎的武装部队,但违反该协议中规定的条件,或在该协议终止后继续在该

---

① 第RC/Res.6号决议,于2010年6月11日在国际刑事法院缔约国大会第13次全体会议上以协商一致通过,出处同上。

领土上驻扎；

（f）一国允许另一国使用置于该另一国处置之下的领土对第三国实施侵略行为；

（g）一国或以一国的名义派出武装团伙、武装集团、非正规军或雇佣军对另一国实施武力行为，其严重程度相当于以上所列行为或一国大规模介入这些行为。"

在《罗马规约》第15条之二增加的"对侵略罪行使管辖权"的条文则规定：

"1.在不违反本条规定的情况下，法院可根据第13条第1项和第3项对侵略罪行使管辖权。

2.法院仅可对修正案获得30个缔约国批准或接受一年后发生的侵略罪行使管辖权。

3.法院根据本条对侵略罪行使管辖权，但需由缔约国在2017年1月1日后以通过本规约修正案所需的同样多数做出一项决定。

4.法院可以根据第12条对产生于一缔约国的侵略行为的侵略罪行使管辖权，除非该缔约国此前曾向书记官长做出声明，表示不接受此类管辖。此种声明可以随时撤销，且缔约国必须在三年内考虑撤销此类声明。

5.对于非本规约的非缔约国，法院不得对该国国民所实施的或在该国领土上所实施的侵略罪行使管辖权。

6.如果检察官认为有合理根据对侵略罪进行调查，他/她应首先确定安全理事会是否已认定有关国家实施了侵略行为。检察官应将法院处理的情势，包括任何有关的资料和文件，通知联合国秘书长。

7.如果安全理事会以做出此项决定,检察官可对侵略罪进行调查。

8.如果此项决定在通知日后6个月内仍未做出,检察官可以对侵略罪进行调查,前提是预审庭已根据第15条规定的程序授权开始对侵略罪进行调查,并且安全理事会没有根据第16条做出与此相反的决定。

9.法院以外的机构认定侵略行为不妨碍法院根据本规约自行得出的结论。

10.本条不得妨碍关于第5条所指其他罪行行使管辖权的规定。"

《罗马规约》第15条之三增加的条文则明确规定:

"……

4.法院以外的机构认定侵略行为不妨碍法院根据本规约自行得出的结论。

5.本条不得妨碍关于第5条所指其他罪行行使管辖权的规定。

5.在《规约》第25条第3款后增加以下条文:

3之二. 就侵略罪而言,本条规定只适用于能够有效控制或指挥一国的政治或军事行动的人……"

按照现在通过的修正案的规定,如果国际刑事法院的检察官认为有合理根据对侵略罪进行调查,他(她)首先确定安全理事会是否已认定有关国家实施了侵略行为。如果安全理事会已做出认定,检察官就可对侵略罪进行调查。但如果在通知日后安理会六个月内没有做出认定,检察官可对侵略罪进行调查,前提是预审庭已根据第 15 条规定的程序授权开始对侵略罪进行调查,而且安全理事会没有根据第 16 条做出与此相反的决定。所以从这意义上讲,原来联合国安理会对侵略行为专属的认定权其实是被削弱了。

从道理上讲,由国际刑事法院检察官认定是否存在侵略行为未必不可行。以往的实践表明,联合国安理会对侵略行为的认定机制上本身就存在缺陷。由于联合国安理会常任理事国的否决权,如果侵略是由常任理事国之一或其盟友实施时,安理会的表决认定机制必然会瘫痪。此外,从法律上讲,联合国安理会对侵略行为的认定并非一定胜于检察官的调查。但现在问题是:《联合国宪章》优先于所有其他国际法文件,如果它存在不妥之处,那为什么不首先对《联合国宪章》进行适当的修订,以形成一个在认定侵略上进行良性配合的机制呢?

不过,根据修正案,国际刑事法院对侵略罪如要切实行使属时管辖权,它要在修正案获得 30 个缔约国批准或接受一年后发生侵略罪时才能行使管辖权。而且,国际刑事法院对侵略罪实际行使管辖权要在 2017 年 1 月 1 日以后做出的一项决定中才加以规定。国际刑事法院对侵略罪真正要行使管辖权,还须经过相当长的时间才能实现。然而,关于"侵略罪"定义的制订显示了国际法的新发展,即:国际刑事法院在国际秩序方面将要发挥它与联合国安理会分庭抗礼的影响和作用。

第三章 国际刑事诉讼法的法律渊源

国际刑事诉讼所适用法律问题,就是法律渊源。所谓"渊源"(sources),原意是指"河水的源头"。但被用来作为法律术语时,则是指法律的来源。国际刑事诉讼法的渊源,主要是指国际诉讼活动所遵循的有效法律规范所形成的方式。审判日本前首相东条英机、南斯拉夫总统米洛什维奇或卢旺达前总理坎班达等的过程,其实就是适用法律的过程。当一国国内法庭审理案子时,适用的是自己国家制订的法律,但国际刑事法庭适用的法律是从什么地方来的呢?

国际刑法是国际法的一个组成部分。所以国际刑事诉讼适用的法律与国际法一样,同样是国际条约、习惯国际法和世界主要法律体系承认的法律一般规律。至于国际法庭的决定、国内法院的判决和国际法律学说等,它们虽然不能用作主要的法律渊源,但却可以被用作确定法律的辅助手段。

第一节 法律适用的基本概念

世界上很多国家为了使本国法庭对国际罪行具有管辖权,就通过立法将一些国际犯罪行为定为罪行,并规定本国法庭对这些罪行如何进行审判要遵循的规则。比如,我们中国为了审判日本军国主义分子的战争罪行,就曾在1946年的《刑法典》中专门制订了"战争罪"。所以是否要对国际罪行进行惩治?或要通过什么样的程序,以及如何对国际罪行进行惩治？很大程度上取决于各国的法律理念和法律制度。国际刑法追究和惩治的是国际罪行。这些罪行被规定在国际条约或国际惯例里，国家因此而负有国际责任和义务，这为国际社会起诉并惩治国际罪行提供了一个合法的前提条件。

关于国际法"渊源"，在国际法领域被引用最为广泛的是《国际法院规约》第38条第1款。这条规定本来是为了确定国际法院自己审理案件的法律依据，但由于被引用广泛，在国际法上已被认为是对国际法渊源的最具权威的声明。《国际法院规约》第38条第1款规定如下：

> "法院对于陈诉各项争端，应依国际法裁判之，裁判时应适用：
> (1)不论普通或特别国际条约，确立诉讼当事国明白承认之规条者。
> (2)国际习惯，作为通例之证明而经接受为法律者。
> (3)一般法律原则为证明各国所承认者。
> (4)在第59条规定之下，司法判例及各国权威最高之公法学家学说，作为确定法律原则之辅助资料者。"

根据国际法院《规约》的这条规定，国际法渊源可分为主要渊源和辅助渊源。国际法规范的普遍形式是国际条约、国际习惯和国际法一般性原则，还有与国际法规范有联系的其他形式，如国际性司法判例、著名国际法学家的学说等。

国际刑事诉讼所适用的法律与国际法一样，其最主要的渊源就是国际条约、习惯、一般原则和最权威的公法学家的学说。然而，由于这里的渊源有好多个，其中就必然还有一个先后顺序问题。

关于国际刑事法院适用的法律，《罗马规约》第21条规定如下：

"(一)本法院应适用的法律依次为:

1. 首先,适用本规约、《犯罪构成要件》和本法院的《程序和证据规则》;

2. 其次,视情况适用、可予适用的条约及国际法原则和规则,包括武装冲突国际法规确定的原则;

3. 无法适用上述法律时,适用本法院从世界各法系的国内法,包括适当时从通常对该犯罪行使管辖权的国家的国内法中得出的一般法律原则,但这些原则不得违反本规约、国际法和国际承认的规范和标准。

(二)本法院可以适用其以前的裁判所阐释的法律原则和规则。

(三)依照本条适用和解释法律,必须符合国际承认的人权,而且不得根据第七条第三款所界定的性别、年龄、种族、肤色、语言、宗教或信仰、政见或其它见解、民族本源、族裔、社会出身、财富、出生或其他身份等作出任何不利区别。"

《罗马规约》第21条与国际法院《规约》第38条,在其制订的方式和内容方面有相似的地方,但也有明显的不同。首先,不同于国际法院《规约》第38条,国际刑事法院《罗马规约》的这条规定明确了国际刑事法院在适用法律上的层次步骤和先后次序,即:国际刑事法院在其司法实践中,将首先适用《罗马规约》、《犯罪构成要件》和《程序与证据规则》;其次是国际法上有关的条约及国际法原则和规则,其中包括在武装冲突中适用的国际法规则;然后,在无法适用上述规则时,就适用从世界各法系的国内法,包括国内法中通常对该罪行行使管辖权时的一般法律原则,但这些原则不得违反《罗马规约》、国际法和国际承认的法律原则和规则。除此以外,国际刑事法院《规约》规定还可适用其以前判决中所阐释的法律原则和规则。

第二节 国际条约

条约(international treaties)在国际法中占有非常重要的位置。从某种意义上讲,整个国际关系都是建立国家同意与否的基础之上,条约则体现了国家相互之间同意的内容。

国际条约是国际法主体之间就权利义务关系所缔结的书面协议。谈到国际法渊源,首先要提国际条约。国际条约与国际刑法的关系又是显而易见的,因为国际军事法庭的《宪章》、国际刑事法庭或国际刑事法院的《规约》等,都属于国际条约的一部分。甚至连依照《联合国宪章》第七章设立前南和卢旺达国际刑事法庭的联合国安理会决议,都属国际条约的范畴。在国际刑法的实践,不时要适用对这些国际刑事司法机构的基本法律文件进行解释所依据的法律,即1969年《维也纳条约法》。当然,条约法本身也属于国际条约。

一、"条约必须遵守"原则

"条约必须遵守"是一项重要的国际法习惯规则。《联合国宪章》序言申明,各国应"尊重由条约与国际法其他渊源而起之义务。"1969年《条约法公约》明确规定,"凡有效之条约对其各当事国有拘束力"。除许多重要的国际法文件外,一些国际判例也确认了这一规则。例如,1910年常设仲裁法庭在"北大西洋渔业仲裁案"中指出,每个国家均应该诚实履行其所负条约之义务。因此,条约被认为构成了现代国际法首要的渊源。

国际刑法学者谢里夫·巴西奥尼(Sherif Bassouini)教授指出:"国际法为国际刑法的法律渊源提供了属物原则、属人原则,以及国际实施义务,它们将适用于直接实施体制(direct enforcement system),以及非直接实施体制。"①

国际刑事诉讼活动中的不少规则都来自国际条约。上述所引的《罗马规约》,就是国际社会于 1998 年 7-8 月在意大利罗马通过外交大会谈判而制订的一个多边性质的国际条约。它现在已被看作国际刑法的主要渊源。

国际刑法中不少实体法或程序法的规则源自国际条约,这点可以说是随处可见。例如,前南国际刑事法庭《规约》第 2 条,是关于"严重违反 1949 年日内瓦公约行为"的罪行,根据该条规定,"国际法庭将有权力起诉严重违反或下令惩罚严重违反 1949 年 8 月 12 日日内瓦公约的人,严重违反即下列针对相关《日内瓦公约》条款保护的人或财产的行为。所以,其中具体的一犯罪行为,如"故意杀害"、"酷刑或非人道待遇,包括生物实验"、"故意对身体或健康造成巨大痛苦或严重伤害",以及"劫持平民作为人质"等,都是从 1949 年制定的日内瓦四公约中来的。

卢旺达国际刑事法庭《规约》第 4 条,是关于"违反 1949 年《日内瓦四公约》共同第三条及其第二附加议定书行为"的罪行。根据这条规定,"卢旺达国际法庭将有权力起诉严重违反或下令惩罚严重违反 1949 年 8 月 12 日保护战争受难者日内瓦公约共同第三条以及 1977 年 6 月 8 日第二附加议定书的人。"该条款里所规定的"违反行为"(violations),如"对人的生命、健康以及肉体或精神福祉(well-being)的暴力,除了作为诸如酷刑、截肢或任何形式的肉体惩罚等残酷待遇外,特别是杀害"、"集体惩罚"、"劫持人质"、"恐怖主义行为",以及"抢劫"

---

① Charif Bassiouni, Introduction to Internaitonal Criminal Law, Transnational publishers, Inc. Ardsley, New York, 2003, p.8.

等……,也都是1949年日内瓦四公约共同第三条及其第二附加议定书里所规定的、属于严重违反国际人道法的行为。

另外,不管是前南国际刑事法庭,还是卢旺达国际刑事法庭或国际刑事法院等,它们管辖的国际罪行里都含有"种族灭绝罪"。举例说,前南国际刑事法庭《规约》第4条就是关于该罪行的规定。根据这一规定的第1款,"国际法庭将有权力起诉实施本条第2款规定的灭绝种族或实施本条第3款列举的任何其他行为的人。"接着第2款规定,"灭绝种族系指蓄意全部或局部消灭某一民族、人种、种族或宗教团体,犯有下列行为之一者:(a)杀害该团体的成员;(b)致使该团体的成员在身体上或精神上遭受严重伤害……第3款规定不仅要惩治"灭绝种族"本身,而且还要惩治"预谋(conspiracy to commit)灭绝种族","直接公然煽动(direct and public incitement to commit)灭绝种族","意图(attempt to commit)灭绝种族",以及"共谋(complicity)灭绝种族"等行为。

所有上述国际刑事司法机构里关于"种族灭绝罪"的定义和规定,又都是从1948年关于《预防及惩治种族灭绝罪国际公约》来的,正如联合国秘书长在设立前南国际刑事法庭时所解释的:

> "1948年防止及惩治种族灭绝罪公约确认种族灭绝罪,不管是在和平时期还是战时实施,都是国际法下的一项罪行,为此个人应被审判和惩治。今天公约被认为是习惯国际法(international customary law)的一部分,这在1951年国际法院关于防止及惩治灭绝种族罪公约保留案的咨询意见中显示出来。
>
> 灭绝种族罪公约中的相关规定在规约的相应条款中被复制,并被规定如下(如第四条中的那样)。"[1]

---

[1] Report of the Secretary-General, UN Doc. S/25704, paras. 45-46.

在国际刑法中,条约法和习惯法之间存在着一种紧密的联系。在国际刑法范围内,许多条约都明确地对习惯法进行了法典化。上述各国际诉讼机构在其《规约》中对犯罪的定义就是一例。在这个联系中可以看到,国际条约是形成习惯法规范的出发点,条约的条文成了明确习惯性法律规则的轮廓,1949年《日内瓦公约》共同第三条就是一例。

二、条约与程序规则

这里需要强调的是,国际条约不但提供关于国际刑法实体法的国际罪行等方面的规定,而且还提供了程序方面的规则。

自第二次世界大战结束以来,国际法在保障人权方面有了很大的发展。二战刚结束后不久制订的《世界人权宣言》第8条规定:"任何人都有在有管辖权的国家的法院,根据由宪法和法律授予其针对侵犯基本人权的行为寻求救济的权利。"在1966年联合国《公民权利和政治权利公约》中,这一原则得到了进一步的肯定。《公民权利和政治权利公约》第2条规定:

"每一个公约的缔约国应采取措施,尊重并且保证在其领土和管辖范围内的所有个人由本公约确认的权利,不得因其种族、肤色、性别、语言、宗教、政治观点和其他观念、民族和社会来源、财产、出身以及其他状况的差别而有所不同。"

还有,"每一个缔约国应采取措施:(a)保证任何人在本公约确认的权利和自由受到侵犯的时候,应有权寻求有效的救济,即使侵犯其权利的人是以官方身份行事;(b)保证任何寻求这一救济的人由有权的司法行政和立法机关,以及根据其国内法规定有权的机关向其提供救济,并且发展司法救济的可能性;(c)保证有权机关应强制执行授予其的救济措施。"根据上述规定,国家提供救济的对象为在其境内或其管辖下的任何个人。

由于国际人权法的发展,所有国际刑事司法机构的法律文件中都有关于被告权利的规定。前南国际刑事法庭《规约》第 21 条规定,"在国际法庭面前人人平等。""被告在裁定对他的控告的过程中有权在符合《规约》第 22 条的情况下得到公平和公正的审判。"以及"在根据本《规约》的规定证明被告有罪前须假设其无罪。"等等。

其实,前南国际刑事法庭《规约》第 21 条里面所规定的被告的基本权利,如"用一种他所了解的语言迅速和详细地通知他被指控罪行的性质和原因","有足够的时间和条件为自己的辩护做准备以及与他自己选择的律师联系",以及"无不当迟延的审判"等,都是从 1966 年联合国《公民权利和政治权利国际公约》中来的,正如联合国秘书长在向联合国安理会提交的报告中所声明的:

"国际法庭必须充分尊重涉及诉讼所有阶段上被告人权利的国际公认的标准,这是不证自明的(axiomatic)。在(联合国)秘书长看来,这些国际公认的标准特别地包含在《公民权利和政治权利国际公约》第 14 条之中。"[1]

从所有这些规定可以看到,国家应为在其境内或管辖下的受害者提供救济,在国际法上有义务调查、起诉、审判大规模侵犯人权的行为,其中当然也包括健全司法制度以便对犯有严重国际法罪行的人进行起诉和审理。国际人权法的发展加强了国际社会中关于人权价值的观念。

毋庸置疑,条约是可以将个人确定为责任或义务的承担者,但这并不意味着像 1949 年《日内瓦公约》这样条约的每条规定都可将刑事责

---

[1] Report of the Secretary-General, UN Doc. S/25704, para. 106.

任归咎于个人。只有那些条约明文规定适用于个人的,才会引起个人的刑事责任。而有些具有惩治性质的国际公约,如那些要求国家将恐怖袭击、毒品交易和劫持等确定为非法行为的国际公约,并不被认为当然地要求追究个人的刑事责任。

第三节 国际习惯

在缺乏一个世界性立法机构的情况下,习惯法在国际诉讼活动中继续发挥着决定性的作用。国际刑事诉讼规则是国际法的一个组成部分,它在很大程度上依赖于习惯法。

从法律上讲,国际习惯就是指"各国重复类似的行为而具有法律拘束力的结果"①。一旦在法律上被认可是习惯法,就对世界上所有国家产生拘束力。国际习惯是国际法古老的渊源。它是各国重复类似的行为而产生的具有法律拘束力的行为规则,是国家间默示的协议。

一、习惯的基本要件

从法律角度看,国际习惯的形成必须具备以下两个要件:

(1) 物质要件,即必须有通例的存在,有各国重复的类似的行为。一般地,它要求时间上连续适用、空间上的普遍适用、数量上的多次不断重复和方式上的对同类问题采取一致的做法。

(2) 心理要件,即法律确信(opinio juris)。惯例被各国视为法律规则而具有拘束力。

国际法院曾在北海大陆架案中认为:"不仅行为必须表示为一致的

---

① Ian Brownlie, *Principles of Public International Law* (Fourth Edition), Clearendon Press, Oxford, 1989, p. 4.

通例；更须证明此种通例是一种法律规则，即必须遵守之的信念；当事国必须有履行一种法律义务的感觉，而非仅单纯出于礼让或传统的考虑。"①

国际法院在"庇护案"判决中还认为："依赖习惯的一方必须证明这个习惯已经具有习惯法上的拘束力。哥伦比亚政府必须证明其所援引的规则始终为有关国家实行的经常与一致的惯例，且此项惯例表现在属于给予庇护国的权利与当地国负有的义务上……当一个常被国家实行的国际行为被认为是法律上有拘束力或具有法律上的权利时，自这个行为中可以抽出的规则就可被认为是习惯国际法的规则。"②

所以，习惯法在客观上的组成部分就是国家实践。它能够从国家官方行为中得到确定。当然，这种实践必须是统一的、广泛的和长期的。国际法院的决定和国际组织的实践，也为这种实践提供了非直接的证据和有关国家的信念，对习惯国际法做出了贡献。

国际习惯与条约不同，是一种"不成文"法。为了证明某项规则已经确立为国际习惯，就必须从国际关系中查找证据，就得按上述两项要件来加以证明。通常来说，这种证据存在于各国外交文件和国家、国际组织及国际会议的有关文献资料之中。当然，"证明"对国家多有不便，加之国际习惯的形成多有一个漫长的过程，因此，在现代国际法上，条约已取代习惯成为首要的国际法渊源。但由于条约只对当事国有效，且其内容不可能包罗万象，所以在没有条约调整的领域里还有赖于习惯来调整。

在现代国际法上，许多条约本身就是在习惯规则的基础上编纂而成的；同时，有些双边或少数国家参加的条约中的规则还有经各国不断

---

① I.C.J. Reports, 1969, p.44.
② I.C.J. Reports, 1959, p.276.

接受而成为习惯规则的情况。某些国际实践也有在短期内即为各国接受为习惯规则，所以，国际习惯作为国际法的渊源，仍不失其重要性。

习惯法的确定对国际刑事诉讼规则很重要。国际刑事司法机构所遵循的法律规定，可以源自国际条约，也可以源自联合国安理会的决议。由于这方面的明文规定在国际法律文件中并不多，国际刑事司法机构在确定国际罪行时，需要经常借助于国际习惯法和国际法一般规则，来对国际条约法规定进行澄清，或对国际条约法中的空白进行填补。事实上，为了能证明有的规则已成为刑法上的一般性原则，也需要对国际习惯法的引用进行解释。

国际条约和国际习惯法之间往往存在着一种相互作用的联系。缔结国际条约的目的是为了创设国家的权利和义务；与此同时，条约中的某些条款也已通过国家的实践被认为已成为国际习惯法。例如，国际法院在"尼加拉瓜军事行动及准军事行动案件"中对1949年《日内瓦公约》共同第三条的效力进行的分析，就较为清楚地解释了国际条约与国际习惯法之间的这一联系。

"尼加拉瓜军事行动及准军事行动案件"涉及美国在该案中的主张。美国认为在考虑适用《日内瓦公约》共同第三条的问题上应该考虑关于多边条约的保留问题。所以，国际法院裁决这个问题，就应该从条约保留的角度来考虑共同第三条的效力问题。然而，国际法院却把它与国际习惯法联系起来，认为：

"1949年日内瓦公约的共同第三条，定义了对非国际性武装冲突应该适用的确定规则。毫无疑问，在国际性武装冲突中，这些规则同样也构成了最低程度的准绳，除此之外，更为精细的规则将适用于国际性武装冲突；在本法院看来，共同第三条的规则反映了本法院在1949年科孚海峡案中所指出的'对人道的最基本的考虑'。因此本法院发现,共同第三条的规则适用于本案的争议,从而无须就美国提出的关于多边条约保留可能对相关条约产生的影响作出决定。"[1]

正是因为国际法院从国际习惯法的角度来考虑《日内瓦公约》共同第三条的效力问题,所以它认为美国对尼加拉瓜的干涉违反了国际法规则,因而构成了国际不法行为。

二、习惯与国际刑法

国际刑事法院案子由来自不同国家的法官进行审理。由于各自教育和文化背景不同,思路不同,法官在适用法律时的标准也不尽相同。事实上,法官们的文化和教育背景对他们判案在发挥着"潜移默化"的作用。比方说,来自普遍法系国家的法官对适用"判例法"方面的意识就比较强。只要以前的法官就类似的案子有过裁决,他(她)就会跟着走,很少去追究。至于以前该法官的裁决是否符合国际习惯法,或者该裁决是否有不对或不合理的地方等问题,一般不过问。但同样案子如果由来自大陆法系国家的法官来处理,可能会不同。由于"判例法"的分量在大陆法系制度中不被看重,他(她)一般就会主要去审查有关法律文件中的规定,或审议这些规定与本案中的联系。国际刑事法院法官具有不同的文化背景和教育背景,对同样法律问题就可能会有不同的结论。

在国际法领域,有些法律发展速度很快,如国际人权法、国际环境法和国际贸易法等。但与这些国际法学科相比,国际刑法发展得更快。

---

[1] Judgment of Case Concerning Military and Paramilitary Activities In and Against Nicaragua (Nicaragua v. US), at Para. 218.

在最近的 10 多年里，国际社会先后成立了前南国际刑事法庭、卢旺达国际刑事法庭、塞拉利昂特别法庭、东帝汶特别法庭等。究其原因，可能是由于国际犯罪呈上升趋势，是因为严重违反国际法的行为越来越多，这当然是国际社会的不幸。但另一方面，也正是由于国际犯罪的增长，国际社会自然也通过越来越多的法律文件和规则，来惩治和预防国际犯罪。

国际刑法有了很大发展，它新增加了不少成文法规则，但这还不足以证明它已经是一个前后一致的法律体系。即便是新建立不久的国际刑事法院，在其实践中也将不得不依赖习惯法和不成文的一般性法律原则。前南国际刑事法庭是联合国安理会设立的。联合国秘书长在该法庭成立时认为：

"根据 808 号决议(1993)第 2 段，国际刑事法庭将起诉应为 1991 年以来在前南斯拉夫境内实施的严重违反国际人道法的行为负责的人。这一法律(this body of law)是以协定法和习惯法的形式存在着。虽然存在着没有被规定进协定的习惯国际法，一些主要的协定人道法已经成为习惯国际法的一部分。

在秘书长看来，'法无明文规定不为罪'原则(The principle nullum crimen sine lege)的适用要求国际法庭应适用排除习惯法任何怀疑成分的国际人道法规则，因此，一些但并非所有国家遵守特定协定这样的问题就不会出现。在一个国际法庭起诉为严重违反国际人道法而负责的人的情况下，这将显得尤其重要。"[1]

联合国秘书长如此声明，是因为联合国安理会根据《联合国宪章》

---

[1] Report of the UN Secretary-General, UN Doc. S/25704, pp. 33-34.

成立了前南国际刑事法庭。但即便如此,由于联合国安理会没有"立法"权,而且并不是所有国家对国际法庭要适用的国际条约都已批准加入。从法律上讲,如果没有批准加入,就没有拘束力。所以,秘书长建议国际法庭所适用的法律只能是已经属于国际习惯法的法律,其目的就是为了使前南国际刑事法庭适用的法律对世界所有国家都具有合法性。

国际刑法在某种程度上依赖于习惯法,这与普通法系国家的司法制度有相似之处。在普通法系的国家,如在英国和美国,除了在法律文本中所作的规定外,它还有好几个世纪积累下来的经过长期发展的司法判例。这些司法判例对下级法庭都具有束缚力。此外,这些判例在很大程度上还满足了刑法对法律具有"确定性"和"预见性"的要求。

在德拉里奇(*Delalic*)案中,当在审判中讨论 1949 年《日内瓦公约》第 4 条里的"国籍"这一要素时,前南国际刑事法庭上诉庭认为《维也纳条约法公约》第 31 条反映了国际习惯法。在库泊利斯奇(*Kupereksic*)案中,前南国际刑事法庭依据国际习惯法来分析和讨论作为反人类罪的那些罪行构成要素。而在弗伦基伊(*Furundzija*)案中,国际刑事法庭认为,"在武装冲突中禁止强奸和严重的性侵犯,已经成为国际习惯法的一部分"。在库纳拉克(*Kunarac*)案中,前南国际刑事法庭则认为"奴役作为反人类罪,已经被现代国际习惯法所禁止。

国际法习惯规则对各国都有约束力,但其细节模糊以及其不确定性,构成了不成文法的极大缺陷。习惯国际法规则的形成过程,显得比较自然,但也比较缓慢。在国际刑事诉讼中运用国际习惯法,有时会因为其不确定性而被认为不应适用在追究刑事责任方面。

第四节 国际法一般性原则

国际刑法中不少一般性原则,其实就是已被各国在刑法典中已普遍认可的一些原则,如:合法性原则、无罪推定原则、平等诉讼原则等。这些原则是从国内法制度向国际法逐渐转化而来的,并通过实践被融进国际刑事法律体系之中。

国际社会认可的刑法一般性原则,在性质上是属于辅助性质的,它只在其他国际法渊源不能适用时而被采用。然而,国际社会认可的刑法一般性原则的适用,还需通过对世界主要法律制度的进行比较来加以确定。由于国际刑事诉讼在不少方面有别于一国国内的刑事诉讼,国际刑事司法机构在决定使用一国国内刑法一般性原则时,就需非常谨慎,不能只是机械性的采用。

著名国际刑法学者巴西奥尼(Bassouini)教授认为:"国际刑法的一般部分本质上在国际司法机构的诉讼程序中实施,即,在直接适用体制的背景下适用。然而,这些规则中的一些已经成为习惯国际法的一部分,并且也适用于涉及特定国际犯罪的国内诉讼程序。这些规则来源于一般法律原则并且包括:刑事责任要素、免除刑事责任的因素、犯罪要素(elements of crimes),合法性原则(principles of legality),以及一事不二审原则(ne bis in idem)。"[1]

在 1998 年切里比奇(Celebici)一案中,前南国际刑事法庭曾对"法无明文不为罪"(nullum crimen sine lege)原则和"罪刑法定"(nulla poena sine lege)原则进行了解释。法庭认为,在世界主要刑事审判制度中,这些原则被公认为刑事犯罪的根本性原则[2]。审判庭认为,"禁止事后追溯"的刑事法律原则是从刑事法律和刑事制裁中的无溯及力使用规则派生来的,它提到了刑事立法中的明确性要求和禁止含糊不

---

[1] Charif Bassouini, *Introduction to International Criminal Law*, Transnational Publishers, Inc., Ardsley, New York, 2003, p. 7.

[2] The Prosecutor v. Delalic and others, ICTY Trial Chamber II, Judgment of 16 November 1998 (Case no. IT-96-21-T), para. 402.

清的特点,认为所有这些"法律原则存在于世界上所有主要刑事审判制度中,并得到了承认"。与此同时法庭还认为,"这些从国内法律系统中分离出来的原则已经在多大范围内被承认为国际法实践中的一部分还不确定。这在本质上归因于国内与国际刑事审判系统对犯罪行为的判定方式有所不同"。[1]

国际法上的一般性原则,是由那些国际法律制度中固有的(Inherent)原则所组成。对这些原则进行确定,不一定非要通过对世界上所有主要法系的深入而全面的比较研究。它只要通过对国际法系的主要特征进行概括和归纳就能确认。

在弗伦基伊(Furundzijia)一案中,前南国际刑事法庭对国际条约和判例法进行了充分的研究,以便能确定在国际习惯法中是否已存在对强奸定义的规定。它对不少国家的国内法进行了解和研究,以便尽可能找到一个关于"强奸"问题上各国普遍接受的定义。

前南国际刑事法庭主要是运用寻找一个国际刑事或国际法上的一般性原则的方法[2]。法庭在进行充分广泛的研究后认为:不同的国家对性侵犯具体犯罪行为的构成要件上存有很大分歧,但关于"强奸"罪行的普遍性定义是存在的。对法庭而言,"对一个人尊严和人格尊重"的原则,既可以认为是国际人道法和国际人权法的一般性原则,也是贯穿整个现代国际法体系的一般性原则[3]。

在库泊利斯奇一案中,前南国际刑事法庭就同一刑事行为的双重指控在判决中该如何?得到反映问题、发表意见时,采取了与弗伦基伊

---

[1] The Prosecutor v. Delalic and others, ICTY Trial Chamber II, Judgment of 16 November 1998 (Case no. IT-96-21-T), para. 402.

[2] The Prosecutor v. Furundzijia, ICTY, Trial Chamber II, Judgment of 10 December 1998 (Case no. IT-95-17/1-T), para. 182.

[3] 同上,第183段。

一案同样的逻辑和方法。前南国际刑事法庭认为：

"前南国际刑事法庭《规约》在任何时候都不能对（国际法）问题进行规范。为成立法庭时提交给联合国安理会并被安理会作为决议附件通过的联合国秘书长报告，也不能对《规约》条文的解释起任何帮助作用。前南国际刑事法庭应利用下述的法律渊源，即：

——国际法习惯法规则；

——国际刑法一般性原则；如果不存在国际刑法一般性原则，就运用

——世界主要法律体系制度中的刑法一般性原则；如果不存在这些原则，就运用

——与国际司法正义的基本要求相一致的法律一般性原则。"[1]

前南国际刑事法庭还认为：

"由于各国法律制度之间存在不同的规定，审判庭认为一个公平的解决方法既可以来源于对法律条文对象和目的的解释及隐含于法律之中的根本性概念，也可以来源于曾被纽伦堡国际军事法院所提及的'军事法庭法学家所主张的为实现正义的一般性原则'"。[2]

理论上讲，国际刑事法庭和国际刑事法院的司法判决并不构成国际刑法的渊源。根据国际法院《规约》中已成为国际习惯法的第38条第1款（d）规定，国际刑事法庭或国际刑事法院的司法判决只能是"确

---

[1] The Prosecutor v. Kupreskic and others, ICTY, Trial Chamber, Judgment of 14 January 2000 (Case No. IT-95-16-T), para. 591.

[2] 同上，第717段。

定国际法原则之辅助手段"(subsidiary means)。但不管是国际习惯法还是国际法的一般性原则,都可以通过案例法来予以证明,其中也包括国内法庭的司法实践和案例。当然,每一个国内法庭即便是对一个关于国际罪行的案子进行审理和判决时,引用的是本国刑法中关于该罪行的条款和概念。因此,要通过不同的国家的国内法庭的审理找到共同点来证明国际习惯法,并不是轻而易举的事。

国际刑法学者巴西奥尼(Bassouini)教授认为:"国际法的刑事方面(的规则)来源于"条约"、"习惯",以及"一般法律原则",它们都属于国际法院规约第 38 条阐述的这个合法性原则的渊源(sources)。当然,这些原则还要放在具体问题上来审视。

不少案例中,前南与卢旺达国际刑事法庭都适用了国内刑法的一般性原则。例如,在埃德莫维奇(Erdemovi)一案中,前南国际刑事法庭就在"胁迫"(*duress*)的辩护理由、必要性(State of necessity)、服从上级命令是否免责(superior orders),以及关于反人道罪的严重性质等问题上,都适用了刑法的一般性原则。

在卢旺达国际刑事法庭审理的西曼扎(Semanza)一案中,被告提出要对法庭检控方提出的新证据传唤证人进行辩驳。是否应同意被告的要求?国际法庭的《程序和证据规则》中并没有予以规定。所以关于这一点,法庭就适用普通法中的一项原则,即:辩方只有对检方在反驳中提出的预料之外的新问题,才能被允许提出新的辩驳证据。从理论上讲,这并不属于一般性法律原则,因为它在大陆法系制度中并不存在。但只要它符合国际法庭《规约》的目的和宗旨,而且也保障被告人受到公正审判的权利,那么法庭可以采用这样的原则。[①]

[①] Prosecutor v. Semanza, Case No. ICTR-97-20-T, Decision on Defence Motion for Leave to Call Rejoinder Witness, April 30, 2002.

在鲁塔甘达(Rutaganda)案中,辩方针对检察官关于传唤一名专家证人的请求,提出应首先开庭听证以决定该证人是否符合能被称得上是"专家证人"的条件。尽管法庭的《程序与证据规则》没有这方面的规定,但法庭认为这个要求合理,因而同意了辩方的要求。而在后来的上诉阶段中,国际法庭的上诉庭对审判庭的这一决定也予以支持,认为这样做是符合法庭《规约》的宗旨和一般法律原则。①

刑法上的合法性原则与依法进行审判和惩治有紧密的联系。所有国际性质的刑事法庭审判的都是国际罪行。从法理上讲,只有通过国际法才能对国际罪行进行界定。除了条约对国际罪行作出规定以外,有些国际罪行通过习惯法来确定。此外,"法律的一般性原则"(general principles of law)也是国际刑法的渊源之一。

第五节 国际司法判决在国际刑事审判中的适用

根据国际法院《规约》第38条的规定,司法判决在国际法渊源中只是附助性的,并不是主要的渊源。但在国际法的实际发展过程当中,司法判决却发挥着重要的作用。鉴于司法判决是由权威性法官就某个具体事实、以对司法强烈责任感而不偏不倚地提出来的,所以这样的司法意见经常被视为是最权威、最公正、最为客观的法律观点。司法判决有助于国际惯例的形成。它能具体地、清楚地表明:国内或国际法庭所能接受的国际法规则,到底是些什么样的规则。

一、"遵循先例"

国际法院在国际法规则解释方面,可以说在世界范围内享有极高

---

① Prosecutor v. Ntagenura et al, ICTR, Judgement, para. 89.

的声誉。

国际法院《规约》第59条规定:"除对本案及案件当事各方外,法院的判决并无强制约束力。"该条款旨在排除那些并不适用该法院的司法判例。然而在实践中,国际法院却经常引用本法院及常设国际法院的案例,事实上采取"遵循先例"原则的做法。

比如,国际法院在 Nauru 一案中,就适用了该法院在尼加拉瓜诉美国一案中的原则。如果国际法院的裁决要背离它以前的判决,那它就得费尽心思说一大通的理由,以此来表明其所做出的新判决的合理性。国际法院在"遵循先例"原则方面的立场和实践,其实是与民法领域内为维持司法判例统一性而提出的"法学一致性"(jurisprudence constante)理论相一致的。

国际法院遵循先例,理由是因为法院将其判决视为一种宝贵的法律经验积累,用来借鉴。司法判例被认为是对法律的一种公正的、权威的陈述。此外,遵循先例有利于维护法律的确定性和稳定性。所以,如果没有强有力的理由,法官一般都不愿意背离以前的判决。

国际法院对推进国际法规则的演绎做出了很大的贡献。由于国际情势的不断变化,对国际条约和国际习惯法不能机械地适用,这使得既定的国际法规则在新的情况下也总面临不确定情况。国际法院对提交的争端案件做出实质判决,该判决一经做出即对争端当事各方产生约束力。从实践意义上来说,这一判决对当事各方创设了法律约束。国际法院就要对所审案件的事实情形适用相同的法律,并对现行国际法律规则做出有令人信服的阐释,以此保证法律内涵的确定性。

国际法院通过其判决和咨询意见来为某一领域的现行国际法律规则的发展提供证据。国际法院的司法判例建立了国际习惯法规则,对其加以解释并推进其演绎发展。当然,国际法院的判决也可以宣布某个规则还未成为国际习惯法规则,如在"关于使用或威胁使用核武器的合法性"一案的咨询意见方面。总而言之,随着国际法院判例的不断积累,现已形成相当规模的判例法学体系。它作出的判决以及提供的咨询意见,几乎涉及国际法的所有领域,国家管辖权、国家主权、禁止使用武力、国籍、政治庇护、海洋法、国际组织地位、条约的保留问题、种族灭绝、人权、战争罪、反人类罪以及种族灭绝罪,等等。

随着国际刑事诉讼活动的展开,国际刑法也得到了发展。其中最重要的是纽伦堡和东京国际军事法庭的判决。它们奠定了国际刑法发展基础,极大地丰富了关于惩治国际罪行(反和平罪、反人类罪和战争罪)的理论和实践。如前所述,纽伦堡国际军事法庭第一次正式宣布了追究个人刑事责任的原则,强调违反国际法的罪行是个人所犯,而不是抽象的实体,国际法只有通过惩治具有犯罪行为的个人,才能保证国际法规则的遵守。联合国安理会设立的前南和卢旺达国际法庭,对在各自特定地理和时间内的国际罪行追究个人的刑事责任,在推动国际法,尤其是国际人权法和国际人道法的发展中发挥了重要作用。

关于司法判决究竟有多大的权威价值和影响?这完全取决于每一个案件具体受审理的地方、在案件中所适用的法律,以及这些法律是如何被适用的。这些因素构成了司法判决的权威性价值的重要因素。

前南与卢旺达国际刑事法庭的司法判决还未被普遍认为是国际法的渊源,但它们在国际法领域还是具有相当的权威。这是因为所有这些判决都是国际司法机构适用国际法及国际刑法的结果,这些司法机构里的法官属于世界上最德高望重、备受尊敬的法官。

前南国际刑事法庭在耶里斯奇(Jelisic)一案中,强调了"种族灭绝罪"中具有部分或全部毁灭另一种族"特殊意愿"(the specific intent)这一罪行构成要件的重要性。卢旺达国际刑事法庭在阿卡耶苏(Akayeshu)一案中,则赋予了种族灭绝犯罪新的含义,认为强奸和性暴力也可构成种族灭绝罪行,只要犯罪嫌疑人在实施这些行为时具有实施种族灭绝的特殊意愿。

塞拉利昂特别法庭是另一种类型的国际刑事法庭。它对自1996年11月20日以来在塞拉利昂境内严重违反国际人道法和违反塞拉利昂法律行为的人具有管辖权。从该法庭的结构方面看,它是一个混合机构。它具有对反人类罪、违反《日内瓦公约》共同第三条等罪行具有管辖权。

根据1998年《罗马规约》成立的国际刑事法院,在国际刑法发展史上具有里程碑式的意义。尽管该法院对国际罪行的管辖范围与其他国际刑事法庭有点类似,即灭绝种族罪、危害人类罪、战争罪和侵略罪。从理论上讲,其他已成立和运作的国际刑事法庭的判决和决定对它没有拘束力,但国际刑事法院显然没有理论不去参考和借鉴其他国际刑事法庭的案例和经验,以推动国际刑法的发展。

二、司法决定的借鉴与适用

国际刑事司法机构在案件的审理过程中,经常得引用判例法、国际条约和其他国际法律文件,以证明在某个具体问题上是否应适用这些法律规定。例如,前南国际刑事法庭在弗伦基伊一案中,就对"强奸"的罪行是否已成为国际习惯法,发表了比较清楚和具体的意见。

在弗伦基伊案中,前南国际刑事法庭认为:国际条约和国际习惯都已明确禁止"强奸"行为的罪行:

> "禁止在武装冲突中实施强奸和性攻击行为已经发展成为国际习惯法。'禁止强奸'首先被明确地规定在订立于1863年《利伯法典》的第44条、《海牙陆战条例》第四附加公约的第46条以及海牙公约序言中的'马尔顿条款'里。尽管纽伦堡军事法庭没有把'强奸罪'和'性攻击'作为单独的国际罪行来起诉,但军管会第10

号命令第 2 条(1)(C)款却明确将'强奸'作为反人道罪其中一种。东京国际军事法庭在'军事指挥官'理论基础上,裁定松井石根将军由于其部下在南京实施的包括强奸和性攻击在内的行为而犯有违反战争法和惯例罪。日本前外交部长东乡茂德也因强奸和性攻击暴行被判有罪。这个判决和 1949 年《日内瓦公约》共同第三条中关于'禁止损害个人尊严'这一习惯法规定一起,为'强奸罪'和'性攻击罪'发展成为普遍被接受的国际习惯法做出了贡献。这些规定适用于所有类型的武装冲突。毫无疑问,发生在武装冲突中的'强奸'和其他性攻击行为都将使该行为的实施者承担个人刑事责任。"[1]

在国际刑事司法领域有不少国际法律文件,其中最有权威和影响的,当属 1945 年纽伦堡国际军事法庭的《伦敦宪章》和 1998 年国际刑事法院的《罗马规约》。《伦敦宪章》规定了纽伦堡国际军事法庭要遵循的实体法和程序规则,是国际刑法上的重要法律文件;国际刑事法院的《罗马规约》则详细、具体规定了国际刑事法院管辖下的国际罪行和国际刑法的一般原则和规则。此外,它还规定了在国际刑事法院案审中的一些重要的程序性规定。

其他对国际刑事司法机构赋予法律拘束力的文件,主要是联合国安理会在 1993 年和 1994 年为成立前南国际刑事法庭和卢旺达国际刑事法庭而通过的决议。这些决议的根据是《联合国宪章》第七章,所以根据《联合国宪章》第 25 条规定,对联合国所有会员国都具有拘束力。

国际刑事法庭在案件审理中为了解释以上这些法律文件的拘束

---

[1] The Prosecutor v. Furundzija, Judgment, Trial Chamber II, 10 December 1998, Case no. IT-95-17/1-T.

力,就得借助《维也纳条约法公约》中的规定。迄今为止,国际刑事法庭的上诉庭已经就这些法律文件的性质发表了不少意见[①]。

刑法为了要惩罚犯罪行为订立有比较具体和详细的规则,国际公法的规则则是为了调和主权国家相互之间利益冲突而订立的,尽管它同时并不忽视个人和非国家主体的利益。国际公法中对于详细、清晰和明确的法律条款的要求,远没有国际刑法中那么重要。在国际刑法中,所有规则都应制定得详细、清晰和明确。这点至关重要,因为它关系到犯罪嫌疑人的基本权利能否得到完全实现。

国际刑事法庭在审理案件时,将不得不首先对有关国际条约作出解释。例如,前南斯拉夫国际刑事法庭《规约》第 2 条是关于"严重违反 1949 年日内瓦公约行为"的罪行(grave breaches of the Geneva Conventions of 1949)。当被告被起诉犯有这一罪行时,法庭必须首先决定 1949 年《日内瓦公约》适用时的先决条件,如"战争受害者"或"被保护财产"的适用范围和条件。再例如,卢旺达国际刑事法庭《规约》第 4 条规定:该国际刑事法庭要追究"违反 1949 年《日内瓦公约》共同第三条及 1977 年《第二附加议定书》行为"的罪行。那么法庭在适用该条款时,也必须首先确定共同第三条及其《第二附加议定书》的适用条件。

国际法庭在适用国际条约时必须考虑到与适用条约相关的一些问题。国际法上条约法的一个基本原则是:条约只对批准加入的国家发生权利和义务,对第三者没有效力(pacta non obligant nisi gentes inter quas initia)。但如果能证明条约中的某些规定已经通过国家的实

[①] 参见,Tadic Case (Interlocutory Appeal), October 2, 1995, Case no. IT-94-1-AR 72, pp. 71-93; also 塔迪奇 (Appeal), Appeals Chamber, Judgment of 15 July 1999, Case no. IT-94-1-A, pp. 282-286 and 287-305. An ICTY Trial Chamber held in *Slobodan Milosevic* (decision on preliminary motions) that "the Statute of the International Tribunal is interpreted as a treaty". 参见, Prosecutor v. Milosevic Slobodan (Decision on Preliminary Motions), ICTY Trial Chamber III, Decision of 8 November 2001 (case no. IT-99-37-PT).

践从而被国际社会接受为国际习惯法,这些规定就应适用于世界上所有的国家。

国际刑事法院适用的国际条约,主要是与武装冲突法或国际人道法有关的国际条约。比如在"战争罪行"方面,国际社会制定有:1899年1907《陆战法规和惯例公约》(海牙第二公约);《陆战法规和惯例公约》(海牙第四公约);1925年《禁止在战争中使用窒息性、毒性或其他气体和细菌作战方法的议定书》;1949年《日内瓦四公约》;1977年《两个日内瓦公约的附加议定书》等。如果违反这些法律文件里的规定,就可能被认为犯有战争罪。

不管是联合国前南国际刑事法庭和卢旺达国际刑事法庭,还是国际刑事法院,其根本法就是该机构的《规约》。所以,这些机构订立的其他规则不能与《规约》的规定相违背,也不能与国际习惯法里的规则和原则相违背。当其他规则(包括法庭《程序与证据规则》)与《规约》不相符合时,法庭(院)不能适用这些规定或程序规则。当然,它要进行解释分析,只有在证明这些规则符合国际法一般原则后才能被适用。

到目前为止,国际法上已确立了不少国际罪行。由于刑法"法无明文不为罪"基本原则的规定,国际刑事法院不能对自己管辖权范围内没有的国际罪行进行审理。例如,《罗马规约》"实体管辖权"(subject-matter jurisdiction)仅有战争罪、种族灭绝罪和反人道罪,而没有恐怖主义罪,那么,国际刑事法院在适用法律时,就只能参照关于这两种罪行的国际条约。由于"恐怖主义罪"不属于国际刑事法院的管辖权范围,因此国际刑事法院就没有可能引用关于惩治恐怖主义罪方面的国际条约。

国际刑事诉讼规则属于国际刑法。国际刑法由于其习惯法中所产生的不确定性,但刑法又要求规则必须具有规范上的清晰性和具体化,这就使得一国国内和国际刑事司法机构的作用变得特别重要。一国国内法庭或国际刑事法庭在其司法实践的过程中，不可避免地在针对罪行适用法律时，要对基于习惯法的规范作出解释。比如说，国际刑事法庭必须明确指出：

——在某一方面是否存在习惯法，以及（在如果有的情况下）它的内容；

——对条约所订立条款的解释或澄清；

——基于一般性原则，对国际刑法的规则和适用问题作出说明。

所以，国内法庭和国际法庭的司法实践作用非常重要。从国际刑事诉讼规则实践来看，它之所以取得很大发展，主要归功于各国国内刑事司法实践。

国际法不少分支都有基本的国际法律文件。例如，国际人道法的基本法律文件有 1949 年四个《日内瓦公约》和 1977 年的《两个附加议定书》；国际海洋法有 1982 年《联合国海洋法公约》；国际人权法有 1966 年联合国通过的《经济、社会、文化权利国际公约》和《公民权利和政治权利国际公约》；外空法有 1967 年《外空条约》等。国际刑法与这些法律不同，因为国际上还没有一部各国可以通用的类似"世界刑法典"这样的法律文件。如何适用这些国际法律文件？不同的国际刑事司法机构的决定，相互之间有是借鉴作用的。

国际刑事诉讼规则与国际法其他分支相比较，有很大不同。它没有统一法律文件，其规则基本上都是来源于国际法中的人权法以及各国国内刑法中的一些规则。国际刑事诉讼规则的这个特点很明显，因此对国际刑法实践稍有了解的人都能看到，国际条约中有关保障人权的规定以及国际人权机构组织，如"联合国人权委员会"或"欧洲人权法院"在司法实践中的案例法(case law)等，对国际刑事诉讼规则的发展起了很大的促进作用。

第六节 国内法

一国国内法院的裁决显然不是国际刑法的渊源。但国际刑事法院却可以利用国内法院的判决,来推断国际法一般原则和国际习惯法的存在与否。

国际法与国内法的关系是辩证和互动的关系。国际法渊源包括国际习惯,而国际习惯又包含两个重要的要素,一是各国的重复类似行为,二是被各国认为具有法律拘束力。[1]国内法恰恰就是各国行为的一种表现方式,或者说是一种国家实践,也就是说国内法可以证明作为国际法规则的国际习惯的存在。同样,被《国际法院规约》规定为国际法渊源的"一般法律原则"也可以在各国的国内法中找得到。所以,国内法可以帮助确定国际法渊源,它也是国际法的重要内容之一。国际刑法更是如此。

一、国际与国内法的关系

国际刑法与国内法的关系问题,涉及到国际法庭如何适用当事国国内法的问题。从国际刑事法庭的实践来看,是否适用一国国内法或国内法院的判决,取决于国际法庭的自由裁量,国际刑事法庭的判决也不受国内法院的判决的约束。

国际刑法不少规则来自国际法,但它与国际法又有所不同。国际法是用来调整国家与国家之间法律关系规范的总称,国际刑事法律则是以个人为对象,追究个人国际罪行的刑事责任的法律规范。

国际刑事法院适用"世界各法系的国内法"中的"国内法",是指对

---

[1] 王铁崖:《国际法》,法律出版社1995,第14页。

罪行本来是有管辖权的国家的国内法。但如果从刑法意义以及国际刑事法院的情况来看,这个"国家"还可以指犯罪行为发生地的国家、被告所属的国家,或是被告被拘禁的国家。当然,国际刑事法院适用的任何国家国内法的一般性原则,都要符合《罗马规约》的规定,也要符合"文明国家认可的一般法律原则"。

前南国际刑事法庭《规约》第 24 条是关于惩罚(Penalties)的规定。根据这一规定:"审判分庭判处的刑罚只限于监禁。审判分庭在决定监禁期限时应诉诸前南斯拉夫法庭适用的徒刑惯例。"所以,当法庭对确定有罪的被告定罪量刑时,就必须要考虑到前南斯拉夫国家的相关法律规定。

前南国际刑事法庭在对被告定罪后量刑时要参考前南斯拉夫国家的法律,这条规定非常合理。因为被告在犯有被指控行为时,对他(她)起制约作用,即他(她)应该知晓并遵守的是自己国家的法律。如果违反这些法律,其受到惩罚的方式或程度当然也应是其本国的法律。

但需要注意的是:当国际刑事法庭适用一国国内法时,该国的法律规定只是具有参考价值(shall have recourse),只是为了帮助国际法庭通过理解该国内法的具体规则来适用法律。若国内法院的判决不一致或对法律的解释不确定,国际法庭可以从中选择适用它认为最符合该国内法的判决。

国际刑法不少规则均都来自国内法。国际刑法在其实践过程中,经常要借鉴国际习惯法和国内法,这是国际刑法一个明显的特点。国内或国际刑事法律中司法裁决对国际刑法有至关重要的作用。它们不仅可用来确定某种规则是否已成为国际习惯法,而且还能被用来对条约的规定作出最恰当解释。

通过对国际刑法特点的研究,可以看到习惯法在国际刑法中的地位和作用,以及在国际刑法领域内国际法与国内法之间的关系。国际刑法作为一个法律学科,它的基本原则可以说与国内刑法里的基本相同。

刑法法典化的自然结果,就是每个国家都有自己的刑法。常理上讲,每个国家当然有权采用自己的应受刑罚惩罚行为的概念,自己的犯罪定义,自己对类似自我防卫、紧急避险、精神病、过失和共犯等问题的处理原则。所以作为每个独立国家各自制定自己法典的结果,又会在法律政策和原则相互之间存在不和谐和不协调。

国际刑法的规则主要来源于各国国内刑法中的原则,以及国际法中含有人权法方面内容的基本概念和原则。联合国两个特设法庭的建立,尤其是国际刑事法院的成立,极大地促进了国际刑事法规体系的形成。它通过这些年的国际刑事司法实践,正朝着构成一个比较完整的法律体系方向发展。

国际刑事法院需要参照各国国内相关的法律。因此在对国际刑法进行探讨时,必须了解各国国内法院对国际罪行行使管辖权的法律依据,国内法院在审理这些国际罪行实践中的法律问题,国家与国家之间的司法合作或国家与国际刑事司法机构之间合作所存在的问题等。

关于国际刑事司法机构如何适用法律的问题,在一国国内法庭的实践中也同样存在。任何国家不管其法律制度或体系如何,在适用有关国际规则方面都必须有一个机制,有关于国际规则在什么样的条件下被国内法庭适用的规定。从国际法角度看,这并不意味着国际刑法的渊源会因国家不同而不同。然而,国家在适用国际法规则的途径却可以有所不同。比如国际条约法、国际习惯法,以及国际法上一般规则,虽然在有些国家的法庭被适用,但它们相对国内法律的权威性(authority)或实际分量(weight)会有所不同。

二、国际与国内法的互补作用

从实践的角度看,国际法与国内法的关系问题主要是相互如何适用的问题。国际刑法的形成和发展,与世界各国的司法实践紧密相关。由于世界上还不存在一个对所有国家都适用的"国际刑法典",国际刑事法院或国际刑事法庭在对国际罪行等进行考虑和判断时,或在适用国际习惯法时,将不得不考虑世界各国判例法和国家法院实施相关法律的司法实践。国际法与国内法之间存在比较密切的联系。

国际刑事法院(或法庭)没有主权国家所具有的国家机器和法律强制力,为了使国际司法机构的命令或判决得到有效地执行,就必须依靠国家的合作。最能说明国际刑法与主权国家之间关系的就是国际刑事法院《规约》里所规定的"补充管辖原则"。根据1998年通过的《罗马规约》里的"补充管辖权"原则,当发生有国际罪行时,只有在该有关国家的国内法院不能或者不愿意行使管辖权时,国际刑事法院才能行使管辖权。

国际刑法中的绝大部分习惯法规则,主要来源于国内法中与国际犯罪有关的法律规定。最明显的就是国内法中关于战争罪的司法实践。国内法庭在审理战争罪的案例,对国际刑事法庭在战争罪方面的司法实践,起到了很大的影响作用。国际条约几乎不存在有关国际罪行构成要件方面的具体规定,因此,国际刑法就得将一国内刑法的规定逐渐地转换为国际刑法规则。当然,这个转换与国内法律规定须达到国际标准,即其中合理成分能为国际刑事法庭所接受。另外它与一国国内的刑事审判程序也有关系。

对个人刑事责任进行追究,主要取决于国家对国际法罪行进行预防和打击的意愿和实际执行能力。当然这与国家制定的法律和程序规则,以及为此目的建立的司法机构有关联。前南国际刑事法庭和卢旺达国际刑事法庭的实践表明,国际刑事诉讼程序的规则是按照"程序和证据规则"的规定来进行的。也就是说,国际刑事司法机构的诉讼程序规则由法庭本身制定完成。授权制定规则的基础,则是对法庭起宪法作用的根本性的法律文件,如《规约》或《联合国宪章》中的规定。

国际刑事法院与联合国这两个特设国际刑事法庭不一样。《罗马规约》第51条第(1)和(2)款规定,国际刑事法院成员国大会可以2/3以上的票数来修改《程序与证据规则》：

"(一)《程序和证据规则》在缔约国大会成员三分之二多数通过后生效。

(二)下列各方可以提出《程序和证据规则》的修正案：

1. 任何缔约国。
2. 以绝对多数行事的法官；或
3. 检察官。
4. 修正案在缔约国大会成员三分之二多数通过后立即生效。"

根据这一规定,国际刑事法院法官在规则没有明确规定某一问题的紧急情况下,可以根据2/3多数通过并适用一个暂行性的关于程序与证据规则条例,直到国际刑事法院成员国召开下一次会议决定通过、修改或否决此暂行条例为止。

国际刑法在实践中经常要适用法律一般性原则。一般性原则可能从整个国际刑法或国际法的体系中推导出来,但也有可能从世界主要法律体系的比较性研究中推导出来。因此,对这些国际刑法一般性原则就不只是需要通过解释与概括,而且还需要通过对各国法律制度所进行的比较研究。

一般性的刑法原则不仅存在于普通法系和大陆法系,同时也存在于其他的法律体系,如伊斯兰世界的法律体系,中国和日本这样亚洲国家的法律体系,以及非洲大陆的法律体系。作为国际刑事司法机构的国际刑事法院,自然就不能只是限于对大陆法系和普通法系的研究和探讨。因为这会产生一定的局限性。

在刑罚问题上,前南国际刑事法庭曾想通过各国国内法规定来寻求国际法在"反人道罪"(crimes against humanity)行为上的"一般性"原则:

"审判庭注意到存在着这样一个所有国家共有的一般性的法律原则(a general principle of law),即:在国内法律体制中最严厉的惩罚适用于反人道罪。这样它得出结论,认为在国际法中存在着一个标准。根据这个标准,一项反人道罪行属于最严重的犯罪之一,如果没有减轻惩罚的情形,应得到最严厉的惩罚(the most severe penalties)。"[①]

前南国际刑事法庭第一任庭长 Antonio Cassese 还认为:

"只有当国际刑法规则无助解释刑法概念时,并在满足下列条件下才能适用一国的国内立法。

(1)除非由国际规则规定,不然的话,不能仅仅从一个国内法律体系,即:普通法系或大陆法系寻找所谓的'一般性原则'。因为既然是一般性原则,就应该是一般性的概念,它与世界绝大多数法律体系相一致。所以,'一般性原则'是确认这些法律体系中普遍性的共同特征,是确定他们所拥有的基本概念的先决条件;

(2)因为国际审判中出现大量的不同于国内刑事程序的特征,当利用国内法律概念时,必须要考虑国际刑事程序的特殊性。通

---

① 转引自:Antonio Cassese, International Criminal Law, Oxford University Press, 2003, p. 34.

过这种方式,能避免从国内法到国际刑事程序的机械性地引进与转移,也能避免对有些程序所具有的特征的歪曲。"①

将国内刑法的有关概念和规定与国际刑法相融合,说起来容易,做起来却不容易。在世界目前情况下,由于文化、历史、宗教等原因,各国法律体系本身就不统一。国际上存在许多不同的法律体系,其中主要有两个:一个是"普通法系",它主要适用于英国、美国以及历史上受大英帝国影响的国家,如澳大利亚、加拿大及其他一些国家;另一个是"大陆法系",它主要适用于欧洲大陆国家,如法国、德国、意大利及比利时等国家。另外由于历史原因,"大陆法系"还适用于一些拉丁美洲、非洲和亚洲国家。所以,如果从法律渊源上看,国际刑法和国际刑事诉讼法的规则是从其他部门法律而来,是一个混合而成的自成一体的法律分支。

---

① Dissenting Opinion of Judge Cassese, in Erdemovic Appeal, ICTY, Appeals Chamber, Judgment of 7 October 1997 (Case No. IT-96-22-A).

第二部分

国际刑事诉讼法基本特征

日本前首相东条英机、南斯拉夫总统米洛什维奇,以及卢旺达前总理坎班达等都曾经是他们国家的国家首脑,属于我们日常生活中常说的"国家领导人",但他们不但被国际刑事法庭起诉,而且还受到审判。这似乎有点不可思议。但如果究其原因,其中之一(也是非常重要的一点)就是他们依据国际法律所应承担的个人刑事责任。

国际刑事诉讼机构具有它自身的一些基本特征。比如,它们与联合国国际法院不同,它们不负责解决国家相互之间的争端,也不会去涉及公司法人的犯罪行为,但它们却会去追究个人在国际法上所应承担的刑事责任,其中包括哪怕是国家领导人(元首)所犯下的国际罪行。

国际刑法属于国际公法,是国际法的一部分。但国际刑法是国际法里的刑法部分与刑法里的国际法部分相结合的学科。相比较而言,国际刑法是国际法中比较年轻的一个分支,历史不长,其实践才70多年。然而它与国际法的其他分支一样,由条约、习惯法及文明国家所公认的法律原则所组成。从这意义上讲,也算是具有悠久历史的一门学科了。

国际刑法也是刑法的一个分支,是研究和规制如何对那些犯有国际罪行的人追究其刑事责任的法律。无论是理论还是实践,国际刑法的实践发展均已明确表明:它要追究的刑事责任的主体是自然人,是个人,这是国际刑法最主要的特征。此外,为了实现司法意义上的公正公平,国际刑法还设立了控审过程中的一套平衡机制,以及与此相联系的被告及嫌疑人基本权利的保障制度等。这些可被看作是国际刑事诉讼规则的基本特点。当然还有其他一些特征,但限于篇幅,这里只能讨论国际刑事诉讼法中比较明显的几个。

第四章　自然人为承担刑事责任的主体

国际刑法意义上的惩治犯罪,是要通过追究个人的刑事责任来完成。所以追究个人在国际法上的刑事责任问题,是国际刑法区别于国际法其他分支的一个重要特点。

对犯有国际罪行的个人追究其个人责任,是所有国际刑事司法机构的共同特征。例如,《罗马规约》第 25 条规定,"本法院根据本规约对自然人(natural persons)具有管辖权";在国际刑事法院之前成立的前南国际刑事法庭《规约》也规定:"国际法庭根据本规约对自然人具有管辖权"(第 6 条);卢旺达国际刑事法庭的《规约》也有这样的规定(第 5 条)。所有这些规定表明,现代国际刑事诉讼与国家争端无关,与公司法人的不法行为无关,它只追究自然人(个人)的刑事责任。

国际法追究个人刑事责任有一个发展演变的过程。当然,它在其发展的过程中涉及到传统国际法上的一些其他问题,如豁免问题、官方职务不免职和上级指挥官责任问题。另外关于共同犯罪团伙问题,也是今天实践中如何追究个人刑事责任的一个重要问题。

第一节　追究个人刑事责任理念的演变与发展

"国际罪行",听起来似乎是一个较为抽象的概念。然而,无论哪一种国际法罪行,其策划、制定、操作以及执行都是由具体的个人(自然人)予以实施,因而有必要确定和追究个人在犯罪行为发生过程中的作用和责任。

前南国际刑事法庭《规约》第 7 条规定:"凡计划、煽动、命令、犯下和帮助或教唆他人计划、准备或进行本规约第 2 条至第 5 条(即严重违反日内瓦公约、战争罪、反人道罪和种族灭绝罪)所指罪行的人应当对该犯罪承担个人责任。"这条规定中的"计划、煽动、命令、犯下和帮助或教唆他人"用语清楚地表明:从计划准备犯罪到实施犯罪的各个阶段的责任,其中既包括了亲自实施犯罪,也包括煽动、命令、帮助或教唆他人犯罪等,都属于被国际刑事法庭要追究的刑事责任范围之内。

国际罪行,是由于个人违反了国际法规则而须承担的个人刑事责任。但这并不必然排除国家犯有不法行为的可能性。例如,"反和平罪"就是国际不法行为。就是战争罪、种族灭绝罪或反人类罪等,里面也有涉及到国家及政府团体的因素。然而,不管这些人的犯罪行为是以国家身份,还是以政府官员身份,国际刑事诉讼主要是要追究个人的刑事责任。在这种情况下,他们身份不是一个主要问题。当然,按照国际法的理论和实践,由于这些人的身份,在他们被追究个人的刑事责任以外,还有一个国家责任问题。但由于是国际刑事诉讼的专论,本部分将集中在追究个人刑事责任方面。

从历史上看,个人刑事责任观念直接源于国际法的规定。纽伦堡国际军事法庭和远东国际军事法庭的审判,在国际法实践中开创了追究国际犯罪者个人刑事责任的先例。

一、追究个人责任实践之开创

根据同盟国在战时和战后表示要惩治法西斯战犯的意愿,美国、苏联、英国和法国代表在伦敦郑重召开了会议,专门讨论设立国际法庭审判德国和日本战犯问题,并于 1945 年 8 月 8 日签订了关于设立国际军事法庭的《四国协定》和作为协定附件的《纽伦堡国际军事法庭宪章》,规定了法庭的组织、职权和审判的基本原则。这些文件又被称之为《伦敦宪章》。

纽伦堡国际军事法庭的设计,是要将整个犯罪组织都加以惩治的。《宪章》第 6 条创设了关于个人刑事责任原则,但同时也规定:参与制定或执行某一共同计划的领导者、组织者、煽动者或同谋者也要承担刑事责任;第 9 条规定该国际法庭可以宣告被告人是某个犯罪团体或组织的成员;第 10 条还规定了该《宪章》的签字国(signatory)可以在其国内法庭中因参加犯罪组织的行为对这些犯罪组织的成员进行起诉。

现在回过头来看,《伦敦宪章》和纽伦堡国际军事法庭的判决虽然没有通过"犯罪团体刑事责任"(criminal organizations)的原则来推动国家刑事责任观念的发展,但它对在这之前传统国际法上仅仅对其国际法不法行为予以赔偿的惯例却产生了巨大的冲击,对追究个人刑事责任制度的建立也产生了深远的影响。

尽管法庭《宪章》有关于犯罪团体或组织的成员刑事责任的规定,但纽伦堡国际军事法庭同时也表示并不是犯罪组织的所有成员都应当为组织的犯罪行为承担刑事责任。事实上,只有知道或者参与了组织的犯罪行为的成员才被追究了刑事责任。[1] 而那些对组织的犯罪目的或行为并不知晓的成员,或者被强迫召入的成员,则一般不需对组织的犯罪行为负责,除非他们直接参与了所涉罪行的实施。[2]

《纽伦堡宪章》第 6 条创设了关于个人刑事责任原则,它规定:纽伦堡国际军事法庭将有权对犯有该法庭管辖权范围内罪行的"所有人员

---

[1] Trial of the Major War Criminals before the International Military Tribunal, (S. Paul A. Joosten ed., 1948), p. 505.

[2] Trial of the Major War Criminals before the International Military Tribunal, (S. Paul A. Joosten ed., 1948), p. 500.

进行审判和惩处"。联合国大会在纽伦堡国际军事法庭审判结束之后,指示国际法委员会将该国际军事法庭的原则予以编纂并通过决议,一致肯定了由该法庭的《宪章》和法庭审判所确认的国际法原则,[①]即:

"原则一 任何人实施构成国际法下一项犯罪的行为都应负责并受到惩罚;

原则二 国内法不对构成国际法下犯罪的行为进行刑事惩罚这样的事实不能免除实施此行为的人在国际法下的责任;

原则三 一个人作为国家元首或负责任的政府官员而实施构成国际法下罪行的行为这样的事实不能免除他在国际法下的责任;

原则四 一个人根据他的政府或上级的命令而行事这样的事实不能免除他在国际法下的责任,如果当时实际上对他来说有精神上选择的可能的话;

原则五 任何被指控犯有国际法下罪行的人都有权得到根据事实和法律而进行的公平的审判;

原则六 下列规定的罪行是国际法下应受到惩罚的罪行:

A 破坏和平罪……

B 战争罪……

C 反人道罪……

原则七 共谋实施原则六规定的破坏和平罪、战争罪或反人道罪是国际法下的犯罪。"

在1945年5月德国投降以后,英、美、苏三国同年7月在柏林举行

[①] 见联合国大会1946年12月通过的95号(1)决议。

了会议,签订了著名的"波茨坦议定书",并在该议定书的第六章(标题为"战争罪犯")里,重申了对于希特勒德国的主要战犯必须严加予以法律制裁之决心,并"认为尽速开始审判此等主要战犯乃极其重要之事"。① 在此前举行的苏、美、英三国领袖克里米亚会议上,惩办希特勒德国的主要战犯问题也得到了他们的重视。会议并决议要"……使所有一切的战争罪犯,持以公正与迅速之惩处。"②

根据同盟国在战时和战后迭次表示要惩办法西斯战犯的意愿,苏、美、英、法四国代表在伦敦举行了会议,专事讨论组织国际法庭审判纳粹主要战犯的问题,并于1945年8月8日签订了关于设立国际军事法庭的《四国协定》和作为协定附件的《纽伦堡国际军事法庭宪章》,《宪章》规定了法庭的组织、职权和审判程序的基本原则。③《四国协定》和《法庭宪章》签订颁布之后约两个月内,法庭的组织工作便告完成。纽伦堡国际军事法庭在1945年10月18日对戈林、赫斯等22名首要纳粹战犯进行了起诉和审判。

继纽伦堡国际军事法庭成立以后,远东国际军事法庭也根据"波茨坦公告"、"日本投降文书"和"莫斯科会议"等一系列的国际文件成立,并通过远东盟军最高统帅部的授权而开始正式运作。

"波茨坦公告"是中、美、英三国政府在1945年7月26日宣布的,其目的是促令日本武装部队尽速无条件投降,并规定日本投降时必须接受的各项条款。公告第六项规定:"欺骗及错误领导日本人民使其欲

---

① "波茨坦议定书"中有关惩处战犯之条款,见北京世界知识出版社编《国际条约集 1945—1947》,第87页及第88页。

② 苏、美、英三国克里米亚(雅尔塔)会议公报,载《国际条约集 1945—1947》,第8页。

③ 苏、美、英、法四国"关于控诉和惩办欧洲轴心国主要战犯的协定"及附件"欧洲国际军事法庭宪章"具载《国际条约集 1945—1947》,第94-103页。截至1945年底为止,加入本协定的国家有澳大利亚、比利时、捷克、丹麦、埃塞俄比亚、希腊、海地、洪都拉斯、印度、卢森堡、荷兰、新西兰、挪威、巴拿马、巴拉圭、波兰、乌兰、乌拉兰圭、委内瑞拉和南斯拉夫。

征服世界者之威权及势力,必须永远剔除;盖我人坚持非将不负责之黩武主义驱出世界,则和平及正义之新秩序势不可挡。"公告第十项规定:"吾人无意奴役日本民族或消灭其国家,但对于战犯,包括虐待吾人俘虏者在内,将处以严厉之法律制裁。"①

1945年9月2日,当时的日本外务大臣重光葵和、参谋总长梅津美治郎代表日本签订并向同盟国九国受降代表麦克阿瑟等所呈递的日本投降文书,完全接受了"波茨坦公告"中的条款。投降文书上写道:"我们谨奉天皇、日本政府及日本帝中大三营之命,并代表他们接受美、中、英三国政府首脑7月26日在波茨坦宣布的及以后由苏联附署的公告各条款。"第六条声明:"我们为天皇、日本政府及其后继者承允忠实履行'波茨坦公告'之条款。"②

"波茨坦公告"规定了日本必须接受的投降条款,但在形式上还需要一个盟国授权的具体的法律根据。远东盟军最高统帅、麦克阿瑟经过同受降各盟国的外交磋商之后,便在1946年1月19日颁布了一项"设置远东国际军事法庭的特别通告",通告的全文如下:

> "由于美国及其同盟共同反抗轴心国所进行非法侵略战争的各国曾迭次发言,审明它们决意对战争罪犯要加以法律制裁;⋯⋯由于美国、英国和苏联在1945年12月26日莫斯科会议上研讨了日本履行投降条款问题后,已经议定(中国亦曾同意):最高统帅就颁布所有为实施投降,特令规定以下各条:
>
> 第一条 设立远东国际军事法庭,负责审判被控以个人身份或团体成员身份,或同时以个人身份兼团体成员身份,犯有任何足

---

① 1945年7月26日"中、美、英三国促令日本投降之波茨坦公告",载《国际条约集1945—1947》,第77-78页。

② 1945年9月2日"日本投降书",载《国际条约集 1945—1947》,第112—114页。

以构成破坏和平之罪行者。

第二条 法庭的组织、管辖权和职权详载于本日经我核准的'远东国际军事法庭宪章'中。

第三条 本命令丝毫不妨碍为审判战犯而在日本或在某一与日本处于战争状态的联合国家内任何地区所建立或必须建立的任何国际法庭、国内法庭、占领区法庭或委员会或其他法庭之管辖权。"①

在发布这个通告和公布远东国际军事法庭宪章后不久(即1946年2月15日),盟军最高统帅部根据各同盟国政府的提名还任命了11名远东国际军事法庭的法官,于1946年5月3日开始,国际检察处(远东国际军事法庭的起诉机关)对东条、广田、平沼、小矶、松井、板垣、土肥原等28名日本主要战犯公开庭讯。

对于这类主要战犯或甲级战犯由正式组织的国际法庭依照法律手续加以审讯和制裁,是第二次世界大战后国际生活中的一件重要的事情,也是国际法和国际关系上的一个创举。在这以前,一个战败国的领导人物,即使他们是发动侵略战争的罪魁祸首,一般都是通过国家签订条约进行赔款的形式,其个人从来没有受过法庭的审判和法律的制裁。所以,战胜德国法西斯和日本侵略者以后在欧洲纽伦堡和远东东京分别设立了两个国际军事法庭,并对发动侵略战争和犯有国际法严重罪行的德国和日本法西斯进行起诉和审判,这是国际社会的创举,它从国际司法实践方面肯定了惩罚战争罪犯的原则,分别以大约10个月和两年半的时间完成了对战争罪犯的审理和判决。这在国际法和国际关系

---

① 东京盟军最高统帅部特别通告第一号,1946年1月19日,载 U. S. State Department. Trial of Japanese War Criminals(Publication No.2613).

的历史上是一次伟大的创举。

所以,第二次世界大战后的国际刑法实践表明,自1945年订立《伦敦宪章》、建立纽伦堡国际军事法庭以来,不论国家是否愿意承认,也不论国际法关于主体部分在学术理论上如何被解释,国际法罪行在实践中已明确无误地适用于个人。事实上个人已成为国际刑法的属人事由。

二、追究个人刑事责任之必要

自从纽伦堡国际军事法庭和远东国际军事法庭审判以后,国际刑法在其范围、内容、适用和执行上都不断得到发展。但不管是联合国前南国际刑事法庭、卢旺达国际刑事法庭、塞拉利昂特别刑事法庭,还是新近成立的常设国际刑事法院,它们在其各自的《规约》中都无一例外地重申了国际法关于禁止性行为的个人刑事责任原则,从而通过国际刑法的实践,推动国际法上关于追究个人刑事责任原则的发展。

从国际法的角度来看,战争罪行以及追究个人刑事责任的法律制度是经过纽伦堡和远东国际军事法庭审判而确立起来的新的理念。它们的确立,表明了国际法一个新的发展。很久以来,在国际法上就有正义战争和非正义战争区别的理论,而在现代,这种区别表现为侵略战争和非侵略战争的区别。虽然侵略战争和反侵略战争的区别在严格意义上说还没有形成确定的国际法规则,但是,谴责侵略战争和追究个人的刑事责任已经是人类法律意识的一部分,也已经成为国际法的新内容的一部分。惩罚战争罪犯就是从区分侵略战争和非侵略战争,以及谴责侵略战争这样的原则引申出来的,而反过来又推动了这样的原则向前发展,从而使它们在国际上的地位得到了确立。

在国际刑法的发展过程中,纽伦堡国际军事法庭的审判具有史无前例的意义。其中重要一点就是它确定了个人刑事责任原则。纽伦堡国际军事法庭明确认为,"对破坏国际法的个人是可以处罚的。因为违反国际法的罪行是个人做出来的,而不是抽象的集体(国家)做出来的。只有处罚犯有这些罪行的个人,才能使国际法的规定有效实施。"[1]

这些惯例随着前南法庭和卢旺达法庭的建立得到进一步加强。在《前南法庭规约》第 7 条第 1 项和第 23 条第 1 项,以及《卢旺达法庭规约》第 6 条第 1 项和第 22 条第 1 项都规定了个人因实施国际犯罪而应负的个人刑事责任原则。

由于国际刑法的发展,不管是属于国际还是国内性质的法庭,它们都已建立起追究个人刑事责任的机制,以惩治哪些犯有国际罪行的人。而所有这些机制在追究个人刑事责任基本概念和制度的发展方面,相互间又是紧密相关的。对此,前南斯拉夫国际刑事法庭上诉庭认为:

"纽伦堡法庭在考虑了所有相关的因素以后,认为违反特定禁止性行为的人应承担个人刑事责任:除了国内法院和军事法庭可以对违法行为进行惩罚之外,国际法和国家实践中的交战规则都清楚并毫不含糊的(clear and unequivocal)表明要对包括政府和国际组织官员言论在内的禁止性行为进行刑事惩罚的意图。当这些条件满足时,个人就必须承担刑事责任,正如纽伦堡法庭在判决中声明的那样:'反国际法的罪行是由人而不是由抽象的实体实施的,并且只有通过对实施此种罪行的个人进行惩治,国际法的原则才能被落实。'"[2]

由于国际刑法实践以上的发展,国际刑事法院《罗马规约》制订时,自然也就有了关于追究个人刑事责任的规定。从刑事法律的性质来

---

[1] 见纽伦堡审判判决书,转引自 P. A. 施泰尼格尔:《纽伦堡审判》上卷,商务印书馆 1988 年,第 188 页。

[2] Decision on Defence Motion for Interlocutory Appeal on Jurisdiction Rendered in the *Tadic* Case, UN Doc. IT-94-1-T, 2 October 1995, para. 196.

看,这当然是有必要的。

第二节 官方身份不免责

官方身份不免责,是现代国际刑事起诉和问责制度中的一个特点。

传统国际法上从来都有豁免原则。根据这个原则,国家是主权的,一国行为及其财产不受另一国的司法管辖,其内容当然包括对他国国家元首及外交人员的刑事管辖豁免。然而,由于国际法在追究个人刑事责任方面的发展,当今的国际刑法主张任何个人(自然人)如果犯有国际法罪行都必须承担刑事责任,即便是高官也不能被豁免。这对传统国际法豁免原则无疑产生了很大的影响和冲击。

一、传统国际法豁免理论

国际刑事法院《罗马规约》第27条规定,"本规约对任何人一律平等适用,不得因官方身份而差别适用。特别是作为国家元首或政府首脑、政府成员或议会议员、选任代表或政府官员的官方身份,在任何情况下都不得免除个人根据本规约所负的刑事责任,其本身也不得构成减轻刑罚的理由。"这条规定显然有悖于传统国际法的豁免理论。

管辖豁免(Immunity)是国际法一项非常古老的原则。根据这个原则,外国国家元首、国家代表及其该国位于外国境内的财产豁免于当地法律的原则。之所以有这个原则,正如国外有的国际法学者所说,是因为"国家代表所享有的豁免来源于目的在于促进国家间关系的根深蒂固的(deeply rooted)国际法原则,其部分原因是为了防止(from interfering)一个国家当局干涉另一个国家的主权。"[①]

[①] Bruce Broomhall, *International Justice and the International Criminal Court*, Oxford University Press, 2003, p. 129.

国家享有管辖豁免是因为主权的关系。马歇尔(Marshall)法官在美国最高法院 The Schooner Exchange v. McFaddon 一案中认为：

"这个充分的绝对的(full and absolute)领域管辖权如同每个主权者的特征一样,不能实施域外权力(extra-territorial power),它不能将外国主权或他们的主权权利作为自己的目标加以考虑。一个主权者不屈从于(extra-territorial power)另一个主权者,并且受到具有最高特征的义务的约束而不通过将他自己或自己的主权权利置于另一个主权者的管辖之下而降低他的国家的尊严(dignity of his nation),他只有经过明确的许可,才可以获准进入一个外国领土;或者虽然没有明确的规定,但隐含有这个意思(by implication),并可以将该主权延伸到他身上时(extended to him),他才可以获准进入一个外国领土。

主权者之间这个完全平等和绝对独立地位(perfect equality and absolute independence),以及他们的共同利益(common interest)使得他们在彼此交往的过程中认识到,他们每个主权者都应放弃(waive)一部分本属于每个国家特征的完全绝对的领土管辖权(complete exclusive territorial jurisdiction)。"[1]

马歇尔法官把在本国领土内的一国管辖权解释为"必然是排他性的和绝对的"权利,在其随后所列举的例子中认为,主权者本人在外国领土上享有免受逮捕或监禁的权利,外交部长则因为其职务而享有豁免权,以及外国军队在得到它国许可的条件下可以过境的权利,

---

[1] See: Ian Brownlie, *Principles of Public International Law* (Fourthe Edition), Clarendon Press, Oxford, 1999, p. 325.

等等。

在国际法上,国家主权是指国家独立自主地处理其对内对外事务的最高权力。国家主权在国际法上最基本的特征是:

(1) 主权是国家最重要的属性,若没有主权便称不上真正的国家;

(2) 主权在国内表现为领土最高权,即国家对其领土内的一切人、物和事件享有排他的管辖权;对外关系上表现为独立权,以及在其独立受到威胁或侵犯时的自卫权,这样构成完整的主权概念;

(3) 国家都有主权,都是最高的和独立的,因此也是平等的。按照"平等者之间无管辖权"的格言,主权者负有互相尊重对方主权的义务,所有国家应同等地受国际法的拘束。

国家相互之间享有管辖豁免,其结果就是其外交代表也就享有人身豁免权。

国家元首是一国在对外关系上的最高机关,它可以是个人,也可以是集体。在对外关系上,国家元首所作的一切有法律意义的行为,均被视为其所代表的国家的行为。国家元首在对外关系上的职权由本国《宪法》规定,一般说来,这方面的职权主要有:派遣和接受外交使节、批准和废除条约、宣战和媾和等。

外交特权和豁免的给予,是为了使使馆和外交代表可以在不受接受国干扰和压力之下,自由地代表本国进行谈判,自由地与本国政府联系,简言之,使其不受妨碍地顺利执行职务,是国家之间保持外交关系所不可或缺的。所以,《维也纳外交关系公约》是以职务需要说为依据,同时也考虑了代表性说而制定的。公约序言指出:"……此等特权与豁免之目的不在于给予个人以利益而在于确保代表国家之使馆能有效执行职务。"《维也纳外交关系公约》第 31 条第 1 款更是明确地规定:"外交代表对接受国之刑事管辖享有豁免。"

《维也纳外交关系公约》的这些规定,其实都已成了国际习惯法的一部分。联合国国际法院对此评论认为,"(1961 年)维也纳公约(以及 1963 年维也纳领事关系公约)将外交和领事关系的法律法典化,陈述了对于维护国家之间的和平关系具有实质性意义的原则和规则并且得到全世界具有不同的信仰、文化和政治特征(all creeds, cultures and political complections)的国家的接受。"①

所以,主权是国家对内的最高权和对外独立权的有机统一,各国不论大小强弱、人口多寡,也不论社会环境如何、政治制度怎样,在国际社会均应享有平等的权利并承担相应的义务。国家主权在国际关系中的平等和独立性就必然派生出国家豁免。正如国际法学家奥本海在其生前所著的《国际法》一书中指出:"没有一个国家可以对另一个国家主张管辖权。外国管辖豁免往往不仅是引申自平等原则,而且是引申自国家独立和尊严原则。"②

二、不免责原则的确立

国际刑法的作用就是通过惩治犯罪来预防和打击国际犯罪,以维护世界正常的和平秩序。国际刑法中所设立的公诉机制,就是通过设立对犯有国际不法行为的人予以起诉和惩治的机制,来达到保障整个国际社会基本人权不受伤害的目的。所以,国际刑法的发展势必对传统国际法上的豁免原则产生影响和冲击。

逻辑上讲,这些在国际交往中担负主要职责的国家官员享有这些豁免权,是国际关系和国际合作平稳发展的需要,是国家相互之间进行有效交往与沟通的需要。因此,这种豁免权的存在对于保持国家间的

---

① United States Diplomatic and Consular Staff in Tehrn (United States of America v. Iran), Judgment of 24 May 1980, (1980) I.C.J. Rep. 3 at 25.

② 参见詹宁斯瓦茨修订:《奥本海国际法》,王铁崖等译,中国大百科全书出版社 1995 年版,第 277 页。

和平共处与合作是十分必要的。正如上面第一节中所引述的,国际法院在 1980 年美国诉伊朗的"绑架案"判决中所声明的那样,《维也纳外交关系公约》明确了维护国家之间和平关系的主要原则,并被世界各国所接受。所以从传统国际法的角度讲,由于国家主权平等原则的必然结果,国家及其代表在国际上就自然享有免受其他国家司法管辖的权利,其目的是确保国家不会受到他国不正当的干涉。

然而,随着国际人权法和国际人道法的发展,现在又产生了一些较新的国际法原则。它们以人道价值为基础,并把某些严重侵犯国际社会利益的行为界定为国际法罪行,并要求对那些犯了国际罪行的个人追究刑事责任。

在第二次世界大战以后,国际社会为了惩治德国和日本法西斯而成立了纽伦堡国际军事法庭和远东国际军事法庭,以清算他们在战争中的暴行。通过对这些罪大恶极的战犯的审判,国际法上开始出现"官方身份无关性"(irrelevance of official position)的原则,即:不管担任国家或政府怎样的官职,只要犯有国际法上的罪行,就都要被惩处。《纽伦堡法庭宪章》第 7 条就明确规定,被告人的官方地位,不管是作为国家元首还是政府机构的负责任的官员,都不能被认为免除他们的责任或减轻(mitigating)对他们的惩治。纽伦堡国际法庭《宪章》第 7 条规定:"被告之官职地位,无论是国家之首领或政府各部之负责官吏,均不得为免除现任或减轻刑罚之理由。"东京国际法庭《宪章》第 6 条规定:"被告在任何时期所任之官职……均不足以免除其被控所犯罪行之责任……"。

在传统国际法上,一国的元首是被视为神圣不可侵犯的,在任何情况下他都不受外国法庭或国际法庭的审判。在第二次世界大战以前,战犯审判的对象实际上只是限于士兵或普通军官,比较高级显要的官员从来没有受审的,更不必说一国的元首或政府的主要领导人了。所以,纽伦堡与东京国际军事法庭《宪章》这两条规定,确立了一个关于战犯审判的新的国际法原则,即:所有的人,上自一国的元首或首相,下至普通的士兵或平民,只要他犯有任何战争罪行,便应负其个人责任,并应被当做战犯去接受审讯和惩罚。

联合国大会在1946年12月11日的95(1)号决议中肯定了《纽伦堡法庭宪章》第7条,重申了关于被告的官职不得作为免除其刑事责任理由的规定,确定国家元首犯有国际罪行不能适用豁免权。后来,联合国国际法委员会在1950年也确认了由《纽伦堡法庭宪章》和法庭审判所确立的国际法原则:犯有国际法下严重罪行的人在犯罪行为发生时其作为国家元首或负责的政府官员的事实不能免除其在国际法下的刑事责任。这个国际法豁免权的例外可能扩大到国际和国内的刑事管辖范围中,这样,犯罪官员非国籍所属国就可以依赖这个例外并运用普遍管辖的原则在本国国内法院起诉这些人。

联合国国际法委员会在编纂1954年《惩治危害人类和平与安全治罪法草案》时坚持了"与官职地位无关"原则,不仅适用于一般的官员也包括国家元首。在1996年的《治罪法草案》中国际法委员会同样坚持了这条原则。另外,根据1948年《防止及惩治灭绝种族罪公约》第4条、1973年《种族隔离法案》第3条和1984年《酷刑公约》第2条与12条的规定,国家元首和其他官员如果犯有这些国际条约的规定,也都不能享有不被刑事起诉的豁免权。因此,对于他们的这些行为,不论国内还是国际司法机构都可以予以起诉。

国际法以上这些关于追究个人刑事责任的规定和规则表明,不管是什么人,也不管是从法律意义上讲(*de jure*)、还是从事实上(*de facto*)讲,即使是因为代表国家利益犯有国际罪行,也不能享有司法豁免权,也要被追究其个人在国际刑法上的刑事责任。

三、不免职原则的实践与发展

综览国际刑法的发展历史,第一次起诉和审判政府高级负责人的尝试正是发生在第一次世界大战刚刚结束时。由于那次世界大战的空前规模以及它给人们所造成的史无前例的痛苦和牺牲,使得整个国际社会对于大战的发动者德国皇帝和德国政府领导人怀有深深的仇恨,认为必须对他们予以严厉惩罚。

于是,在第一次世界大战后签署的《凡尔赛条约》(the Treaty of Versailles of 28 June 1919)中明确规定,同盟国及协约国将组织特别法庭审讯德国皇帝威廉二世(William II of Hohenzollern)。《凡尔赛条约》第 227 条规定:"将建立一个特别法庭以审判被告人,并且给予其施行辩护权利而必需的保障。法庭将包括五名法官,由以下强国各自任命一名,它们是:美利坚合众国、大不列颠、法兰西、意大利和日本。"然而,由于威廉二世在战争时期就已逃到荷兰,当协约国及其联系国向荷兰政府提出引渡战犯前德国皇帝威廉二世的请求时,荷兰却以违反本国《宪法》与历史传统为由拒绝引渡。所以,协议国要对德国皇帝威廉二世的审判没有成功。

虽然威廉二世由于荷兰的庇护没有受到任何法律制裁,但 1919 年《凡尔赛条约》的订立则清楚地表明,国际社会惩办侵略战争的发动者和国际不法行为的负责人的努力,已经开始了初步的尝试。

第二次世界大战是以轴心国的失败而告终的。德国在 1945 年 5 月 8 日正式投降,日本于同年 9 月 2 日正式投降。对于二战期间德国纳粹和日本法西斯分子犯下的种种令人发指的残暴罪行,战胜的同盟国在德日投降后,就先后在德国纽伦堡和日本东京设立了两个国际军事法庭。这两个国际刑事法庭在机构的组织上略有不同,但它们的任务和目的却是一样的:把轴心国对侵略和其他国际不法行为负责任的领导人当作首要的战争罪犯加以起诉和审判。①

针对与身份有关的豁免权的适用问题,建立纽伦堡国际军事法庭的法律文件《欧洲国际军事法庭宪章》就明确规定,被告的官职地位不得成为其免除责任或减轻刑罚之理由。从而明确取消了国家元首及政府首脑享有的不被刑事起诉的豁免特权。被纽伦堡审判的有22名甲级战犯,他们都是纳粹德国最重要的领导人(如果希特勒不自杀也一定会被列为受审者),其中被判处绞刑的有12人,判处无期徒刑的三人,判处有期徒刑的四人,无罪释放的三人。②

远东国际军事法庭的实践也同样如此。在远东国际军事法庭第一批被起诉的28名甲级战犯中,就有曾任日本首相的东条英机。他被指控犯有"反和平罪"与"战争罪"。对此,东条英机辩护律师认为:侵略战争是"国家行为",应由国家负责,个人只是执行者,不应承担个人责任。但远东国际军事法庭列举了详细的证据予以坚决地驳斥,认为:国际法对于国家和个人同时规定有权利和义务,战争犯罪就是个人对国际法的侵犯,它们的审判不受一般国内刑法规则的限制。而且,国际法一直就存在对个人的制裁方法。另外,对于一切现行法(包括国际法)的无知不能成为免责的理由,而且以被告的知识和地位,不可能不知道自己的行为是犯罪。经过二年半的审理后,东条英机于1948年11月12日在远东国际军事法庭以侵略罪和战争罪被判处绞刑。③

所以,第二次世界大战以后所发生的关于国际刑法有关实践清楚地表明,国际法上的国家刑事责任和实践发生了变化。国家官员以官方身份所为的行为不由本人负责而是仅由国家负责的这条普遍规则不

---

① 《欧洲国际军事法庭宪章》第1条;《远东国际军事法庭宪章》第1条。
② 见纽伦堡审判宣判书,转引自 P. A. 施泰尼格尔:《纽伦堡审判》上卷,商务印书馆1988年,第325页。
③ 引自,《远东国际军事法庭判决书》,张效林译,群众出版社1986年。

再适用于导致国际犯罪的行为,行为时具有的官方身份不能成为免除他(她)应对其犯下的国际罪行负个人刑事责任的抗辩理由。这是二战后,纽伦堡国际军事法庭与远东国际军事法庭审判确定的原则。

在1993年和1994年,根据联合国安理会决议分别建立了前南斯拉夫国际刑事法庭和卢旺达国际刑事法庭。这是联合国在1945年成立以后第一次用设立国际司法机构的形式,以求达到恢复并维持世界和平与安全的目的。由于人员资源受到限制的原因,这两个国际刑事法庭自然而然地把起诉对象的重点,放在国家元首和政府高级官员方面。事实上,不少人在前述法庭要成立时给联合国秘书长写信,要求追究一些政府高级官员的个人刑事责任:

"(联合国)秘书长收到的几乎所有书面评论(Virtually all of the written comments)都主张国际法庭规约应包括关于国家元首、政府官员,以及以官方身份行事的人的个人刑事责任的条款。这些主张吸收了第二次世界大战之后的先例(the precedents)。因此,规约中应有条款规定以国家元首身份做抗辩,或被告人的行为以官方身份实施将不构成辩护理由,也不能减轻惩治。"[①]

前南斯拉夫国际刑事法庭《规约》第7条第2款和卢旺达国际刑事法庭《规约》第6条第2款分别规定了国家元首豁免权的不适用性,即"任何被告人的官职,不论是国家元首、政府首脑或政府负责官员,不得免除该被告的刑事责任,也不得减轻刑罚。"

前南国际刑事法庭在成立以后就把主要精力放在对国家领导人的

---

① Report of the Secretary General of the United Nations, UN Doc. S/25704, para. 55.

起诉和审理方面。至于为什么要这样做？国际法庭在 Martic Case 一案中作了以下的解释：

"法庭具有对那些通过自己政治或军事权威地位而能够下令实施法庭对物管辖下的罪行的人或故意不防止罪行发生或惩治此类罪行触犯者的人进行管辖的充分理由(valid grounds)。在1995年5月的一个判决中，审判庭认为这样的人'超越了那些仅仅执行命令的人(……)，他们的行为将削弱国际公共秩序(international public order)的基础。'既然犯罪意图是在管理体系中的高层(high level)形成，对国际人道法规则的违反就是法庭合法介入系统犯罪行为的合法性的理由(justifying the intervention of the Tribunal)。"[①]

联合国的这两个法庭分别起诉了前任国家元首——前南斯拉夫联盟总统米洛舍维奇(Melosevic)和卢旺达前总理坎班达(Kambanda)。总理因犯有种族灭绝罪、反人道罪和战争罪被起诉。

前南国际刑事法庭刚成立时，由于法庭担心因没有被告，而不能成功地履行国际社会所委托的惩治国际犯罪行为的任务，所以就尽可能多地颁布起诉书。但出人意料的是，由于西方国家及北约军事组织的合作与配合，很快就有不少被国际刑事法庭起诉的被告被抓获并移送到法庭来。在这一背景情况下，由于国际刑事法庭资源条件有限，当时前南国际刑事法庭加拿大籍的总检察长路易斯·阿赫布(Louise Arbour)就重新调整起诉政策，果断地撤销了前检察长对一些人的起诉，

---

① Decision of Trial Chamber I-Review of Indictment Pursuant to Rule 61, rendered on 6 March 1996 in the Martic Case, UN Doc IT-95-11-R61, para. 21.

从而把力量集中放在那些对严重违反国际人道法犯罪负有责任的政治家和军队的高级将领的起诉方面。

《罗马规约》第 27 条也明确规定了灭绝种族罪、战争罪、危害人类罪不能适用传统国际法上的管辖豁免,其具体规定如下:

"(一)本规约对任何人一律平等适用,不得因官方身份而差别适用。特别是作为国家元首或政府首脑、政府成员或议会议员、选任代表或政府官员的官方身份,在任何情况下都不得免除个人根据本规约所负的刑事责任,其本身也不得构成减轻刑罚的理由。

(二)根据国内法或国际法可能赋予某人官方身份的豁免或特别程序规则,不妨碍本法院对该人行使管辖权。"

在上述第 1 款规定中,"对任何人(all persons)一律平等适用",国家元首或政府首脑(a Head of State or Government)"在任何情况下(in no case)"等绝对性的语言明确地排除了行为具有官方性质而享有豁免权的可能性,同时也进一步地确认:即使行为是以官方身份所为,犯有该行为的官员也要受到国际刑事法院的管辖。因此根据这条规定,所有被指控犯有国际刑事法院管辖范围内罪行的国家官员,都不能享有外交豁免权。

国际刑事法院与前南国际刑事法庭及卢旺达国际刑事法庭不同,它不是由联合国安理会通过决议建立的,因此没有《联合国宪章》第七章所赋予的权威性的支持。但它仍然对所有参加国际刑事法院的国家具有拘束力。国家加入国际刑事法院,就意味着接受了《罗马规约》第 27 条的规定,即放弃本国外交官和其他官员在国际法本应享有的基于官方身份而产生的豁免权。

国际刑事法院《规约》关于管辖豁免的规定,相对纽伦堡国际军事法庭和东京国际军事法庭的《宪章》以及前南斯拉夫国际刑事法庭和卢旺达国际刑事法庭的《规约》来说，显得更为明确，它不仅确定犯下国际罪行的国家官员都要在国际法上承担个人刑事责任，同时它还意味着，《罗马规约》的缔约国放弃了自己本国国家官员本应享有的豁免权。

然而，考虑到国际法有许许多多的国际公约，其中有不少规定相互之间有冲突，所以《罗马规约》同时还订立了一条关于"放弃豁免权"方面的条款，即第98条，其中规定：

"（一）如果被请求国执行本法院的一项移交或协助请求，该国将违背对第三国的个人或财产的国家或外交豁免权所承担的国际法义务，则本法院不得提出该项请求，除非本法院能够首先取得该第三国的合作，由该第三国放弃豁免权。

（二）如果被请求国执行本法院的一项移交请求，该国将违背依国际协定承担的义务，而根据这些义务，向本法院移交人员须得到该人派遣国的同意，则本法院不得提出该项移交请求，除非本法院能够首先取得该人派遣国的合作，由该派遣国同意移交。"

作为一个缔约国，根据《罗马规约》中关于合作的规定，自然具有必须要与国际刑事法院合作的义务。然而，如果因为要执行国际刑事法院提出的协助请求而可能会违背该缔约国对第三国或由国际法外交豁免权所产生的国际法义务，那么在这种情况下，国际刑事法院就不能提出这项请求，除非法院首先能够取得该第三国的合作，并由该第三国放弃由于协议而产生的豁免权。

所以，《罗马规约》第98条规定，表明传统国际法上的外交豁免权在一定条件下仍然在发挥作用。在国际刑法具体操作的实践中，"官方身份不免职"原则不是绝对和无条件的。

四、国际法院与不免责原则

国际刑法上的官方"身份不免职"原则,在联合国国际法院遇到了挑战。国际法院在"逮捕令"的诉讼案中对管辖豁免问题上的观点,坚持传统国际法中的管辖豁免理论,作出了与其他国际刑事法庭截然不同的判决。

2002年,国际法院受理了对刚果诉比利时关于"逮捕令"的诉讼案。在该案中,刚果反对比利时法院对被指控犯下严重违反国际人道法的时任刚果外交部长努道姆巴西(Abdulaye Yerodia Ndombasi)先生发放国际逮捕令,认为他在国际外交法上享有不受起诉的豁免权。

案由与比利时关于惩治战争罪行的国内立法和发生在卢旺达的大屠杀有关。比利时于 1993 年已制订了关于惩处严重违反 1949 年日内瓦公约的法律[①],法律明确规定:"比利时法院对于本法规定的罪行有管辖权,无论该行为发生于何处。"以及"因官方身份而享有的豁免权不妨碍本法的适用。"所以,比利时国内法院对种族灭绝罪、战争罪以及反人道罪行都可以行使管辖权,即使犯罪嫌疑人当时并不在比利时的领土范围之内。

在 1994 年 4 月至 7 月,卢旺达国内爆发了种族大屠杀,它是占卢旺达人口多数的胡图族(Hutu)对图西族(Tutsi)的屠杀。所以,该屠杀引起大量的图西族人涌入邻国刚果,并在刚果形成严重的难民问题。1998 年 8 月,刚果境内又发生了刚果政府与图西族人之间的暴力冲突。当时,努道姆巴西任刚果总统私人秘书,他多次在公开场所煽动对图西族人的种族仇恨。所以,2000 年 4 月,比利时布鲁塞尔法院的冯

---

① 惩治严重违反 1949 年《日内瓦公约》及其 1977 年第一、第二附加议定书的罪行的法律,参见《比利时观察报》,1993 年 8 月 5 日。

德迈斯(Vandermeersch)法官对已经担任刚果外交部长的努道姆巴西(Mr. Yerodia)发出了国际逮捕令(an international arrest warrant)。刚果民主共和国认为它违反国际法外交豁免原则,所以向国际法院提起诉讼,要求国际法院撤销这一逮捕令。

在该案中,针对比利时所谓"官方职能行为的论点,国际法院认为它没有任何道理。根据国际法,外交部长在其任职期间在外国享有完全的管辖豁免权和不可侵犯权,这些权利可以保护其不受外国有关当局对其行使职权进行妨碍。在事实上,既不能区分外交部长以官方身份实施的行为与其以所谓私人身份实施的行为,也不能区分该人在担任外交部长之前的行为与其任职期间的行为。因为如果一位外交部长在另一国由于刑事指控而被捕,其结果必然会妨碍了其行使职权。国际法院认为:

> "在一个外交部长以'官方'(official)身份实施的行为,以及那些被声称以'私人身份'(private capacity)实施的行为之间,或者在有关人员就任外交部长之前实施的行为和就任期间实施的行为之间不存在什么区别(no distinction)。这样,如果一个外交部长在另一个国家因为刑事指控而被逮捕,他或她因此明显地被阻止履行他或她的职务。如此妨碍实施这些官方职务的后果是同样严重的,而不管外交部长在被逮捕的时候,是以'官方'身份访问的形式或以'私人'访问的形式出现在实施逮捕的国家,不管这个逮捕牵涉的是该人在成为外交部长之前据称实施的行为还是在任期间实施的行为,也不管这个逮捕牵涉的是据称以'官方'身份实施的行为还是以'私人'身份实施的行为。"[①]

[①] International Court of Justice, Judgment of Case Concerning the Arrest Warrant of 11 April 2000 (Democratic Republic of the Congo v. Belgium), 14 February 2002, para. 55.

正是基于这样的认识,国际法院在这一"逮捕令"案中,判决比利时败诉,裁定:"2000 年 4 月 11 日针对努道姆巴西先生发出的逮捕令,及其在国际范围内的送达,违反了比利时王国对刚果民主共和国的法律义务,因为他们没有能够尊重刚果民主共和国在任外交部长在国际法之下享有的刑事管辖豁免和不可侵犯性(the inviolability)。"[1]

国际法院同时强调,国际法上授予豁免权的目的是允许外交功能能得到充分发挥,正如《维也纳外交关系公约》在其序言中所表述的:"特权与豁免……目的并非有益于个人,而是确保代表国家的外交使团职责的履行。"基于这一考虑,国际法院裁决"比利时必须通过它自己选择的方法取消逮捕令并且通知该逮捕令已经被送达到的那些当局。"[2]

国际法院在刚果诉比利时一案的判决中坚持了传统国际法上国家政府官员享有外交特权的原则,但从整个国际刑法领域里的实践来看,从联合国前南斯拉夫国际刑事法庭和卢旺达国际刑事法庭,到塞拉利昂特别法庭、东帝汶国际刑事法庭以及国际刑事法院这些所有国际司法机构的《规约》来看,它们全都明确地规定要追究个人的刑事责任。

第三节 上级指挥官责任

在国际刑法的理论和实践中,"指挥官责任"(Command Responsibility)已成为一个常用术语。它是国际刑事诉讼活动中追究高级军事指挥官和国家高层官员个人刑事责任的一个重要依据。

---

[1] 参见:Judgement of Case concerning Arrest Warrant(Congo v. Belgium), ICJ, 2002, available at http://www.icj.org.

[2] 见 1961 年《维也纳外交关系公约》序言第四段。

一、指挥官"不行为"的犯罪性质

前南斯拉夫国际刑事法庭《规约》的第7条,是关于个人刑事责任的基本条款。该条第3款规定:"本规约第2条到第5条所指任何行为由一个下级实施这样的事实不能免除他上级的刑事责任,如果他知道或有理由知道下级准备实施这样的行为或已经这样做,但没有采取必要与合理步骤以防止这样的行为或惩治违法者的话。"

卢旺达国际刑事法庭《规约》第6条第3款也是关于指挥官责任的规定,其用语与前南国际刑事法庭《规约》的一样。《罗马规约》第28条规定:"军事指挥官或以军事指挥官身份有效行事的人,如果未对在其有效指挥和控制下的部队,或在其有效管辖和控制下的部队适当行使控制,……应对这些部队实施的本法院管辖权内的犯罪负刑事责任。"

上述所引的国际刑事诉讼机构根本大法中的规定,就是"指挥官责任"在国际刑法中的原则。根据两个特设国际刑事法庭《规约》关于指挥官责任的规定,一个上级(指挥官)在其部下实施了(战争罪、反人道罪或种族灭绝罪)等犯罪行为时,如果知道或者应当知道正在或将要实施的这些犯罪行为而没有采取合理、必要措施来阻止或惩罚该犯罪者,则不能免除该上级(指挥官)的刑事责任。

国际法中之所以有指挥官责任这样的理论,是因为在像军队这样等级森严的组织中,指挥官因为其地位而具有法律上的责任。如果军队行为没有受到指挥官的命令限制,就一定会有违法犯罪行为。国际人道法的目的是保护平民和战俘不受残酷地对待,要实现这个目的就需要指挥官尽责。

第二次世界大战结束后,国际社会为了惩治德国和日本这样罪大恶极的战犯(major war criminals),通过制定《纽伦堡宪章》和《远东国际军事法庭宪章》成立了两个国际军事法庭。虽然在这两个法律文件中没有规定指挥官责任问题,但这两个国际法庭的实际案例中却有不少涉及到指挥官责任问题。其中最有代表性的案例有"山下奉文将军案"、"上级命令案"。

山下奉文将军(Tomoyuki Yamashita)是日军在菲律宾的最高司令,被称为"马来之虎",1945年10月2日,就在日本无条件投降后一个月,山下奉文被起诉并被指控犯有如下罪行:

"日本军队将军山下奉文,于1944年10月9日至1945年9月2日期间,在菲律宾群岛的马尼拉和其他地方,作为当时正和美利坚合众国及其盟国处于战争状态的日本武装部队的指挥者,非法地无视(unlawfully disregarded)并且不履行指挥官控制在其指挥之下部队成员行动的义务(failed to discharge his duty),允许他们对美国及其盟国以及中立国民众,特别是对菲律宾民众,实施残酷的暴行(brutal atrocities)以及其他严重的罪行;山下奉文将军因此违反了战争法(thereby violated the law of war)。"①

与一般起诉书不同,山下奉文将军被起诉并不是他亲自杀了多少人,或亲自对多少人造成伤害,他被起诉是因为其部队在实施大规模的屠杀美国及其盟国和属国人民,尤其是菲律宾人民犯有残酷暴行时,他作为一个指挥官听之任之。所以,山下奉文被指控触犯了战争法,不是自己做了什么违法之事,而是因为他没有尽到一个指挥官应尽的职责和义务。

军事法庭的判决书最后将山下奉文定为有罪,根据就是"指挥官责

---

① U. N. War Crimes Commission, 4 Law Reports of Trials of War Criminals 3 - 4 (1948).

任"原则,就是因为山下奉文没有能够阻止其部下实施的犯罪行为,而且也没有对其部下的犯罪行为予以惩治。所以,军事法庭裁决山下奉文有罪。

军事法庭关于将山下奉文定罪的判决书清楚地说明,一个军队指挥官被赋予了权力和责任。如果仅仅因为其下属只是实施了一件谋杀或者一个强奸案,就将其上司也定为谋杀者或强奸犯,这显然是荒唐的。然而,当杀人、强奸等邪恶的犯罪行为是如此广泛之时,而指挥官却没能发现也没能制止,那么,这个指挥官就也要承担责任。

"上级命令案"(The High Command case),是指 *The United States v. Wilhelm von Leeb* 一案。该案共有 13 名被告,全都是前德国军队高级军官。其中一个是陆军元帅冯·李伯(Von Leeb)将军,他是德国 1941 年 6 月至 1942 年 1 月东部战线三股德军之一的司令官,官职很高,所以该案被称为"冯·李伯案"。

军事法庭对冯·李伯的指控共有六项,其中第一和第三项是关于执行两个非法命令从而导致了严重战争罪行的实施。第一个是由陆军元帅威廉·凯特尔(Wilhelm Keitel)将军发布的巴巴罗萨(Barbarlosa)命令,它命令清洗涉嫌反对德国军队的游击队队员,并规定不能惩罚针对平民实施犯罪的德国士兵。这个命令致使许多平民和游击队员被处死;第二个是由希特勒于 1941 年 6 月 6 日发布的"人民委员命令",它要求东部战线的德军将其逮捕的苏联政要官员处死。大概有几百名苏联官员由于这个命令而被处死。

冯·李伯一案与山下奉文案不同。在山下奉文案中,法庭主要强调指挥官与其下属之间的联系;但在冯·李伯案中,法庭认为要追究刑事责任,除了要求有上下级纽带关系外,还应要求指挥官有玩忽职守的行为。

对法庭来说,指挥官的权力与其责任是有关联。不能仅仅因为上下级链条而追究每一级指挥官的责任。要追究责任就必须要有指挥官玩忽职守行为。这种玩忽职守应当是恣意的、故意忽视其下属的犯罪行为从而达到默示的程度。具体到对冯·李伯的指控，法庭认为：

> "从当时发生的情况来看，不能仅仅根据（merely on）下级服从和总体指挥而将刑事责任归罪于他。必须要有他参与或通过犯罪默许而既知晓这样的犯罪行为，因此与之相关联（connected to）的要素。"①

上述案例表明：不仅指挥官命令下属实施犯罪，指挥官要承担责任；而且指挥官明知部下正在或将要实施犯罪而不阻止，或在知道部下已经实施了犯罪但不予以惩罚，指挥官也要承担共犯责任；甚至指挥官对下属的犯罪只是应当知道而没有采取措施阻止或者惩罚，他也要承担责任。

在法律的基本概念方面，指挥官责任是指以下两种情况：

第一，指挥官命令下属或其他人员实施犯罪；

第二，指挥官知道或者应当知道其下属将要实施犯罪而没有采取必要、合理的措施来阻止犯罪，或是在行为发生后知道但没有采取必要、合理的措施来惩罚罪犯。

指挥官责任的内容不仅包括指挥官发出违法命令的责任，也包括当下级执行违法命令时自己是否也要因此承担刑事责任问题。指挥官命令其下属实施犯罪行为，当然要被追究个人刑事责任，这是不言而喻的。所以，国际法中的"指挥官责任"主要是指第二种情况，其实也是

---

① U. N. War Crimes Commission, 4 Law Reports of Trials of War Criminals 3-4 (1948).

"指挥官不作为"(commander's failure)的情况。

二、"指挥官责任"的新发展

指挥官责任理论和实践的发展表明,这一原则已被世界各国军事法律所接受;指挥官责任原则通过国际公约和国际法实践,已成为国际习惯的一部分。

联合国两个特设法庭成立后至今审判了许多案件,其中不乏有依据指挥官刑事责任作出决定的案例。前南国际刑事法庭在其颁布第一个起诉书的尼克里奇(Nikolic)案子里,曾审议了被告在指挥官责任原则下所应承担的个人刑事责任问题。法庭认为:

"审理中所提供的一些证据使我们合理地相信(reasonable grounds for believing),尼克里奇在苏斯克(Susica)集中营处于指挥官的要位。证人们通过对他们掌握的情况进行分析后认为,卫兵们都服从 Dragon Nikolic 的命令。很明显,没有他的同意什么都不会发生。证人还提到 Dragon Nikolic 在集中营曾发表他自己具有最高权力的言论。根据好几个证人的证词,他曾公开声称:'在这里,我是指挥官,上帝,棍棒以及法律(the commander, God, the stick and the law)。'

起诉书和证据显示:尼克里奇对所犯罪行的责任,不仅源于他在这些罪行中的直接参与(direct participation),而且还源于他的领导地位(position of authority)。由于他处于这一领导地位,尽管没有证据显示他直接卷入到一些罪行中,但他并没有防止(failure to prevent)此类罪行……没有防止这一点就涉及到国际刑法长期实践中得到承认的一个原则,即因为失职而引起的个人责任(responsibility for omission),这个原则在《规约》第 7(3)条中得到重申……"①

除了前南国际刑事法庭以外,卢旺达国际刑事法庭也审理了不少案件,其中一些案件,如 Kambanda、Serushago、Akayesu、Kayishema 等案例里,在如何确定非军事指挥官(国家高级官员)责任方面,有较为系统的论点。

在 *Prosecutor v. Kayishema* 一案中,被告克耶斯马(Kayishema)在1994年卢旺达种族屠杀中任 Kibuye 省的省长(Prefect)。所以,在对他的审判中,检察官提出:《规约》第6条第3款关于指挥官责任的规定不仅适用军事指挥官,同时也适用国家的高级官员。对此,法庭表示完全同意:

"《规约》本身的规定是清楚的。它将并不仅仅限制在军事指挥官方面。相反,它使用的是'上级'(superior)这个范围更为广泛(more generic)的词汇……

以前的判决也支持这样的解释。在第一审判庭审理的案件里,Jean Kambanda 总理对自己被起诉的反人道罪和灭绝种族罪依据(by virtue of)《规约》第6(3)条承认有罪。同样,Omar Serushago 曾经是 Gisenyi 省 Interahamwe 组织的领导人,他也承认自己依据(pursuant to)《规约》第6(3)条犯有反人道罪和灭绝种族罪,并愿意承担责任……

法庭《规约》第6条的适用范围比较宽泛,它要追究的责任的行为人包括所有政府官员(all government officials)、所有的上级

---

① Review of the Indictment Pursuant to Rule 61 in the Prosecutor v. Dragan Nikolic Case (IT-95-2-R61), ICTY, 20 October 1995, para. 24.

官员(all superiors)和所有根据命令行事的人,其明显的目的就是要确保实施《规约》第 2 条到第 4 条规定的罪行的人不会因为法律不严谨的形式而逃避惩治。"[1]

卢旺达国际刑事法庭对政府官员的这些判决都清楚地表明:指挥官责任要追究的不仅是军事指挥官,而且包括国家高级官员由于不行为而引起的个人刑事责任问题。一个指挥官知道或者应当知道由其指挥、受其控制的部下将要实施、正在实施犯罪而没有采取必要的、合理的措施加以阻止,知道或者应当知道由其指挥、受其控制的部下已经实施了犯罪而没有采取必要的、合理的措施予以惩罚而应当承担的刑事责任。

指挥官责任的概念在第二次世界大战后的国际审判中确立起来以后,它不仅体现在前南与卢旺达国际刑事法庭的《规约》里,而且在国际刑事法院成立时,又进一步被清楚地体现在该法院的《规约》里。

《国际刑事法院规约》第 28 条不但对指挥官刑事责任作了详细的规定,而且还就军事指挥官与其他上级对下属所犯罪行应当承担刑事责任的条件作了不同的规定。根据《罗马规约》这一规定,军事指挥官如果"知道、或者由于当时的情况理应知道"其部队正在实施或即将实施犯罪行为,以及该军事指挥官没有采取在其权力范围内的"必要而合理的措施"以防止或制止这些犯罪行为的实施,那他(她)也应对这些犯罪行为负刑事责任。

对于非军事指挥官,也就是政府官员或上级,如果在下级人员正在实施或即将实施这些犯罪时,"故意不理会"明确反映这一情况的情报,

---

[1] The Prosecutor vs. Clement Kayishema and Obed Ruzindana, Judgment, ICTR, 21 May 1999, Case No. ICTR-95-1-T, Paras. 214, 215 and 222.

或者没有"采取在其权力范围内的一切必要而合理的措施",防止或制止这些犯罪的实施,或者也没有"报请主管当局就此事进行调查和起诉",那他(她)也应对这些犯罪行为负刑事责任。

《国际刑事法院规约》也采用了这种概念,但它比两个联合国特设国际刑事法庭《规约》里规定得更加详细。前南国际刑事法庭和卢旺达国际刑事法庭《规约》中明确规定了可以依据该原则追究处于国家一定领导地位的非军队人员的责任,但规定得很原则;国际刑事法院《规约》则规定得非常详细,它区分了军事指挥官与其他上级对下属犯罪的刑事责任,并且对它们的成立要件作了不同的规定。

指挥官责任的理论在最近的国际刑事司法实践中取得了很大的发展。前南与卢旺达国际刑事法庭在继对南斯拉夫总统米洛什维奇和卢旺达前总理坎班达的审判之后,在本书撰写时还正在审理卡拉季奇一案。

拉多万·卡拉季奇(Radovan Karadžić)原是波黑塞尔维亚民主党(Srpska Demokratska Stranka,SDS)的创始人之一。他于1992年3月27日波黑塞尔维亚共和国(Republika Srpska,RS)成立时任总统,直至1996年7月19日。1995年,前南国际刑事法庭对他进行起诉。2008年在起诉13年后终于被抓获时,又修改了起诉书,指控其参与四个"共同犯罪集团"(Joint Criminal Enterprise,JCE),犯下11项国际罪行,要求追究卡拉季奇的个人刑事责任及上级刑事责任(command responsibility)。

卡拉季奇被控参与的四个"共同犯罪集团"包括:(1)永久驱逐波黑境内塞族人主张领土范围内的非塞族人;(2)围困萨拉热窝,炮轰及狙击当地平民,意图散布恐怖;(3)清除斯雷布雷尼察的穆斯林人;(4)绑架联合国人员作为人质。指控的11项罪行还包括种族灭绝、迫害、灭绝及谋杀、驱逐及不人道行为、恐怖及非法袭击平民、劫持人质等。

三、指挥官刑事责任的成立要件

认定指挥官刑事责任的成立,在国际审判中又需要哪些条件呢?

前南国际刑事法庭在 Celebici 案中主要归纳为三个要件,即:上下级关系、知悉(知道或者应当知道)、必要且合理的措施。[①]

1. 具有上下级关系

上下级关系(superior-subordinate relationship)可以说是指挥官责任原则的基础。指挥官(或上级)如果要对将要实施或正在实施的犯罪行为采取必要的、合理的措施,首先是因为这是他(她)的部下,受其控制。而由"不作为"(omission)所产生的责任也是基于这一上下级的关系基础之上。正如卢旺达国际刑事法庭在 Kayishema and Ruzinndana 案中所声明的:

"这个上下级关系(superior-subordinate relationship)因素是指挥官责任概念的核心(at the heart)。指挥官承担责任的基础是:如果他知道或有理由知道(knew or had reason to know)一个罪行可能或已经被实施,那么他就必须要采取必要的措施来防止罪行发生,或者要惩治违法者。如果他没有采取他权力范围之内的此类措施,那么他将从而因为这些被实施的罪行而应受到惩治(culpable)。法庭在 Celibici 一案中已经规定了这方面的指导原则,它声明说:'指挥责任原则最终(ultimately)是由上级对其下级行为的控制权力决定的'。"[②]

[①] Prosecutor v Delali et., Judgment, Case No IT-96-21-T, 16 Nov 1998, pp. 121-149.

[②] The Prosecutor vs. Clement Kayishema and Obed Ruzindana, Judgment, ICTR, 21 May 1999, Case No. ICTR-95-1-T, Para. 217.

上级对下级的关系有法律上(de jure)或事实上(de facto)之分。这是因为指挥官(上级)地位的确定既可以基于法律上的规定,也可能是缘于事实上的状态。前者是指经过法律的授权和有关当局的任命,某个指挥官有法律上的权力控制其下属。后者是指行为人在事实上拥有指挥、控制士兵的权力。通常情况下,在法律上拥有控制士兵权力的人也就在事实上有这种权力,但是,也不能排除某些未经任命的人,或者已经离休的人对军队士兵的这种权力。当然,也有人反对确立指挥官地位的这种"事实上"的标准。而不管是法律上还是或事实上,重要的是上级对下级的"影响力"或"控制力"。

如前所述,关于段落(a)中没有规定的上级和下级关系,一个上级应为处于他控制之下的下级实施的法院管辖权之下的罪行而承担刑事责任问题上,国际刑事法院《罗马规约》对军事指挥官和平民指挥官上下级关系的确立规定了不同的标准。就军事指挥官而言,"有效指挥和控制"或者"有效管辖和控制"两个标准只要满足一个就可以了;而在其他上级即平民指挥官的情况下,只有一个标准那就是"有效管辖和控制",即:

a superior shall be criminally responsible for crimes within the jurisdiction of the Court committed by subordinates under his or her effective authority and control.

所以,对平民指挥官的要求比军事指挥官更加严格。然而,不管是哪一种指挥官,关键仍是"有效指挥和控制",也就是法律上或者事实上处于指挥官链条的一环并能够直接发布命令的人。

所以上下级关系的存在,是追究指挥官责任的基本要素,如果这个要素不存在,就不应该承担责任。在前南国际刑事法庭,2013年2月有个关于指挥官责任的判决。由于被告佩里西奇(Perisic)没有符合关于有效控制案件所涉部队的责任要件,因此上级责任也就不能成立,所以上诉庭也就推翻了审判分庭基于上级责任的有罪判决。

具体一点说,被告莫穆奇洛·佩里西奇1993年8月是南斯拉夫军的最高级的官员。在战争中,由于波黑的塞族共和国军(the Army of the Republika Srpska, "VRS")和克罗地亚的塞尔维亚克拉伊纳军(the Army of Serbian Krajina, "SVK")犯下不少危害人类罪和违反战争法规和惯例的活动,也由于南斯拉夫军则为它们提供了大量的供给和后勤援助,佩里西奇被起诉主要是因为这一层关系。但被告则质疑指控他的"专门针对协助犯罪的实施"的罪名是否成立。

前南国际刑事法庭第一分庭先是对他作出有罪判决,但在上诉后,上诉庭接受了佩里西奇的意见,认为佩里西奇有效控制案件所涉部队的证据不足,上级责任也就不能成立。鉴此,推翻了审判分庭基于上级责任的有罪判决。在8年的拘禁生活之后,佩里西奇于2013年3月1日又重新回到了贝尔格莱德他的家中。

2. "知道或者应当知道"要素

"知道或者应当知道"是追究指挥官责任的另一不可缺少的要素。其道理也很明了。如果指挥官要对正在实施或将要实施的犯罪行为进行阻止,或要对部下已经实施了的犯罪行为进行惩治,就必须首先要"知道"这些犯罪行为。如果他(她)不知道,当然也就不会产生刑事责任问题。

卢旺达国际刑事法庭在克耶斯马和鲁滋达纳(Kayishema and Ruzinndana)案中将"知道或者应当知道"与刑法原则上要求的"犯意"(*mens rea*)要件联系在一起。也就是说,如果指挥官被证明"知道或者应当知道",但没有采取任何行动,就表明他(她)自己就有违法行为的"犯意":

"第6(3)条中规定的'犯意'(*mens rea*)要求一个上级若为他下级的行为承担刑事责任的前提条件之一,是他知道,或有理由知道他们的犯罪活动。如果能排除任何合理怀疑地(beyond a reasonable doubt)证明：该上级确实知道由那些他控制的人正在实施罪行，那么追究他刑事责任所需的犯意就能清楚的确立(clearly established)。"①

如果能够证明指挥官对于下级实施严重犯罪是明知的，就可以根据不作为犯罪的理论毫无争议地追究其相应犯罪的刑事责任。但在有些武装冲突或大屠杀的背景中，有时要证明被告人"实际知道"，不是一件容易的事。行为人往往辩称：自己实际上并不知道。以往对战争罪犯审判的实践也清楚地显示，只要是根据指挥官责任理论来定罪的案件，被告人无一例外地都会提出这种辩护理由。所以，在指挥官刑事责任的确定问题上，"应当知道"有着极其重要的意义。

前南国际刑事法庭上诉庭在科迪奇和塞科斯(Kordic & Cerkez)一案中认为："从上诉庭的判决(findings)中可以清楚的看到，如果上级掌握足够的信息提醒他注意下级从事非法行为的可能性，就是说，如果可以得到的信息足以有理由让他进行进一步的调查，那么他可以被认为有'理由知道'(having reason to know)。训练的水平或下级的性格、特征或习惯等，都通过例举的方式(by way of example)被认为是上级了解下级是否会实施犯罪的一般性因素。作为真实了解(actual knowledge)背景下被援引的联合国专家报告中的线索(indicia)，也可以用来判断被告是否具有犯罪所需的知晓这一因素。"②

考虑到实际可能出现的不同情况，《罗马规约》要求军事指挥官对其部下的犯罪行为 either knew or, owing to the circumstances at the

---

① The Prosecutor vs. Clement Kayishema and Obed Ruzindana, Judgment, ICTR, 21 May 1999, Case No. ICTR-95-1-T, Para. 217, 第225段。

② Kordic & Derkez Judgment, para. 437.

time, should have known;而对于非军事指挥官的政府官员(superior),则要求其对部下的犯罪行为 either knew, or consciously disregarded information which clearly indicated。在这里,军事指挥官"知道"或"由于当时的情况理应知道"这一标准,以及与上级"知道"或"故意不理会明确反映这一情况的情报"标准之间反映出来的不同,本身就考虑到了军事指挥官与平民指挥官在监督下级行为方面的"应当知道"标准上的不同。

3. "未能采取合理、必要的措施,阻止或惩罚犯罪行为"要素

所有国际刑事司法机构中关于指挥官责任的规定,即一个指挥官对受其控制的部下将要或正在实施的犯罪要采取必要的、合理的措施加以阻止或予以惩罚的规定,事实上是将要指挥官"防止下属犯罪和惩罚已犯罪的下属"规定成一项法律义务。如果指挥官未能履行这种义务,就可能承担刑事责任。

但是,法律不会强人所难,非要让人去做不可能的事。因此,这些规约都加上了"合理、必要"(reasonable and necessary)的限制。这从另一方面也客观地要求审视指挥官的"控制能力程度"(degree of effective control)。正如前南法庭在切里比奇(Celebici)案所声明的:

> "一个指挥官实施有效控制的程度(degree of effective control)以及他的实际控制能力,是审判庭判断他是否合理地采取措施以防止犯罪或惩治违法者的要素。这就意味着,在某些情况下,一个指挥官将事件报告给主管当局(reporting),也可以被视为履行了防止或惩治的义务。"[1]

对于什么是"合理的、必要的措施",客观地讲,不管能列出多少措

---

[1] Celebici Judgment, para. 302.

施,都不可能穷尽。不过,在前南国际刑事法庭伯拉斯基奇(Blaskic)案中,检察官方面在其向法庭提出的诉讼状(legal brief)中,曾就什么算是"合理的、必要的措施"提出较为详细的意见,即:

> 一个指挥官为了切实能'防止'(prevent)下级实施犯罪,其所采取的措施包括:确保武装部队成员……意识到(aware of)他们在'国际人道法'之下的义务,时刻了解下级在执行委托给他们的任务方面的方式,并且为了防止采取必要的措施(necessary measures);在足够的程度上规定纪律以强制遵守国际人道法;并且在任何层面上,通知上级正在发生的事情……在违反行为发生时提交报告,或为了阻止违反情形进行干预,为具有惩治权力的上级提出建议,或在自己权力范围内(within the limits of his competence)对犯法者予以惩治,另外还可将案由连同事实证据提交给司法权威(judicial authority)处理。

一个罪行发生之后的"惩治"(punish)义务包括三个方面:(1)确认事实,(2)结束违法行为,以及(3)制裁。指挥官的责任并不随着案件转交给一个主管司法机构而结束,而是要一直持续到所有以上三个方面都已经适当地(properly)履行完毕。然而,指挥官只是被要求采取"必要与合理"(necessary and reasonable)的措施。"必要的"措施是在当时主要情况下那些要求履行义务以防止或进行惩治的措施。"合理的"措施是在当时主要情况下居于一定地位的指挥官应采取的那些措施。国际法不能迫使一个上级做不可能做的事情。对于一个军事指挥官为防止或惩治而可以采取的措施的种类,不存在一个封闭性的分类(closed category)。[①]

[①] Blaskic Judgment, para. 237.

当然,不同的指挥官因处于指挥链条中的不同位置使得他们各自可能采取的措施也不同。但一般来说,当下属将要实施犯罪时,指挥官不仅为了防止犯罪行为的发生要预先采取发布命令这样的措施,而且还要确保措施(如命令)得到落实或遵守,必要时得采取如解除下级职务等纪律性的措施;如果犯罪正在发生,则指挥官应当发布停止犯罪的命令并确保该命令得到遵守;如果部下已经实施完毕犯罪,指挥官则应当向其上级指挥官报告,或者召集成立军事法庭进行调查、起诉和审判。

第四节 "执行命令不免责"原则

"军人以服从命令为天职",在世界各国军队里下级服从上级命令从来就是一项重要的规则。从广义上讲服从权威或服从领导是维护社会秩序的一个基本条件,也是统治者维护和巩固政权一个不可或缺的重要因素。如果下级不服从上级的命令,就会被视为违法犯罪行为。相反,如果服从上级命令,即使造成严重后果也不需承担刑事责任。

由于惩治国际犯罪的需要,国际法开始主张:一个人只应该服从合法的命令,而不应该服从违法的、犯罪的命令。如果一名军人因服从命令而违反了明显的、无可否认的战争规则,他便应该负不可逃避的责任,执行上级命令本身不能作为一个独立的辩护理由。但考虑到下级在执行命令时的无奈,它可能会作为一个导致减轻刑罚的因素。

一、历史演变与发展

国际法发展使得在国际刑法实践中逐渐确立起了"执行命令不免责"的原则。换句话说,只要是犯有国际法上严重罪行,即使是因为服从上级命令所致,行为人仍然要被追究其个人的刑事责任。当然,"执行命令不免责"与其他很多国际法原则一样,经历了一个发展过程。

1. 从"免责"到"不免责"

"执行上级命令"能不能成为一个辩护的理由,在国际法上属于一个有争议的问题。国际刑法学家 Cherif Bassiouni 教授认为:"军事法(military law)与适用于平民的国内刑法不同,军事法适用的基础是一个等级制度(hierarchical system),它要求下级服从上级的命令。实际上,在军事法律存在的整个历史时期,服从上级命令一直是下级的最高义务(the highest duties)。这个服从免除了下级的责任,因为下达命令的上级具有指挥责任。"[①]

在军队里或是在国家机构中,下级服从上级的命令,从来是一项重要的规则。服从权威或服从领导是维护社会秩序的一个基本条件,也是统治者维护和巩固其统治的一个不可或缺的重要因素。从法律上讲,尤其是从军事法的角度讲,如果下级不服从上级的命令,就会被视为违法犯罪行为。相反,如果因为服从上级命令,即使造成严重后果,也不承担刑事责任。

奥本海(Oppenheim)是国际法学界的权威之一。他的学说和著作对国际法有一定的影响。在下级服从上级命令能否免责方面,他在1906年认为,"只有当没有得到有关交战政府的命令时(without an order)实施违反战争规则的行为才是战争犯罪。如果武装部队成员根据他们政府的命令而实施违法行为,那么他们就不是战争罪犯因此不能得到敌人的惩治;不过,这可能会受到敌人的报复(reprisals)。"[②]

奥本海关于武装部队成员只要是执行上级命令、违法时不应受到惩罚而只应由指挥官单独承担刑事责任的论点,对英国军队的立法产

[①] Charif Bassiouni, *Crimes against Humanity in International Criminal Law*, Martinus Nijhoff Publishers, 1992, p.399.

[②] Oppenheim, *International Law* (1st ed., 1906), pp. 264-265.

生了影响。英国"军事手册"(1914)第 443 号(The British Manual (1914), No. 443)规定如下：

"武装部队成员如果是因为根据他们政府或指挥者命令而实施此类违反公认的交战规则，就不属于战争罪犯(not war criminals)，因此不能被敌方惩治……"。

到了 19 世纪下半叶，开始出现一些国内立法来追究在某些情况下执行上级命令的刑事责任。例如，1872 年德国《军法典》第 47 条规定："如果士兵执行命令的行为触犯了刑律，那么发布该命令的上级单独承担刑事责任。但是，服从该命令的下级将承担共犯的刑事责任，如果(1)该士兵的行为超越了命令的范围，或者(2)该士兵知道上级命令涉及的行为构成普通犯罪或者军事犯罪。"在 1915 年奥匈帝国的一个军事法庭审判中，法庭也指出，只有当该行为"明显地不仅触犯了刑法，而且也与文明社会的战争习惯相违背时，下级对其执行命令行为要承担刑事责任。"。[①]

现代战争中指挥官和普通士兵违反有关战争行为国际准则的现象十分严重，与此同时，保护敌方伤病人员的需要不断增强，这就要求所有战斗员，无论是指挥官还是普通士兵，都要遵守相关国际法原则。从法律上讲，如果将执行上级命令作为完全的辩护理由，必然会导致对所有普通士兵实施的严重侵犯人权行为，最终只能追究最高统帅甚至国家元首的责任。所以，在国际法理论上就出现了"下级责任"(Subordinates' Responsibility)这个概念，专指下级执行上级违法命令所应当承担的责任。

第一次世界大战之后，国际法开始承认"执行上级命令不免责"的

[①] Paola Gaeta, *The Defence of Superior Orders: the Statute of the International Criminal Court versus Customary International Law*, 10 EJIL 1999, p.175.

原则。1922年的华盛顿会议期间,美国、英国、法国、意大利和日本五国签定了《关于战时保护海上中立者和非战斗员生命及禁止使用有害气体和化学品公约》(Treaty Relative to the Protection of the Lives of Neutral and Noncombatants at Sea in Time of War and to Prevent the Use of Noxious Gases and Chemicals),其中规定:"违反本规则的行为,无论是否属于依照政府命令行事,都应当被认为违反了战争法,并且应当接受审判和惩罚。"[①]

在第一次世界大战结束后,在莱比锡举行了对战犯的审判。虽然受审被告的地位比较低,但这些案例却在推动国际刑法发展方面还是发挥了积极作用。在莱比锡审判中,有几个案件涉及"执行上级命令不免责"的原则,例如,多佛城堡案(Dover Castle Case)和兰多佛里城堡案(Llandovery Castle Case)。在多佛城堡案一案中,法庭判决诺伊曼(Karl Neumann)无罪[②]。但就在多佛城堡案判决不久,同样的法庭又审理了同样是关于执行上级命令是否免责的 Llandovery Castle 案。在这一案例中,该法庭裁决被告有罪。

两个案子在性质上都是关于执行上级命令是否应免责的问题。在前一个案例中,多佛城堡案是一艘医用船,被用来从马耳他运送伤病人员到直布罗陀。德国海军上尉诺伊曼下令用鱼雷攻击该船,并导致船上六名船员遇难。诺伊曼之所以下命令,是因为其上级告诉他该船已被敌军征用,并用于军事目的,是一条战船。莱比锡法庭(The Leipzig Court)根据其德国的国内法,认为下级应当执行其长官的所有命令,因此就判决诺伊曼无罪。

---

① Treaties, Conventions, International Acts, Protocols, and Agreements between the United States of America and Other Powers, vol. Ⅱ, 2118 (1910 – 1923).

② The Llandovery Castle Case, *Annual Digest 1923 – 1924*, Case No. 235, Full Report, 1921 (CMD. 1450), p. 45.

兰多佛里城堡案的情况与多佛城堡案中的有所不同。在兰多佛里城堡案中,法官认为,当一个人在执行上级命令时,如果知道这个命令违反了普通法或军事法,那他就应当承担责任。军队下属没有义务质疑其上级发布的命令,他们可以信赖上级命令的合法性。但如果该命令对于包括被告人在内的所有人来说,已毫无疑问违反了法律,那么,这种对上级命令合法性的信赖就不存在了。在这种情况下,下属如果还执行违法的命令,就要承担刑事责任。所以,同一个法庭在相同性质问题的两个案子中的结论就正好相反。

丁斯坦(Dinstein)教授在对莱比锡案例进行分析后认为,关于执行上级命令是否应免责的问题主要有以下三个要点:

i. 作为一般规则(general rule),一个下级根据一个命令实施一项犯罪行为的话不应为此承担责任;

ii. 如果下级知晓命令会导致(entail)一项犯罪的实施,但是仍然服从的话,这个规则就不适用;

iii. 为了判断下级是否知道他被命令去实施一项犯罪行为,法院将利用明显非法性的标准(manifest illegality)。[1]

到第二次世界大战为止,世界上仍有不少国家军事立法规定:只要是执行上级命令就应被免责。例如:美国1940年制定的《陆战法规》(the United States Rules of Land Warfare (1940))就规定:"如果武装部队成员(individuals)根据他们政府或指挥者的命令或授权而实施这些违法行为,那么他们将不会得到惩治。指挥者命令实施这些行为,或在其权威之下这些行为由其部队实施,那他们在落入对方交战者之

---

[1] Y. Dinstein, The Defence of "Obedience to Superior Order" in International Law (1963); Charif Bassiouni, *Crimes against Humanity in International Criminal Law*, Martinus Nijhoff Publishers, 1992, p. 422.

手后可以被惩治(may be punished)。"①

如果因为下级犯有战争罪行而只要依据"对上级服从"就可以不被追究刑事责任，法律上就会出现恶劣的后果。在第二次世界大战中，纳粹德国将消灭整个犹太种族作为其国家政策；日本军国主义为了建立所谓"大东亚共荣圈"发动侵略战争、在中国实行"三光"政策，在这些侵略和暴行中，下级如果对上级只是盲从，同样也是一种灾难。

随着国际法的发展和民主政治制度的建立，在国际刑法实践中逐渐确立起了"执行命令不免责"的原则。根据这一原则，只要是严重侵犯人权或严重违反国际人道法的行为，即使是服从上级命令，执行者仍然要被追究其刑事责任。

2. 原则的基本哲理

执行上级命令不免责原则的确立，主要来源于对行为个人理性的承认和对战争（武装冲突）中受害人权利的尊重。

在中世纪以前，士兵简单地被视为执行任务或使命的工具，但随着启蒙思想家对自由意志的倡导，理性得到了尊重，开始强调行为人自己的意志。哲学家黑格尔认为，"加于犯人的侵害是正义的，因为这种侵害同时也是他存在的意志，是他的自由的定在，是他的法，所以是正义的。"另外，"刑罚既被包含着犯人自己的法，所以处罚他，正是尊敬他的理性的存在。"②

按照黑格尔的这些观点，对罪犯进行惩罚正是对其作为一个具有自由意志的正常人的尊重，如果一个人在实施犯罪之后只是因为他人的原因而不被惩罚，那就是没有得到尊重。如果将执行上级命令的士兵看作一种工具或者机器，其实就是无视其也是具有理性的人的事实。

---

① US Department of the Army Rules of Land Warfare, 347 Field Manual 27 – 10, 1940.

② 〔德〕黑格尔：《法哲学原理》，范扬、张企泰译，商务印书馆1961年版，第103页。

正如在 the Einsatzgruppen 一案中法官指出的那样:"士兵不是一个自动机器,而是一个有理性的代理人,他不像,也不能期待他像一部机器那样反应。"①

这种对行为人理性的承认和对被害人权利的尊重,要求士兵在接到上级违法命令时,对是否执行的问题进行选择。如果他在具有选择可能性的同时仍然执行违法命令,就要被追究其个人刑事责任。所以,对于人的自由意志的尊重,是执行上级命令不免责原则的哲学基础。

执行上级违法命令是否应被免除刑事责任问题,其实与国际人道法的发展也有密切的联系。国际人道法的原则和规则,是为了对不直接参加武装冲突的人,如平民、被俘的军人、伤病者等予以保护的法律体系规则。它起源于 1863 年亨利(Henry Dunan)先生关于索尔弗里诺(Solferino)战场惨烈情景的回忆录及其红十字运动,并从那时开始陆续制订一些有关战争法的国际公约,目的都是为了保护战争受害者。例如,1864 年 8 月 22 日签订的第一个日内瓦公约——《改善战地武装部队伤者境遇的公约》以及 1868 年 12 月 11 日签订的《圣·彼得堡宣言》,即《关于在战争中放弃使用某些爆炸性弹丸的宣言》以及其他国际法律文件。尤其是 1899 年和 1907 年两次海牙国际和平会议签订的一系列公约,从不同的角度对战争行为的规范化进行了规定,也从不同的角度宣示了对于平民、非战斗员及伤病者权利的保护。

上述国际法律文件的制定使得有些国家在国内法中改变以往关于执行上级命令不负责任这种传统做法,并开始追究某些执行上级命令者的刑事责任,从而为在国际法的层面上确立执行上级命令不免责原则奠定了基础。

---

① United States v. Otto Ohlendorf et al., in 2 Trials of War Criminals before Nuremberg Military Tribunal, Case No. 9.

随着国际法的发展,执行上级命令不再被作为免除刑事责任的辩护理由,并逐渐单独构成国际刑法的一项重要原则。执行上级命令者之所以被认定犯罪,主要的不在于上级命令的违法性,而在于执行行为本身构成了战争罪等罪行,因此它主要是追究作为行为的刑事责任。虽然行为人可能对于命令是否违法存在着错误认识,但他对于行为造成的结果本身却是明知的,因而其主观方面只能是故意。例如,上级命令士兵枪杀被俘的敌方军人,假定士兵误认为这是战争法所允许的,他仍然构成战争罪。这种对于违法性认识错误并不影响故意的成立。

执行上级命令本身还可以分为不同情况,大致有以下三种:

第一,下级明知命令是违法,而且自己没有受到上级的威胁,但仍然予以执行;

第二,下级知道命令是违法,但受到了上级的威胁,因而不得已执行了该违法命令;

第三,下级不知道命令是违法,所以才予以执行。

如果下级明知上级的命令是违法的,仍然予以执行,命令者与执行者属于教唆犯同实行犯的关系,他们之间成立一般的共犯关系;当下级不知道命令是非法的并予以执行而构成犯罪时,就没有共犯关系。在前一种情况下,行为人主观上没有错误;而在后一种情况下,行为人主观上存在着认识错误,但这种违法性认识错误不影响犯罪的成立。

3. 原则的立法实践

第二次世界大战后的国际刑法实践,从理论和实践上对执行上级命令是否应免责的问题产生了很大的冲击和影响。

美国在1940年《陆战法规》中曾经规定,如果武装部队成员根据他们政府或指挥者的命令或授权而实施这些违法行为,那么他们将不会得到惩治。但美国的这一立场不久之后就作了调整。它于1944年11

月 15 日增加了一个修正案,规定:

"违反公认的战争法规和习惯的个人和组织可因此而受到惩治。然而,在判断其所犯的罪行时,遭控告的行为根据一个上级命令或政府授权而实施这样的事实(the fact)应加以考虑,它或是作为辩护的理由(way of defense),或是可被用来减轻惩治(mitigation of punishment)。发布此类命令的人也可受到惩治。"[1]

"执行上级命令不免职"之所以在国际刑事审判过程中不断地被提出来,主要是因为以下三个理由:

(1)军事指挥结构中所存在的等级性质(hierarchical nature);

(2)在军事系统中需要维护纪律(maintain discipline)的必要性;以及

(3)一个指挥官必须要为其下级人员行为负责(responsible)。

奥本海在 1935 年第 6 版的《国际法》里,修改了他自己先前关于执行上级命令免责的观点:"某条战争法规则是依照交战一方的政府或者指挥官的命令而实施的事实,不能否定其行为构成战争罪的性质。……武装部队的成员只有义务遵守合法的命令……。"[2]这一论点为二战后审判战犯的立法从理论上提供了支持。Sir Hersch Lauterpacht 在 1952 年《奥本海国际法》里更是明确地认为:

"因为服从交战国政府或指挥官的命令而违反交战规则(rule

---

[1] 《美国陆军部陆战规则》(US department of Army Rules of Land Warfare),345.1,1940.

[2] Charles Garraway, *Superior orders and the International Criminal Court: Justice delivered or justice denied*, International Review of the Red Cross, No. 836.

of warfare)的事实,不能使其丧失其作为一项战争罪行(war crime)的性质;原则上,该事实也不赋予违法者免遭受害国惩治的豁免权(immunity from punishment)……武装部队成员只应服从合法的命令(lawful orders)……所以,如果在服从一项命令时实施违反公认的交战法规或人类一般感情的行为,就不能因此逃避责任(cannot therefore escape liability)。"①

1941年成立了一个委员会,起草后来战犯审判的程序规则。这个委员会的一个小组委员会讨论了执行上级命令的刑事责任问题,其报告指出:"总的来说,各国的国内法律认可执行上级命令的行为是一个有效的辩护理由,只要该命令是由上级通过正常的程序在其职权范围内向下级军官发布的,并且该命令不是明显违法。我们的结论是,每一个案件应当具体考虑其事实,执行命令的辩解并不自动成为一个辩护理由。"②

1943年成立了联合国战争罪调查委员会(the United Nations Commission for the Investigation of War Crimes),其法律委员会(the Legal Committee)也支持上述观点,认为依照上级命令行事的事实本身不能免除其战争罪的刑事责任。美国为伦敦会议起草的文件指出:"由国际军事法庭审判的任何案件,被告人根据上级命令或者政府法令行事的事实,其本身不能构成一项辩护理由,但是,如果法庭认为

---

① Oppenheim, *International Law*, (7th ed. H. Lauterpacht ed. 1952), pp. 568 - 569.

② History of the United Nations War Crimes Commission and the Development of the Laws of War, 1948, cited in Howard S. Levie, The rise and fall of an internationally codified denial of the defense of superior orders, *Revue internationale de droit militaire et de droit de la guerre*, Vol. 31, 1991, p. 183.

其合乎正义要求,既可以采纳其为辩护理由,也可以考虑减轻刑罚。"①苏联方面认为,"被告人依照其上级或者政府命令行事的事实,不是证明其无罪的情节。"②在协商中,美国方面坚持将上级命令作为减轻处罚的考虑情节,并提出一个提案。该提案通过后,就成了《纽伦堡宪章》第8条的规定,即"被告人根据其政府或上级命令而行事这样的事实不能免除他的责任,但如果法庭认定正义具有如此要求(Justice so requires),在减轻惩罚(mitigation)的时候可予以考虑。③

根据《纽伦堡宪章》第8条的规定,下级如果服从其政府或部队上级命令而犯有违法行为,不能被免除其刑事责任;然而,如果法庭为了实现公正的需要,则可以在减轻刑罚上予以考虑。

1946年1月19日,当时美国在远东盟军司令(the Supreme Commander for the Allied Powers in the Far East)麦克阿瑟(MacArthur)将军为审判日本军国主义分子在东京颁布了《远东国际军事法庭宪章》。其中第6条规定:"在任何时候,一个被告人的官方地位,或一个被告根据他的政府或一个上级的命令而行事(pursuant to the order)这样的事实,不足以免除此被告为自己被指控的任何罪行应承担的责任,但此类情况可以在减轻惩治的时候给予考虑,如果法庭认定正义有此要求。"

4. 原则的"纽伦堡模式"

《纽伦堡国际军事法庭宪章》规定,上级命令可以作为减轻处罚的

---

① Report of Robert H. Jackson, *United Nations Representative to the International Conference on Military Trials*, 1949, pp. 22 and 24, cited in Howard S. Levie, The rise and fall of an internationally codified denial of the defense of superior orders, *Revue internationale de droit militaire et de droit de la guerre*, Vol. 31, 1991.

② Kellie Bright, Defence of Superior Orders, S Legal Review of Article 6 (4) of the ICTR Statute, May 1999.

③ 王铁崖等编:《战争法文献集》,解放军出版社1986年版,第190页。

考虑情节。需要明确的是,上级命令不是必然能作为减轻处罚的考虑情节,是否要减轻处罚要根据具体情况来定。由于后来的国际刑事法庭实践基本上都重申了纽伦堡国际军事法庭这一规定,故被称之为"纽伦堡模式"。

(1)纽伦堡法庭"领导原则问题"

关于下级服从政府或部队上级命令而犯有违法行为能否被免除其刑事责任问题,是纽伦堡和远东国际军事法庭在审判中一再被提及,争论比较激烈的问题。比如,在纽伦堡国际军事法庭领导(the Führerprinzip)原则问题的辩论中,主要涉及到领导层和下属之间的关系,以及该如何来理解执行命令的问题。法庭对领导原则(leadership principle)问题作了如下的解释:

"(纳粹)党内的程序(procedure)受到'领导原则'(Führerprinzip)以最绝对方式(the most absolute way)进行的控制。根据这个原则,每个领导(Führer)有权统治,管理(administer)或发布命令(decree),不受任何形式的控制并且在其完全自由裁量之下,仅仅服从他收到的来自上级的命令。

这个原则首先适用于作为党的领导人的希特勒本人,并且在次要程度上(in a lesser degree)适用于党的所有其他领导人。党的所有成员都宣誓'永远效忠'(eternal allegiance)其领导人。"[1]

希特勒的专制和霸道可以说是世人皆知,不执行他的命令的后果

---

[1] Command Papers No. 6964, 5, Nuremberg Trial, Judgment, reprinted in Y. Dinstein, The Defence of "Obedience to Superior Order" in International Law (1963); Charif Bassiouni, *Crimes against Humanity in International Criminal Law*, Martinus Nijhoff Publishers, 1992, P. 424.

也不难预料。所以在领导(the Führerprinzip)原则问题上,被告律师争辩说:"法庭应免除被告人的责任(relieve the defendants of responsibility),因为他们不是服从一般的命令而是来自元首的命令。"这样,被告人就主张第 8 条不能适用因为他们服从的不只是一个领导,而是一个"领袖",第三帝国的元首(the *Führer* of the Third Reich)。另一个辩护律师耶里斯(Dr. Jahrreiss)更是直截了当地认为:"元首的命令具有特别的神圣光辉(special aura of sancity)……他的命令根本不同于体系内位于其之下的任何官员的命令。"①

然而,辩护律师耶里斯(Dr. Jahrreiss)的论点受到检察指控方的驳斥。苏联检察长鲁登科(Rudenko)先生坚持要适用《宪章》第 8 条的规定,认为即便是执行上级的命令也应被追究个人的刑事责任:"……特别为审判德国法西斯主要战争罪犯而起草的(军事法庭)《宪章》的条款规定却不能真正适用于这些罪犯自身的行为,这是一种什么样的逻辑(logical)或理由,这完全不能让人理解(quite incomprehensible)。军事法庭《宪章》要惩治的是什么人在什么国家发布的命令呢?"②

美国总检察官杰克逊(Justice Jackson)先生在对领导原则(the Führerprinzip principle)也同样认为:

> "我承认希特勒是一个主要的恶魔(the chief villain)。但是……我们知道即使作为国家元首也和地位低一些的人一样,具有他认知和精力的局限性(limits)。他必须依靠别人作为他的眼

---

① 17 International Military Tribunal 484; recited from: Charif Bassiouni, Crimes against Humanity in International Criminal Law, Martinus Nijhoff Publishers, 1992, pp. 424 – 425.

② 19 IMT 577 Nuremberg Trial, Closing Speech for the Prosecutor (by Rudenko); Charif Bassiouni, Crimes against Humanity in International Criminal Law, Martinus Nijhoff Publishers, 1992, p.425.

睛和耳朵,如同在一个强大的帝国中的绝大多数情况一样。其他人必须为他跑腿,其他人必须执行他的计划。为这些事情希特勒不依靠被告席上这些人,他还能依靠谁呢?……这些人有接近希特勒的机会并且经常能够控制到达他那里的信息,并且他必须基于这些信息制定他的政策和发布他的命令。他们是罗马近卫军警卫(Praetorian Guard),并且当他们处于恺撒(Caesar)的命令之下时,恺撒经常被他们掌握在手中。"①

在纽伦堡国际军事法庭的判决书中,最后还是坚持了该法庭《宪章》第8条的效力,认为:"这条规定符合(in conformity with)所有国家的法律。一个士兵被命令以违反国际战争法的方式去谋杀或实施酷刑,从来就不应被认为是为这种野蛮行为辩护的理由(as a defence),尽管如同《宪章》规定的,这个命令可以用来要求减轻惩治。在绝大多数国家刑法中不同程度上需要适用的真正标准(the true test),不是命令的存在,而是精神选择(moral choice)实际上是否存在。"②

根据纽伦堡国际军事法庭的判决,尽管《宪章》规定上级命令可以作为减轻处罚的考虑情节,但如果士兵被命令实施的行为属于违反战争法的杀害或酷刑等残暴罪行,那就不能被认可为一种辩护理由。各国刑法所体现出来的标准,不是命令本身是否存在、而是行为人是否在道义上有选择的可能性。③ 所以,上级命令不是必然能作为减轻处罚

---

① 19 IMT 577 Nuremberg Trial, Closing Speech for the Prosecutor (by Jackson); Charif Bassiouni, Crimes against Humanity in International Criminal Law, Martinus Nijhoff Publishers, 1992, p.425.

② 22 IMT 466, reprinted in 41 American Journal of International Law, at 221 (1947).

③ 22 International Military Tribunal, Trial of the Major War Criminals before the International Military Tribunal 466 (1947).

的考虑情节,这要根据具体情况来决定。如果犯罪意思非常明白、行为非常残暴,且缺乏军事上的正当理由,执行命令者就不会被减刑。

在纽伦堡国际军事法庭审判后颁布的《同盟国管制委员会第 10 号法案》也有类似的规定。根据该法案,对德管制委员会的四个占领国于 1945 年 12 月 20 日还制订并公布了诉讼程序规则。按照管制委员会第 10 号法案第 11(4)(b)条的规定,任何人根据他的政府或一个上级的命令而行事这样的事实不能免除他为一项犯罪而应承担的责任,但在减轻惩治的时候可以考虑。

在东京审判中,也有不少被告主张上级命令可以使他们自己免除其罪责,理由主要是军队中的森严纪律以及违抗命令对于抗命者的危险。但东京国际军事法庭审判则对此采取了与纽伦堡国际军事法庭同样的立场,即"被告是遵从其政府或上级长官之命令而行动之事实,均不足以免除其被控所犯罪行之责任;但如法庭认为符合公正审判之需要时,此种情况于刑罚之减轻上得加考虑"。

远东国际刑事法庭采取这一立场,其法理根据也是在于:一个人只应该服从合法的命令,而不应该服从违法的、犯罪的命令。如果他因服从命令而违反了明显的、无可否认的战争规则,他便应该负不可逃避的责任。从逻辑上讲,如果都只是把责任向发布命令的上级长官推,推到最后,将只有国家元首一个人或高级首长几个人对某些战争罪行负责了。这对于战争法的有效实施会有极大的损害。[①]

当然,在服从上级命令而犯了战争罪行的场合,法庭也应当考虑违反上级命令对于抗命者所可能带来的危险作为量刑时的因素。对于一个普通士兵或下级军官来说,因抗命所带来的后果将是极其严重的,故

---

① 关于东京审判背景,参考:梅汝璈:《远东国际军事法庭》,法律出版社、人民法院出版社 2005 年。

其选择余地也是很小的；但各人情况不尽相同。比如，对一个高级军官或一名文职官员而言，抗命的危害就不是很大，至多不过丧失他的职位或某种利益而已。因此，法庭在量刑时会针对被告的不同情况而酌情处理。

(2)联合国刑事法庭适用的"纽伦堡模式"

联合国国际法委员会（International Law Commission）在两个国际军事法庭对战争罪犯成功的进行审判以后，于1950年归纳性地重申了纽伦堡和东京国际军事法庭《宪章》及其判决中承认的国际法原则。该原则四（Principle IV）明确规定：一个人根据他的政府或一个上级的命令而行事的事实不能免除他在国际法上的责任，如果实际上他有在道德上有选择（a moral choice）的话。在对原则所作的评论（commentary）中，国际法委员会解释了这个原则的形成和纽伦堡法庭原则之间的联系，认为：

"这个文本的基础是判决中解释的纽伦堡法庭《宪章》第8条中规定的原则。原则四中表达的思想是，如果道德选择对于被告人来说是可能的（possible），那么上级命令就不是一个辩护的理由。与这个理念相一致，法庭拒绝了绝大多数被告人认为只要是根据希特勒的命令行事就不需负任何责任的主张。法庭宣布：这个条款（第8条）的规定符合（in conformity with）国际法。一个士兵被命令违反国际战争法去谋杀或实施酷刑从没有被承认是为这种野蛮行为辩护的理由，尽管，如同《宪章》这里规定的，在减轻惩治的时候这个命令可以要求被考虑。在不同程度上在绝大多数国家的刑法中发现的真正的标准（true tes）不是命令是否存在，而是道德选择实际上是否可能。"①

---

① Recited from: Charif Bassiouni, *Crimes against Humanity in International Criminal Law*, Martinus Nijhoff Publishers, 1992, p.435.

国际法委员会起草的《危害人类和平及安全治罪法草案》,在其1951年草案中也规定,"一个被指控犯下一项本法典规定罪行的人,根据他的政府或一个上级的命令行事这样的事实不能免除他的责任(responsibility),如果一个道德选择实际上对他来说可能的话。"①

国际法委员会的这个规定与《纽伦堡宪章》确立的原则相似。对于这一相似之处,委员会自己还作了解释,声明:"联合国大会在第五次会议中对原则四的评论认真地进行了研究(carefully studied);由于这个条款的基础是对纽伦堡法庭原则的重申,所以没有对该条款有任何实质性的修改(no substantial modification)。它规定了一个原则,即只有被告人在当时有可能违背(contrary to)上级命令而行事的情况下才承担责任。"②

然而,联合国国际法委员会在其1954年草案第4条和1991年、1994年草案第11条中则作了修改,规定:"一个被指控犯下一项本法典规定罪行的人,根据他的政府或一个上级的命令行事这样的事实不能免除他在国际法中的责任,如果在当时的情况下他有可能不遵守(possible for him not to comply)那个命令的话。③

根据这条规定,如果因为执行政府或上级命令犯有危害人类和平及安全罪,而在当时情况下本人有不执行命令之可能时,其刑事责任不能得到免除。将这一规定与《纽伦堡宪章》相比,其中有些改变。它将1951年规约中"道义上有选择的可能性"的措辞改为"其本人有不遵行此项命令之可能",从而使得这一规定更加明确。

此后,由于前南国际刑事法庭和卢旺达国际刑事法庭等都重申了

---

① Report of the ILC, 2 Yearbook of the ILC, 1951, pp. 123–124.
② Report of the ILC, 2 Yearbook of the ILC, 1951, p. 137.
③ Report of the ILC, 2 Yearbook of the ILC, 1994, pp. 140–173.

《纽伦堡宪章》的这一规定，因此，在国际刑法中它被称之为"纽伦堡模式"。

二、原则在国际刑法中的发展

根据执行上级命令不免责的原则，在国际刑法实践中，任何情况下执行命令都不能构成对一项战争罪指控的辩护理由；但下级个人执行命令的事实可以在量刑时与其他因素由法庭一并考虑，并决定是否要减轻惩罚。

1. 绝对责任原则的概念

根据绝对责任（Absolute Liability）原则，执行命令在任何情况下都不能构成免除刑事责任的辩护理由，它仅仅可以作为量刑时减轻处罚的考虑情节。该原则的理论基础是，每个士兵都是理性的代理人，能够评价其所受命令的性质。如果命令是非法的，他就有义务不执行，如果他仍然选择执行该非法命令，那么他就应当同其上级一起受到刑罚处罚。

绝对责任原则是 1998 年《罗马规约》订立以前，国际刑事法律文件普遍采用的模式，《纽伦堡宪章》、《远东国际军事法庭宪章》、《同盟国管制委员会第 10 号法案》、《前南国际刑事法庭规约》和《卢旺达国际刑事法庭规约》都明确规定，被告人遵照上级或者政府命令行事的事实，不能免除其刑事责任，但如果法庭认为合乎正义的要求，可以考虑减轻处罚。有些国家，如阿根廷、奥地利、伊朗、罗马尼亚和英国的国内法也采用这种模式。[1]

绝对责任原则的产生有其历史原因和背景。第一，在第二次世界

---

[1] Paola Gaeta, *The Defence of Superior Orders: the Statute of the International Criminal Court versus Customary International Law*, 10 EJIL 1999, p.175, note 21.

大战中，无论是纳粹德国还是日本军国主义，它们对发动侵略战争、实行种族灭绝或者大规模虐待、杀害战俘等罪行，都是将其作为国家政策在进行安排。部队士兵以及绝大多数军队将领，都是在执行这种国家政策或者上级命令。第二，二战后的战犯审判是在清算这些罪行，即便不少罪行是由于执行命令方式所为，在法律上也不能被容忍。其次，下级实施的战争罪属于习惯国际法确立的罪行，只要执行命令者没有发生事实认识错误，他们对其行为的性质就是明知的。因此，对执行命令者原则上追究刑事责任，也有心理事实的依据。第三，国际刑法中对执行上级命令行为确立绝对责任原则，还因为二战后国际刑庭所审判的罪行，都是性质非常严重的犯罪，它们不仅伤害了人类最基本的道德情感，而且严重侵犯了他人的基本人权。

根据绝对责任原则，士兵只有服从合法命令的义务。当下级认为上级的命令违法时，他就有义务拒绝执行，否则将可能承担刑事责任。国际刑事司法实践和外国国内立法及其实践中，对于执行上级命令的行为追究刑事责任，普遍作了限制，即要求下级知道命令是违法的或者上级命令明显违法。换句话说，如果下级知道或者意识到自己正在执行一个非法命令，那么他将不能免除刑事责任。

2. 国家关于"绝对责任"原则的立法

第二次世界大战后，世界上有些国家根据《同盟国管制委员会第10号法案》的规定所制定的一些国内法律中，采用了绝对责任原则。例如，波兰1946年12月11日《关于惩罚战犯的法律》第5条规定："由于威胁、命令而实施一个作为或者不作为的事实不免除被告人的刑事责任。但法庭可以在考虑行为人及其行为之后减轻刑罚。"而挪威1946年12月15日《关于惩罚战犯的法律》第5条也规定："上级命令不能作为实施本法第1条规定罪行的辩护理由。不过，法庭可以考虑判处其低于该罪最低刑的刑罚或者一种较轻的刑罚。情节特别轻微，可以免除刑罚。"①

有些国家在法律上明确规定军人只有执行合法命令的义务,例如,《1990年荷兰军事纪律法》(1990 Dutch Law on Military Discipline)第15条规定:"不履行执行命令的义务,属于违反本军事纪律的行为";但第16条规定:"如果命令是违法的,或者士兵有合理根据认为命令是违法的,前条则不适用。"《意大利军事纪律条例》(Italian Regulations for Military Discipline)第25条第2款规定:"如果一个命令明显属于违宪,或者如果执行该命令将构成犯罪,那接受命令的士兵有义务不执行该命令,并有义务尽快将该情况向其上级报告。"

《丹麦军事纪律法》(Danish Military Discipline Act)第9条规定:"执行上级命令而实施了某个可罚行为的人,不应受到惩罚,除非他知道上级是故意发布该违法命令,或者该命令的违法性非常明显。"

1977年以色列法律从反面规定执行上级命令行为的刑事责任,即:"在下列情况下,一个人不对其实施的作为或者不作为承担刑事责任:(1)执行法律;(2)履行法律义务而执行一个有权当局的命令,除非该命令是明显违法的。而一个命令是否明显违法,是一个法律问题。"《以色列军事手册》第10条规定:"违反战争法的行为,是根据军事的或者平民的上级当局的命令而实施的事实,不能排除该行为的战争罪性质,在审判被告人时也不能构成一个辩护理由,除非该命令的非法性不清楚和不明显。在任何情况下,个人执行上级命令的事实都可以作为减轻惩罚的情节考虑。"这两个条文从正反两个角度规定了条件责任原则。

加拿大国内法也是坚持条件责任原则的,例如加拿大最高法院曾

---

① Prosecrtor v. Drazen Erdemovic, Separate and dissenting opinion of Judge Li, in the Appeals Chamber, Case No. IT-96-22-A, 7 October 1997.

经在一个案例中指出:"执行上级命令的辩护理由……对于军队或者武装警察人员被起诉战争罪和反人道罪时是可以适用的。(该辩护理由)受明显违法标准的制约。也就是说,如果命令明显违法,则不能采纳这个辩护理由。但是,即使命令明显违法,如果被告人无法在道义上选择是否遵照该命令时,执行上级命令的辩护理由……也可以适用。"①

加拿大的《危害人类罪和战争罪法》专门就"上级命令"作了规定,该条共三款,前两款与《国际刑事法院规约》第33条类似,第3款是对被告人信仰的限制,它规定:"如果有关一个平民或者一个特定种群的信息,鼓动、可能怂恿或者试图开脱被告人针对该平民、种群实施非人道的作为或者不作为罪行,那么,被告人不能根据这些信息而相信命令是合法的,因此不能依照第1款的规定主张辩护理由。"

德国国内法律对于执行上级命令行为的刑事责任,也经历了一个逐渐扩大的过程。最初,只有当下级明知执行上级命令将构成犯罪时,才追究下级的刑事责任。例如,1872年《德国军法典》(German Criminal Military Code)第47条规定:"如果士兵执行命令的行为触犯了刑律,那么发布该命令的上级单独承担刑事责任。但是,服从该命令的下级将承担共犯的刑事责任,如果(1)该士兵的行为超越了命令的范围,或者(2)该士兵知道上级命令涉及的行为构成普通犯罪或者军事犯罪。"后来,德国法律也采用双重标准,即"明知"或者"明显违法"标准。1957年德国军事刑法典第5条第1款规定:"如果一个士兵执行上级命令的行为,违反了一个规定某种可罚行为的禁律,那么,只有当其知道该行为是违法的,或者根据当时情况行为的违法性是明显的,他才应受惩罚。"1992年《德国军事手册》第144段规定:"如果下级认识到了,或者根据当时的情况,很明显他能够认识到所命令的行为构成犯罪,那

---

① R. v. Finta,1994,1 S.C.R. 701.

么,执行上级命令的辩护理由不能被采纳。"

美国国内法律历来坚持这样的观点,即:如果下级不知道上级命令是违法的,那在这种情况下执行上级命令,当然就是一个辩护理由。美国 1956 年制订的《陆战手册》(Army Field Manual)第 509 条第 1 款规定:

(A)违反战争法的行为,是根据军事的或者平民的(whether military or civil)上级当局的命令而实施的事实,不能排除该行为的战争罪性质,在审判被告人时也不能构成一个辩护理由(a defence),除非他不知道并且也不能合理地期待其知道所命令的行为违法。在任何情况下,执行命令都不能构成对一项战争罪指控的辩护理由,但是,个人执行命令的事实可以在减轻惩罚时予以考虑(be considered)。

(B)在考虑一个上级命令是否构成一个有效的辩护理由这个问题时,法庭应考虑这样的事实,即服从合法的军事命令是武装部队每个成员的义务;因此存在着战争纪律(war discipline),后者不能被期望谨慎地权衡所收到命令在法律上的是非曲直(legal merits);有些战争规则本身还有争议,有些看似战争罪行的命令可能是一项报复措施(a measure of reprisal)。同时必须铭记在心的(be borne in mind)是武装部队成员仅仅服从合法的命令(bound to obey only lawful orders)。[1]

根据上述规定,如果根据军事的或者平民的上级当局的命令而实施的违法行为,就不能排除该行为的战争罪性质,被告人被审时也不能构成一个辩护理由,除非他不知道并且也不能合理地期待其知道所命令的行为违法。在任何情况下,执行命令都不能构成对一项战争罪指控的

---

[1] U.S. Department of the Army, Law of Land Warfare, 509 (Field Manual 27 - 10, 1956).

辩护理由,但是,个人执行命令的事实可以在减轻惩罚时予以考虑。

埃德莫维奇(Erdermovic)案例就最典型地反映了这一理论。

Drazen Erdermovic 服役于波斯尼亚塞尔维亚族军队第十破坏支队(10th Sabotage Detachment)。1995 年 7 月 16 日,他和支队其他成员被命令前往皮里卡(Pilica)附近的伯兰耶瓦(Branjevo)集体农场。在那里他们被命令枪杀 17 至 60 岁的没有任何武装的穆斯林平民。以后,埃德莫维奇被移送到海牙并接受审理。

1996 年 5 月 31 日,当埃德莫维奇在前南斯拉夫国际刑事法庭审判庭第一次出庭时,他对起诉书指控他"反人道罪"表示认罪。但同时他对法官叙述说:

"阁下,我不得不这样做。如果我拒绝命令,我就会和这些受害者一起被杀死。当我一开始拒绝时,他们就告诉我:如果你怜悯他们,那么你就过去与他们(平民)站在一起,因此我不能拒绝因为他们当时可以杀死我。"所以,这是一起典型的因执行上级命令而违反人道法的案例。

对埃德莫维奇进行刑罚时,国际法庭的审判庭考虑了诸如因素,例如罪行的严重性、被定罪者个人情况以及可以用来减轻量刑的因素,其中当然包括他愿意与检察官的合作等。

罪行的严重性质是显而易见的,第十破坏支队 1995 年 7 月 16 日这一天只用了 2 个小时就屠杀了约 1,200 名平民。埃德莫维奇个人杀害的则有 10 到 100 人。这一数字本身就说明了罪行的极端严重性。但同时,审判庭认为对埃德莫维奇减轻惩治又是合适的,因为:

——事件发生时,他的年龄轻,而且在军队里处于下级地位;

——他已经表示了悔意(remorse),另外,他是自己来法庭自首(surrender)、他自动认罪以及与检察官办公室的合作等;

——他本人具有可以被改造的条件。

正是在考虑所有这些可以加重或减轻因素之后,前南国际刑事法庭判决 Erdermovic 为期十年的监禁。[1] 不过后来上诉成功又重新审理后,改判为五年。

3. 国际刑事法院与"执行上级命令不免责"

对"服从命令"这一点,《美国军事法庭手册》1998 年版、2002 年版、2005 年版都对其作了相同的规定,即"被告人服从命令而实施任何罪行,其服从命令的情况属于一种合法辩护,除非被告人知道该命令是非法的,或者按照通常观念和理解,一个人应当知道该命令是非法的。"[2] 该《手册》还指出,命令的合法性问题应当由军事法官来决定。

然而,在安理会就设立前南国际刑事法庭的决议进行协商时,时任美国国务卿的美国代表奥尔布赖特(Albright)根据其国内立法,认为只有当命令的违法性非常明显时,才应当排除执行上级命令免责的辩护理由:

"如果被告人根据命令行事,而其不知道命令的非法性,而且按照通常人的观念和理解不能得知命令是非法的,那么,这当然可以成为一种辩护理由。"[3]

然而,美国的这一观点没有被接受,《前南国际刑事法庭规约》第 7 条第 4 款和《卢旺达国际刑事法庭规约》第 6 条第 4 款规定:"被告人按照政府或上级命令而犯罪不得免除他的刑事责任,但是如果国际法庭

---

[1] The Prosecutor v. Drazen Erdermovic, Sentence Judgment, ICTY, UN Doc. IT-96-22-T, 29 November 1996, para. 1.

[2] R.C. M. 916 (d).

[3] Provisional Verbatim Record of the 3217th Meeting, Held at UN Headquarters in New York, on Tuesday, 25 May 1993, Security Council, p.16.

裁定合乎法理则可以考虑减刑。"

前南和卢旺达国际刑事法庭在"执行上级命令不免责"方面完全继承了《纽伦堡宪章》所确立的原则，它们都明确规定，被告人因为执行上级命令而犯罪就不得免除其刑事责任，但如果国际法庭为实现公正则可以考虑减刑。尽管如此，美国关于"命令违法性明显"的条件要求在成立国际刑事法院时又被提了出来。

在1998年成立国际刑事法院的罗马外交会议上，以德国代表团为首的许多国家支持绝对责任原则。美国代表团则提倡条件责任原则，认为二战后的国内判例已经取代了纽伦堡国际军事法庭的模式。

美国代表团于1998年6月16日提出的提案中建议规定："除了本规约允许排除刑事责任的其他理由之外，实施行为时处于以下状况的个人不负刑事责任：……(c)该人是奉政府或军事指挥官的命令行事的部队成员，除非该人已知道该命令为非法的或该命令显然为非法的。"①

国际刑事法院《规约》最后通过的第33条对"上级命令和法律规定"(Superior orders and prescription of law)作了如下规定：

"（一）某人奉政府命令或军职或文职上级命令行事而实施本法院管辖权内的犯罪的事实，并不免除该人的刑事责任，但下列情况除外：

1. 该人有服从有关政府或上级命令的法律义务；
2. 该人不知道命令为不法的；和
3. 命令的不法性不明显。

---

① Proposal by the United States of America for Single Provision Covering Issues Currently Governed by Articles 31, 32, 33 and 34. A/CONF.183/C.1/WGGP/L.2, 16 June 1998.

(二)为了本条的目的,实施灭绝种族罪或危害人类罪的命令是明显不法的。"

根据上述规定,因为服从政府或部队命令行事而犯下罪行就不免除该人的刑事责任。然而,如果行为人有服从有关政府或上级命令的法律义务,或者行为人不知道命令为违法,或者命令的违法性不明显等,行为人就不必承担刑事责任。换句话说,即使执行命令者不知道命令违法,但只要命令本身明显违法,那就构成战争罪。所以,违法性认识不属于故意的成立要件。另外,它特别规定了种族灭绝罪和危害人类罪等不适用上级命令这种辩护理由。

第33条规定是绝对和条件责任原则相结合的条款;它对于种族灭绝罪和反人道罪适用绝对责任原则;而对于战争罪及侵略罪则采用条件责任原则。种族灭绝罪和反人道罪属于性质上极其严重的国际罪行。因此,《国际刑事法院规约》事实上同时采用了绝对责任原则和条件责任原则相结合的方式。

第五节 共同犯罪团伙

"共同犯罪团伙"的英文为 Joint Criminal Enterprise(JCE),它是个人刑事责任中的一种。在现在的国际刑事司法实践中,会常常见到法庭适用这一犯罪模式。但无论是在前南和卢旺达国际刑事法庭,还是在国际刑事法院《规约》中,其实都找不到关于"共同犯罪团伙"刑事责任的规定。如果一定要对号入座,那它在法律上可以被认为是国际刑事法庭《规约》中"实施"(commission)犯罪的一种形式。[1]

---

[1] Prosecutor v. Blaskic, Case No. IT-95-14-A, Judgement, para 33 (July 29, 2004).

尽管没有明示性的规定,"共同犯罪团伙"刑事责任已通过国际刑事诉讼实践,在其认定、基本概念和适用方面都有了相当的突破和发展。

一、"共同犯罪团伙"的基本概念

共同犯罪团伙(joint criminal enterprise)的责任在前南国际刑庭《规约》关于个人刑事责任的第 7 条中,并没有任何的直接的规定。然而,当该法庭前南国际刑庭在审理其第一个案例,即塔迪奇一案的过程中,就碰到一个需要解决的实际问题,即塔迪奇与他的同伙故意将一些波斯尼亚穆斯林人从他们的家园驱逐出去。而在驱逐出去的过程中有几个人被杀死。虽然没有证据能够证明塔迪奇亲自实施杀死的行为,但《规约》中规定的"实施",是否就径直限定在"直接实施"的行为?它是否也应该涵盖这样一种情况,即行为人虽然没有直接实施犯罪行为,但却以其他的方式参与了犯罪计划的制定和实施的过程?

对于以上问题,前南国际刑庭的上诉庭进行了考虑并认为:如果一些人有着共同的犯罪目的来从事某种犯罪行为,而该行为最后由这些人一起完成或只由其中的一部分人来完成,那么所有为了实施这一共同犯罪目的而对犯罪的实施做出贡献的人,都有可能在特定的情况下为该犯罪承担刑事责任。[1] 塔迪奇与他的参与犯罪者有着要把这些群众从村庄转移出去的共同目的,他参与了把他们驱逐出去的过程,因此可以认为他对于这种转移的后果是可以预见的。所以他对该犯罪行为应承担相应的刑事责任。

前南国际刑事法庭关于"共同犯罪团伙"的思考,对国际诉讼活动中追究个人刑事责任来说具有特殊的意义。由于国际罪行的特殊性,它们很多时候都是发生在战争或武装冲突的复杂情况下,通常不是单

---

[1] Prosecutor v. Tadic, Case No. IT-94-1-A, Judgement, para. 190 (July 15, 1999).

单由个人来实施,而往往由很多人在一个共同的犯罪目的之下而行为。然而,在案件审理时,或在断定个人应承担的刑事责任方面却遇到实际困难,经常找不到关于被告在具体犯罪中所起到的、发挥的确切作用的证据。当被告不在犯罪现场,或没有亲自实施犯罪行为,那么要证明被告的行为和犯罪之间的因果关系,或确定犯罪直接实施者就尤为困难。

从法律上讲,虽然实质上具体实施犯罪行为的可能只是一个或一部分人,但其他人对该犯罪的实施所起的作用很可能并不比实际实施人小,甚至更大,而仅仅以帮助犯来追究他们的刑事责任可能与其行为的严重程度并不相称。正是基于这样的考虑,前南国际刑事法庭在《规约》第7条第1款的"实施"的基础上发展出了"共同犯罪团伙"的理论和概念。

但具体地说,何为"共同犯罪团伙"呢?前南国际刑事法庭认为存在着三种不同的形式,每一种都有不同的主客观要件:

(1)基本(Basic)形式,也称共同实施的形式,即所有参与者基于一个"共同计划",怀着相同的犯意而行动,而其中的一个或多个成员亲手实施了该犯罪。

(2)系统性(Systemic)形式,也即所谓的"集中营模式",在这种情况下,犯罪是由像管理集中营那样的军事或行政单位的成员基于共同的计划(共同犯意)而实施的。

(3)扩展(Extended)形式,或称"扩展了的犯罪集团",在这种形式下,犯罪集团的其中一个成员或者说共犯实施了超过共同计划的犯罪,但这一犯罪是实施原计划的"自然的和可以预见的结果"。[①]

关于第一种,即基本的或共同实施的形式,如果共同犯罪团伙的人

---

① Prosecutor v. Tadic, Case No. IT-94-1-A, Judgement, paras. 202, 204, 220 (July 15, 1999).

制订了一个杀人计划,其中虽然每个参加者发挥的作用不同,但他们每个人都有杀害的故意。这样,所有的参加者都有同样的犯罪故意,所有的参加者都有负刑事责任,无论他们在执行共同犯罪计划时所起的作用和所处的地位如何。

关于第二种系统性形式,其特点就是存在一个实施犯罪的组织系统。例如,在一个推行和实施虐待政策的拘留所里,执行实施虐待计划的人就要承担刑事责任。当被拘留的人受到法庭《规约》定义的严重虐待或酷刑时,不仅拘留所的领导要负责任,他的高级助手和那些实际实施酷刑和其他非人道待遇的人都要承担责任。因为参加这个犯罪机构的每个人都明示或默示地有犯下这种罪行的故意。

至于第三种扩展形式的共同犯罪团伙,是指合伙参加的具有犯下一项罪行的共同目的,其中一名肇事者犯了共同目的以外的一个罪行,但是该罪行是执行这一共同的目的自然的可预见的后果。这些人不需要有军事、政治或行政的组织机构。也没有必要在此之前已经安排或制定了犯罪的目的。被告人参加共同犯罪团伙计划不需要参与实施一个具体的犯罪(例如谋杀、灭绝、酷刑、强奸等),但他们却都对执行共同目的采取援助的形式或实施犯罪行为。

前南国际刑事法庭在"塔迪奇"一案中,在关于共同犯罪团伙的客观要件方面认为:

"总之,这种参与模式的客观要件……如下:

(1)多个个人。他们不需要组成一个军事、政治或行政的组织……

(2)共同计划或共同目的的存在,这种计划或目的构成或导致规约规定的某种犯罪的实施。这一计划或目的并无需事先安排或形成。该共同计划或目的可以临时实现,从多人共同行为实施一共同犯罪的事实可以推知这样的计划或目的。

(3)被告人对这一共同计划的参与……这种参与不需要是实施某一特定犯罪……它可以是协助或作用于该共同计划或目的的执行。"①

在主观要件方面,法庭指出每一形式的犯罪集团,其要求的主观要件是不同的:

"对于第一种,要求实施某一特定犯罪的意图(这即为所有共同实施人的共同意图)。对于第二种……要求行为人自己明知整个虐待体系的存在(可以由明确的证言来证明,亦可由被告人的主管地位而作合理推定),并且行为人有推进这一共同合意的虐待体系的故意。对于第三种,要求有参与并推进一个集团的犯罪行为或犯罪目的、以及为共同犯罪做出贡献、或至少为该集团实施犯罪行为做出贡献的目的。此外,只有当在案件的具体情况下,(1)可以预见集团的其他成员可能实施该犯罪,并且(2)被告人蓄意冒此风险时,才产生不属于共同计划一部分之犯罪的责任。"②

这三种类型的共同犯罪团伙,在罪行的构成要件上都要求有一个两人或两人以上的人之间的共同犯罪团伙计划的存在。前南国际刑事法庭在科诺耶拉奇(Krnojelac)案认为,"当存在着某种共识或安排,它构成在两人或两人以上的多人之间关于他们将实施某种犯罪的合意

---

① Prosecutor v. Tadic, Case No. IT-94-1-A, Judgement, para. 227 (July. 15, 1999).

② Prosecutor v. Tadic, Case No. IT-94-1-A, Judgement, para. 228 (July 15, 1999).

时,共同犯罪团伙即存在。"[1]

上述案例中的共识或安排不一定是明示,而是可以从案件的具体情况推断出来;它也不一定非要形成于犯罪发生之前,因为两个或两个以上行为人共同参与实施某一犯罪情势就可以建立起这种共识或安排未经明示地存在的事实。另外,行为人对于共同犯罪团伙的参与也是多种多样:亲手直接实施所同意实施的犯罪;帮助或鼓励实际实施者来实施所同时实施的犯罪;利用其权威地位或者职能来推动实施犯罪的特定制度或体系。但不管怎样,共同犯罪团伙如果要成立,特定的被告人的参与行为必须是原因链上的一个环节。

前南国际刑事法庭的沙哈布丁(Shahabudeen)法官为了解释"共同犯罪团伙",曾援引了共同持枪抢劫银行和杀害被害人的案子。在这个案子中,为了达到抢劫的目的,每个参与犯罪的人都不能独自行动,他们需要配合。如果仅仅威胁银行职员或限制被害人的行为是不能保证抢劫银行成功的,也就是说,如果不完全控制银行职员,他们就会被捕;如果没有人扣住被害人,被害人就会抵抗和逃跑,所以只有参与人共同合作,该计划才能成功。因此,在共同持枪抢劫银行的过程,参与的每一个人就将他和实施整个犯罪计划之间确立了一种直接的联系,这种联系也就产生了刑事责任。[2]

二、"共同犯罪团伙"的习惯法问题

共同犯罪团伙的理念是要使可能没有实际实施犯罪行为的人为整个集团的犯罪行为负责,只要他为该犯罪行为的实施起到了某种作用。

---

[1] Prosecutor v. Krnojelac, Judgement, Case No. IT-97-25-T, para. 80 (Mar. 15, 2002).

[2] Gacumbitsi Appeals judgement, Separate Oponion of Judge Shahabudeen, para. 46.

毫无疑问，这种让个人对并非自己直接实施的犯罪负责的做法必然存在着一定的风险。但法律上更要紧的是："共同犯罪团伙"这种责任形式并未规定在国际刑事法庭的《规约》当中，那法庭在实践中判定被告须承担这种责任，是否是在"立法"、在进行"司法创新"呢？

对此，国际法学者加塞西（Cassese）教授认为，法庭可以适用习惯国际法。前南国际刑庭的上诉庭正是通过合理运用习惯国际法，从而断定"实施"一词具有广泛的含义，它这样做是符合《规约》规定的起诉在前南斯拉夫范围内犯有严重罪行的所有责任人的要求。因而这不是进行司法创新，而是在履行其认定和解释法律适用的职能，以便将它适用于相关的特定案件。[①]

加塞西教授的这番话是有道理的。但问题是，国际法庭要追究的"共同犯罪团伙"是否已成为国际习惯法的一部分了呢？通过前南和卢旺达国际刑事法庭的判决（这两个国际刑事法庭享有同一上诉庭），可以说共同犯罪团伙的概念和责任模式已经确立，但这并不必然代表它在国际习惯法下已经确立。

在英美法中确实已有这种合伙共同犯罪的概念。在英国法中，如果有两人具有实施同一犯罪行为的共同目的，如果其中一人知道另一人在实施他们预先设想好的计划时可能会实施另一犯罪行为，在这种情况下，即使他自己没有实施或帮助另一人实施另一罪行，但也要承担刑事责任，原因是他能够预见到该犯罪行为。不过，大陆法的规定与英美法的不太一样。

就在塔迪奇案中确立共同犯罪团伙责任形式的同时，前南国际刑事法庭上诉庭也承认世界上不少国家的国内法至少在扩展性的第三种

---

① Antonio Cassese, The Proper Limits of Individual Responsibility under the Doctrine of Joint Criminal Enterprise, *Journal of International Criminal Justice*, March 2007, p. 114.

共同犯罪团伙上还存在着很大的区别。例如,在德国或荷兰等国,超出合伙(共同)犯罪计划的新的犯罪行为只由实际实施者本身承担责任,而在法国及意大利等国,则其他人亦应可在预见的情况下对该新犯罪承担责任,从而原则上与前南国际刑事法庭的判决相一致。①

前南国际刑事法庭也认为,如果要依据"法的基本原则"做出判决,那至少必须是世界上主要法律体系国家的国内法在某个问题上具有一致的原则。只有这样才可以成为判决的基础。然而,关于扩展性的第三种共同犯罪团伙的情况并非如此。尽管如此,法庭还是认定第三种犯罪集团跟其他的两个形式一样,构成了国际习惯法的规则。② 但法庭的这一结论难以让人信服,因为国际习惯法是由国家实践和国家的"法律意见"(opinio juris)为基本要素,很难想象会有所谓独立于国家实践以外的国际习惯法规则的存在。

其实,对共同犯罪团伙,尤其是对第三种扩展性的第三种共同犯罪团伙形式的怀疑和争议从来就一直存在。前南国际刑事法庭上诉庭虽然很小心地在共同犯罪团伙(团体)与其成员身份方面的刑事责任模式做了区分,并指出在共同犯罪团伙的情况下,行为人并不是由于作为某一犯罪组织的成员而必然承担责任,而是由于其具体的个人的参与行为以及特定的主观要件而负刑事责任,但仍有很多人认为共同犯罪团伙仍是一个过于宽泛的责任模式,它至少在理论上有可能使有些成员会为整个团体罪行承担责任。这很多情况下可能并不合理。

在关于第二种关于系统性共同犯罪团伙的责任形式下也存在着同样的问题。例如,在柬埔寨特别法庭审理的达切(Duch)案中,该法庭检察官就提请法庭适用共同犯罪团伙的责任模式。对于这一要求,被

---

① Prosecutor v. Tadic, Case No. IT-94-1-A, Judgement, para. 224 (Jul. 15, 1999).
② Prosecutor v. Tadic, Case No. IT-94-1-A, Judgement, para. 225 (Jul. 15, 1999).

告方在庭审过程中就指出：一旦共同犯罪团伙模式得以适用，就意味着到庭的很多证人将作为该犯罪团伙的一员而承担刑事责任。在该案中，被告人达切是原民主柬埔寨政权的一个秘密监狱的负责人，检察官认为该监狱构成一个共同犯罪团伙团体，被告人作为其中的一员，对该监狱中所发生的对囚犯的虐待、酷刑、杀害等行为都应当负直接的实施的责任。然而在该案中，由于很难证明被告人本人直接实施了这些行为，甚至也难以证明被告人直接命令或者唆使了行为的发生，所以共同犯罪团伙的责任模式一直为检方所坚持。但对于集中营模式的共同犯罪团伙来说，如果适用前南国际刑事法庭决定的责任模式，不仅仅是作为监狱负责人的达切，甚至是记录囚犯名单的人、在监狱门口站岗的人等都会在主观要件满足的情况下对整个监狱里实施的虐待、酷刑、杀害等所有犯罪行为承担责任。这种可能性在柬埔寨特别法庭目前的审判过程中已经使得很多证人由于自我归罪的可能性而三缄其口，会给案件证据的取得造成了一定的困难。

前南国际刑事法庭也意识到共同犯罪团伙责任模式的使用而引发的关切。在布尔达宁（Brdanin）一案中，法庭的初审庭就对共同犯罪团伙的适用范围做出一定的限制。它认为如果共同犯罪团伙中的第一类型（即基本的共同犯罪）下的刑事责任要成立，那么在被告人和实际实施人之间必须存在着一定的共识或合意来实施该特定犯罪；而在关于扩展性的第三种共同犯罪团伙责任形式下，被告人必须与实际实施人存在着一定的合意，即便该实际实施人后来实施了另一个犯罪，该犯罪行为是原来所同意的犯罪之实施的自然的和可预见的结果。[①]

但当案子到了上诉庭后，初审庭的这些限制性的理解就完全被否

---

① Prosecutor v. Brdanin & Talic, Judgement, Case No. IT-99-36-T, para. 344 (Sep. 1, 2004).

定了。上诉庭肯定了法庭的判例中一贯的对犯罪集团的宽泛解释,上诉庭认为要求被告人与实际实施人之间存在合意实际上等于要求实际实施人一定要是犯罪集团的成员,而法律上并不需要这一要求,实际实施人并不需要是犯罪集团的成员,而只需要所涉的特定犯罪是一个共同目的的一部分就可以了。①

三、适用"共同犯罪"的意义

有关"共同犯罪"的实践还在继续,如在本书撰写时在前南国际刑事法庭正在审理的卡拉季奇案,就是一例。

拉多万·卡拉季奇(Radovan Karadžić)原是波黑塞尔维亚民主党(Srpska Demokratska Stranka, SDS)的创始人之一。他于1992年3月27日波黑塞尔维亚共和国(Republika Srpska, RS)成立时任总统,直至1996年7月19日。1995年,前南国际刑事法庭对他进行起诉。2008年在起诉13年后终于抓获时,又修改了起诉书,指控其参与四个"共同犯罪集团"(Joint Criminal Enterprise, JCE),犯下11项国际罪行,要求追究卡拉季奇的个人刑事责任及上级刑事责任(command responsibility)。

卡拉季奇被控参与的四个"共同犯罪集团"包括:(1)永久驱逐波黑境内塞族人主张领土范围内的非塞族人;(2)围困萨拉热窝,炮轰及狙击当地平民,意图散布恐怖;(3)清除斯雷布雷尼察的穆斯林人;(4)绑架联合国人员为人质。指控的11项罪行还包括种族灭绝、迫害、灭绝及谋杀、驱逐及不人道行为、恐怖及非法袭击平民、劫持人质等。

在国际刑事司法的实践中,由于国际罪行的复杂性及对证据的高

---

① Prosecutor v. Brdanin & Talic, Judgement, Case No. IT-99-36-A, paras. 391, 410 (Apr. 3, 2007).

标准,检察官经常会遇到没有办法能有力证明被告直接参与被指控犯罪行为的情况,"共同犯罪团伙"的概念为检察官提供了一个较为方便的途径或方法。国际刑事法庭的检察官在没有足够的证据来证明被告在其他形式下的责任时,却可能通过构建一个犯罪组织,通过将该被告的行为纳入共同犯罪团伙的做法而追究其责任。但如此一来,就有可能会使被告轻易地为他人直接实施的罪行承担责任,就有可能降低了国际刑法上的证明标准。

在国际刑法的理论和实践中,共同犯罪团伙作为实施的一种形式而加以运用,它区别于命令、帮助、教唆等共同犯罪的形式。在具体的案例中,人们可能会发现在事实上行为人的行为可能会满足第二次世界大战后的纽伦堡国际军事法庭《宪章》里所规定的组织犯罪的构成要件。为避免这一点,国际刑事法院做出了另外的规定。

《罗马规约》对于承担刑事责任的形式,作了以下的规定,即:

"1. 单独、伙同他人、通过不论是否负刑事责任的另一人,实施这一犯罪

……

4. 以任何其他方式支助以共同目的行事的团伙实施或企图实施这一犯罪。这种支助应当是故意的,并且符合下列情况之一:

(1)是为了促进这一团伙的犯罪活动或犯罪目的,而这种活动或目的涉及实施本法院管辖权内的犯罪;

(2)明知这一团伙实施该犯罪的意图。"

从上可以看到,《罗马规约》清晰地在"伙同他人"实施犯罪和"支助以共同目的行事的团伙"实施犯罪之间做出了区分。"伙同他人"是一种多个行为人平行地共同实施犯罪行为的刑事责任,而"支助以共同目

的行事的团伙"则意味着帮助犯的刑事责任。对于前者,国际刑事法院拒绝将共同犯罪团伙的概念引入到对法院规约的解释中,而后者则仍然有可能包括某些形式的犯罪团体。① "伙同他人"实施犯罪,跟实际实施和利用他人实施一样,承担着最重的刑事责任,它要求每一个共同实施人都发挥着特定的作用,没有这一行为或者这种作用,则不可能实施犯罪。

用国际刑事法院的话来说,要成立共同实施人的行为责任,行为人必须在整个犯罪共同计划中执行着某种"必要的任务",并"可以通过不实施这一任务而使得犯罪的实施成为不可能"。② 这一客观方面的要求显然比犯罪集团的情况要高得多。而对于"支助以共同目的行事的团伙",在客观方面要求行为人"以任何其他方式"实施帮助行为,在主观方面要求为了促进这一团伙的犯罪活动或犯罪目的,或者明知这一团伙实施该犯罪的意图,这一定程度上类似于共同犯罪团伙形式中对第一和第二种的要求,但却意味着《罗马规约》项下的责任模式中所承担刑事责任最弱的一种模式。③ 而共同犯罪团伙形式中的第三种(即扩展性)则没有出现在《罗马规约》第25条关于个人刑事责任模式的规定中,这也进一步证明了该责任模式在习惯法下的存在至少是值得怀疑的。

虽然对《罗马规约》的进一步解释还有待于国际刑事法院实践的发展,但至少从《规约》规定的表面上看,它显示了比前南国际刑事法庭的犯罪集团理论要窄得多和谨慎得多的态度。作为国际条约在国家的长

---

① ICC, Decision on Confirmation of Charges. Lubanga, PTC 1, 29 January 2007 (ICC 01/04-01/06), paras. 325, 334–337.

② ICC, Decision on Confirmation of Charges. Lubanga, PTC 1, 29 January 2007 (ICC 01/04-01/06), paras. 342, 347.

③ Gerhard Werle, Individual Criminal Responsibility in Article 25 ICC Statute, 5 J. Int'l Crim. Just. 953, p. 971.

时间谈判之后得以签订和生效的《罗马规约》，在体现国际习惯法状态上，或至少在体现国家意志上，应当说有着比前南国际刑事法庭的判例更直接和重要的作用。

第五章 国际司法公正程序的基本制度

审判首先要讲公正。国际刑事司法机构在保证实现公正方面是采用什么样制度？这些制度又有什么特点呢？

迄今为止设立的所有国际刑事司法机构里，都有为实现公正而设立的平衡机制。该制度的重要特点就是它的独立性和"控审分离"的机制。例如，立案侦查、审查起诉和审判分别是刑事诉讼中独立的阶段，它分别由检察长办公室和法官来行使；在侦查阶段，由检察长办公室独立承担案件事实的证明责任；在审查起诉或审判阶段，由检察长办公室和法官分别独立地承担对案件事实的证明责任；书记长官处，则是一个为法庭服务的中立和独立的行政机构。

国际诉讼的司法独立原则，还就如何保障司法独立原则的实现作了明确具体的规定，确立了一系列保障措施和规则。它要求司法审判机关及其法官根据宪法和法律的规定独立行使审判权，要求它们在不受外界任何组织和个人的干预下独立自主地审判案件，公正地作出裁判，等等。

国际刑事诉讼制度中的控审平衡与司法公正原则，对实现惩治国际犯罪的目的，无疑是有益的。前南、卢旺达国际刑事法庭与国际刑事法院的诉讼程序，从本质上讲都是英美对抗式的诉讼程序。它从开场陈述、呈现证据、反诘等，到最后陈述及判决，等等。而在这整个诉讼过程中，国际法院庭法官、检察官和书记长官等都在司法活动中享有其独立性。对程序有监督机制，诉讼方认为有必要时，也可挑战法官或法庭的公正性。

第一节 "控审分离"与独立原则

控审分离是国际刑事司法机构辩护职能得以产生的前提。检察起诉方和辩护之间的平等使得法官能保持中立,也使得起诉、辩护以及审理这三个方面能得到分工和平衡,形成国际刑事诉讼的一个基本的制度和结构。

一、平衡机制的基本考虑

国际刑事司法机构的组织结构,体现了在刑事法律方面通过区分诉讼职能而要实现的控审分离原则。诉讼职能区分,原是普通法系司法制度的特点之一。在刑事诉讼过程中,由于诉讼主体因其所代表的利益不同,因而在诉讼程序中担任不同的角色,承担不同的诉讼职能。

1. 控辩的分工与平等

控审分离原则在国际刑事诉讼过程中的具体体现为:

(1) 无起诉便无审判。审判程序的启动必须以起诉机关(即检察官)的正式控诉请求为前提,法官或审判庭不得行使追诉职能进行侦查、起诉活动。

(2) 起诉机关的意见和结论不具有预决性,换言之,法庭裁判结果须建立在法庭审判的基础上,只有审判机关才有权对案件作出权威结论。

(3) 国际刑事审判的范围,原则上限于起诉的范围,即起诉书载明的对象和范围。在审判中法官须保持中立,独立对案件作出裁决。

所以综上所述,可以看到:控审分离是国际刑事诉讼中辩护职能得以产生的前提,控辩平等又使法官中立成为可能,控、辩、审三大诉讼职能从而得到合理的分工和平衡。所以,如果看一下所有迄今为止已成立的国际刑事法庭及国际刑事法院,其机构设置方面全都一样,即每个司法机构都由三方面组成:法官处、检察长办公室、书记长官处。

下面,将通过前南国际刑事法庭,来看一下法庭内部三大机构及它们各自的控审分离的独立作用,看一下国际刑事司法机构是如何达到司法公正这一目的的。

前南国际刑事法庭《规约》第 11 条规定:该国际法庭将由下列机构组成:

"(1)分庭(the Chambers),其中包括两个初审分庭和一个上诉分庭;

(2)检察官(the Prosecutor);

(3)书记官处(a Registry),为分庭和检察官提供服务。"

前南国际刑事法庭的组成部分有三个机构:法官处;检察长办公室;和书记长官处。所有其他国际刑事司法机构的组成部分都规定的是这三个机构,形式上可能会稍微不同。例如,国际刑事法院《规约》第 34 条规定里有"院长会议"(The Presidency),但这其实还是法官,因为第 38 条规定"院长会议"是由庭长、第一副庭长和第二副庭长组成,都是法官。所以,国际刑事法院仍是由法官处、检察长办公室和书记长官处三部分组成。

从法庭活动的实际运作和诉讼程序上看,辩护方(the Defence)也是诉讼活动中的一个重要方面。辩护方包括被告和辩护律师(the Defence Counsel),他们的地位和作用与检察方一样的重要。没有他们,刑事诉讼便不可能进行,刑事审判也不会完整。

法律面前人人平等,这已成为最基本的人权之一。这一基本人权,体现在国际刑事诉讼中就是检察起诉方与辩护方的平等诉讼权(equality of arms),就是程序上的公平原则。

在国际刑事法庭的活动中,经常能听到关于司法及程序公正的一句名言,即:"正义不仅应得到实现,而且还应被清楚地、毫不怀疑地(manifestly and undoubtedly)被看见实现(be seen to be done)——这是非常重要的(fundamental importance)。"[1]事实上,法庭所有机构的司法活动,在其运作程序中都非常注意让正义能得到真正的实现。在荷兰海牙前南国际刑事法庭或在坦桑尼亚阿鲁沙(Arusa)卢旺达国际刑事法庭的办公楼里,专门有一片属于辩护律师的办公区域和办公用品,便于其诉讼的准备工作。前南国际刑事法庭的其他设施,如图书馆、法庭案审档案和文件等,辩护律师与法庭其他法律专家一样使用。

平等诉讼权原则是达成公平审判的重要原则之一,目的是为了确保法律的公正审判。"平等诉讼权"虽然没有被规定在国际刑事法庭的《规约》里,但这一原则却时时体现在整个国际刑事诉讼的过程当中。但与该原则相关的其他原则,如辩护方具有了解对自己指控的权利和具有对检方证人反诘的权利等,都被规定在《规约》里面。

平等诉讼权是法律正当程序的重要原则。它要求在适用法律时不应有基于不良动机的歧视,如绝对不允许存在基于种族、肤色、宗教、观点或民族歧视而造成的诉讼权的不平等。检察长在国际刑事法庭基于诉讼平等权来参加诉讼,同时受制于法律面前平等原则和无歧视对待原则的限制。

"平等诉讼"并不意味着检察官与辩护方在财政人员等方面占有同样资源。在 Aleksovski 一案中,前南国际刑事法庭上诉庭在述及"平

---

[1] R v. Sussex Jstices ex parte McCarthy (1924)1 KB 256 at p. 259; recited by the ICTY Appeals Chamber in Judgement Prosecutor v. Anto Furundzija, IT-95-17/1-A, 21 July 2000, para. 195.

等诉讼"原则时认为,检察官的起诉"代表着整个国际社会的公正和利益"。在塔迪奇一案中,前南国际刑事法庭的上诉庭认为,"平等诉讼"原则的另一个方面,就是不能将被告置于相对检察官而言非常不利的地位。被告为了准备辩护,应被赋予充足的时间和设施

不过,有一点可以肯定:平等诉讼权意味着在案审过程中,当任何一当事方提出请求时,审判庭就要在符合《规约》和《程序与程序规则》的情况下向其提供任何法庭能提供的帮助。

2. 独立性

为了能够使国际刑事法庭的审判程序独立进行,在制度上就要有所规定和保障。国际刑事司法机构中关于法官资格及其他一些规定,就为在法庭的审判程序能独立进行提供了最基本的保证。

比如,前南国际刑事法庭在 Furundzija 案指出:"由一个独立、公正的法庭来进行审理,是被告能得到公正审判的最主要的构成要素,也是被告的基本人权能得到实现的最基本的保证。"[①]为此,还制定了一些其他的规则。

在国际刑事司法制度的设置方面,有几点是至关重要的:

(1)在选举制度上,不仅要保证法官具有很高的法律专业能力和高尚的道德水平,而且还要保证法官独立于任何政治力量或政府势力以外;

(2)在关于法庭的制度上,杜绝任何在任法官寻求或接受法庭外来机构的指示或以任何可能方式卷入与某一党派有利害关系的管理机构;

---

① 前南国际刑事法庭的上诉庭还认为,根据国际上国内司法和立法中所存在的一般性原则,"一位法官不仅应主观上不存在任何偏见,而且还应该……具有没有任何能够客观上会造成偏见出现的周边环境。"参见:The Prosecutor v. Furundzija (Appeal), ICTY Appeals Chamber, Judgement of 21 July 2000 (Case No. IT-95-17/1-A),para. 177.

(3)在法庭审理案件的程序上建立一套能防止法官产生偏见的监察制度。换句话说,当有了这个制度,一旦某个法官被发现不公正或有偏袒现象时,从程序上就能将其从某个案件或者从法庭排除出去。

前南国际刑事法庭《规约》第 12 条规定:

"审判庭将由十一位独立的法官组成,其中任何两位法官不得为同一国籍,他们的工作为:

(a)每个初审分庭由各三位法官视事;

(b)上诉分庭由五位法官视事。"

在国际刑事审判机构,一般都实行二审制:初审和上诉。据此,所有法官被分配在初审庭或是上诉庭工作。在联合国特设国际刑事法庭,初审庭由三名法官组成,上诉庭有七个法官。在审判中,法官完全独立,不接受任何人、任何组织的任何指示。国际刑事法庭的庭长、副庭长与各审判庭的主审法官组成庭长会议(Presidency),以负责和处理有关法庭职能的所有重大问题,包括司法行政、财务和司法改革等大政方针。然而,庭长会议并不涉及和讨论每个案件的具体审判。不管是在理论上还是在实际情况下,只有审判庭对其审理的案件才具有完全的自主性与独立性。

国际刑事法院于 2002 年 7 月成立后,按照《罗马规约》的规定,国际刑事法院在法官被选举产生以后,就将设立三个法庭:上诉庭、审判庭和预审庭。上诉庭由院长和四名法官组成,审判庭由至少六名法官组成,预审庭也应由至少六名法官组成。按照《罗马规约》的规定,国际刑事法院在"指派各庭的法官时,应以各庭所需履行的职能的性质,以及本法院当选法官的资格和经验为根据,使各庭在刑法和刑事诉讼以及在国际法方面的专长搭配得当。审判庭和预审庭应主要由具有刑事审判经验的法官组成。"①

被选法官的任职期限有多长,与法院的稳定性、独立性、公正性是有紧密联系的。当纽伦堡国际军事法庭与远东国际军事法庭成立时,它们对法官的年龄与任期都没有限制。这两个法庭本身是临时性质,审判一结束,法官的任期也就结束了。

前南国际刑庭与卢旺达国际刑庭也是临时性质,法官的任期是四年,可连选连任。所有法官在同时就任,同时任期届满。如果正在审理的案件还没有结束,主审法官没能连任,联合国安理会就可以专门通过决议,以延长法官的任期,直到案子审理完毕。在前南国际刑庭审理的切利比奇(Celebici)案中就出现过这种情况,1997年8月27日,联合国安理会通过1126号决议,决定延长该案审判庭三位法官的任期,直至该案审理结束为止。② 另外,在卢旺达国际刑事法庭也出现过同样的情况。③

国际刑事司法机构中法官、检察官与其他人员的待遇与特权,也是保障法庭的独立性以及能够秉公执法的一个重要条件。前南国际刑庭《规约》第30条规定:

"1. 1946年2月13日《联合国特权及豁免公约》应适用于国际法庭、各位法官、检察官及其工作人员、书记官长及其工作人员。

2. 各位法官、检察员和书记官长应享有按照国际法给予外交使节的特权与豁免、减免与便利。

3. 检察官和书记官长的工作人员应享有根据本条第1款内提到的《公约》第五条和第七条规定给予联合国官员的特权与豁免。

---

① 见《罗马规约》第39条第1款的规定。
② 联合国安理会文件:安理会第1126号决议,1997年8月27日通过。S/BES/1126。
③ 联合国安理会文件:安理会第1241号决议,1999年11月30日通过。S/BES/1241。

4.必须到国际法庭所在地的其他人士,包括被告,应得到国际法庭正常运行所需的待遇。"

前南国际刑事法庭的法官、检察官和书记官长享有按照国际法给予外交使节的特权与豁免,也就是享有与一国驻法庭东道国(荷兰)大使一样的特权与豁免。前南国际刑庭《规约》第13条规定该法庭法官的服务条件比照国际法院法官:"当选之法官任期四年。其服务条件比照国际法院法官。他们有资格连选。"

国际刑事法院成立后,根据《罗马规约》的规定,法官不但在其任期内,而且就是"在其任期结束后,应继续享有豁免,与其公务有关的言行、文书和行为,不受任何形式的法律诉讼。"当然,在另一方面,正如《罗马规约》第40条关于"法官独立"规定的那样,国际刑事法院从司法独立的重要原则出发,全时任职的法官就不得从事任何其他专业性职业,而非常任法官则可以从事其他专业性职业,但不得从事任何可能妨碍其司法职责,或者使其独立性或公正性受到合理怀疑的活动。

以上这些规定的目的,就是为了保证国际刑事法庭的公正司法,是为了确保法官通过裁判来形成公正和客观的裁决结果。

二、平衡制度的基本设计

从国际组织法的角度看,国际刑事机构的组成比较特殊。因为一般国际组织只有一个明确的行政长官,如联合国秘书处的秘书长,世界卫生组织的总干事以及国际贸易组织的总干事,等等,这些行政长官领导或负责协调本组织内的所有行政事务。

但在国际刑事司法机构,虽然名义上也有庭长(院长),但其领导权并不涉及该国际司法机构的所有部门。《规约》明确规定要尊重各个机构的独立性和职权范围。事实上,由于司法公正的要求,法官处、检察长和书记长官相互之间是独立的。尤其是检察起诉方面，检察长的独立性就更为明显。

1. 法官处

法官处，其英文为 Chambers。顾名思义，就是国际刑事法庭（院）内以法官为中心并配有辅助人员的司法机构。不管是在国内法院还是国际刑事法庭，由于法官具有对案件审理的最后裁决权，所以，法官处一般被认为是刑事审判活动的中心。

当然，国际刑事法庭（院）的法官人数各不相同，并可以根据实际情况再作出了调整。前南国际刑事法庭于1993年成立时共设三个庭：一个上诉庭（Appeals Chamber），两个初审庭（Trial Chambers）。法庭有11名法官：五名法官在上诉庭，另外六名在两个初审庭；而国际刑事法院则规定有18名法官。

前南国际刑事法庭1993年5月刚成立后的一段时间里，由于没有被告，使得对国际刑事法庭能否成功普遍产生忧虑。但没想到从1995年下半年开始，国家移送的移送，北约抓的抓，再加上有些被起诉的被告自己来法庭自首，使得法庭的案子一下子增加不少。在前南刑庭的请求下，联合国安理会于1999年修改了《规约》第12条，增加了三个法官，使得初审庭由两个增加到三个，上诉庭的法官也由原来的五个增加到七个，使得法庭常设法官的人数增加到16名。另外，2001年，联合国安理会又同意法庭庭长可以在27名候选人名单上，任命九名专案法官，以加速案件的审理工作。

在2002年之前，前南国际刑庭的上诉庭同时也是卢旺达国际刑庭的上诉庭，这两个国际刑事法庭共享一个上诉庭。前南国际刑庭和卢旺达国际刑庭同属于联合国组织，是联合国安理会的附属机构。但它们又是分别相对独立的两个国际组织。譬如，这两个国际刑事法庭每年都有自己的、由联合国拨给的财政预算，都有自己的《规约》（Statute)和《程序与证据规则》(Rules of Procedure and Evidence),而且每个法庭也都由检察长办公室、法官处和书记长官处所组成。然而,由联合国安理会通过的卢旺达国际刑事法庭《规约》里明确规定,这两个法庭共同享有同一个上诉庭。安理会如此安排,自有它的道理。

前南与卢旺达国际刑事法庭同享一个上诉庭,是因为这两个法庭在属事管辖权方面有相似之处,它们管辖罪行都是种族灭绝罪、反人道罪和战争罪。唯一不同的,前南斯拉夫国际刑事法庭的战争罪,既适用于国际性的武装冲突,也适用于国内性的武装冲突;而卢旺达国际刑事法庭的战争罪,只适用于发生于卢旺达国内性的武装冲突。这些罪行都是国际法下的罪行,理论上不管是发生在前南斯拉夫,还是发生在卢旺达,或是世界上其他国家,其罪行的构成要素或适用标准应该是一致的。

然而,前南斯拉夫国际刑庭有四个初审庭,卢旺达国际刑庭也有四个初审庭。初审庭的法官由于其原来所属国家的法律制度和法律文化背景不同,对同一问题的看法不尽相同。例如在证据被接受标准问题上(admissibility of evidence),来自普通法系国家的法官与来自大陆法系国家的法官,就会有非常不同的意见。法律上,初审庭相互之间是平等关系,一个初审庭的裁决,即便是非常具有说服力(persuasive),对另一个初审庭只是起参考作用。而上诉庭裁决的效力则不同,它一旦作出,就对初审庭具有拘束力(binding force)。所以,在两个法庭存在相当长的时间里只设一个共同上诉庭,就容易保持国际法律适用上的统一性。因为不管下面初审庭在同一问题上有什么分歧意见,只要到了上诉庭,就能归口,就能避免在一个问题上出现不同意见或多重标准的现象。

刑法和国际法之间如何平衡也是一个敏感的话题。有人认为国际刑庭在性质上是个刑事法庭,为了保证案件的质量,强调法官必须具有丰富的诉讼经验。在联合国关于成立国际刑事法院预备会讨论中,这也是各国代表团争论的一个焦点。

一个具有丰富诉讼经验的法官,不管是在控制法庭复杂的程序方面,还是在决定某当事方提交的证据是否能被接受方面,都好似如鱼得水,非常自如。但同时也要看到,国际刑庭的案件和一国国内法庭的刑事案件在罪行的构成要件上有很大的不同。

在一国国内的刑事案上,如谋杀罪,需要弄清的主要集中在"谁"(who)这一点上,即:在这一谋杀案子里,谁被害了,谁是嫌疑犯,谁看见了,谁可以来法庭作证,等等。而在国际刑事法庭的案子里,除了这些要素需要考虑以外,还有行为所发生时的大的环境。譬如定战争罪时,就必须考虑是否有武装冲突的存在以及武装冲突的性质(nature of the armed conflict);定反人道罪时,就要首先审查"大规模的或有系统的屠杀"(wide-spread and systematic)的因素是否已经具备;而定种族灭绝罪行时,就绝对不能忽视被告人的"特别动机"(special intend)这一极其关键的要素。这些都是属于国际法的部分。因此,国际刑事法院里也肯定需要国际法背景的法官[1]。

国际刑事法庭的法官,不仅有司法职能,而且从某种意义上讲,还具有"立法"的实际功能。联合国安理会在成立前南国际刑事法庭时,仅仅通过了该法庭的《规约》,对法庭的基本结构、法庭的根本任务及法庭管辖权内的国际法罪行作了规定。关于前南国际刑事法庭具体操作和运行所依据的《程序和证据规则》,联合国安理会则决定让前南斯拉夫国际刑事法庭的法官去制定。

前南国际刑事法庭《规约》第 15 条规定:"国际法庭的法官应通过

---

[1] Zhu Wenqi, "Artilce 35, Service of Judges" and "Article 36, Qualigications, nomination and election of judges", in Otto Triffterer (ed.) (Commentary on the Rome Statute of the International Criminal Court), Nomos Verlagsgesellschaft, Baden-Baden, 1999, pp. 595–608.

(shall adopt)关于诉讼预审阶段、审判和上诉的进行、证据的采用、受害人和证人的保护和其他相关事项的《程序和证据规则》(rules of procedure and evidence)。"

联合国安理会授权前南国际法庭法官起草和制订关于审判和证据采用等方面的规则，所以该法庭法官一经联合国选出后，第一件事就是着手制定该法庭的《程序与证据规则》。前南国际刑庭的法官在世界各团体组织和个人所提建议的基础上，认真充分地讨论和进行细致地斟酌，最后，在1994年3月14日的全体法官代表会上制订和通过了前南国际刑事法庭的《程序和证据规则》。

前南斯拉夫国际刑事法庭《程序与证据规则》是由该法庭的法官订立的，但它的效力来自安理会的授权。《程序与证据规则》对前南国际刑事法庭的整个诉讼程序都具有指导性和权威性。

从国际刑法的角度来说，前南斯拉夫国际刑事法庭的《程序和证据规则》可以说是一部全新的国际刑诉规则法典。前南国际刑事法庭是联合国在其历史上由自己成立的第一个司法机构，其中不少实践在国际刑法上属于创新性质，因此在其成立之初所订立规则不可能预见和设想到以后案审中会碰到的所有复杂问题。因此从逻辑上讲，随着法庭判例中所碰到的实际情况不断增多，法庭就有必要对《规则》进行适当的和必要的修改。迄今为止《规则》已历经20多次修订。

尽管《程序与证据规则》到目前为止已作了很多次的修改，但它的基本结构还是保持最初的构架。《程序与证据规则》共分10章，有130多项条款，其中包括通则、法庭的优越地位、法庭的组成、调查和嫌疑犯的权利、预审程序、初审分庭的审判程序、上诉程序、复核诉讼和减免刑罚、时效等内容[①]。有关证据制度的内容主要包含在预审程序和初审

---

① 参见：联合国安理会文件，IT/32/Rev.18,2000年8月2日。

分庭的审判程序中,由于国际审判的特殊性,《规则》对证据的规定十分详细,以便使法庭在审判和采证过程中有法可依,有规可循,以保证审判的公正和顺利进行。

2. 检察长办公室

检察长办公室,字面上好像是检察长的办公室,但在国际刑事法庭却是一个机构。它的英文为:The Office of the Prosecutor,在工作中一般简称为 OTP。

在国际刑事法庭里,检察长办公室是一个重要的机构。比如在前南国际刑事法庭,检察长办公室就是以检察长为最高负责人的单独机构,就是一个以调查和起诉在前南斯拉夫境内被怀疑犯有严重违反国际人道法行为的人为使命的检察起诉机构。

如同一国国家司法制度一样,国际刑事法庭对审查起诉权和审判权作了明确的规定。根据国际刑事法庭《规约》和《证据与程序规则》规定,只有检察长办公室和法庭的审判庭才能分别进行侦查、起诉活动和审判活动,其他任何机关、团体、个人都无权进行这些活动。侦查、起诉活动和审判活动的目的,是为了收集审查判断证据、运用证据证明案件事实,确定是否追究犯罪嫌疑人、被告人的刑事责任。所以,立案侦查的过程就是证明的过程,是侦查机关收集、运用证据证明案件事实的过程,证明是否将案件移送到法官方面审查起诉。同样,审判的过程也是证明的过程,是法庭要通过审理过程中展示的证据是否证明被告人犯罪,是否应受刑罚处罚的过程。

国际刑事法院《程序与证据规则》第 9 条规定:"检察官为履行检察官办公室的管理和行政职责,应订立条例,指导检察官办公室的运作。"所以,检察官作为国际法庭的一个单位来独立行事。他或她不应征求或接受任何政府或任何其他的来源指示。

一提到法庭,人们就自然而然地想到法官。因为在案子的审理中,法官起主导的作用,法官的裁决对审案结果具有最后的、决定性的作用。这点在前南国际刑事法庭和卢旺达国际刑事法庭当然也是如此。被告有罪或无罪,如果有罪又该判多少年,这都由法官最后决定。然而,国际刑事法庭作为一部机器在它的启动和运作方面,法庭的检察长则发挥着领先、关键和主要的作用。

检察官办公室负责接受和审查提交的情势以及关于本法院管辖权内的犯罪的任何有事实根据的资料,进行调查并在本法院进行起诉。检察官办公室成员不得寻求任何外来指示,或按任何外来指示行事。

基于起诉工作的独立性,国际刑事法院《罗马规约》第42条第7款规定:"检察官和副检察官不得参加处理其公正性可能因任何理由而受到合理怀疑的事项。除其他外,过去曾以任何身份参与本法院审理中的某一案件,或在国家一级参与涉及被调查或被起诉的人的相关刑事案件的检察官和副检察官,应当该依照本款规定,回避该案件的处理。"

所以不仅对法官有回避制度,就是检察长或副检察长因为独立性原则也不得参加处理其公正性可能会受到合理怀疑的事项。如果涉及到过去曾参与的案件,也应当予以回避。

在国际刑事法院中,"检察长"不一定是指检察长这个人,它往往是指检察长办公室这个机构,或是调查、起诉这一机制。从法院的机制设计上看,检察长不仅负责案子的起诉,而且还负责立案前的调查取证工作。这和一国国内司法体制有很大不同,因为在一国国内的司法制度上,公安(警察)与检察(起诉)隶属于两个不同的部门,而国际刑事法院则把这两个职能集中在检察长办公室。

国际刑事法院《程序与证据规则》第10条规定:"对于检察官办公室在调查过程中所得的资料和物证,检察官应负责其保留、保存和保管。"因此,国际刑事法院检察官将依据职权展开调查,或者根据从任何来源,包括从各国政府、联合国机构、政府间组织和非政府组织取得的资料展开调查。检察官将对所收到或取得的资料进行评估,然后决定是否有足够根据进行调查。

国际刑事法院如此安排,是为了保持调查和起诉工作中的承上启下性。但这自然也带来了消极的影响,就是在调查取证和起诉方面少了一个相互制约的因素,赋予了检察长极大的权力。在前南斯拉夫国际刑事法庭的三个机构中,检察长办公室是最大的。法庭有一半以上的法律专家都集中在检察长办公室里。

从联合国成立的两个专设性质的国际刑事法庭的实践来看,立案侦查、审查起诉和审判是刑事诉讼中相对独立的三个阶段。它分别由检察长办公室和法官行使。所以,国际法庭刑事诉讼中各个阶段的证明责任具有独立性。在侦查阶段,由检察长办公室独立地承担案件事实的证明责任;而在审查起诉或审判阶段,则由检察长办公室和法官分别独立地承担对案件事实的证明责任。证明责任的独立能保持起诉与审判相分离的原则。

前南国际刑事法庭《规约》第 18 条第 2 款规定:"检察官有权(have the power to)盘问疑犯、受害人和证人,搜集证据,以及进行实地调查。在从事这些任务时,检察官可(may)酌情征求有关国家当局的协助(the assistance)。"

在国内刑法一般的概念中,刑事诉讼中的证明责任和举证责任是既相互联系又相互区别的两个概念。公诉案件从立案侦查阶段、审查起诉阶段到审判阶段的各个阶段的证明责任和举证责任的主体都有所不同。在公诉案件的立案、侦查阶段、检察机关负有证明责任。控告方有举证责任,辩护方是犯罪嫌疑人,不负举证责任,如果检察机关认为犯罪事实清楚,证据确实、充分,应当移送法官以审查决定是否提起公诉时,检察机关成为控方,负有举证责任,应当向审查起诉的法官提出证明犯罪事实的确实、充分的证据。所以在国内司法制度下,各自责任范围的设定是比较清楚的。

在国际刑事法庭案件的审判阶段,代表国际社会出庭支持起诉的是检察长办公室负责该案件的检察官,他(她)对追究被告人刑事责任的主张负举证责任。证明责任的重要内容之一是收集并提出证据。公诉人在法庭上可以对证人(专家证人和事实证人)发问,向法庭出示有关证据,以证明被告有罪。如果公诉人不举证,或者举证达不到证据确实充分的要求,法庭就可能对被告人作出无罪判决。被害人在审判中属于控方,应对其诉讼主张负举证责任。被告人及其辩护人在审判中不负举证责任,但有举证权利,这一权利仍是源于辩护权的。审理案件的法庭通过听取控辩双方的举证、质证、辩论等,最后作出认定被告属于有罪还是无罪的判决。

由于检察长在国际刑事司法活动中的分工与指控的责任,所以检察长在国际刑事法庭还经常扮演一种类似于国家外交部长的角色,需要经常去有关国家,与该国的政府高官商议解决对国际审判至关重要的事情。国际刑事法院检察长本索达(Bensouda)2012年10月对肯尼亚访问,就是一例。

肯尼亚在2007年12月27日的总统选举结果公布之后,爆发了严重的种族驱动的暴力事件。两个月内,有多达1220名肯尼亚人被杀害,超过3560人受伤,约350,000人流离失所。[①] 对此,国际刑事法院第二预审分庭同意该法院检察长的申请,授权对肯尼亚大选后发生的暴行展开调查,并在调查后起诉了肯尼亚,法院认为应对暴力负责的人,其中包括国家领导人起诉。在2012年年初,国际刑事法院在确认了对肯尼亚情势中四位犯罪嫌疑人的指控以后,检察官办公室便开始

---

① Shashank Bengali, Kenyans Rivals Agree to Share Power After Disputed Election, Knight Ridder, Feb. 28, 2008, *Available in* LEXIS, News Library, Wire Service Stoties File.

了审判的准备工作,尤其是涉及证据披露方面工作。

但就在国际刑事法院决定要对肯尼亚情势中的犯罪行为进行调查和审理后,肯尼亚政府在与国际刑事法院合作方面出现了一些问题,如在应请求要提供有关信息方面。此外,肯尼亚国内也开始漫延一种畏惧报复的情绪,有些证人(其中包括受害者或知情者)由于受到威胁而不再愿意向国际刑事法院的指控方提供证据,所有这些自然让国际刑事法院在证据的收集和披露中处于不利的局面。

所以为了能使法院的调查、起诉和审理工作能顺利进行,国际刑事法庭的检察长就需要与国家和政府接触,并时不时地要像一国外交部长那样去出访。例如,2012年10月25日,才刚上任没几天的国际刑事法院检察长法图·本索达(Fatou Bensouda)女士就远赴肯尼亚进行为期五天的工作访问。访问期间,本索达检察长会见了肯尼亚总统齐贝吉(Kibaki)和总理奥廷加(Odinga),与肯尼亚外交部长、总检察长等其他官员会晤并展开讨论。此外,她还访问了纳库鲁(Nakuru)、纳瓦沙(Navasha)、埃尔多雷特(Eldoret)和裂谷(Rift Valley)等2007年大选后暴乱的主要事发地区,并会见了当地的受害群众。她向肯尼亚人民呼吁,希望知道实情者能勇敢地抛却疑虑,挺身而出担当证人提供证据;她也再次发出警告:任何试图贿赂、威胁或者恐吓控方证人的人都是罪犯,一旦发现,控方会毫不犹豫进行调查和起诉,等等。

虽然与国家官员保持接触,但检察长在任何一个国际刑事法庭(院)里,都享有完全的独立性。起诉或不起诉谁,全由检察长根据已搜集的证据独立决定,已经起诉但还未被法官确定或还未开审前的案子也由检察长单方面就可决定撤诉,理论上不受任何国家、组织或个人的影响。国际刑事司法机构检察长独立的起诉权,这是一个极其重要的权力。一场跨国界的、大规模的并且持续多年的武装冲突,其冲突各方自然都被对方怀疑并指控犯有战争罪、反人道罪等罪行。前南国际刑庭刚成立时,武装冲突还未结束。在法庭成立以后,各种各样的证据(文件、报告、会议记录、谈话纪要、录音带、录像带,等等)像雪片一样、不断地被送到海牙的前南国际刑事法庭的检察长办公室。所有这些证据都由检察长(办公室)独立判断并作出是否起诉的决定,别人不得干涉。

由于检察长独立地拥有至关重要的起诉权,所以当各国代表团在联合国讨论成立国际刑事法庭时,关于检察长的权限问题可以说是在所有讨论中最为敏感的、争论最为激烈的问题之一。

国际刑事司法机构检察长的权力是独立的,但它在情报获取与掌控方面的情况与国家不同。主权国家都有自己的情报机构,如美国有"中央情报局",中国有"安全部"等。这些机构在维护本国的民族和国家利益方面发挥着很大的作用。国际刑事法庭是一个国际组织,没有自己的专门情报机构,在收集证据方面必然要依靠国家和其他国际组织,所以检察长办公室的独立性在客观上受到一定的限制。但不管怎样,是否要启动起诉机制?则由检察长是在不受外界干扰的情况下独自决定。这方面案例很多,比如像加沙船队案。

2013年5月14日,科摩罗联盟(Union of the Comoros)向国际刑事法院检察长办公室提出申请,要求对发生在三年前以色列针对自由加沙船队的袭击进行调查,看其中是否有战争罪或反人道罪的行为。关于该袭击的起因,主要是因为位于巴勒斯坦西部、地中海沿岸的加沙地带从2007年以后就一直受到以色列的严密封锁。封锁是以色列出于政治和自身安全的考虑。但它也使得该地区逾百万人的生活因此受到严重影响。因此为帮助这些当地人的生活,包括联合国在内的国际组织、国际救援机构、民间团体和个人,都从人道的角度在做努力。

2010年5月28日,一支名为"自由加沙"的多国船队(Gaza Freedom Flotilla)在地中海国际水域汇合后前往加沙,试图突破以色列的封锁。但以色列却不允许。2010年5月31日凌晨，当船队抵达以色列海岸线外约79里(mile)的水域时，以色列就派出军舰对船队进行包围，并在强行登临和捕获船只过程中还动用了致命性武力，致使蓝色马尔马拉号上9人死亡、50余人重伤，船上的货物与许多乘客的财物均被损毁或盗走。

蓝色马尔马拉号(MV Mavi Marmara)的船旗国科摩罗是西印度洋上的岛国，它于2006年加入并成为《罗马规约》缔约国。据此，2013年5月14日，科摩罗根据《规约》第14条和第12(2)(a)条，将2010年5月31日以色列突袭自由加沙船队这一情势提交给了国际刑事法院检察官，要求其根据《规约》第12、13和14条对突袭中可能发生的犯罪开始调查。

根据《罗马规约》的规定，缔约国可以就某个情势提出申请，要求调查，检察长在接到申请后就必须开始调查。然而，在初步调查后是否还要继续，则取决于检察长认为是否有充足的证据可以向法院申请传唤或逮捕、案件是否有可受理性，以及调查是否有助于实现正义。而在这一方面，《罗马规约》第53条关于"继续调查无助于实现正义(interest of justice)"的规定，给了法院的检察长办公室和预审分庭很大的自由裁量权。

3. 书记长官处

在所有国际刑事法庭(院)，都设有一个书记长官处(The Registry)。它主要负责法庭(院)非司法方面的行政管理和服务(the nonjudicial aspects of the administration and service)。书记长官处通常由一名负责人负责该机构的所有活动，一般被称为书记长官(Registrar)。该长官被任命后在国际刑事法庭(院)的领导下工作。

《罗马规约》第43条第2款规定："书记官长为本法院主要行政官员，领导书记长官处的工作。书记官长在本法院院长的权力下行事。"

《罗马规约》的这个规定符合国际刑法实践的习惯作法,例如,前南国际刑庭《规约》第 17 条规定:"书记长官处负责国际法庭行政和服务工作。"

各国际刑事司法机构的书记长官工作性质基本相同,但由于法庭成立途径不一样,任命书记长官的方式也会不同。关于前南国际刑事法庭书记长官的任命,须经联合国秘书长与前南刑庭的庭长共同协商后才能产生,国际刑事法院就不需要这道任命程序。

国际刑事法院书记长官处和联合国特别法庭书记官处之间的区别,是因为这两个机构成立的法律基础不一样。联合国特别法庭作为联合国安理会的机构,由安理会监督并由联合国大会提供经费。这样,特别法庭书记官处由秘书长任命并且为法庭和检察官提供管理服务;而在《罗马规约》规定之下,国际刑事法院的书记官长是一个服务者。另外,由于检察长具有独立性,并对检察长办公室的所有官员和资源都具有绝对性的权威,这就使得书记官长的责任范围非常有限。

在书记长官资格问题上一般都有规定。例如,国际刑事法院就要求书记长官以及副书记长官:"书记官长和副书记官长应为品格高尚,能力卓越的人,且精通并能流畅使用本法院的至少一种工作语文。"(《罗马规约》第 43 条第 3 款)。

书记长官处的职责是负责法庭行政事务和向法庭提供服务,其管理范围比较宽,包括人事处(Personnel Section)、财政处(Financial Section)和新闻处(Information Office),等等。当然,书记长官及其下属部门与法官处或检察长办公室一样,是以中立或独立的方式、不代表案审中的任何一方来履行司法管理的职责。

有趣的是,书记长官不但要保持自己的独立性,而且还不能妨碍其他机构的独立性。国际刑事法院《程序和证据规则》第 13 条规定,"书记官长应作为本法院的联系渠道,但不应妨碍检察官办公室根据《规约》的授权,接受、获得和提供资料并为此目的建立联系途径。

另外,国际刑事法院《程序和证据规则》第14条规定:"书记官长为履行对书记官处的组织和管理职责,应订立条例,指导书记官处的运作。在拟订或修正这些条例时,书记官长应就可能影响检察官办公室运作的事项与检察官协商。上述条例应由院长会议核准。"

为了保持平衡和公正,它同时还规定:"辩护律师在行政事项方面可以得到书记官处的适当、合理协助。"从而更突出显示:书记长官处是一个为整个法院审理案件服务的机构。

国际刑事法院还设立了"被害人及证人股"。该法院《程序和证据规则》第34条规定:

"1. 书记官长应依照《规约》和本规则负责履行下列有关被害人的职责:

(a)向被害人或其法律代理人发出通知或给予通告;

(b)协助他们获得法律咨询和协助组织其诉讼代理事项,并向其法律代理人提供充分的支助、协助和资料,包括在直接履行职务方面可能需要的便利,目的是依照《规则》第89至91条的规定,在诉讼所有阶段保护被害人的权利"。

在书记长官处还特别设立"被害人及证人股",目的是为了向证人、出庭作证的被害人提供帮助。由于证人在法庭作证时会面临危险,所以法庭得向他们提供保护办法和安全措施、辅导咨询和其他适当援助。考虑到不少受害人和证人都是女性,法庭尤其考虑要起用合格的妇女人选,根据情况提出保护她们所应采取的措施和建议,对她们提供心理上的帮助和支持,能够帮助她们消除紧张心理和情绪,从而使她们能出庭作证,以帮助法庭案审能顺利进行。

在国际刑事法院,《规则》第121条(10)款要求书记长官处保持一个"完整、准确的记录"(full and accurate record),其中包括提交到法庭的所有文件和支持检察官指控的那些材料。根据《规则》的规定:检察官,被法庭发布的逮捕证要逮捕的人或传票要到庭的人、受害者以及法定代理人等,都可以查阅这些记录材料。所有这些材料在庭审开始前要移交给审判庭。所以,国际刑事法院的规定要比特设法庭来得严格。因为特设国际刑事法庭只是要求在庭审前提交"可用的证据材料"(available evidentiary material)。国际刑事法院的这个规定,有点类似于大陆法系的规定。

(1)拘留所

国际刑事司法机构与各国国内司法制度非常不一样的是,这些国际机构的书记长官处还负责法庭在押人员的管理工作[①]。例如,前南斯拉夫国际刑庭在联合国安理会通过决议成立以后,就设立了一个拘留所(Detention Unit)。它在荷兰海牙的监狱里单独开辟出一个地方,属于联合国单独管理。外界称它为"监狱",但在严格意义上讲,它只能是一个拘押所。因为它里面所拘留的只是已被起诉、逮捕或移送到海牙,要接受法庭审理的嫌疑犯。而一旦经过审理、被定有罪的被告,则将被送到同意接受其关押的国家监狱里去服刑。原来拘留所刚建成时,最多只能关25人,后来由于被送到海牙的被告增多不够用,就向隔壁的荷兰监狱租用了一些。而这个前南国际刑事法庭的拘留所,就由书记长官处负责管理。

(2)新闻处

书记长官处是一个既为法官处服务又为检察长办公室服务的中立机构。但实际操作中不太好掌握。譬如,书记长官处属下有一个新闻处,它以法庭的名义每星期负责对外发布消息。然而检察长是独立的,

---

① 在各国国内的司法制度里,如在中国,这项工作由司法部来负责。

关于调查或起诉的信息，理论上就是书记长官处或法庭其他部门都不应该知道的。所以后来作了调整，给检察长专门配了一个新闻官。每星期向外公布消息时，法庭的新闻官和检察长的新闻官同时出席，以便能各自回答关于法庭全局和检察起诉方面的问题。

另外不太好办的还有翻译问题。整个法庭的翻译工作都由书记长官负责。人这么多，事情又这么多。有时在翻译人员有限情况下，当法官处和检察长办公室都急需翻译有关文件，就会出现一个如何处理先后的问题。对于书记长官来讲，这也是一个不太好平衡，但又很敏感的问题。另外在前南刑庭，有关辩护律师行政方面的事情，也都由书记长官处负责，所以，有时不太好平衡。

综上所述，国际刑事司法机构里的法官处、检察长办公室和书记长官处相互之间形成了一个制约机制。该机制体现了法律上"独立性"原则要求，对保障司法公正当然是必要的。被告律师也是这一制约机制中的一个重要方面，它将在下一章节里作专门的讨论。

第二节　法官公正与公平的保障措施

"司法公正"既是刑法，也是所有法律制度中最重要原则之一。订于1948年的《世界人权宣言》第10条明确指出："人人完全平等地有权由一个独立而无偏见的法庭进行公正和公开的审讯，以确定他的权利和义务并判定对他提出的任何刑事指控。"《世界人权宣言》中的这条关于受公正和独立法庭审判的权利，最基本的人权之一。被告人有获得公正审判的权利，已被普遍认为是一项习惯国际法的原则。《公民权利和政治权利国际公约》第14条、《欧洲人权公约》第6条第1款、《美洲人权公约》第8条以及《非洲人权和民主权利宪章》第7条等重要的人权法律文件，也都有类似的规定。

从司法实践操作层面上看,司法公正主要是通过法官来具体地体现;法官具有"对公民的生命、自由、权利、义务与财产作出最终决定"的权力,一般被认为是刑事审判活动中的关键。

一、司法公正性

法官的司法公正性可以说是任何刑事审判机构所必不可少的因素,它关系到诉讼当事者的合法权益,也关系着整个司法体系的权威与信誉。

所谓"公正审判",就是要求国际刑事法庭在制度上建立一套程序规则,以保证案件当事方的平等、保障法庭的独立和法官的公正。

法庭和法官的独立,意味着他们在履行职能的时候能不受制于外部的权威,具有做出决定的完全自由;公正是人的属性,它意味着没有任何偏向和偏见,是指在特定的情况下尊重法官公正的行为和思想。

1. 公正的理念

司法公正被看作是刑事法律中的一个最重要原则。国际刑法实践尤为强调这一原则。在现代社会中,司法的公正与独立对社会稳定发挥着极其重要的作用,国际社会自然也重视与强调司法的公正性与独立性。

独立和公正是两个有区别又有联系的概念,是保证法官独立和公正的必需前提。公正是一个既主观又客观的范畴。为了保持公正,法官不但要从主观上克服偏见,还应避免周围环境带来主观上的偏见。

一般来说,下列情况都有可能造成不可接受的偏见的情形,即:(1)法官是案件的一方,或(2)法官对案件结果有着经济或所有权等方面的利益,或(3)如果法官的决定会造成他或她与一方的关系被放大。国际刑事法庭上诉庭认为,法官在这些情况下将自动地失去参与审判的资格。此外,如果一个法官有或曾经存在任何可能影响公正性的可能,该法官在这种情况下必须退出，他/她将不能进行审判，国际刑事法庭的庭长将委派另一名法官进行审判。而在国际刑事法院，则在关于取消法官执法资格方面，制订了更详细的规定。

《公民权利和政治权利国际公约》第14条规定："在判定对任何人提出的任何刑事指控或确定他在一件诉讼案中的权利和义务时，人人有资格由一个依法设立的、合格的、独立的无偏倚的法庭进行公正的和公开的审讯。"

前南国际刑庭《规约》第21条规定："所有的人在国际法庭前都应平等。"以及"在决定对他的指控时，根据规约第22条，被告应有权得到一个公平和公开的审理。"

卢旺达国际刑庭《规约》的第20条也作了相同的规定。所以，即便是被国际刑事司法机构起诉，被告在国际法庭诉讼过程中也享有平等的权利，同时也有得到公平和公开审判的权利。

司法公正性原则特别强调要"人人有资格由一个依法设立的合格的"法庭来进行审判。法律规则是通过法官来适用的，法官在审判中具有举足轻重的作用。国际刑事法庭法官的选举产生、法官的资格以及法官的独立性的保障等因素，对司法公正性原则能否在实践中得到落实，就显得至关重要。

法律所有规则可以分为实体性和程序性两种规则。实体性规则明确规定了那些应当受到惩罚的各种犯罪。如果某人犯了罪，这一犯罪就应当已经明确地规定在刑法实体性规则之中。

然而有罪是一回事，被追诉和被惩罚则是另一回事。一个被怀疑犯下某一罪行的人是否会被认定对一项特定的罪行承担责任，将取决于程序性规则。这些程序上的规则决定着司法机关如何通过证明犯罪的发生，认定行为人有罪和惩罚那些应当对这个犯罪负责的人来执行刑法。

从刑事法律庭审和确定被告是否有罪的整个程序来看,实体性规则确立的是"在原则上有罪",程序性规则决定的是行为人是否"在事实上有罪"。"在原则上有罪"是否能最后被定为"在事实上有罪",将取决于许多因素,如:取决于掌握的证据,取决于引入和评价证据的规则,还取决于那些负责做出有罪判决的人的人品和才干,即法官的公正性、独立性和专业水平。

为了保证诉讼程序的公正,也是为了避免不必要的拖延,前南、卢旺达国际刑事法庭及国际刑事法院制订了不少措施,如与当事方在审判举行以前的磋商会议(status conferences),以了解当事方在程序方面的基本想法。当然,这方面最引人注意的,就是法庭加强了其在审理期间的主动性最显著的一点是增加了法官角色的积极性和控制力。例如,法庭可以根据需要来决定需要出庭的证人人数以及他们在法庭作证所需要的时间。这在英美法系国家的法院,是不可思议的。这反映了法官在国际刑事诉讼审理过程中的中立、独立以及公正的地位和作用。

2. 法官的资格

法官的资格(qualification)问题似乎是一个人能否当选为法官的问题。但这其实不仅是法官的个人问题,而且也是法庭能否具有公正性与独立性的一个极其重要的问题。

法庭必须恪守司法公正的原则已深嵌于所有法律体系中,已毫无争议地成为法律最重要的原则之一。从国际法角度来讲,如何提出候选人或者推荐谁为候选人,本应是一个国家主权范围的事情,他人或他国无权干涉。然而,由于这问题涉及法庭的公正性原则,所以不管是联合国特设国际刑事法庭还是国际刑事法院,为了能真正实现司法公正,对法官的资格和选举程序都有具体明确的规定。

前南国际刑庭《规约》第 13 条规定,常任(permanent)和专案(ad

litem)法官应具有高尚的品德、中立和正直,具有在他们自己的国家担任最高司法职务(the highest judicial offices)所需的资格。前南国际刑事法庭在审判庭总体人员配置上(overall composition)应适当考虑法官在刑法、国际法,包括国际人道法和人权法方面的经验。

联合国《卢旺达国际刑庭规约》第12条也作了与《前南国际刑庭规约》第13条基本同样的规定。根据这些规定,这两个特设国际刑事法庭的常设与专案法官都应是"品德高尚、公正、正直",并应具备在其自己国家具有"担任最高司法职务所需的资格"的人。考虑到国际刑事法庭审理案子的特点,所以,特设法庭《规约》还规定法庭的组成要考虑法官在刑法、国际法,包括国际人道法和人权法方面的经验。

国际刑事法院《规约》于1998年在罗马通过时,前南和卢旺达国际刑事法庭已经运作了好几年。因此,国际刑事法院《规约》在不少方面借鉴以这两个特设法庭的经验,其中也包括关于法官资格的选举产生。

国际刑事法院《规约》第36条关于"法官资格"规定:

1.本法院法官应选自品格高尚、清正廉明,具有本国最高司法职位的任命资格的人。

2.参加本法院选举的每一候选人应具有下列资格:

(1)刑法和刑事诉讼领域具有公认能力,并因曾担任法官、检察官、律师或其他同类职务,而具有刑事诉讼方面的必要相关经验;或

(2)在相关的国际法领域,例如国际人道主义法和人权法等领域,具有公认能力,并且具有与本法院司法工作相关的丰富法律专业经验;

3.参加本法院选举的每一候选人应精通并能流畅使用本法院的至少一种工作语文。

国际刑事法院法官共有18名。在法官所应具备的个人条件方面,国际刑事法院与联合国特设法庭一样,都要求法官是"品格高尚,清正廉明,具有本国最高司法职位的任命资格的人"担任,而且也都要求法

官"精通并能流畅使用法院的至少一种工作语言,即英语或法语"①。如果仔细对照,就可发现:在对法官的专业要求方面,国际刑事法院《规约》则对法官的资格提出了更为具体的标准。

前南和卢旺达国际刑事法庭《规约》要求法官"在刑法、国际法,包括国际人道法和人权法方面的经验";然而,《罗马规约》不是像特设法庭那样只是泛泛地提出法官具有这一原则要求,而是比较具体。它要求法官候选人必须具有:

"1.在刑法和刑事诉讼领域具有公认能力,并因曾担任法官、检察官、律师或其他同类职务,而具有刑事诉讼方面的必要相关经验;或

2.在相关的国际法领域,例如国际人道法和人权法等领域,具有公认能力,并且具有与本法院司法工作相关的丰富法律专业经验"。

国际刑事法院《规约》对法官的要求强调"实践经验",从制度上将具有国际公法背景与刑法的背景的结合起来。其第36条第5款规定:

"为了选举的目的,应拟定两份候选人名单:
名单A所列候选人须具有第三款第2项第1目所述资格;
名单B所列候选人须具有第三款第2项第2目所述资格。
候选人如果具备充分资格,足以同时列入上述两份名单,可以选择列入任何一份名单。本法院的第一次选举,应从名单A中选

---

① 《罗马规约》第36条第3款第2、3项,联合国设立国际刑事法院全权代表外交大会文件:A/Cconf.193/9。

出至少九名法官,从名单 B 中选出至少五名法官。其后的选举应适当安排,使有资格列入上述两份名单的法官在本法院中保持相当的比例。"

根据上述规定,当国际刑事法院选举法官时就得准备具有刑法背景的 A 名单和具有国际公法背景的 B 名单这两份名单。国际刑事法院"第一次选举,应从名单 A 中选出至少九名法官,从名单 B 中选出至少五名法官"。并要求在其后的选举"应适当安排,使有资格列入上述两份名单的法官在本法院中保持相当的比例"。这个具体要求是联合国两个特设法庭《规约》里所没有的,但要求本身又是借鉴了特设国际刑事法庭实践的结果。

前南国际刑事法庭的法官是由各国政府推荐后,由联合国安理会和联合国大会选举产生的。选举在政府间的国际组织中进行。一个国家在联合国组织里的投票意向,与维护本国的国家利益紧密相关。即便如此,前南国际刑庭法官里有极其优秀、世界著名的法律专家。法官的组成还较为完美地结合了刑法和国际法这两个方面的要求。

在当选的第一届前南国际刑事法庭的法官中,美国法官麦克唐纳(Gabrille Kirk McDonald)在来海牙之前,已在美国得克萨斯任法官有 30 年,是一个刑审经验非常丰富的法官;巴基斯坦法官西德瓦(Rustam S. Sidhwa)是其本国最高法院法官,刑法功底非常深厚;出任前南国际刑事法庭第一任庭长的意大利法官卡塞西(Antonio Cassese)则曾经担任联合国"反对酷刑委员会"的主席和欧洲国际法学院的教授;来自埃及的阿比-塞伯(Georges Michel Abi-Saab)则是国际学术界著名的国际人道法专家。我国当选的李浩培法官和以后继任他的王铁崖法官,则是我国最负盛名、法律造诣极其深厚的国际法专家。

国际刑事审判机构除了对法官的品质和个人素质方面有原则性的

规定以外，还有一个具体要求，即每个法官都必须精通英语或法语。这是因为，尽管联合国或其他有些国际机构的工作语言有包括汉语在内的六种语言，但就国际司法机构具体而言，都是将其工作语言仅限制在英语和法语这两种。在国际法院是这种情况，在国际刑事法院和国际刑事法庭也是如此。由于法庭工作语言是英语和法语，法官就必须"至少熟练地"掌握其中一种，以便能无障碍地进行审判和讨论。事实上，在国际刑事审判机构中有不少法官，都能熟练地同时运用英语和法语，这样工作上的空间和余地就更大、更自如。

国际刑事法庭（法院）的工作具有持续性和连贯性。为了能体现这种持续性和连贯性，国际刑事法院《罗马规约》第36条第9款（B）就首次产生法官任期问题上规定："第一次选举时，在当选的法官中，应抽签决定，1/3任期三年，1/3任期六年，其余任期九年。"

国际刑事法院法官的任期一般为九年。第一次选举后，得在当选法官中抽签决定1/3的法官任期为三年；1/3为六年；还有1/3为九年。任期三年的法官可连选连任一次，再任九年。任期六年与任期九年的法官不得连选连任。这样，所有法官任期的届满时间就不一致，始终是新老配合。缔约国大会每三年选举一次法官，以保障法院整个司法审判保证连续性。

法官因为这样或那样原因提出辞职，在司法活动也是允许的。对于辞职或其他原因所造成的法官的空缺，前南国际刑事法庭《规约》第13条第2款规定："当根据本条款选举或任命的常任法官中出现空缺（vacancy）时，（联合国）秘书长与安理会和大会主席协商之后（consultation），应任命一个符合规约第13条规定条件的人以接替该法官的剩余任期（remainder of the term）。"

法官辞职是法官按照有关法律规定所享有的权利，所以都会被批准。在程序上，法官如果因为个人健康或其他原因提出辞职，就须向自己所在法庭的庭长提交书面辞呈。庭长在接到辞呈后则将它转交联合国秘书长,联合国秘书长在与安理会主席和联大主席协商以后,就会按照《规约》的条件再任命一名法官接替辞职法官的剩余任期。从联合国两个特设刑事法庭的实践来看,接替辞职法官的人选一般都是来自辞职法官国籍所属的国家,迄今为止辞职的意大利、巴基斯坦、中国、美国、埃及、英国等国法官都属于这一情况。

国际刑事法院在"法官职位的空缺"（Judicial vacancies）也有规定。根据该法院《罗马规约》第37条规定:"（一）出现空缺时,应依照第三十六条进行选举,以补出缺。（二）当选补缺的法官应完成其前任的剩余任期,剩余任期三年或不满三年的,可以根据第三十六条连选连任一次,任期九年。"

根据上述规定,当国际刑事法院有法官职位空缺时,就要按照《规约》所规定选举法官的程序进行补选,但由于该法院法官的任期比较长,所以,如果当选补缺的法官应完成的其前任的剩余任期只有三年或不满三年,那他（她）就有连选连任一次的权利。

二、公正的制度保障

国际刑事法院法官的公正性对一个司法机构能否真正地实现正义及保障人权的目的,无疑是至关重要的。然而,法官是否能做到公正,除了法官的个人品质与自身素质以外,还须辅以必要的选举和监督制度保证其得以实现。

1. 法官的地域分配制度

在联合国安理会成立的前南国际刑事法庭和卢旺达国际刑事法庭这两个国际刑事司法机构中,在法官的选举制度方面,都明确规定要"顾及世界各主要法系均有足够代表性,并铭记必须有公平的地域分配。"不同的国际刑事审判机构在法官的资格方面的规定基本相同,但在法官产生的方式上却有不同规定。

迄今为止所成立的所有特设国际刑事法庭,虽然都考虑到其"国际性"或"普遍性"的问题,但在具体规定和制度安排还是有不同。比较而言,国际刑事司法机构在其"国际性"方面越来越呈现出普遍化的趋势。

在第二次世界大战以后,战争中的同盟国为惩治德国法西斯和日本侵略者所犯的罪行,相继成立了纽伦堡国际军事法庭和东京国际军事法庭。由于这两个法庭是由二次世界大战的战胜国建立的,法官由战胜国任命的,因此在《纽伦堡宪章》与《东京宪章》中均没有对法官的资格作出具体的规定,法官的资格主要是由任命的国家自行掌握的。

国际刑事审判机构法官的产生主要有任命与选举两种形式。纽伦堡法庭由四名法官组成,由《纽伦堡宪章》的四个签字国指派,这四国为美国、英国、法国和苏联。《远东国际军事法庭宪章》第2条规定:"本法庭应有6人以上11人以下之法官,由盟军最高统帅就日本投降书各签字国、印度及菲律宾共和国所提之人选名单中任命之。"而后,盟军的最高统帅,美国五星上将麦克阿瑟,任命了来自曾抵抗日本侵略战争的11个国家的11个法官。这11个国家是:美国、中国、苏联、澳大利亚、法国、英国、荷兰、新西兰和加拿大以及菲律宾与印度,同样数量的检察官也分别来自这11个国家。

纽伦堡和远东这两个国际军事法庭的法官由第二次世界大战的战胜国或盟军最高统帅个人任命的,虽然其管辖权的普遍效力不产生任何问题,但由于法官都是来自战胜国,其公正性与独立性一直在国际社会中受到质疑。

与其他国际刑事法院相比,联合国前南国际刑事法庭与卢旺达国际刑事法庭的法官的普遍性要更明显一些。其原因是这两个法庭都是通过联合国安理会的决议而成立的临时性的法庭,是联合国安理会的下属机构。因此,这两个法庭法官的产生是在联合国制度的框架中进行,采用的是选举方式。法庭一旦成立,它对联合国所有会员国都具有拘束力。

这两个特设法庭法官产生的过程有点复杂,但却清楚地体现了法律上所要求的普遍性、公正性及透明度。以前南国际刑事法庭为例,根据该法庭《规约》第13条规定,该国际刑事法庭成立时法官共有11名(以后增加到14名)。其选举程序是:

"国际法庭的法官应由大会依安全理事会所提出的名单选出,其选举方式如下:

(a)秘书长应请联合国会员国和在联合国总部派驻常驻观察员代表团的非会员国提名国际法庭法官候选人;

(b)在秘书长发出邀请书之日起60天之内,每一国家得提名符合上文第1款所述资格的国籍不相同的至多二名候选人;

(c)秘书长应将所收到的提名人选送交安全理事会。安全理事会应尽速依照秘书长所送交的提名人选,编定人数不少于22人但不多于33人,同时顾及世界各主要法系均有足够代表性的候选人名单;

(d)安全理事会主席应将候选人名单送交大会主席。大会应依照该名单选出国际法庭的11名法官。获得联合国会员国和在联合国总部派驻常驻观察员代表团的国家表决时绝对多数赞成票的候选人应宣布为当选人。如果已获所需多数赞成票的人选中有二名具有同一国籍,则其中已获赞成票较多者应当选。"

上述规定表明,联合国前南国际刑事法庭法官的选举程序分这么几步:

第一,首先由联合国秘书长邀请所有联合国会员国和在联合国总部派驻常驻观察员代表团的非会员国提名法官候选人；

第二，在联合国秘书长发出邀请书的 60 天之内，每一国家都可以提出符合《规约》所规定法官资格的不同国籍的至多两名候选人；

第三，联合国秘书长应将所收到的提名人选送交安全理事会。联合国安理会将依照秘书长所送交的提名人选，在里面选定不少于 22 人但不多于 32 人的候选人名单；

第四，安全理事会主席应将候选人名单送交大会主席。大会应依照该名单选出国际法庭的 14 名法官。获得联合国会员国和在联合国总部派驻常驻观察员代表团的国家表决时绝对多数赞成票的候选人应宣布为当选人。如果已获所需多数赞成票的人选中有两名具有同一国籍，则其中已获赞成票较多者当选。

前南国际刑事法庭关于法官选举产生的这个规定中，有两点值得注意：

第一，联合国是世界上最具广泛和普遍性的一个国际组织，目前会员国数目为 192 个国家。要求联合国秘书长邀请所有联合国会员国和在联合国总部派驻常驻观察员的国家提名法官候选人，等于是说，世界上几乎所有国家都有提名候选人的资格。这从形式上就保证了前南国际刑事法庭的普遍代表性；

第二，由于在《规约》上明确规定："在选定名单时要顾及世界各主要法系都有足够代表性的候选人名单"，使来自不同主要法律体系的法官都有机会参与国际刑事审判机构的工作，从而使得前南国际刑事法庭在代表世界上各主要法系方面，有了法律上的保证；

为了能够做到公平的地域分配，秘书长应将收到的提名提交给安理会。安理会应从收到的提名中确立一个名单，并适当考虑世界上主要法律体系的充分代表性（the adequate representation）。

国际刑事司法机构当然应具有"国际"性质，在法官组成方面，应该考虑世界上各大法律和文化体系的代表性,以便使国际刑事司法机构能具有最广泛的普遍性。如果来自某一法系的候选人过多,联合国安理会自然有权将一些候选人排除在外,以保障世界各主要法系中均有法官候选。这就是为什么国际刑事审判机构的规约中都规定了较为严格的推荐与选举程序的原因。从制度上保证法官的普遍性。这在国际社会中已形成了共识。

相比较特设国际刑事法庭关于组成方面的规定,国际刑事法院《规约》第36条第8款里的更为具体,它不仅在法院组成方面规定应具有世界各主要法系的代表性和公平地域代表性的特点,而且还规定应需要"适当数目的男女法官"。另外,考虑到法院一旦开庭审理案件后的实际情况,《规约》还要求考虑法官应具有对妇女的暴力或对儿童的暴力等这样专门问题的知识。

2. 对法官的监督制度

国际刑事审判机构法官的公正性与独立性问题,关系到国际刑事审判机构的信誉与职能。国际社会对国际刑事审判机构的法官寄予较高的期望,并提出了较高的要求,同时也建立了对法官的监督机制。

国际刑事审判机构的《规约》和《程序与证据规则》是对法官公正性与独立性的法律保障。《规约》主要是在实体法上明确规定罪刑法定原则,防止法官滥用自由裁量权。《程序与证据规则》则在程序法上明确规定法官主持审判的程序,以保护被告人在诉讼中的合法权益。《规约》与《程序与证据规则》具有自身的权威性,主要表现在法庭上活动的所有人都必须遵守与服从法律的规定,按法律的规定行事。

法官中立是司法公正的一种特殊表现和要求。从法律最基本的要求上讲,法官绝对不能在与自身有关的案件中担任法官,以避免出现支持或反对某一方的偏见。因此,公正性要求司法机关及其法官在审判活动中除了作为国家法律的代言人和适用者外,不得充当任何其他国家机关的利益、地方利益、部门利益以及公民和社会组织个体利益的代表。如果法官不能做到这一点,就有可能在认定事实和评定证据方面产生武断,形成偏执,以至于作出错误的裁判。

为了保证法官的公正性,国际刑事法庭在制度上有一些具体规定。比如,前南斯拉夫国际刑事法庭《程序和证据规则》第14条第1款规定,法官在履行职责前要宣誓,要作庄严声明:"我庄严(solemnly declare)宣布,作为一名……法官,我将正直、忠诚、公正和认真地履行职责和行使权力。"根据规定,这份由法官签署并由联合国秘书长证明的宣誓还将保存在法庭的档案中。

法官不得参加对他有个人利害关系或与他有关、会影响其公正性关系的任何案件的审判或上诉。[①] 另外,法庭还规定,如果一个法官是认定(confirm)被告起诉书的法官,那么他就"不应作为该初审庭的成员参加对该被告的审判",[②]以保持法官的独立和公正。

国际刑事法庭审判过程的透明度,对国际刑法基本原则的保障和实施起一种促进和保证作用。尽管法官在解释与适用规约与程序规则时,具有较大的自由裁量权,但由于审判的过程和所有裁定,除非在特殊情况下另有规定,原则上都是公开的。所以,不仅诉讼双方有权提出异议和上诉,就是公众舆论、新闻媒体和学术界也都可以就法官的决定发表意见。这样法官在作出任何决定时,就必须反复进行论证和考虑,力求能合理合法。

申请法官回避的问题是国际刑法实践经常会碰到的问题。第二次世界大战后成立的远东国际军事法庭刚刚开庭时,被告律师就要求该法庭卫勃法官(庭长)回避,理由是卫勃法官在此之前曾参加调查日军

---

① 《罗马规约》第36条第3款第2、3项,联合国设立国际刑事法院全权代表外交大会文件:A/Cconf.193/9,第15条。
② 同上。

在新几内亚战争的行为,因此已经丧失"公正客观"的立场。然而,法官们自己是无权决定他们之中任何人的任免或是回避问题的。

纽伦堡国际军事法庭《宪章》第 3 条规定,检察方、被告或被告律师都不能向法庭、法庭成员或其替补人员(alternative)提出挑战(challenge)。远东国际军事法庭也有类似的规定。所以,在纽伦堡和远东国际军事法庭的司法实践中,即便法官可能因为某种事实关系与庭审有这样那样的联系,检察官或被告的辩护人都没有权利申请法官予以回避。所以,纽伦堡和远东国际军事法庭的诉讼当事双方对法官的监督是比较有限的。

在第二次世界大战以后,随着国际人权法的发展和对被告合法权益的重视,法官在审判过程中也应将置于诉讼双方的监督之下,对此国际社会达成基本一致性的公识,即:如果根据公正和独立原则,发现法官具有明显的偏向和不公时,诉讼双方都有权根据《程序与证据规则》的规定,要求法官回避对某一案件的审理。

前南国际刑庭《程序与证据规则》第 15 条规定:

"(A)法官不得参加对他有个人利害关系,或与他有会影响其公正性关系的任何案件的审判或上诉。在此情形下,他应引退,庭长应该,指派另一名法官替代。

(B)任何当事方都可以以上述理由请求一审判庭的庭长取消该庭一法官的审理资格或使其退出审判或上诉。审判庭庭长应与该法官商议,需要时,管理机关应决定该问题。如果管理机关同意该请求,庭长应指派另一名法官替代被取消审理资格的法官。

(C)初审庭中依规约第 19 条和本规则第 47 条或 61 条审查对被告的起诉书的法官,不应作为该初审庭的成员参加对该被告的审判。

(D)作为一案的初审分庭成员的法官,不应听取该案的上诉或作为依规则第65(D),72(B)(ii),73(B)或77(D)任命的三名法官组成的审查小组的成员。"

这是关于法官回避较为具体的规定。根据这条规定,当一个法官在案件中有个人利益或与案件有任何联系从而可能影响到其公正性时,该法官就不能出任审理该案的法官。他(她)就应退出,由庭长另外任命一名法官。

当事任何一方均可基于上述理由向审判庭主审法官请求取消或撤销某法官担任审判庭或上诉庭法官的资格。主审法官将与该有关法官商议后报告给法庭庭长。庭长则会指定来自其他法庭的三个法官进行审议并作出决定。如果被请求取消资格的是法庭庭长,那庭长这方面职能就由副庭长代理;如果是副庭长,就由法官中最年长的法官来代理。

国际刑事法庭的上述规定,在对被告合法权益予以保障的同时,将法官的公正性也置于诉讼双方的监督之下,这对在刑事诉讼中实现公正无疑是相当重要的。

三、对司法公正的质疑

司法是否公正?是可以被质疑的。事实上,在国际刑事法庭的实践中,法庭和法官的公正性和独立性已多次被质疑,而且提出挑战的想以此来否定其应受到法庭公正审判的权利。

司法公正,要求刑事诉讼程序上的中立性和对等性。换句话说,它要求裁判者对各方程序参与者一视同仁、平等对待,要求在刑事审判过程中给予各方参与者以平等参与的机会,对各方的主张、意见和证据予以同等的尊重和关注。

下面将论述在国际刑事诉讼中质疑法庭和法官公正独立的几个典型案例：

1. 关于要求姆芭法官回避的案例

在前南国际刑庭上诉庭所处理的所有案件中，第一个提出法官公正性问题的案例是弗伦基伊（Furundzija）一案。在该案中，弗伦基伊被控犯有"战争罪"和"反人道罪"[①]，并在经过审理后被定有罪。然而被告不服，提出上诉。其理由共有五个（grounds），除了对初审庭判决中的一些事实和法律问题提出上诉外，第四个理由就是关于初审庭主审法官姆芭法官的公正性问题。

姆芭（Mumba）法官来自非洲赞比亚，于1997年被选为前南斯拉夫国际刑事法庭法官。但在担任法官之前，蒙芭法官曾受赞比亚政府的委派，担任过联合国妇女地位委员会（UN Commission on the Status of Women）的委员。联合国妇女委员会是联合国经社理事会于1946年6月成立的。其主要职能是"向联合国经社理事会提交报告，以促进妇女在经济、社会和教育方面的权利保障；并向联合国经社理事会就妇女权利的紧急问题（urgent problem）提出处理建议（recommendations）。"[②]参加这一委员会的委员都是以"个人资格"（personal capacity）。姆芭法官在担任前南国际刑事法庭法官时，已经辞去联合国妇女地位委员会委员一职，但由于该委员会组织的目的是为了保护妇女的地位与权利，弗罗兹一案的案情主要涉及到"强奸罪"和"性暴力"等，它们与"战争罪"和"反人道罪"有联系。因此，弗伦基伊律师认为：姆芭法官在目前这一案件上的决定，与她以前在委员会工作性质在利益上有共同之处，即都是为了维护妇女的基本权利。所以姆芭法官在案审

[①] Amended Indictment, Prosecutor v. Anto Furundzija, IT-95-17/1-PT, 2 June 1998.

[②] UN Economic and Social Council Resolution 11 (II), on 21 June 1946.

中就不可能执法公正,就不可能不带有偏见,也就不可能不对侵犯被告得到公平审判的权利。①

关于姆芭法官于1992—1995年担任过联合国妇女地位委员会委员这一事实,检察官方面不予否认。但它指出:姆芭法官在联合国担任该职务,是作为她本国政府的代表,其言行都是一个国家和政府所为,里面没有个人成分。另外,姆芭法官在审理案件的过程中,完全按照法庭程序,没有任何不公的地方。对此,被告表示完全同意,认为姆芭法官在整个案审过程中执法公正,无可挑剔。但被告方同时又指出:仅仅实体上的公正还不够,它还需要形式上的公正。被告在他的上诉状中明确指出:一个法庭除了执法公正以外,还要避免给人"不公正的印象" (avoid the appearance of bias)②。恰恰当在这一点上,被告方认为有问题。所以双方争辩的要点是:姆芭法官的经历在表象上是否会有损法律程序的公正性。

在国际法尤其在国际人权法方面,关于法官公正性已有很多原则性的规定。然而,如何将这些原则性的规定适用于具体的案例,上诉庭需要作出决定。弗伦基伊一案事实上给了国际刑事法庭一个难得的机会,来阐述围绕"法官公正性"的一些原则以及在实践中如何来落实这些原则的实际操作问题。

前南国际刑事法庭上诉庭同意被告意见,认为"公正"不仅应在实体方面得到实现,而且还应在形式上得到实现。为了清楚地说明在哪些情况下法官会具有"偏见",上诉庭列出以下两点:

(1)当一个法官属于当事者其中一方,或该案最终裁决与法官

---

① Defendant's Amended Appellate Brief, IT-95-17/1-PT, 14 September 1999.
② 同上,第136段。

的金钱或财物利益有关,或法官在该案的判决与促进他(她)本人所从事的事业有关。如果有以上这种情况,法官不具备审理该案资格就是自然的;还有

(2)如果存在一些对案情了解、并有理性的人(reasonable observer)一般都认为法官不会公正裁决的因素。①

前南国际刑事法庭首先审议了法官公正性的举证责任问题。

法庭认为:由于国际刑事法庭的法官是经过严格的法定程序选举产生的。在这种情况下,法官秉公执法的推定应该成立,诉讼一方如果认为法官执法不公,则必须提出充足的证据予以证明。所以上诉庭认为,法官如此选举产生后,自然通过宣誓假定他们能在任何一个案子的审理中担任法官。因此,如果某一当事方认为法官不能在案审中公正地进行审理,就必须向法庭提出"充足的"(sufficient)证据,以证明这一点。关于"不公正推定"而设定的标准则很严格:"只有合理地认为(法官)由于存在事先判定(prejudgement)的可能性,并能'肯定地确立'(firmly established)这一因素,才能使法官回避该案件(disqualification)。"②

具体到姆芭法官的公正性问题,被告的主要上诉理由为:由于姆芭法官曾是联合国妇女地位委员会的委员,该委员会的委员都是以"个人资格"参加,所以姆芭法官就有可能通过她本人在弗伦基伊一案上的审理(personal involved)来继续推动联合国妇女地位委员会的事业。

但在这一点上,国际法庭上诉庭同意检察官的意见,认为姆芭法官任联合国妇女地位委员会委员一职,是代表其政府。联合国经社理事

---

① Judgement Prosecutor v. Anto Furundzija, IT-95-17/1-A, 21 July 2000, Para. 189.
② 同上,第197段。

会为成立妇女地位委员会而通过第 11(II)号决议时明确规定:"妇女地位委员会 15 名委员,将从经社会成员国提名的候选人中选举产生。"① 所以该委员会的委员是由国家推荐并由国家选举产生的。这些委员在委员会里根据其各自政府的指示而工作,他们的言行自然也是他们所属国家政策和立场的反映。从这个意义上讲,姆芭法官在联合国妇女委员会的观点和立场都不是她个人的,而是赞比亚政府的。而且,即便姆芭法官是为了实现妇女地位委员会的任务和使命,这一任务和使命与联合国安理会成立前南国际刑事法庭的目的也是完全一致的。按照被告方的上诉理由,姆芭法官在国际上致力于保护妇女基本权益的事业,但联合国安理会设立国际刑庭的目的之一就是要惩治包括有系统地或大规模强奸妇女等行为在内的国际犯罪行为。所以,上诉庭并不认为姆芭法官致力于实现国际刑事法庭的目标就意味着她在审理弗伦基伊一案中就当然存在着偏向指控方的结论。②

从理论上讲,为了实现公正,法官必须或应该是中立的。但如何才算是实现了"中立"? 是不是当了法官就再不能有自己的政治观点或倾向呢?

上诉庭认为法官也有自己的政治信仰和理念,但这并不一定就会影响法官公正地审理案件。为此,上诉庭引用了南非最高法院和欧洲委员会的立场和观点。南非最高法院在"南非橄榄球联合会"一案中认为:"司法官员要做到完全的中立(absolute neutrality),即便是可能,那也是非常难的。"③欧洲委员会认为:"如果(法官)具有某种程度上的政治同情(political sympathies),这一点本身并不意味着对案件当事

---

① Resolution adopted 21 June 1946, Section 2(a).
② Judgement Prosecutor v. Anto Furundzija, IT-95-17/1-A, 21 July 2000, Para. 202.
③ South African Rugby Football Union Case, para. 42; recited in Judgement Prosecutor v. Anto Furundzija, IT-95-17/1-A, 21 July 2000, Para. 203.

者就一定会丧失公正性。"[1]

被告认为姆芭法官不能做到"公正",是因为她来国际刑事法庭前任联合国妇女地位委员会的委员。被告上诉的法律根据是《前南国际刑事法庭规约》第13条的规定,它要求国际刑事法庭的法官应是"品德高尚,公正、正直"。然而,正是由于该委员会的使命是致力于保护妇女基本权益和权利,所以上诉庭认为,姆芭法官的这段经历恰好是前南国际刑事法庭对法官资历的要求。被告上诉的法律根据引用了《规约》第13条。但他仅仅把重点放在该条款的上半部分。这一条款的后半部分是"各分庭的整体组成应适当顾及法官在刑法、国际法,包括国际人道法和人权方面的经验。"因此,姆芭法官在当选前南国际刑事法庭法官前的经历,有助于她积累有关国际人道法和人权法律方面的经验,这也恰恰是《前南国际刑事法庭规约》对法官资格的要求之一。[2]

另外,被告在上诉阶段对初审庭主审法官的资格问题也可以提出上诉。联合国国际刑事法庭的所有法官的履历,都是联合国对外公开的资料。前南国际刑事法庭成立以后,每年都出版关于法庭综合情况的《年刊》,里面载有法庭每一个法官的履历,任何人都能轻易地查到。但在审判庭审理该案的整个阶段,被告律师都没有向审判庭提出这一问题。如果适用刑事法律的"正当程序"规则,被告本已丧失了在上诉阶段提出该问题的权利。现在,被告在等到审判庭作出对被告不利的一审判决后提出法官"公正性"问题,这对法庭和对另一当事方来说是不公正的。

---

[1] Crociani et al. v. Italy, Decisions and Reports, European Commission of Human Rights, vol. 22 (1981) 147, 222; Recited in Judgement Prosecutor v. Anto Furundzija, IT-95-17/1-A, 21 July 2000, Para. 203.

[2] Judgement Prosecutor v. Anto Furundzija, (case no IT-95-17/1-A), 21 July 2000, Para. 205.

根据弗伦基伊一案的具体情况,法官在人权领域中的专门经验并不当然构成偏向与执法不公的结果以及被告方缺乏能证明法官执法不公的证据等,使得被告弗伦基伊的这一上诉被前南国际刑事法庭的上诉庭驳回。①

2. 关于克勒比-维特法官是否公正审理的案例

关于司法公正与法官在案审过程中的具体表现之间的联系,国际刑事法庭的实践中曾有过许多讨论。在切莱比奇(Celebici)一案中,被告律师就曾在上诉阶段针对主审法官克勒比-维特(Karibi-Whyte)法官在初审过程中有时"睡觉"而提起上诉,认为这损害了"公平审判"原则,并要求上诉庭同意重新审理此案。作为证据,被告律师向上诉庭出示了审判时的录像带。录像带显示,"在(审理的)某些时间内,克勒比-维特法官并不是非常清醒,有时进入睡眠状态达30分钟左右,有时还能听到打呼噜的声音"。②

从审判公正原则概念上看,就正如前南国际刑事法庭的上诉庭所判定的,"诉讼双方有权得到审理此案的法官的充分注意。""克勒比-维特法官的行为显然不是一个法官可以被接受的行为。如果他身体不好,就应该去看病;如果看病还不能解决问题,就应根据法庭的有关规定提出辞职。"③ 然而,对被告律师提出的上诉请求,关键是要确定被告的基本权利是否因此受到实质性的损害。如果有损害,它是否对被告造成了不可弥补的损失。

前南国际刑事法庭的上诉庭在这一重要的问题上认为,关于主审法官"睡觉"的问题是在案审过程中发生的,由于被告律师在案审过程

---

① Judgement Prosecutor v. Anto Furundzija, Case No IT-95-17/1-A, 21 July 2000.

② The Prosecutor v. Delalic and others, ICTY, Appeals Chamber, Judgment of 20 February 2001 (Case No. IT-96-21-A). para. 228.

③ 同上,第229段。

中具有随时都可以提出"动议"(motions)的权利,因而完全可以将法官"睡觉"问题在案审阶段就提出来。然而被告律师并没有这样做。被告律师是在判决书下来,看到判决结果对自己不利的情况下才在上诉时将这一问题提出。因此,从被告在审判阶段没有提出该问题的情况看,法官的"睡觉"并没有对被告的权利造成实质性的损害。

另外,根据前南国际刑事法庭《程序与证据规则》的规定,三名法官中如果有一名法官在短时间内缺席,不会影响整个案件的审判。如果从法庭整个判决的情况来看,并没有对被告作出极不公平的定罪与量刑。所以,前南国际刑事法庭上诉庭,鉴于被告没有表明被告的权利得到了实质性损害的证据,就驳回了被告律师在法官"睡觉"问题上所提出的上诉。[1]

被告律师的上诉没有成功。但被告律师就法官庭审期间"睡觉"这一非常具体问题进行上诉,并且其上诉被接受的事实清楚地表明:法官在法庭上的所有表现都与"司法公正性"原则能否实现有关,并受到诉讼方的监督。如果法官被怀疑有不公正的地方,就可以构成当事方上诉的理由。

3. 关于申请贝尼托法官回避的案例

在切莱比奇一案中,被告还对来自哥斯达黎加的贝尼托(Elizabeth Odio Benito)法官的资格问题提出了质疑,认为基于刑法上公正审判及独立性原则,她应该回避。

申请贝尼托法官回避的具体理由是:

贝尼托法官于1993年9月当选为前南国际刑庭法官,任期四年,从1993年到1997年。但在联合国1997年届满时举行的选举中,贝尼

---

[1] The Prosecutor v. Delalic and others, ICTY, Appeals Chamber, Judgment of 20 February 2001 (Case No. IT-96-21-A). para. 228,第231段。

托法官没能当选连任。另一方面,切利比奇一案还没结束。本着案审"经济原则"(principle of economy)和连续性(continuance)需要原则,联合国安理会于 1997 年 8 月通过第 1126 号决议,决定延长其任期一年。但就在此后不久,哥斯达黎加进行政府选举,贝尼托法官当选为该国的第一副总统。在这一背景情况下,被告律师向法庭提出了关于司法独立性的动议,认为贝尼托法官已接受担任哥斯达黎加的副总统,根据法官独立性原则就不宜再担任她本国的法官,也不宜再担任前南国际刑庭的法官,据此要求重新审判此案。

在接到被告律师的请求后,前南国际刑庭庭长会议进行了讨论。庭长会议认为,根据司法独立的原则,贝尼托法官虽然由于当选为副总统,不再具备担任她本国最高司法机构官员的资格,然而,这并不妨碍她继续担任前南国际刑庭的法官。前南国际刑事法庭的上诉庭在被告不服提出上诉后认为:贝尼托法官的资格并不是来源于前南国际刑事法庭的《规约》,而是来源于联合国安理会通过的第 1126 号决议。如果联合国安理会的决议与《规约》存在有不一致地方,应以联合国安理会决议为准,因为前南国际刑事法庭《规约》是作为联合国安理会的附件形式而通过的。这一事实表明,安理会有权通过有关决议修改《规约》中的某些规定。

另外,前南国际刑事法庭上诉庭还认为:在审理此案过程中,并没有任何事实的证据表明 Odio 贝尼托法官对案审当事者具有任何的偏向。而且,贝尼托法官在竞选哥斯达黎加副总统以前,已用书面的形式向法庭的庭长表明,如果当选,她也将在结束切利比奇案的审判以后,才回国担任副总统的职务。所以,由于贝尼托法官当选哥副总统这一事实与案审没有任何直接的关系与影响,被告律师提出的申请没被法庭接受。

该案例表明,由于国际人权法的发展,当事者在案审中具有提出法官回避请求的权利。当然,在指控法官在审理过程具有偏向并要求回避的请求要具有充分的证据和理由。但具有要求法官回避的权利本身,就为"司法公正"原则的落实提供了一个重要的保障措施。①

4. 关于申请麦当娜法官回避的案例

麦当娜(McDonal)法官的回避问题,也是与司法公正原则的适用联系在一起。

司法公正在很大程度上取决于法官的公正。所有国际刑事诉讼机构都有这方面保障性的规定。例如,国际刑事法院《罗马规约》第40条规定:

"(一)法官应独立履行职责。

(二)法官不得从事任何可能妨碍其司法职责,或者使其独立性受到怀疑的活动。

(三)要在本法院所在地全时任职的法官不得从事任何其他专业性职业。

(四)关于适用第二款和第三款的任何问题,应当由法官绝对多数决定。任何这类问题涉及个别法官时,该法官不得参与作出决定。"

《罗马规约》第41条第2款第1项还规定:"法官不得参加审理其公正性可能因任何理由而受到合理怀疑的案件。如果法官除其他外,过去曾以任何身份参与本法院审理中的某一案件,或在国家一级参与涉及被调查或被起诉的人的相关刑事案件,该法官应依照本款规定,回

---

① The Prosecutor v. Delalic and others (appeal), ICTY Appeals Chamber, Judgment of 20 February 2001, Case No. IT-96-21-A.

避该案件的审理。法官也应当因《程序和证据规则》规定的其他理由而回避案件的审理。"

所以法官要公正司法,就不得从事任何使其独立性受到怀疑的活动,不得参加审理公正性可能受到合理怀疑的案件。如果在来国际刑事法院之前曾参与该法院要审理中的某一案件,该法官就应回避该案件的审理。

在前南国际刑事法庭的司法实践中,出现好几例关于要求法官回避的请求。例如在巴拉斯基奇(Blaskic)一案中,麦当娜法官为了确定事实和获取证据,以便能断定被告是否有罪还是无罪,分别向克罗地亚国防部长和克罗地亚政府发出传票。

克罗地亚政府在接到传票对此提出异议,认为前南国际刑事法庭没有这个权力。它除了基于国际法上的"主权"原则要求法庭撤销该传票以外,还对麦当娜法官是否具有审理该案的资格提出了反对意见。基于麦当娜法官是发出传票的法官,在她的思维中可能已有定式,克罗地亚因此认为:"尽管我们对您(麦当娜法官)个人的品质没有任何怀疑,但我们仍然认为,表面上与实质上的公平合理与正当程序要求您回避关于传票案的听审或不参与对本案的裁决。"①

在克罗地亚提出这一问题后,庭长会议在麦当娜法官缺席会议的情况下作出决定认为,作为一位专职法官,麦当娜法官完全可以公正地和独立地审理此案,因而驳回了克罗地亚提出的请求。

对于法官的公正司法,检察官和其他人也有监督的权力。《罗马规约》第41条第2款规定:"检察官或被调查或被起诉的人可以根据本款要求法官回避。"

"独立性原则"作为一项重要的国际性的司法原则,已为众多的国

---

① The Prosecutor v. Blaskic,(Case No IT-94-1-T).

际性文件所认可。这些国际性的有关司法独立的文件，不只是规定了司法独立的国际标准，它们还就如何保障司法独立原则的实现作了明确而具体的规定，确立了一系列的保障措施和规则。

5. 挑战柬埔寨政府对审判的干预

柬埔寨特别法庭是由柬埔寨王国政府和联合国组织于2003年通过签订《关于按照柬埔寨法律起诉在民主柬埔寨时期所犯罪行的协定》，共同建立并于2007年开始运行的一个混合性质的国际刑事法庭。在该法庭的刑事活动中，它拟审判三名前红色高棉领导人，即：农谢（前民主柬埔寨国民议会主席和红色高棉副秘书长）；乔森潘（民主柬埔寨前国家元首）和英萨利（前民主柬埔寨外交部副总理）。这三个被告皆被控犯下了反人道罪，严重违反1949年《日内瓦公约》以及针对穆斯林族和越南族所犯的种族灭绝罪。

这一案件的编号为"002号"案件。但它审理于2011年6月开始后，法庭在就初步庭审（Initial Hearing）中发现作为单一的案件过于庞大，因此决定将它又分成一系列具体的单独的审判。其中的第一部分，英文编号为Case 002/1的审判于2011年11月21日开始，它主要是审理对金边和其他地区的强迫撤离以及有关的罪行，其中也涉及被告在红色高棉政权中的角色和制定政策中发挥的作用。

在柬埔寨特设的混合刑事法庭中，共有17名柬埔寨籍人士和12名外国籍人士担任法官和检察官。柬埔寨法官由柬埔寨政府首相任命，但该特设法庭的程序又规定外国法官对任何有争议的决定拥有否决权。正是因为这样的安排，一旦当柬埔寨法官和国际法官在重大问题上不能达成一致时，法庭就会陷入困境。

2012年4月，柬埔寨特设法庭的瑞士籍法官发表声明，认为由于自己在调查另外两个案件，即003、004号案件的过程因受到柬埔寨法官及工作人员的干预而无法进行。为了表示抗议，该瑞士籍法官声明辞职,不再担任柬埔寨特设法庭的法官。

随即,002号案件中的农谢辩护团队向审判分庭提交申请,认为柬埔寨政府在试图阻止003、004号案件的进行,要求调查柬埔寨政府对整个红色高棉特别法庭的工作的干预。由于002号案件变成了最后一个将要审判的案件,农谢律师团队同时向法庭施加压力,认为在柬埔寨政府干预的情况下已不可能进行一个公正的审判,因此要求终止002号案件的法律程序。

对农谢辩护团提出的申请和理由,柬埔寨特设法庭的审判分庭进行了讨论,并在2012年11月22日做出裁定。该法庭的审判分庭认为,农谢辩护团队虽然是在瑞士籍法官声明发表后提出了申诉,但申请的内容却都是在这之前提出过,并已被法庭拒绝的内容,因此在原则上拒绝了这一申请。同时审判分庭还指出,如果存在政府对司法干预的情况,被告应在申请中指出具体的干预是什么,被告还应就为什么终止案件是唯一有效在应对措施而提出自己的理由。但这些农谢辩护团队在申请中都没有提及。于是审判分庭认为,审判应当继续进行;同时认为进行一个"公开和公平"的审判将是最好的应对措施。[①]

---

① Decision on Application for Immediate Action Pursuant to Rule 35, (Nov. 22, 2012).

第六章 被告及嫌疑人的权利保障

国际社会通过起诉或审判东条英机、米洛什维奇及巴希尔总统等，以达到惩治犯罪和实现公正的目的。但国际人权法和国际刑法基本原则的发展，又使得刑事诉讼程序里产生了一个简单的道理，即："实现公正"意味着不仅要将犯有严重国际罪行的人绳之以法，而且还要保证犯罪嫌疑人和被告人在刑事程序中的权利得到充分尊重。

国际刑事法庭的检察官之所以起诉某个人，是因为检察官相信该人犯有法庭所辖的罪行。但一般来讲，被起诉的不这么认为，相反会认为自己无罪。那究竟有罪还是无罪？结果只能是其中一个，这个结果最终也只能通过审理，由法庭通过与被控罪行有关的事实和证据来裁定。所以这是一个过程，是一个关于是否有罪还是无罪进行求证和推定的过程。

对被指控犯有国际罪行和其他严重罪行的人进行审判，程序上要公正，否则正义就不能得到伸张。所以国际刑事诉讼法在力求实现正义的同时，特别注重程序上的公正问题，并为了公正还在如何保障被告基本权利方面制订了一些基本的原则和规定。

第一节 程序正义与"无罪推定"原则

法律制度的基本价值在于实现正义。

正义一般有两种表现形式，即实体正义和程序正义。实体正义主要体现在实体法之中,贯彻于司法裁判的结论上面,构成一种对法官的实体性道德限制。但法律价值中还有一些内容,它们与裁判的结果或结论可能没有直接的关系,但却体现于法律程序的设计以及司法审理过程中,具有明确、具体且可操作的道德标准。刑事审判中的一些规定和原则常被称为"看得见的正义"(justice to be seen),"看得见的正义"也就是"程序正义"。

在世界上所有主要国家的司法制度中,"无罪推定"已成为一个基本原则。当然,这也是国际刑事诉讼的基本原则。根据这一原则,凡被指控犯有罪行的人,在未经具有裁决权的法庭依法证实有罪以前,均应被视为无罪。所以,"无罪推定"原则意味着不能预先地去推测审判的结果。

但这个原则在国际诉讼中附带性地还有其他的一些意义,比如,检察官负有举证责任,而且在对被告进行定罪量刑之前,国际刑事法庭必须按照国内法中被普遍接受的证据标准来确定其罪行,定罪的标准还很高,要能够"排除任何合理的怀疑"。当然,被告由于没有自证其罪的义务,自然就具有保持沉默的权利,他有权拒绝回答问题,等等。所有这些,都涉及到程序公正的问题。

一、"无罪推定"基本概念与规定

从刑法的基本要求上讲,一个案件不仅在实体上要判得正确、公平,而且还要完全符合程序法的规定和精神,使人感受到判决过程的公平性和合理性。这其中包括一些基本的原则,以用来保障被告的权利。

从被告被移送到法庭等待审讯这一刻起,他(她)根据法律享有不少权利,如:控、辩双方平等的权利,反对强迫自证其罪的权利(沉默权)、审前羁押、迅速审理和辩护权等。这些权利都已构成国际人权法的基本原则和内容,是不可贬损的。如果从国际法的发展以及从国际公法与国际刑法之间联系的角度来看,所有这些原则又都是刑法上无罪推定原则在国际刑法实践中的延伸与落实。

所谓"无罪推定"(presumption of innocence),是说某人虽然已经被起诉、被逮捕和被指控,但在法律意义上仍然是无罪的。推定(presumption)一词来自拉丁文(*praesumption*),如果从法律逻辑角度来看,推定主要涉及在刑事审判过程中的证明及反证问题。

无罪推定原则在刑事诉讼程序条文中表现为具体的程序规则,这些规则经过时间的演变已逐渐成为稳定的,由更详尽细致的程序规则构成的核心规则。

无罪推定在普通法系国家司法制度上通常被认为:"任何人在被证明为有罪之前应被推定为无罪"。在大陆法系国家的理论或立法中一般被表述为:"任何人在被宣判为犯罪者之前,均应推定为无罪。"这两种表述方式说明,普通法系的刑事审判制度强调"证明"在无罪推定中的重要作用;而大陆法系的表述方法则强调法院审判的权威。但这仅仅是侧重稍有不同,其基本含义却是一致的。

无罪推定是在刑事法律领域内为保障人权而制定的一个重要的刑法原则,这一原则的制定已有相当的历史。1789年法国《人权和公民权利宣言》第9条规定:"任何人在其未被宣告为犯罪以前应被推定为无罪。"第一次从法律上确定了一些人权在刑事诉讼中的保障。联合国1966年订立的《公民权利和政治权利国际公约》第14条(2)款规定:"被告人在根据本规约规定被证明为有罪之前(until proved guilty)应被推定为无罪。"所以,虽然受刑事控告,犯罪嫌疑人在没有依法被证实有罪之前就有被视为无罪的权利,从而赋予了任何被告拒绝自证其罪的权利。

由于国际人权法的发展和保障人权意识的提高,世界上几乎所有主要法系国家的刑事法律上都有无罪推定的原则。任何一个被告在最后被定有罪之前,都被假定为无辜。这一原则也被引进了国际刑法的实践。

事实上,联合国两个特设国际刑事法庭与二战刚结束后成立的纽伦堡和远东国际军事法庭两个国际军事法庭相比,其《程序和证据规则》要细致和周密得多。它们经过法庭的实践不断地被修正和完善,建立起一个较为完整的国际刑事诉讼体系,并符合当今国际人权法的基本原则。

联合国前南国际刑事法庭《规约》第 21 条第(3)款规定:"在根据本规约的规定证明被告有罪前须假设其无罪。"联合国卢旺达国际刑事法庭《规约》第 20 条第(3)款作了同样的规定。另外,国际刑事法院《罗马规约》第 66 条也明确规定:

"(一)任何人在本法院被依照适用的法律证明有罪以前,应推定无罪。

(二)证明被告人有罪是检察官的责任。

(三)判定被告人有罪,本法院必须确信被告人有罪已无合理疑问。"

从以上规定可以归纳出无罪推定原则的基本要点:

第一,法庭判决是确定任何人是否真正有罪的唯一依据。在没有被法庭判定有罪以前,任何人都被视为无罪;

第二,因为是无罪,所以被告人在整个诉讼程序过程中依法享有与其他公民同样的基本权利,这些基本权利不能在法律上被限制或剥夺;

第三,又因为任何人在未证明有罪之前,在法律上应视作无罪的人,因此他不需要承担证明自己无罪的责任。证明他有罪的责任理应由检察方承担。

"无罪推定"系刑法的一项基本原则。根据无罪推定原则,任何人在被确定为有罪前都应视为无罪的人来对待,所以被告在整个审理过程中享有与起诉检察机构相同的诉讼权利。给检察起诉方与被告方平等对抗的机会,其实也是由刑事司法案审的性质决定的。但尽管如此,"无罪推定"这并不意味着就不能对某个人启动刑事调查。如果宣布存在着犯罪嫌疑、嫌疑人已经被捕,或嫌疑人自首了等,本身并不违反人权法的基本原则。

在被确定为有罪之前应视为无罪,但在国际刑事诉讼中,由于起诉的国际性质和媒体的广泛关注和报道,即便才刚刚开庭审理,被告已经能感觉到对其不利的指控的影响。在普通法系的国家中,媒体在案子审理期间不被允许公开任何针对被指控者的证据或具体信息,他们在进入法庭的时候也不被允许带照相机,如果这些规则没有被遵守,被指控者甚至可以起诉媒体为诽谤罪,但在国际刑事诉讼中却没有此等救济。对这一现象的唯一补救方式,就是通过对媒体和检察官的影响作用。如果能使媒体和检察官能意识到:在审判中如果媒体过多地出现,不仅可能影响到公正判决,同时亦有损于国际法庭"无罪推定"原则的落实,那媒体和检察官可能就会自律一些。

无罪推定原则对拘禁和临时释放被告有重大的意义。根据1966年的《公民和政治权利国际公约》第9条(3)款的规定,将候审的被告予以拘留和监禁,不应是一个一般性的规则。根据前南国际刑事法庭《程序与证据规则》第65条的规定,被告一旦被拘留,就不能被释放,除非根据初审庭的命令。而初审庭只有在例外的情况下,在听取东道国的意见后,并且只有初审庭认为被告如被释放,将不会对任何受害人、证人或其他人造成危险的情况下,才可以命令释放。所以,当国际法庭在考虑被告请求临时释放申请是否应得到准许时,必须要考虑两方面的因素,即一方面是被告根据无罪推定原则应享有的尊严和人道,另一方面则是程序和安全。作为一个基本原则,国际刑事法庭的审判庭在作出是否要同意被告临时释放申请时,就一定要权衡对受害人与证人保护的公共利益与被告基于"无罪推定"原则基础上的权利保障这两个方面。

国际刑事诉讼中关于嫌疑人权利的规定,甚至还超出一般人权条约法的规定。比如,前南与卢旺达国际刑事法庭的《程序与证据规则》明确规定了检察官在调查过程中审问嫌疑人(不仅仅是被告)时,嫌疑人享有下述权利,即:

(1)嫌疑人即使是无力支付费用时也享有免费使用法律顾问援助的权利;

(2)当嫌犯不通晓审问语言时享有拥有翻译、沉默,以及被提醒告知所述言论将被记录并可能用于取证的权利。

二、保护性的假定原则

前南与卢旺达国际刑事法庭适用"无罪推定原则",即:在根据本规约的规定被证实为有罪之前被告人应被推定为无罪;在保护被告受公平审判的方面,禁止在被告未被捕的情况下进行缺席审判,应在他在场的时候进行审判,应亲自或根据他自己选择的法律协助(legal assistance)为自己进行辩护;如果他没有得到法律协助,应被通知享有此权利应得到为他指定的法律协助,在任何情况下如果正义利益需要这样做的话,并且如果他没有足够的财力支付费用的话在任何这样的案件中都无须支付。之所以作如此规定,是因为若被告不知悉对他的控诉,也不能为自己进行辩护,这种缺席审判就很难成为公正的审判。这也体现了诉讼平等的原则。

控辩双方之间平等的原则,是国际人权法发展的结果,是一个已得到普遍认可的刑法原则。根据这个原则,检察起诉方与被告的权利相平等,被告在诉讼程序中不能被处于不利的地位。所以这一原则在很大程度上是为被告方制定。另外,诉讼权平等也是普通法系中抗辩式法律制度的自然产物。因为在抗辩式的法律制度下,它强调诉讼双方首先是法庭案件审理中的平等当事者。

检察官的举证责任,是无罪推定的一个基本原则。为了使被告能够做相应的准备并提出抗辩,检察官应通知被告关于对其提出的指控。检察官的举证责任,还意味着要求检察方在法庭审判期间提供充分的证据,来证明被告犯有起诉书中的罪名。

法庭审理阶段,是展示和审查证据的阶段,也是确定被告是否有罪最具有实质内容的阶段。从国际刑法的实践来看,所有国际刑事法庭或国际刑事法院在审理阶段方面的程序都大同小异。以前南国际刑事法庭为例,按照《程序与证据规则》第85条的规定:

"(A)各方有权传唤证人和提出证据。除非初审庭为司法利益作出另外指示,审判时的证据应按下列顺序提出:

(i)控方证据;

(ii)辩方证据;

(iii)控方的反驳证据;

(iv)辩方的再反驳证据;

(v)初审庭依本规则第98条命令所采取的证据;

(vi)如果被告被认定对起诉书中之一项或数项罪状有罪,可帮助初审分庭决定适当刑罚的任何有关情况。

(a)各案都应许可主讯,反诘和再主讯。传唤证人的一方应对证人进行主讯,但法官可在任何阶段向证人提问。

(b)被告如愿意,可作为为自己辩护的证人出庭。"

根据上述规定,控辩双方在审理阶段都有权传唤证人提出证据。顺序是控方提出证据,辩方提出证据,控方反驳证据,辩方再反驳证据。当然在这个过程中,法庭自己也可以根据《程序与证据规则》第 98 条的规定提出补充证据,或传唤证人:"初审庭可命令任何一方提出补充证据。该庭可自己传唤证人和命令其出庭。"

在现代西方各国,主要存在着两种不同的刑事审判类型:对抗式审判(adversarial)和讯问式审判(inquisitorial)。前者适用于英美法系国家,后者则主要为大陆法系国家所实行。前南刑庭的审判方式,基本上是普通法系国家的对抗式的方式,但同时又融合了大陆法系讯问式的色彩。

对抗式审判(又称辩论式审判)主要是基于相对哲学和公平竞争的理念。依据这一哲理,刑事案件的事实真相,应当由那些与案件结局有着切身利害关系的诉讼双方从有利于自己的角度通过对抗而得以揭示,法庭审判也应当以诉讼双方的对抗性活动为主线而进行。公平竞争则意味着起诉方和被告方应当站在相同的基点上,平等地展开诉讼攻击与诉讼防御活动。法官则不能戴上"有色眼镜"去看待控辩双方的任何一方。

无罪推定原则假定被告在最后被定有罪之前是无罪,因而是一种带有明显保护性的法律假定原则。无罪推定事实上为控辩双方的对抗提供了一种抑强护弱的制度保障。刑事诉讼一启动便出现控诉方和嫌疑人、被告人直接对立的局面。相比较而言,拥有强大国家机器或国际社会支持的检察起诉方显得实力强大;追诉权面前的嫌疑人、被告人则处于弱势状态。在这种情况下,如果不能保证控辩双方在程序上的平等,就会导致辩护职能的弱化,从而使诉讼职能出现失衡而不利于司法诉讼的公正解决。所以从这意义上讲,控辩职能的平等是推动诉讼程序公正运作的保障。

作为"无罪推定"原则及诉讼平等原则的具体落实,所有国际刑事诉讼机构都为经济上不富裕的被告免费指派律师。而且在庭审过程中,被告还享有一些基本权利,如:询问,或交叉询问证人,并且可以在证人在对其做不利证词的情况下亲自询问证人;如果他不懂或不能讲国际法庭使用的语言时得到翻译的免费援助;以及不得被强迫提供对于自己不利的证言或承认有罪,等等。

另外,前南与卢旺达等国际刑事法庭还适用"一罪不二审"原则,即"任何人如犯有严重违反国际人道法行为,而他或她已受到国际法庭的审讯,就不应再受到国内法院的审讯。"据此,禁止国内法院就国际刑事法庭已审判的人的同一犯罪事实对已被国际法庭审判的人再进行审判。

二战后的纽伦堡和东京国际军事法庭不允许被告上诉,但前南和卢旺达国际刑事法庭都规定被告有上诉的权利。此外,两个特设法庭还注重对证人的保护和支持,专门设立了证人保护支助股执行此职能,等等。这些反映了国际刑法在现代国际社会的发展,也是"无罪推定"原则发展的具体体现。

尽管无罪推定原则确立了被告在最后被定有罪之前被假定为无辜,但该原则在国内和国际层面执行上的表现形式有所不同。在国际刑事审判机构审理的案件,都是关于国际法下的严重罪行,是国际社会关注的重大案件,如战争罪、反人道罪或种族灭绝罪。被国际审判机构起诉、逮捕并审判的人中间,往往会有国家政治体制中著名的人物。对这些重要人物(政治家)的审理不仅为其本国的人民所关注,同时也为世界其他国家的人民所关注,所以会引起世界媒体的关注,从而进行大量的报道,客观上会对被告造成不利影响。由于被指控犯有的都是国际法上骇人听闻的罪名,和罪名联系在一起的又都是极其残酷的暴力行为,媒体会自觉或不自觉地倾向于将被告描绘成"恶魔"或"屠夫"。

这样在定罪之前可能就会给公众一个被告已经有罪的感觉。

尽管无罪推定在国内层面与国际层面上给人的印象会有所不同，但该原则的内涵是相同的。无罪推定不仅是公民的一项基本权利，而且从一开始便成为刑事诉讼活动的基本原则，其涵义超越了无罪推定表象的本身。南联盟前总统米洛什维奇虽然作为被告在前南国际刑事法庭受审，但他于 2006 年 3 月案审还未结束时就在位于荷兰海牙的拘留所中去世。因此，不管历史研究者将如何对他进行评价，但从法律上讲，根据无罪推定原则他就是一个无辜之人。

由于无罪推定原则，所以国际刑事法庭在庭审期间政府方面的评论也需特别地小心谨慎。柬埔寨政府对柬埔寨特别法庭曾经发表的言论就是一例。

柬埔寨特别法庭是由柬埔寨王国政府和联合国组织于 2003 年通过签订《关于按照柬埔寨法律起诉在民主柬埔寨时期所犯罪行的协定》共同建立，并于 2007 年开始运行的一个混合性质的国际刑事法庭。在该法庭的刑事活动中，它拟审判三名前红色高棉领导人，即：农谢（前民主柬埔寨国民议会主席和红色高棉副秘书长）；乔森潘（民主柬埔寨前国家元首）和英萨利（前民主柬埔寨外交部副总理）。这三个被告皆被控犯下了反人道罪，严重违反 1949 年《日内瓦公约》以及针对穆斯林族和越南族所犯的种族灭绝罪。

这一案件的编号为"002 号"案件。它的审理于 2011 年 6 月开始后，但当案件进行到了审判阶段以后，因为柬埔寨政府高官的一些不当言论，这一问题再次被提及。在 2012 年 9 月接受记者采访的时候，柬埔寨首相洪森直接用强烈的语气将被告农谢称为杀人犯和骗子。此番声明立刻遭到了农谢辩护团队的强烈反对，他们要求审判分庭裁定这样的言论已经是对被告"无罪推定"原则的侵犯并且要求分庭裁定禁止类似的言论再次发生。

柬埔寨特别法庭审判分庭最终裁定这一言论与无罪推定原则不相吻合，但是同时认为这并不会影响到自己关于被告是否有罪的决定。该法庭的最高分庭也同意持这样的立场，但是也同时制定了更加严格的关于规制政府高官可能的对被告无罪推定原则的违反的法律框架。[①]

归纳起来讲，"无罪推定"原则要求被告直至其被有管辖权的法院和仲裁庭判决有罪之前都被按照无罪对待。但这一原则并不要求法庭裁决被告是否"清白"，它只是要求国际刑事法庭在没有达到能"排除任何合理怀疑"标准时不能判被告有罪。

第二节 被告的基本权利

国际刑事诉讼机构在惩治犯罪、申张正义的同时，还在程序方面保证被告人享有的基本权利和正当权利。

在国际刑事诉讼中，有一原则已被普遍地被接受，即：除了无罪推定的权利以外，被告还享有一些其他的需要被保障的权利，如：受独立的和公正的法庭审判的权利，法律面前人人平等的权利，公开听证的权利，被告知控告内容的权利，不受延迟审判的权利，出庭接受审判的权利，聘请辩护律师的权利，聘请翻译的权利，沉默权，保证不受双重处罚的权利，人身保护权，滥用诉讼程序以及上诉权，等等。

上述提到的是国际刑事诉讼法关于被告所应享有的基本权利。但实际情况很复杂，有时还需要法庭根据需要作出一些另外的决定与安排。如 2013 年 9 月，国际刑事法院关于肯尼亚鲁托副总统审理期间被

[①] Decision on Application for Immediate Action Pursuant to Rule 35, (Nov. 22, 2012).

"获释"一周的决定,就是照顾到实际情况需要而给予被告以权利保障的特殊案例。

肯尼亚鲁托副总统被国际刑事法院所起诉,原因是2007年12月27日肯尼亚的总统选举结果公布之后,该国爆发了严重的种族驱动的暴力事件。在仅仅两个月的时间内,就有多达1220名肯尼亚人被杀害,约350,000人流离失所,900多个强奸行为被记录在案。[1] 鉴此,国际刑事法院检察长向国际刑事法院提出申请,要求对肯尼亚大选后发生的暴行展开调查。该法院的预审分庭在对检察长提起的案子开庭后,于2012年1月23日同意了检察长的要求,认为有必要追究骚乱中发生的犯罪行为,并认为鲁托(Ruto)和肯雅塔(Kenyatta)等对这些行为负有罪任。国际刑事法院还决定,肯尼亚的两个案件将于2013年5月和7月开始审理。但在庭审之前,也就是在2013年3月30日,肯尼亚最高法院做出判决,裁定该国于3月4日举行的总统选举有效。这样,已成为被告的肯雅塔就成为肯尼亚第四任总统,国际刑事法院的另一被告鲁托则当选为肯尼亚副总统。

然而被告鲁托一案在2013年9月10日刚开始审理不久,肯尼亚就发生了恐怖袭击。2013年9月21日至24日,位于肯尼亚市内的内罗毕韦斯特盖特购物中心受到恐怖袭击;而在恐怖分子和肯尼亚军警对峙和交火中,六名肯尼亚军警人员死亡,五名恐怖分子被击毙外,此外还有包括平民在内的200多人伤亡。

毫无疑问,这是一起需要立即处理的紧急事件。于是国际刑事法院于恐怖袭击发生后的9月23日紧急举行了听证,并决定暂时"开释"肯尼亚副总统鲁托,推迟一周审理其案件,以便他能回国处理袭击事

---

[1] Shashank Bengali, Kenyans Rivals Agree to Share Power After Disputed Election, Knight Ridder, Feb. 28, 2008, Available *in* LExis, News Library, Wire Service Stoties File.

件。而听证一结束,鲁托就马上离开法庭,匆匆赶往机场回国。鲁托是国际刑事法院迄今审理的最高级别的在职国家官员。他在审理期间被"获释"一周回国处理危机事件,这在国际刑法的历史上也是前所未闻的。但由于事出有因,所以就连辩护方的死对头指控方对法庭的决定都没有提出任何异议。[①]

肯尼亚鲁托副总统的这个法庭决定是个例外。总起来讲,被告在刑事诉讼中享有的最一般性的权利,主要的还是辩护权,享有公平和公开审判的权利,在合理的时间内受到审判或释放的权利,与起诉检察机构相同的诉讼权利以及反对强迫自证其罪的权利。

一、公开受审与出庭的权利

无罪推定原则假定任何人在被确定为有罪前都是无罪的,所以被告在整个审理过程中享有一些最基本的权利。前南斯拉夫与卢旺达国际法庭的审判在为犯罪的受害者实现正义的同时,力求保证被告人享有的正当权利。

1. 被告的基本权利

不管是前南、卢旺达国际刑事法庭还是国际刑事法院,在它们各自的《规约》里都吸收了《公民权利和政治权利国际公约》第 14 条第 1 款至第 3 款规定的关于刑事诉讼中被告人享有的全部权利,包括在法庭面前人人平等,得到公平和公开的审判,无罪推定,并在诉讼过程中享有的最低限度的保障,即:

"(1)用他理解的语言立即和详细地通知他对其控告的性质和原因;

---

① "肯副总统获准回国处理危机",《参考消息》,2013 年 9 月 24 日,第 2 版。

(2)让他有充分的时间和设施准备辩护并与他所选择的律师联系；

(3)在没有不适当拖延的情况下受审判；

(4)出庭受审，并亲自或通过它选择的律师为自己辩护；如果被告没有律师，须通知他这项权利，在为司法利益所需要的任何情况下为被告指定律师，并在他没有足够手段支付律师费用的任何情况下免除其律师费用；

(5)讯问或一再讯问证明其有罪的证人，并使为其辩护的证人在与证明其有罪的证人相同的条件下出庭和接受讯问；

(6)如果不懂或不能讲法庭所使用的语言，将免费提供一名翻译予以协助；

(7)不被强迫进行对其不利的作证和认罪。"

《罗马规约》第55条第1款规定，"根据本规约进行调查时，个人享有下列权利：1.不被强迫证明自己有罪或认罪；2.不受任何形式的强迫、胁迫或威胁，不受酷刑，或任何其他形式的残忍、不人道或有辱人格的待遇或处罚；和3.在讯问语言不是该人所通晓和使用的语言时，免费获得合格口译员的协助，以及为求公正而需要的文件译本；4.不得被任意逮捕或羁押；也不得基于本规约规定以外的理由和根据其规定以外的程序被剥夺自由。"

前南国际刑事法庭《规约》第21条规定："在国际法庭面前人人平等。"另外，"被告在裁定对他的控告的过程中有权在符合（规约）第22条的情况下得到公平和公正的审判。"国际刑事法院《罗马规约》第67条第1款也明确规定："在确定任何指控时，被告人有权获得符合本规约各项规定的公开审讯，获得公正进行的公平审讯。"所以，被告在国际刑事案件中都应享有受到公平和公开审判的权利。

此外,前南国际刑事法庭《规约》的第 21 条(卢旺达国际刑事法庭《规约》第 20 条)纳入了《公民权利和政治权利国际公约》第 14 条第 1 款至第 3 款所列的刑事诉讼被告人享有的全部权利,其中包括在法庭面前人人平等,得到公平和公开的审判,无罪推定,并在诉讼过程中享有的最低限度的保障,即:

"(1)用他理解的语言立即和详细地通知他对其控告的性质和原因;

(2)让他有充分的时间和设施准备辩护并与他所选择的律师联系;

(3)在没有不适当拖延的情况下受审判;

(4)出庭受审,并亲自或通过它选择的律师为自己辩护;如果被告没有律师,须通知他这项权利,在为司法利益所需要的任何情况下为被告指定律师,并在他没有足够手段支付律师费用的任何情况下免除其律师费用;

(5)讯问或一再讯问证明其有罪的证人,并使为其辩护的证人在与证明其有罪的证人相同的条件下出庭和接受讯问;

(6)如果不懂或不能讲卢旺达国际法庭所使用的语言,将免费提供一名翻译予以协助;

(7)不被迫进行对其不利的作证和认罪。"

从逻辑上分析,公开审判的目的是为了防止利用司法程序对被告进行迫害。另外,公开审判的结果会使整个审判过程直接受到公众舆论的监督,从而有效地限制司法人员可能会发生的滥用权力。

法庭审判是刑事诉讼的关键阶段。它之所以关键,是因为:

(1)刑事诉讼法规定的权利和义务,在庭审中要体现出来;

（2）证据，尤其是作为定案的证据，必须在法庭上陈述或出示或宣读，并经过公诉人、被害人及其诉讼代理人和被告人、辩护人双方讯问、质证，得到确认和证实；

（3）被告人可以充分行使辩护权，为自己作无罪辩护。

被告人有出席审判的权利是一项基本人权。"出席"一词的英语为"presence"。从这个词的一般意义上解释，就是指被告人具有亲自出席审判的意思。国际刑法给予被告以出庭受审的权利。所谓出庭受审的权利，就是被告有权要求在审判的整个过程中出现在法庭上。这项权利规定在《公民权利和政治权利国际公约》和国际刑事法庭《规约》里，同时也规定在很多其他的区域人权制度中。它旨在保证审判的公正，因为只有被告人知道对他的指控，有机会自己或通过他的律师进行辩护，才有利于辨清事实真相并保证对被告人的审判公正。

正是出于被告人有出席审判的权利的考虑，前南和卢旺达国际刑事法庭《规约》都明确规定禁止"缺席审判"。然而，被告人是不是一定要出席审判才能进行呢？换句话说，如果被告人没有出席，审判是不是就一定不能进行了呢？

2. 出庭的权利

被告人具有出席审判的权利，在国际刑事诉讼史上也经历一个发展阶段。二战后成立的纽伦堡国际军事法庭《宪章》就明确规定，允许法庭进行缺席审判。当时不少国家在国内举行的对纳粹战犯的审判，如比利时，就允许缺席审判。然而，从现代国际刑事诉讼实践来看，不管是联合国特设国际刑事法庭，还是常设的国际刑事法院，都明确禁止缺席审判。当时前南国际刑事法庭在酝酿着要成立的时候，联合国秘书长在其向安理会提交的报告中就明确地认为：在被告人缺席时不得进行审判。后来卢旺达国际刑事法庭成立后，也适用这一同样的原则。但在何为"出庭"词义的解释方面，会出现不同的理解。

如前所述,国际刑事法院检察长2009年提出申请,要求对肯尼亚大选后发生的暴行展开调查。该法院的预审分庭在对检察长提起的案子开庭后,于2012年1月23日同意了检察长的要求,认为有实质性理由相信肯尼亚在2007年和2008年国内大选后发生的骚乱和暴行中存在反人道罪的行为,并有理由认为鲁托(Ruto)和肯雅塔(Kenyatta)等对这些行为负有罪责。国际刑事法院还决定,肯尼亚的两个案件将于2013年5月和7月开始审理。当然,一旦庭审开始,被告就应当到庭(be present)参与听审。

但就在庭审之前,也就是在2013年3月30日这一天,肯尼亚最高法院做出判决,裁定该国于3月4日举行的总统选举有效。这样,已成为被告的肯雅塔就成为肯尼亚第四任总统,国际刑事法院的另一被告鲁托则当选为肯尼亚副总统。由于身份关系,肯雅塔和鲁托就通过他们的律师分别向国际刑事法院提出请求,希望能允许被告通过视频的方式参与审判程序。

根据国际刑事法院第五审判分庭的决定,肯尼亚1号案将于2013年5月28日开始庭审,另一肯塔亚案则将于7月9日开始正式庭审。根据国际刑事司法的惯例,一旦庭审开始,被告应当到庭(be present)参与听审。

《罗马规约》第63条1款规定:"审判时被告人应该出庭(The accused shall be present during the trial)。"但如何才算是"出庭"?《规约》没有明确的定义。被告方认为,视频方式也属于"在场",而且这已经通过黎巴嫩特别法庭、塞拉利昂特别法庭、前南刑庭在内的众多国际刑事法院的实践,属于被允许接受的一种审判方式。当然法院的检察官不这么认为。按照检察官的理解,"在场"就是明确要求被告人必须亲自到庭接受审判。① 关于到底该如何理解?国际刑事法院将作出

---

① 参见:http://www.icc-cpi.int。

裁决。

在国际刑事诉讼实践中会出现另一种情况，即：被告人虽然已被移送到国际刑事法庭的所在地，并处于法庭的羁押之下，但他却出于各种各样的理由，其中主要是为了阻止司法进行而不愿意出庭。那在这种情况下，国际刑事法庭又是否可以在被告人不在场的情况下对其审判呢？

在联合国特设国际刑事法庭迄今为止的实践中，这种情况主要出现在卢旺达国际刑事法庭。例如，在巴拉圭伊扎一案中，被告在其向法庭提交的"人身保护令"（writ of habeas corpus）的诉求最后没有得到接受的情况下，就以法庭不公正为由拒绝出庭。由于被告人具有出席审判的权利，已成了被告在现代国际人权法和国际刑法下的一项基本权利，国际刑事法庭对于巴拉圭伊扎自愿放弃出席权的裁定，采取了比较认真的态度。

毫无疑问，出席审判的权利，是指被告出席审判过程中的权利。但需要注意的是，这是一项权利，既是权利，当然也可以放弃。在巴拉圭伊扎案中，基本的也是最主要的一点，是被告巴拉圭伊扎自己选择不行使出席审判的权利。从事实方面看，巴拉圭伊扎在1998年2月第一次出庭时就被告知了对他指控的罪行，也参加了审判庭的预审阶段的诉讼。即便是不行使出席审判的权利，也是他自己于2000年10月通过他的律师通知国际刑事法庭的。而且就是在这发生以后，法庭书记官长还是照例通知他有关案件要审理的时间等，并多次通知他准备好参加审判，但都被他拒绝。所以从基本事实上完全可以认定：被告巴拉圭伊扎没有出席审判，是因为他自己不愿意出席对他的审判；他完全知道对他的审判，但却选择不行使他出席审判的权利。

此外，卢旺达国际刑事法庭通过参考欧洲人权法院的案例和对公正审判原则要求的综合考虑，最后认为，"国际法上早已确立了这样一个原则:在这项权利的受益人拒绝行使权利时排除这项权利。"[1]国际刑事法庭因此决定在被告巴拉圭伊扎缺席的情况下继续审理该案。

从该案中可以看到:被告具有出席审判过程的权利,但这一权利是可以放弃的。当然,放弃必须由被告人自愿做出,并且在知道对他的诉讼的性质和审判的日期等事实的前提下不含糊地做出放弃的表示,并且不违反重要的公共利益。不过,为了被告巴拉圭伊扎在不出席的情况下仍然保证对他的审判达到公正,卢旺达国际刑事法庭还是决定为他继续指派辩护律师,对他提供所有的审判逐字记录和审判录像带,并仍然给他提供参加审判的机会。所以,被告是时时都享有出席审判过程的权利。即便已经放弃,但只要他后来改变主意,仍然可以自由出席对他的审判。

卢旺达国际刑事法庭因为这样事情的发生,所以2003年5月在法庭的法官全会上修改了法庭的《程序和证据规则》,就"被告具有出席审判权"增加了一条新的规定,即:"如果一名被告人拒绝出席审判,审判庭就可以在该被告人继续坚持拒不出席情况下对其进行缺席审判,只要审判庭已经认定:(1)被告人已根据规则第62条完成了初次出庭的程序;(2)书记长官已通知被告人,要求他出席审判;(3)有律师代表被告人的利益。"(第82条之二)于是,卢旺达国际刑事法庭在处理被告人拒不出席的情况时也就有法可依了。

与出庭有关的还有公开审判。公开审判也是被告的一项重要的权利,是国际刑事法庭必须遵循和予以保障的一项诉讼原则。在国际刑法的司法实践中,除了因为保护证人和受害人隐私的需要,并经法官同意才能对该原则减免以外,所有审判中出示的证据、庭审纪录、法庭做出的决定等,都向社会和公众公开。法庭外的任何人只要他(她)愿意,

---

[1] Prosecutor v. Nahimana et al, Appeals Judgement, paras. 107.

也都可以向国际刑事法庭索取。

公开审讯是保护公平审判的一个重要方面。但《罗马规约》第64条(7)款规定：国际刑事法院如果"为了保护作为证据提供的机密或敏感资料"，可以决定某些诉讼程序不公开进行。第68条(2)款还规定："作为第67条所规定的公开审讯原则的例外，为了保护被害人和证人或被告人，本法院的分庭可以不公开任何部分的诉讼程序，或者允许以电子方式或其他特别方式提出证据。涉及性暴力被害人或儿童作为被害人或证人时尤应执行这些措施，除非本法院在考虑所有情节，特别是被害人和证人的意见后，作出其他决定。"

前南、卢旺达国际刑事法庭的实践为国际刑事法院提供了参考。《罗马规约》规定，国际刑事法院对于在审判前进行的诉讼程序当中，如果依照《规约》的规定，披露证据或资料可能会使证人或其家属的安全受到严重威胁，"检察官可以不公开这种证据或资料"。

所以公开审判的权利并不是绝对的。前南国际刑事法庭《规约》的第21条是关于被告的权利的规定。该条款在规定被告享有公开受审权利的同时，规定这一权利的行使不得妨碍第22条中关于保护受害人和证人的规定。而第22条规定："国际法庭应在其《议事和证据规则》中规定保护受害人和证人。这些措施应包括，但不限于，非公开审理和保护受害人的身分。"

根据这一规定，国际刑事法庭在一些特殊的情况下，为了保护受害者的利益也可以让某些审判程序闭庭进行。例如在某些与性犯罪相关的战争罪、反人道罪或种族灭绝罪的审判中，当受害者出庭作证时，为了保护受害者的尊严和名誉，法庭可以举行闭庭(in camera)听证，禁止公众旁听。所以审判时，有些证人出来作证就不直播。只有在这些证人(受害者)作证完毕时，庭审才重新对公众开放。为了保护证人的人身安全，防止其身份的暴露，法庭在其认为必要的情况下也可以闭庭审理案件。另外，如果被告在法庭上扰乱法庭秩序，他可能会失去"出庭受审"这一权利。

二、告知被控罪行及迅速受审的权利

任何人在被逮捕或拘禁时有获知逮捕理由和指控罪名的权利。《公民权利和政治权利国际公约》第 9 条第 2 款规定："任何被逮捕的人，在被逮捕时应被告知逮捕他的理由。除非依照法律所确定的根据和程序，任何人不得被剥夺自由。"所以，根据这一规定，被逮捕人在被逮捕之时，有权知道为什么被逮捕；而在被指控之时，也有权被迅速告知指控的内容。

1. 知晓被告罪行的权利

被告享有被充分告知其被指控的罪行，目的是为了准备辩护。从前南和卢旺达国际刑事法庭的规定和实践来看，检察官办公室在根据调查取得的证据材料的基础上，如果怀疑某人犯有法庭管辖权中所规定的国际罪行，就会做出对犯罪嫌疑人的起诉书。该起诉书在经过法官审查认可后，就可交由审判庭根据起诉书中指控的事实和罪名进行审理。于是，该案的起诉书以及那些相关的材料也都要提供给辩方，以便被告人能准备辩护。这是被告的一项基本权利。

从道理上讲，起诉书是审判的根据，如果里面的指控不能做到详细和清楚，就会妨碍被告人关于被充分告知对他指控的权利的实现，自然也会阻碍他对他自己的辩护准备。但与国内司法体制不同的是，国际刑事法庭的不少案件在刚审理时，都还处于正在进行的武装冲突当中。所以即便是已经起诉，检察官对已被法官认可的指控还可以继续进行调查，并可以在审判前的准备时期尽量准备更多的证据来支持指控。根据《程序与证据规则》，检察官若在起诉书公布后的调查中发现新犯罪，仍可以在得到审判庭准许的情况下修改起诉书，并在起诉书中增加新的犯罪。

有时,国际刑事法庭的起诉书对一些事实的描述,在开始时不是很清楚,它只是以比较概括的和含糊的文字表述。但随着调查和新的证据的补充,检察官可以不断地向被告人提供更多的比较清楚的资料,以便详细说明和解释那些构成对被告人的指控的事实根据。

2. 迅速受审的权利

原则上,被告享有在合理时间内受审判或被释放的权利。《公民权利和政治权利国际公约》第9条第3款规定:"任何因刑事指控被逮捕或拘禁的人,应被迅速带去见审判官或其他经法律授权行使司法权力的官员,并有权要求在合理的时间内受到审判或被释放。等候审判的人受监禁不应作为一般规则,但可规定释放时应保证在司法程序的任何其他阶段能出席审判,并在必要时报到听候判决。"

上述规定表明,任何因刑事指控被逮捕或拘禁的人,都应具有被迅速带见审判官并要求在合理的时间内受到审判或释放的权利。等候审判的人也不一定非要受到监禁,只要能保证在司法程序的任何阶段能出席审判,并在必要时报到听候判决,就可以被释放。

被告的这一权利包含三项内容:

(1)凡被采用强制措施而限制人身自由的人,刑事诉讼必须及时进行;

(2)被限制人身自由的时间应依法受到限制,并在合理的期限内,接受审判或获得释放;

(3)如果释放时能够保证出席审判并随时能够听候执行判决,则不应适用监禁。

《公民权利和政治权利国际公约》第9条第4款规定:"任何因逮捕或拘禁被剥夺自由的人,有资格向法庭提起诉讼,以便法庭能不拖延地决定拘禁他是否合法,以及如果不合法时命令予以释放。"

根据这一规定,任何被告受到逮捕或拘禁时的权利主要含有以下两项:

第一,由法庭决定是否应当采取逮捕或者拘禁措施;

第二,在法庭制作决定的过程中,被逮捕或拘禁的人有权陈述自己的意见。

之所以有这样的规定,是因为从道理上说,临时拘留只是因为被怀疑犯有不法行为,但并没有被正式指控。对于这样的嫌疑人要剥夺其自由,这只是非常情况下的必要,所以这种拘留的时间要尽量短,不能超过合理的期间。当然,由于嫌疑人被逮捕或拘留,其自由已被剥夺,这是比较严重的不正常的状态,因此作为嫌疑人,他就具有被迅速告知逮捕的理由和对他的(临时)指控的权利。这样,嫌疑人就可以知道为什么要拘留他,就可以准备辩护;当然,他如果认为有必要,也可以质疑拘留他的合法性,这尤其是当检控机关依据指控的严重性质而要采取进一步的行动。如果从整个刑事司法制度上看,主张嫌疑人有权被迅速告知对他的指控,是对检控机关权利的一种制衡。

嫌疑人有权被迅速告知对他的指控,这是各国刑法及国际刑法的一个基本原则,也已成为国际习惯法的一部分。迄今为止制订的不少国际公约里都确立了这一原则,以确保这项权利得到尊重。然而,"有权被迅速告知"不错,但对于应以什么特定的方式告知?这一点在国际公约和有关判例,以及国际刑庭的规约中都没有具体的或明确的要求。欧洲人权法院的判例显示,在犯罪嫌疑人在被逮捕时,并不需要逮捕人员一定要给予嫌疑人全部信息,只要在逮捕后一段充分的时间内告知逮捕他的法律理由就可以了。前南和卢旺达国际刑事法庭的上诉庭认为,犯罪嫌疑人被逮捕或被移送到法庭所在地的初级阶段,"有权被迅速告知"原则只是要求被迅速告知对该嫌疑人的指控,但并不要求一定要以书面的方式来告知该犯罪嫌疑人。

"讯速审理",但何为"讯速"？这也因为每个案子的不同而有所区别,它取决于每个诉讼案子的性质及被告所受指控的具体事项。国际刑事法庭的诉讼程序比较复杂。由于审前的准备及审判中的取证等在很大程度取决于国家的合作情况,所以在一国国内审判中所需的时间,如果机械地适用在国际刑事法庭将会显得不太合适。一个"合理的期间"不应被理解多少天、多少个月或几年,因为这个时间究竟多长合适？还取决于其他一些国际刑事法庭必须考虑的因素。

前南与卢旺达国际刑事法庭在"无不当延迟审判"方面还是总结出一些需要考虑的因素,以便法庭在决定关于被告讯速受审的权利是否受到违反时可以参照考虑。这些因素主要有：

(1)延迟的具体时间长度；

(2)具体案子在诉讼方面的复杂性；

(3)当事方的行为；

(4)与案子有关的权威当局(authorities)的行为；

(5)是否存在对被告有偏见的情况。

当然,在判断一个具体案件是否过分延迟时,国际刑事法庭不仅要考虑法庭审判的目的,具体还要看检察官的行为有否造成了延迟。

被告享有讯速受审的权利。然而,迅速审判的权利可以由被告自愿放弃。这种情况一般发生在被告律师认为有必要延长调查时间以取得充分证据,或由于其他原因而没有作好开庭的准备。在国际刑事法庭的实践中,尽管检察官必须证明被告有罪,而被告无需证明自己无罪,也就是说,证明的责任在检察官方面,因此,压力也自然在检察官方面,但被告因为各种各样的原因经常采取拖延的方式。这实际上就是自动放弃迅速审判的权利。

国际刑事法庭与一国国内法庭在审理刑事案件的程序方面有些不同。在国际刑事法庭,往往案件已经开始审理时,调查还没有结束。另外，案件的准备本身也是千头万绪。因此，会经常出现检察机关以正当理由要求更多时间准备的请求。所谓正当理由的成立与否，要视情况而定。一般来说，法庭会考虑拖延时间的长短、拖延的原因、被告是否要求迅速审判，以及拖延对被告是否会造成不利影响等因素。法庭考虑了双方提出的理由后，作出准予延期或不准延期的决定。一般来说，法庭会给予延期，有时还会给予多次延期。而这也常常成为被告在被判有罪后上诉的主要依据之一，其理由就是法庭违反了国际刑法上迅速审判的原则。

前南、卢旺达国际刑事法庭和国际刑事法院《规约》所规定了被告应受公正审判的权利，与《公民权利和政治权利国际公约》第 14 条规定的相一致，但在实践中会根据国际刑法的特点有些灵活的变动。如果需要，法庭会考虑到国际刑事诉讼中存在的特殊情况，其中包括诉讼程序中的政治因素，以及来自国际社会中国家和民间团体的压力。例如，当某个证据的证明价值将超过公正原则的必要性时，国际法庭就会将其排除在适用范围以外；而当辩方的基本权利被侵害时，国际刑事法庭甚至会在《规约》规定以外来寻找救济手段。例如，在卢旺达国际刑事法庭巴拉亚圭扎一案中，法庭为了维护被告的基本权利，就适用了普通法系国家中所有的、但法庭《规约》与《程序与证据规则》里却没有的"人身保护令"（*Habeas corpus*）。这是关于被逮捕、拘留的人的一项基本权利的习惯规定。

第三节　享有律师帮助权

被告还有的一个权利，英文叫"rigth to counsel"，即享有律师的权利。每一个被告有权或亲自替自己辩护，或通过法律援助、或经由他自己所选择的律师替他进行辩护，这是一个国际公认的权利。如果他不知道自己有这个权利,就要告知他。如果他没有足够能力偿付享受这个权利,就应通过援助帮助他享有。"享有律师的权利"原则,涉及到三个相互关联的权利,即,选择法律援助的权利,被告知享有这一权利的权利,以及获得免费的法律援助的权利。

国际法尤其是国际人权法的发展,使得国际社会在人权保障方面发生了很大变化。社会对其个体成员的人身自由权利和人格尊严的保障逐渐被重视起来。当一个人作为犯罪嫌疑人或被告人被动地进入刑事诉讼程序时,他的人身自由权利和人格尊严自然就会因此受到极大的限制和威胁。如果起诉的行为在其实施中因为这样或那样的原因有失误,被起诉人受到的损害将是难以弥补和挽回的。因此在刑事诉讼中加强对犯罪嫌疑人和被告人各项权利的保护就显得尤为重要,其中之一就是享有律师帮助的权利。

一、律师帮助的必要性

被告之所以享有律师帮助,无非是因为有这种必要。

在迄今为止的国际刑事诉讼程序,主要是采用英美法中的对抗辩论制。在这个诉讼过程中,法官处于中立的位置,其作用主要是控制诉讼程序。而对案子的审理主要是通过检控方和辩护方的律师来进行。他们各自收集对己方对立的证据,对证人进行讯问,等等。所以,辩护律师在帮助法官发现案情的事实真相方面起着非常重要的作用。

1. 获得帮助是项权利

被告获得律师帮助的权利,也是无罪推定原则的自然结果,也是被告或嫌疑人的一项重要权利。由于国际刑事法庭的规则和国际刑法的内容属于非常技术性和专门性的学科,一般人不可能对它有了解,因此被告或嫌疑人享有这项权利就显得至关重要。

所以,前南、卢旺达国际刑事法庭和国际刑事法院《规约》和《程序与证据规则》等,在对被告的权利做了较为全面规定时,其中重要的一个部分就是关于被告获得法律援助的规定。这些刑事诉讼机构还都专门设立了一个关于辩护律师的部门,以负责和管理与法庭辩护有关的工作。

享有律师帮助权是与辩护权紧密相联的。在刑法上,辩护权是被告人享有的一项根本性的权利。基于此项权利,被告人针对对他的指控有进行申明、辩解和反驳的权利。在司法制度和律师制度比较完善的国家,协助被告人行使辩护权的就是律师。刑事诉讼是公诉机关对公民进行最严厉的否定性评价的过程,其严厉性决定了在此过程中起诉方面强制力可能被误用或滥用的危险性和危害性。从这方面讲,赋予被告人辩护权以对抗公诉方的追诉权是非常必要的。与强大的资源充足的公诉机关相比,被告的力量显然不够,需要帮助。法律是错综复杂的专门性学科,一般人都不熟谙法律,对复杂的刑法诉讼程序更是知之甚少。这在国际刑法上更是如此,所以一旦被国际刑事法庭起诉,不管是谁都需要帮助。即使是通晓国际刑法的人,也需要在财力和精力等方面的帮助。因此允许具有专业水平的人员作为律师来帮助被告一起行使辩护权,这对司法公正和保障被告人的权利来说是至关重要的。

在 1990 年召开的联合国第八届犯罪预防和罪犯待遇大会上通过的《关于律师作用的基本原则》第 1 条规定:"每个人都有权按照他们的选择与一个律师联系,并在刑事程序的所有阶段保护他们和确立他们的权利,并为他们辩护。"第 7 条还规定:"任何被逮捕和羁押的人无论是否受到刑事指控,都应当迅速接触律师,在任何案件中,从逮捕或羁押进行时起不得晚于 48 小时。"所以根据这些就可以看到,被告在被捕后,只要他表示要见自己的律师,警察将不得对他继续审讯。

享有律师帮助权,就意味着每一个受到刑事指控的嫌疑人都应由他自由挑选的辩护人为他辩护。该权利在实现对嫌疑人权利的保障方

面,主要有以下两个作用:

(1)通过律师提供的法律专业性的帮助,可以克服大多数嫌疑人因缺乏对法律的了解而产生的弱点和不足,使辩护权的行使更为有效和积极;

(2)通过律师的帮助,可以有效地增加羁押程序的透明度,成为一种制约侦控机关滥用逮捕羁押权的重要力量,使羁押的公正性得到保障。

在免费提供法律援助方面,不仅是被告,就是嫌疑人在调查中受国际法庭检察官询问时也享有律师帮助的权利。前南国际刑事法庭《规约》第18条第3款(卢旺达《规约》是第17条)规定:"嫌疑人若受到讯问,有权获得他或她自行选定律师的援助,包括有权在没有足够能力支付费用时,获得指派给他的法律援助而不需支付费用,并有权获得以他或她所使用的和了解的语言做出的必要的双向翻译。"此外,前南国际刑事法庭《程序和证据规则》第45条之二还规定:关于律师的任命和指派的规则应适用于根据本法庭授权拘留的任何人(any person detained)。《关于指定辩护律师的指令》第5条规定:嫌疑人接受前南国际刑事法庭检察官讯问时,为了保护该嫌疑人的权利,因而他也享有律师帮助的权利。如此一来,嫌疑人在受法庭调查员询问时,也有权获得免费律师的帮助。同样,也是根据《规则》的规定,如果律师不在场,检察官就不得讯问嫌疑人,除非该嫌疑人自愿放弃他有律师的权利。如果嫌疑人放弃了有律师的权利,但在受询问过程中又表示愿意有律师协助,就必须立即停止讯问。只有当他获得了律师或被指派了律师,才能重新开始讯问。由此可见,国际刑事诉讼程序在保障被告或嫌疑人的权利方面,规定还是比较细致的。

2. 帮助权的确立

所有国际刑事诉讼机构在协助被告、嫌疑人获得法律咨询和律师的协助等方面，都为辩护方提供各种便利，以确保辩护律师在业务上的独立。而且在所有已经成立的国际刑事司法机构，都建立了保障被告人行使律师帮助权的程序和机制。

例如，根据联合国成立的前南斯拉夫国际刑事法庭、卢旺达国际刑事法庭、塞拉利昂特别国际刑事法庭和国际刑事法院《证据与程序规则》的规定，被告都有权聘用律师帮助自己在法庭抗辩。前南国际刑事法庭就为被告和嫌疑人订立了两个专门规则，一个是《关于指定辩护律师的指令》(Directive on Assignment of Defence Counsel)，另一个是《关于拘留等候法庭审判或上诉的人或法庭命令因其他原因拘留的人的规则》(Rules Governing the Detention of Persons Awaiting Trial or Appeal before the Tribunal or Otherwise detained on the Authority of the Tribunal)，对被告如何获得这一权利在程序上作了非常详细的规定。

前南国际刑事法庭对被告在国际法下享有的这一权利作了明确的肯定，每个被告都要有得到律师帮助的权利。《关于拘留等候法庭审判或上诉的人或法庭命令因其他原因拘留的人的规则》第12条规定：只要被告自己没有明确地表示放弃他聘请律师的权利，他（她）在被逮捕或在起诉书被送达时就有权得到律师的帮助。而且《关于指定辩护律师的指令》第16条还规定：如果在一个案子中有一个以上的被告，那该案中的每个被告都有权请求指定各自的律师。如果因为公正原则的需要，其中每个被告可以配有两个律师。

国际刑事法庭起诉的被告的经济情况不尽相同，有的好些，有的差些。但作为一个原则，只要被告或嫌疑犯是贫穷，担负不起国际刑事法庭诉讼费用的，都能享有国际刑事法庭为其指定律师帮助的权利。希望得到指定律师的嫌疑犯或被告，将以国际法庭确认一种特殊表格的形式向法庭书记长官提出免费享受这一权利的请求。《关于指定辩护律师的指令》第8条规定:担负不起国际刑事法庭诉讼费用的被告或嫌疑犯,都可以向法庭申请提供律师。

国际刑事法庭的书记长官在接到申请后,自然要决定是否同意。在决定的过程中,法庭书记长官就必须考虑申请人的财政状况。在这里要考虑的仅仅是财力状况,所有其他的因素,如被告被起诉罪行的性质、被告的年龄或资历等,都与该申请能否得到批准无关。因此为了决定该申请人(嫌疑犯或被告)是否贫穷,法庭就要考虑他直接或间接享有的或自由处理的所有种类的财产,其中包括直接收入、银行账户、不动产或个人财产、股票、证券或拥有的其他资产。在评估这些财产时,嫌疑犯或被告的配偶以及与他惯常一起居住的人的财产也应被考虑。①

根据前南国际刑事法庭的有关规定,法庭书记长官为了确定嫌疑犯或被告是否满足指定律师的先决条件,可要求收集相关的资料,听取嫌疑犯或被告的任何陈述,或要求提供可支持其请求的文件。当然,嫌疑犯或被告的请求可能被通过,也可能被拒绝。如果被拒绝,法庭还规定了补救程序。

《关于指定辩护律师的指令》第13条规定,指定律师的请求被拒绝的嫌疑犯或被告可寻求庭长复核书记官长的决定。庭长则可作出认可书记官长或应指定一律师的决定。当然,如果能证明嫌疑犯或被告确实是属于不能担负案审所需费用的情况,国际刑事法庭就必须为他指定专业水平的律师提供帮助。这里"专业律师"一词,是想强调要成为国际刑事法庭的辩护律师,必须符合一定的条件。这样既是为了司法公正的利益,也是为了保障被告权利的真正实现。

作为辩护律师,前南国际刑事法庭的要求是必需具有英语或法语

---

① Directive on Assignment of Defence Counsel,第8条。

的工作语言。所以只能用这两种语言之一,达到较高的书写和口语水平,实际上构成了对律师的权利的限制。当然,在特殊情况下,法庭书记长官可以放弃这一要求。在前南国际刑事法庭,大部分辩护律师都来自前南斯拉夫国家地区,但他们的英语及庭审能力普遍不足。

从前南与卢旺达国际刑事法庭的实践来看,关于被告辩护的状态是比较令人失望的。不少案子在其审理过程中都会发现被告律师不称职:他们的法律功底不够,经验也不足。这不仅对国际刑事诉讼所要求的比较高的标准不相符合,而且还实际造成国际刑事法庭费用的高支出及审理程序不必要的延误。

3. 被告自行辩护

在国际刑事诉讼的实践中,还存在着行使"被告自行辩护权"的实践。事实上,在前南国际刑事法庭的实践中,米洛舍维奇(Slobodan Milošević)、沃伊斯拉夫·舍舍利(Vojislav Šešelj)和卡拉季奇这三个被告,都没有根据法庭的程序规则来聘请律师,而是选择自己来为自己进行辩护。

在这三个人中,米洛舍维奇是提出自行辩护的第一人,其法律根据就是前南国际刑事法庭《规约》第21条4(d)项的规定。该条款明确规定,被告"出庭受审",可以选择"亲自或通过自己选择的律师为自己辩护",所以自行辩护可以说是被告的一项基本权利之一。

当米洛舍维奇于2001年6月底被南斯拉夫政府移送至荷兰海牙时,国际上有不少著名的律师出于各种各样的目的,都愿意来为他进行辩护。米洛舍维奇1999年5月被起诉时,还是南斯拉夫的总统,也是人类历史上第一个被国际刑事法庭起诉的在任的国家元首,所以他的案子无疑是国际刑事司法历史上非常重要的一个事件。到底米洛舍维奇最后会挑选谁来为自己辩护?这也是法庭当时的一个很大的悬念。但谁都没有想到米洛舍维奇最后决定竟是由他自己来为自己辩护。他的决定当时在全世界都引起了很大的反响。

被告要自行辩护,这在法律上一点问题也没有。但其实际效果以及自行辩护所引发的问题,则成为国际刑事法庭的审判实践中颇为有趣的一个看点。有说好的,也有说不好的。但经过实践,如果说自行辩护存有缺憾,主要的就是以下几点:

第一,国际刑事案件中的法律问题非常复杂,一般来说,被告都缺乏专业知识和训练,所以被告自行辩护一般都会拖延审判程序和审判时间,也会降低辩护质量;

第二,被告缺乏专业知识,但要求自行辩护的被告同时又是一个政治家。所以,即便是需要从专业或从具体事实的角度来予以证明或反驳时,被告一般站点比较高,会利用给他说话的机会来从宏观上进行不适合的讲演;

第三,从国际刑事审理的程序角度讲,所谓"自行辩护",给了原本只有作为证人接受质询时才能发言的被告以一个机会,但被告一般都会过分地利用这一"自由发表言论"的机会,这会使得法庭变为被告的政治宣讲台,同时当然也不利于对自己的辩护。

就事实来说,一个案子与一个案子不一样。但被告自行辩护,则存在着上述普遍的问题。相比较来说,卡拉季奇似乎比米洛舍维奇和舍舍利"理性"一些,但尽管如此,卡拉季奇还是在其案件中想试图来扭转国际舆论。自2012年9月辩方举证程序正式开始后,作为辩方的卡拉季奇的举证主要就是集中在以下几个问题上:

第一,波黑穆斯林是发起战争的一方;

第二,波黑穆斯林军队存在严重的违反战争法的行为,包括将军事机构设置在民用设施内,狙击并屠杀平民,故意伪造惨案以误导媒体等;

第三,联合国维和部队存在偏袒穆斯林一方的不中立行为。人道援助物资的投送往往成为某些国际力量为波黑穆斯林一方运送军事支援的掩护；

第四，媒体报道失实，大量的关于穆斯林对塞族人的罪行的证据却都属于"对方错误"或"你也如此行为"(*tu quoque*)等，不具有相关性。

当然，所有以上的这些问题与被告们在案件审理过程中要解决的问题的关联性，是紧密的。所以，由于对辩护律师的专业要求在客观上比较高，且国际刑事诉讼法又给了这个权利，被告就应该利用它。当然从客观上讲，这不仅仅是保障被告权利的需要，同时也是为了司法公正利益的真正实现。

二、辩护人的资格要求

前南、卢旺达国际刑事法庭在书记官处之下都设立了法律援助部，该部有时被称为"辩护律师和拘留所管理处"，以处理所有有关辩护律师的事项。在这些事项中，还包括协助书记官长编制和保持一份可受指派的律师名单，拟定关于被指派的辩护律师的专业职责和责任、资格和薪酬的详细要求和规定。

1. 律师资格的规定

因为是国际刑事司法机构，被告辩护律师来自世界各国，原则上只要符合条件就都能报名。按照前南国际刑事法庭《程序和证据规则》以及《关于指定辩护律师的指令》第 14 条的规定，一个已在本国从事实践的刑法方面律师，或者是在大学从事教学工作的法律教授，都可以报名来法庭担任辩护律师。当然，如果有丰富的经验就更好。国际刑事法庭一般是要求其实践经验通常至少在 10 年以上，以保证指派的律师有较高水平，能为被告进行有效的辩护。从规定本身看，国际刑事法庭的辩护律师主要是两个来源：在本国从事实践的刑法律师和大学法律教授。所以，任何符合条件，且又愿意在国际刑事法庭担任辩护律师的人都可以报名。

其实,这个规定也只能说是一个一般意义上的或理论上的要求。从国际刑事诉讼实践来看,尤其是通过前南和卢旺达两个国际刑事法庭的实践来看,尽管在本国从事律师行业已有多年,且已有丰富的实践经验,但也不能保证这些律师就一定能胜任国际刑事诉讼中的工作。他们可能通晓其本国的刑法,但不一定是国际刑法。同样,在大学担任法律教授并不一定了解与刑事审判或上诉有关的事项或具有相关经验。

国际刑事诉讼活动具有它的独特性。它有自成一体的区别于任何国家司法制度的《程序和证据规则》、法律文件及其他关于审判的规则,等等。不少代表被告的律师,虽然在其本国很优秀,但由于不熟悉法庭管辖范围内的犯罪而处于极为不利的地位。如果律师在来海牙之前还从未经历过普通法对抗性的法庭辩论实践,情况就会更糟糕。由于需要边干边学,他们在案件的准备工作就进展缓慢,时不时地会要求审判庭将限定的期限延后,从而拖延整个的诉讼程序。另外,他们在法庭讯问证人和辩护的效率很低。针对这种情况,前南和卢旺达两个国际刑事法庭都曾主动联系资金等来举办训练班,对辩护律师进行训练。从效果上看,这些训练显然有助于提高辩护律师的水平,也有利于加快法庭的诉讼程序。

正是因为前南和卢旺达国际刑庭的实践和经验,后来成立的为国际刑事法院《程序和证据规则》在辩护律师的条件与要求方面的规定就比较有针对性。该《规则》第 22 条规定:辩方律师"应具有国际法或刑法和诉讼方面的公认能力,以及因曾担任法官、检察官、律师或其他同类职务而具有刑事诉讼方面的必要相关经验"。其中还规定:"辩方律师可以得到相关专门知识的其他人员协助,包括法学教授的协助。"也就是说,如果一位大学的法律教授没有诉讼、审判或辩护的经验,是不能在国际刑事法院中担任辩护律师的,充其量只能协助辩护律师的工作。

2. 辩护律师的语言要求

国际刑事诉讼机构的语言要求,对我们中国律师来说有点难。迄今为止,所有的国际刑事诉讼机构所要求的语言中没有中文,是英语和法语。换句话,如果想申请担任国际刑事法庭的辩护律师,就一定要能流利地运用英语或法语。这两种语言是国际刑事诉讼机构规定的工作语言。

前南和卢旺达国际刑事法庭《规约》规定,"国际法庭的工作语文应为英文和法文。"因此,辩护律师就必须能至少应用法庭两种工作语言中的一种,即英语或法语。当然,由于有被告应用自己能理解的语言的权利,所以国际刑事法庭在特殊情况下,也可以根据被告的请求,授权书记官长指定使用被告的语言(即英语或法语以外)的人来担任辩护律师。这是特殊情况。

所以,在国际刑事诉讼的实践中,国际刑事法庭可应嫌疑人或被告的要求指派会讲英语、法语或被告语言的律师。但在前南国际刑事法庭的实践中,曾有这样的建议,即:为了使在法庭上真正发挥作用,律师必须要精通法庭的工作语言和工作方式。如果被告只有一名律师给其辩护,该律师就必须能以英文或法文工作;但如果配有两名律师,至少有一名必须能这样做。而在卢旺达国际刑庭的实践中,法庭则不允许指派不说法庭工作语言之一的律师。另外,卢旺达国际刑事法庭在语言方面的考虑与其他的还不尽相同。

国际刑事诉讼的审判程序是英美法的对抗辩式,所以国际刑事法庭检察官方面的出庭律师大多来自英美法系国家。他们精通英语,却不一定通晓法语。但在卢旺达国际刑事法庭,被告大多是卢旺达的国家官方或军方的领导层。由于卢旺达以前是比利时殖民地,官方语言为法语，所以很多具有官方背景的人物都曾在法国和比利时留过学，大多说法语。如果指控和辩护方不能都使用法庭的两种工作语言，当一方提交一个请求后，另一方就不得不等到其所能使用语言的翻译文本才能对对方的请求做出应答。这样就拖延了审判的进程。因此有的被告的主律师（Leading Counsel）就都聘用另一种语言的律师（Co-Ccounsel）来弥补。

被告享有专业律师的协助，这是一个基本的规定和原则。在国际刑事诉讼中，国际法庭考虑到公正和迅速审判的要求，一般也比较尊重被告在选用律师方面所作出的决定。然而，被告在选择律师方面的权利是否是绝对的呢？由于国际刑事法庭的国际性，既然在法官的选举方面还要顾及到世界地域的分配，被告在选择的辩护律师方面是否也应受地域分配的限制呢？

国际刑事法庭的诉讼程序与证据规则与英美法系的比较相近，所以在前南国际刑事法庭中，来自英美法系的律师始终占有绝对的多数。在卢旺达国际刑事法庭中，大部分的辩护律师则来自加拿大和法国。关于辩护律师方面是否要应受地域分配的限制，国际刑事法庭的《规约》和《程序与证据规则》里没有任何规定。在实践中，法庭一般也是让被告自由在名单上选择律师，既不必考虑世界主要法律体系的平衡，也不必去考虑律师候选人的年龄、性别、种族或国籍。但有意思的是，在1998年，卢旺达国际刑事法庭书记官长由于看到来自加拿大和法国的律师太多，认为根据地域分配标准，不太公平，所以就决定在指派的律师中暂时不能指定加拿大和法国国籍的律师。当然，这样的做法虽然可以理解，但绝对不会得到被告和律师们的支持。所以法庭在执行了一段时间后，当辩护律师的地域分配稍微达到多元化之后，就于1999年10月就取消了这项关于不能聘用加拿大和法国国籍的人为辩护律师规定。

由于国际法庭在程序上保证了能够在法庭担任律师的主要是各国在刑法领域已有实践经验的律师或精通刑事法律的大学教授,也由于国际法庭在机制上保证这些律师是能灵活运用其所精通的包括实体法和程序法在内的刑事法律的专门人才,因此被告的辩护权能够得到有效的保障。

事实上,这些律师因为具有经验,都具备从刑法角度进行思考和分析的能力,在帮助被告时能在收集和掌握有关证据的基础上通过法律推理,形成具有说服力的辩护意见。国际刑事法庭的很多律师除了拥有刑法方面丰富的诉讼经验以外,还得熟悉这些法律在国际上实际运作和发展的情况。

三、辩护律师的待遇

国际刑事诉讼中被告律师聘用制度虽然很好,但这个制度落实过程中所需要的待遇所产生费用该由谁出呢?

前南国际刑事法庭《规约》第 21 条第 4 款第 4 项规定:被告有权"出庭受审,并亲自或通过他选择的律师为自己辩护;如果被告没有律师,须通知他这项权利,在为司法利益所需要的任何情况下为被告指定律师,并在他没有足够手段支付律师费用的任何情况下免除其律师费用。"卢旺达国际刑事法庭《规约》的第 20 条也有同样的规定。

事实上,这个规定是来自于联合国制订的《公民及政治权利国际公约》第 14 条第 3 款第 4 项的规定。这也是当今已成为国际习惯法的关于人权的基本规定,即:每个被告都享有为自己辩护的权力。如果被告有充分的财力,他完全有权聘请自己的律师为其辩护。但如果他没有足够手段支付律师费用,法庭就为他提供免费的法律援助。

并不是所有的被告都能自动得到国际刑事法庭的资助。只有贫困的被告才能享有法庭的帮助。在被告被逮捕并被移送到国际刑事法庭的拘留所（detention facility）后，就会收到一张关于他财产状况的表格。从理论上讲，他当然应如实填写，详细说明本人及其家庭的财产情况。但不管是高官还是企业家，几乎所有的被告说自己属于贫困的那一类，都要求国际刑事法庭为他们指派律师，免费替他们辩护。当然，辩护律师的费用是相当昂贵的。由于国际刑事法庭用在法律援助上的费用太多，前南和卢旺达国际刑事法庭的法律援助项目基本上都不够用。

享有律师帮助，是每个被告的基本权利之一。然而，这项权利是否意味着被告就可以完全地、任意地选择自己的律师呢？对此，被告和国际刑事法庭的理解不尽相同。

在联合国国际刑事法庭受审的有些被告，如卢旺达国际刑事法庭第一案中的被告阿卡耶苏（Akayesu）就认为，他享有选择自己律师的完全权利。在一审中，阿卡耶苏被判无期徒刑。他不服，要上诉。就在他上诉的准备期间，国际刑事法庭提供给他一份律师名单，上面有六个，让他从中选两名为自己辩护。然而，他对这份名单上的候选人全都拒绝，理由是他想要一名他自己信任的加拿大律师为他辩护。

对阿卡耶苏的这一要求，国际刑事法庭先是没有同意，理由是他要的这位律师并不在律师名单上。另外，国际刑事法庭还认为，如果律师费用由被告自己负担，他愿意请谁就请谁。但如果律师费用由法庭负担，就只能在法庭的律师名单中予以选择。但有意思的是，当时被关押在拘留所中等待审判的其他被告（共 25 名）却支持他，并与他一起开始绝食。他们的理由，就是认为国际法庭指派的律师对他们没有热情，甚至有时还与检察官站在一起。

阿卡耶苏的要求闹到最后，居然还取得了胜利。卢旺达国际刑事法庭的书记官长在上诉庭的命令下，还是将他想要的那位律师指派给了他。但关于这样命令的理由，倒不是阿卡耶苏在选择律师方面具有完全的权利,而是因为书记官长已经把该名律师列入到律师的名单中。既然是在名单之列,法庭的上诉庭就认为:被告就可以合理地期望从名单中指派给他所想要的律师。①

被告享有专业律师的协助,这是他的一项权利。但既是权利,他自己能否放弃呢?换句话说,国际刑事法庭可否可能在被告本人放弃了这一权利的情况下为他指派律师呢?之所以提出这个问题,是因为在卢旺达和前南国际刑事法庭中都曾出现过被告自己不愿意接受法庭委派律师的情况。

2000年10月23日,当卢旺达国际刑事法庭郑重地要开始审理比较引人注目的"传媒案"时,在程序上出现了一个在这之前谁都没有想到的难题:同案三名共同被告之一的巴拉亚圭扎没有出庭。巴拉亚圭扎拒绝出庭,是因为他认为卢旺达国际刑事法庭迁就卢旺达政府,法庭不是独立和公正的司法机构,所以就指示的他律师在审判期间不能代表他做任何事。既然不能做任何事,巴拉亚圭扎的律师也因此提出辞呈。巴拉亚圭扎的目的比较清楚,即为了对抗法庭审判并想阻止审判的正常进行。巴拉亚圭扎让其律师不出庭,这与该律师能力没任何关系,所以法庭不同意,被告律师因此被辞退。但从被告律师的角度来看,他们也有原则。巴拉亚圭扎是他们的委托人,如果律师不按委托人的指示做,似乎不符他们应该遵守的职业守则。所以,尽管初审庭没有同意他们辞职,但上诉庭却还是准许了。

2001年6月底,当前南斯拉夫国家总统米洛什维奇被移送到位于海牙的前南国际刑事法庭时,这个法庭立刻成了整个世界新闻的中心点。出于各种各样的原因,美国、英国、法国等不少国家的法律专业人

---

① The Prosecutor v. Jean-Paul Akayesu, Case No. ICTR-96-4-T, Decision Relating to Five Assignment of Counsel, 27 July 1999.

员都跃跃欲试，想担任米洛什维奇的辩护律师。然而，米洛什维奇却作出了一个惊人的决定：他拒绝任何人为他辩护，他决定自己为自己辩护。米洛什维奇 1999 年 5 月被起诉时还是南斯拉夫联盟共和国的总统，是历史上第一个被起诉的在位的国家元首，它的案件当然是联合国国际刑事法庭中最重要的案件。按理说，对付这样的大案，除绝对需要律师具有刑法方面丰富的诉讼经验以外，还必须得熟悉刑事诉讼法律在国际法庭实际运作的情况。日后的开庭证明：米洛什维奇虽然有决心，但在辩护能力方面还是有相当欠缺的。

正是因为发生了如上所述的这些事情，卢旺达和前南国际刑事法庭在后来就修订了《程序与证据规则》，规定国际刑事法庭在"在为司法利益所需求的任何情况下可以为被告指定律师。"（卢旺达国际刑事法庭《规约》第 44 条之四；前南国际刑事法庭《规约》第 45 条之三）

被告有取得律师帮助的权利；而愿意参加国际刑事诉讼辩护工作的法律人也可以报名。从国际刑事法庭的规定上看，只要符合法庭规定上所列的法庭律师资格的人，如果自己有意愿，就可以书面的形式向法庭的书记官长提出。然而，书记官长将其列入律师名单中。以后，当贫困的嫌疑人要求法庭提供辩护帮助的请求时，书记官长如果确定他符合法庭所定贫困标准，就会从律师名单中为他指派律师。

当然，指定辩护律师也要走程序。在为贫困的被告指派律师之前要调查他的实际经济情况，这需要一定的时间。但按照法庭规则，当被告被移交到法庭后，就应不拖延地安排让他第一次出庭，并要正式地让他知晓对他提出的指控。为避免因花时间引起的耽误，国际刑事法庭还有所谓"当值律师"（临时）的安排。根据这个安排，当被告提出要有律师协助的意愿，但一时还没有向他正式指派律师之前，书记长官就先委派一名当值律师。由于书记长官已有一份具备法庭律师资格的当值律师的名单，而且就居住在拘留所和法庭所在地附近，所以就能随时被请来临时性地担任律师。当然，这只是临时的，书记官长过后还是要按照法庭有关规则，为该被告或嫌疑人聘请或指派律师。

在律师被指定以后，嫌疑犯或被告的法律代表产生的费用，都将根据联合国的预算规定，依规则、规章和实践，由国际刑事法庭支付。在实践中，法庭支付费用的范围很广，包括为了提供帮助或支持被告的证据而采取的调查和诉讼程序的措施、办法的费用，以及为查明事实、咨询专家意见、证人的交通食宿、邮费、注册费和各种税或类似的关税等。为了能把这些表述清楚，下面可以借用前南国际刑事法庭的穆拉迪奇一案为例。

拉特科·穆拉迪奇（Ratko Mladić），1942年3月12日出生于波黑共和国的卡利诺维克市，曾接受前南斯拉夫人民军队军事学院的培训，后晋升为前南斯拉夫人民军队副指挥官、波黑塞尔维亚共和国军队总司令。由于他涉嫌在1992年至1995年波黑战争期间犯有种族灭绝罪、战争罪和反人类罪而被前南国际刑事法庭起诉。在逃亡16年后，穆拉迪奇于2011年5月26日在塞尔维亚被逮捕，并移送至前南国际刑庭受审。

在穆拉迪奇来到海牙后，前南国际刑事法庭的书记官就指派卢基奇（Lukić）担任穆拉迪奇的辩护律师。卢基奇本人则提出请求，要求斯敦扬诺维奇（Stojanović）以协理律师身份担任其副手，这也获得了法庭书记官的批准。对这些安排，穆拉迪奇没有什么反对的意见，认为可以接受。但同时他认为自己不具备承担律师费用的能力，要求国际刑事法庭为其提供法律援助。

国际法庭书记官处根据规定对穆拉迪奇的"可自由支配财富"（disposable means）和"估计生活所需费用"（estimated living expenses）进行了评估。其范围包括被告、其配偶及其惯常共同居住的其他人的房产、汽车、任何奢侈品、有价证券等等。例如，穆拉迪奇及其妻每个月会收到退休金,书记官处将这笔退休金也包括到可自由支配财富的计算范围之内,等等。不过其他诸如政府因福利政策而发放的金钱、子女的收入等则不包括在可自由支配财富的范围内。经过计算后,法庭的书记官处确定穆拉迪奇需要承担前段所述的60,992欧元,剩余其他特定费用,例如律师往返其居住地及海牙的路费、其日常开销补贴、法庭材料的翻译费用等,则由前南国际刑事法庭(也就是由联合国组织)承担。

从上述案例可以看到:国际刑事法庭为了能切实保障被告获得律师帮助的权利,对一些细节都作了具体和明确的规定,其中主要的就是关于指定律师的报酬和差旅费、每日津贴、工时费、日津贴及临时给付,等等。国际刑事法庭甚至为了解决在计算给付报酬或差旅费时可能出现的问题或产生的争议,还特地成立关于解决争议的咨询小组及解决争议的程序[①]。在法庭所在地,指定律师可使用法庭的法官使用的图书馆和资料中心。

迄今为止,我们中国籍的律师还从没有在前南和卢旺达国际刑事法庭任过辩护律师,当然这是一项很艰巨的使命。它在法律功底、外语(英语或法语)以及诉讼经验等方面的要求都很高。尤其是在中、西文化的贯通方面和要求方面,就更不容易达到。从某种意义上讲,在国际刑事法庭担任辩护律师,其难度比担任法官更高。

第四节 反对强迫自证其罪的权利

反对强迫自证其罪原则是从无罪推定原则引申过来的。根据这一

[①] 参见, Directive on Assignment of Defence Counsel 和 Rules Governing the Detention of Persons Awaiting Trial or Appeal before the Tribunal or Otherwise detained on the Authority of the Tribunal.

原则,调查或起诉人员在讯问犯罪嫌疑人时,必须首先告诉他(她)有保持沉默的权利。如果没有这样做,讯问的内容和结果就不能作为证据用在审判中。它是犯罪嫌疑人或被告的一项最基本权利。

一、基本规定

《公民权利和政治权利国际公约》第14条第3款规定:被告人一律有权平等享有下列最低限度之保障,其中第7项规定:被告不能被强迫证明自己有罪。所以,保持沉默、不被强迫作不利于他自己的证言或强迫承认犯罪是一项权利。只要被告不愿作证,不愿向法庭主动陈述任何事情,起诉方或法庭都不得强迫他(她)作证。

反对强迫自证其罪的原则,源于"任何人无义务控告自己"的古老格言。一般而言,它与沉默权具有相同的基础和意义,特别是在反对利用强制程序来迫使被询问者作出陈述方面,两者更显示出了一致性。这种情况下可称之为广义的沉默权,它也包含有反对自证其罪的含义。赋予反对自证其罪的特权,其目的在于防止刑事诉讼中的过分重口供的倾向,藉以防止暴力取证、践踏人权的行为发生,特别是在逮捕羁押这种强制程序中实现程序正当性的要求。

一般情况下,嫌疑人被逮捕、羁押后,侦控机关都可以对其进行询问,这种询问不仅可以印证已有的证据,而且,还可以作为线索引导侦控机关找出新的证据。但这一过程也是嫌疑人权利最易受到侵犯的过程。因此,很多国家和地区的法律中都规定嫌疑人有反对自证其罪的特权。

美国宪法修正案第5条规定:"任何人不得被强迫在任何刑事诉讼中作为反对他自己的证人。"这一规则被视为嫌疑人、被告人和证人的特免权,其目的是预防一种危险,即"一个人所说的话会被用作刑事起诉或者作为被判处刑罚或罚金的诉讼中的证据"。美国在1966年著名的米兰达诉亚利桑那州一案中,又确立了"米兰达规则",使嫌疑人"在被捕之后或接受米兰达忠告之后的沉默不得在审判中用来给其申明无罪的证言投上疑点。"

在大陆法系的国家里,德国《刑事诉讼法典》第 136 条第 1 款规定了嫌疑人、被告人在接受讯问和审判时均享有陈述自由的权利。意大利《刑事诉讼法典》第 64 条第 3 款,以及日本《刑事诉讼法典》第 311 条第 1 项也作了类似规定。

二、沉默权

国际法庭规定了被告有保持沉默和拒绝作证的权利。这种权利意味着不能强迫被告做出不利于自己的证词或承认自己有罪。所以,被告可以拒绝与调查员谈话、给予合作或拒绝提供信息。为了使被告的这种权利更为有效,国际刑事法庭《程序与证据规则》规定,检察官(调查员)有责任在问询嫌疑人前,要使用他(她)能够理解的语言告知其有权利保持沉默,并警告其所作陈词会被记录并用作证据。

国际刑事司法机构在拘留、逮捕被告时,也适用了世界上不少国家司法制度中的"沉默权",即"你有权保持沉默,你所说的话有可能在审判中用作不利于你的证据;你有会见律师的权利,如果你经济上无力请律师,政府可以免费为你提供一名律师"。在普通法系国家的司法制度下,侦查人员在拘留、逮捕嫌疑人之后必须马上告诉他的权利,即在上法庭之前,他可以不回答任何问题,保持沉默并可以随时聘请律师为其提供法律帮助。

反对强迫自证其罪原则,就是反对利用强制程序来迫使被讯问者作出承认自己有罪的原则。这一原则的哲学基础,在于"任何人无义务控告自己"。因此它与沉默权具有相同的基础和意义。某种意义上讲,反对强迫自证其罪的权利与沉默权两者之间存在着一致性。

沉默权的内容包括以下两个方面：

(1)程序上的告知义务。讯问人员在讯问嫌疑人和被告人之前必须告知其享有回答和不回答讯问的权利，未履行此项义务属程序违法。

(2)实体上的沉默。嫌疑人、被告人对讯问可以不予回答，使讯问不产生任何实质意义上的法律后果，并且不得以其沉默对抗其在审判中的陈述。

沉默权的完整含义除应包括程序上的告知义务和实体上的沉默外，它还包括：

(1)侵害沉默权所获取的嫌疑人、被告人的供述不具有证据效力。

(2)在认定犯罪事实时，不得以嫌疑人、被告人的沉默作为定罪的依据。

国际刑事司法机构在这两个方面也有相关的规定。

国际刑事法院所实行的程序规则和普通法系一样，是对抗制(adversarial system)，即检察起诉方与被告方的对抗。在这一制度下起诉方所作的一切努力，就是要将被告定为有罪；而被告律师则千方百计要让被告无罪释放。当事双方为了实现自己的目的，就在法庭上你争我斗，互不相让。在这样一种气氛中，即使被告完全无罪，他也有可能做不到自证清白。检察官严厉的、连续的追问，法庭上庄严、令人生畏的气氛，加上可能被判有罪的严重性，会使被告产生恐惧与紧张，以至于无法有条理地回答问题。这样可能给法庭留下没有讲真话印象，最终形成误判。因此，反对强迫自证其罪的原则和规定，从维护司法公正和保障人权的角度考虑是十分必要的。

在所有国际刑事司法机构的程序规则中都明确给予被告以沉默权。例如前南国际刑事法庭《程序与证据规则》第42条，是关于调查过程中嫌疑人权利的规定。按照这一规定，"在讯问之前，检察官应以嫌疑人理解的一种语言通知他……有权利保持沉默，并且嫌疑人应被告戒其做出的任何陈述都将被记录,并且会作为证据被使用。"

另外,"律师不在场的时候对一个嫌疑人的讯问不应进行,除非嫌疑人主动放弃拥有律师的权利。在放弃的情况下,如果嫌疑人后来表达了一种拥有律师的愿望,那么讯问立即停止,并且只有当嫌疑人已经得到或被指定律师的时候才能恢复进行。"

任何受法庭检察官讯问的嫌疑人都有保持沉默的权利,并被提醒他作的任何陈述都可能被用作证据。没有律师在场不应讯问嫌疑人,除非该嫌疑人自愿放弃他有律师的权利。在前南国际刑事法庭的实践中,检察长办公室的法律顾问或调查员在每个被告被抓获时,都会告知他有沉默权。

如嫌疑犯不与检察官(调查员)合作,这不能被作为拒绝嫌疑犯假释申请的理由。因不合作而拒绝假释,将侵犯被告有权保持沉默的基本权利。同样,被告拒绝认罪也不应被视为可以因此加重刑罚的因素,因被告本来就有保持沉默的权利。此外,审判时不应因被告拒绝做作而给予其不利的推断。在切莱比奇(Celebici)一案中,国际刑事法庭上诉法庭称:"法律和法规绝对禁止将沉默纳入决定罪与非罪的考量,也必须扩展到判罚的考量中"。

从实践来看,关于沉默权警告对文化程度不高,对法律知识了解甚少的人尤为有利。因为他们往往根本不知道自己有哪些权利,很容易就会供出对自己不利的证词。由于国际刑事法庭的规则本身就是一个法律体系,对一般人来说很复杂,不可能有什么深入的了解。因此当国际刑事法庭被起诉人在被捕时,一般都会说:"我要和我的律师谈话"或者"在同我的律师谈话之前我不想谈任何东西。"

然而,保持沉默并非完全不可放弃的权利。既然是权利,被告自己要选择放弃也不是不可以的。一名被告可以选择认罪或作为证人。换句话说,检察官无权强迫被告作证,但被告可以要求出庭为自己作证。

不过他如果愿意出来作证,检察官就有了质询他的权力。卢旺达前总理坎班达(Kambanda)选择认罪后,为了配合检察长办公室的调查就自动放弃这一权利,愿意在律师不在场情况下向检察长讲述了很多有关1994年卢旺达种族灭绝屠杀中的内情。不过,从国际刑事法庭的司法实践来看,在大部分的案例中,被告律师一般都劝说被告不要出庭为自己作证,以免陷入被动。当被告决定为自己作证时,检察官会对其进行盘诘。但也有例外情况。根据《程序与证据规则》第8条之二的规定,被告可以不必进行一定要说真话的宣誓,而且在其陈述后也不必受到检察官的盘诘。当然,关于其陈述到底有没有信服力,或有多少信服力,则完全由审判庭及法官来决定。

第五节 辩护律师的豁免权

被告与嫌疑人的权利保障,还涉及到辩护律师是否也享有国际法上的豁免权问题。

辩护律师是否因为他们为被告进行辩护从而也享有豁免呢?这是一个实际问题。然而在国际刑事法庭成立时,却是未被国际社会考虑进去,从而在国际刑事法庭的《规约》里没有被明确规定的一个问题。那么在实践中,这问题又该如何解决呢?

一、关于豁免权的基本考虑

豁免权源于拉丁文"immunis"、"immunitas",有免除、免役、豁免等意思。豁免作为一项国际法原则,主要是指一国的国家行为或官员未经该国同意就不得因为其官方行为受到外国法律和外国法院的管辖。

豁免是基于国家主权之上,在各国外交实践的基础上逐渐形成和发展起来的一个重要原则。国家主权平等,是国际法的一个基本原则。作为这一原则的自然结果,就是禁止一国干涉他国的内政。

国家及其领导人享有豁免权,是国际上从事外交事务的需要。在联合国组织 1945 年成立后,为了使该组织的活动也能顺利地进行,国际社会在 1946 年 2 月 13 日制订了《联合国特权及豁免公约》,规定联合国组织的官方关于与该组织活动的有关行为也享受豁免,免责于任一国家的司法追究。

国际刑事法庭成立时,也想到开展活动所需要的豁免权,但它只是想到法官及检察官等工作人员,却忽视了为被告进行辩护的律师。例如,前南国际刑事法庭《规约》就授予法官及检察官等豁免权,其中关于"国际法庭的地位、特权与豁免"的第 30 条规定:

"1. 1946 年 2 月 13 日《联合国特权及豁免公约》应适用于国际法庭、各位法官、检察官及其工作人员、书记官长及其工作人员。

2. 各位法官、检察员和书记官长应享有按照国际法给予外交使节的特权与豁免、减免与便利。

3. 检察官和书记官长的工作人员应享有根据本条第 1 款内提到的《公约》第五条和第七条规定给予联合国官员的特权与豁免。

4. 必须到国际法庭所在地的其他人士,包括被告。应得到国际法庭正常运行所需的待遇。"

这里,享有特权和豁免并适用《联合国特权及豁免公约》的人,有"国际法庭"本身,也有"各位法官、检察官及其工作人员、书记官长及其工作人员"。而且,法官、检察员和书记官长还"享有按照国际法给予外交使节的特权与豁免、减免与便利",里面却没有明确提到国际刑事司法中也是不可或缺的被告律师。不过,第 4 款里提到"必须到国际法庭所在地的其他人士，包括被告"，那么，辩护律师是否属于这里提到的"其他人士"呢？

职能豁免在国际刑事法庭的一个重要问题。但时至今日，国际刑事司法机构没有任何法律规定，来清楚地确定辩护律师在其作辩护时所能享有特权豁免的程度。辩护律师是否享有豁免？无疑会影响到司法公正及国际刑事法庭的正常运作。律师如果享有绝对豁免，可能会引发潜在的犯罪行为。但如果没有豁免权，则又会影响其辩护的权利。从道理上讲，为了确保司法程序的公正性，辩护律师在履行职责期间为他们的当事人所发表的言论应享有豁免权。

辩护律师是否享有豁免权的问题尽管没有明确规定，但在实践中却是一个回避不了的问题，其中比较典型的则是2010年发生在卢旺达国际刑事法庭的埃林德(Erlinder)一案。

二、关于律师豁免权的埃林德案

彼得·埃林德(Peter Erlinder)是一个在卢旺达国际刑事法庭为被告进行辩护的美国律师。他2010年5月28日在卢旺达被卢旺达当局所逮捕；而被逮捕时，他正在为维克托里·昂咖比尔(Victorie Ingabire)进行辩护[1]。昂咖比尔被控犯有种族灭绝罪，埃林德为他辩护，当然是要竭尽全力来为他开脱。有意思的是，埃林德被卢旺达当局逮捕，其罪名是否认种族灭绝罪。由于埃林德曾在多个场合发表了自己的观点，认为1994年发生在卢旺达的惨剧并不是大屠杀，只是一个"个人对个人"事件。因此，卢旺达司法当局就依据2003年通过的法律，认

---

[1] Rwanda Arrests US Lawyer Erlinder for Genocide Denial, BBC News, May 28, 2010, http://www.bbc.co.uk/news/10187580.

为他触犯了刑律,将他逮捕。[1]

埃林德在为维克托里·昂咖比尔进行辩护的同时,也是恩塔巴库泽(Aloys Ntabakuze)一案的首席被告律师。恩塔巴库泽原是卢旺达武装部队指挥官。由于其部下被怀疑对图西族人实施暴行,犯有种族灭绝罪、反人类罪和战争罪,因此恩塔巴库泽被法庭认为应对这些行为负有责任而被起诉。[2]

正是因为埃林德是恩塔巴库泽的被告律师。恩塔巴库泽就埃林德被逮捕一事于2010年6月3日提出动议,要求法庭释放埃林德并停止对埃林德的有关指控。在此份动议中,恩塔巴库泽认为,对埃林德的指控妨碍了对他"公正而有效审判"。此外他还认为,埃林德作为国际刑事法庭被告的辩护律师,在国际法上应享有职能豁免权。[3]

恩塔巴库泽提的动议有一定的道理。国际司法公正。换句话说,辩护律师是司法正义程序中不可或缺的部分,它需要被告律师的参与,所以国际法庭要保证司法程序公正,就必须赋予参与法庭程序的所有人员享有豁免权,以履行他们的职责。埃林德介入的案件属于卢旺达国际刑事法庭。成立这个法庭的目的,是要审判及惩治1994年以来发生在卢旺达的种族灭绝罪行及其他严重违反国际人道法的行为。该法庭是联合国安理会的附属机构,里面工作人员是联合国职员。而卢旺达国家及其政府作为联合国组织成员,自然也有责任和义务履行其在《联合国宪章》和国际法下的义务,其中包括1946年《联合国特权及豁免公约》。该公约赋予联合国官员、成员国国家代表和联合国执行任务

---

[1] See Court Decision, RDP0312/10/TGI/GSBO, P1(High Ct. of Gasabo June 7, 2010), Available at http://jurist.org/doc/erlinderbail.doc.

[2] See Press Release, Int'l Crim. Trib. For Rwanda, Bagosora, Ntabakuze and Nsengiyumva Given Life Sentences; Kabiligi Acquitted (Dec. 18, 2008), available at http://69.94.11.53/ENGLISH/PRESSREL/2008/582.html.

[3] See Bagosora, Case No, ICTR-98-41-A, P.4.

的专家以职能豁免权,其中保护"他们职责范围内的言辞"和"执行任务过程中的行为"。这都是必要的,如果没有这种豁免,联合国组织的职能就会受到破坏。此外,为了能使卢旺达国际刑事法庭正常运转,联合国组织还专门和卢旺达政府签订了关于卢旺达官员和卢旺达国际刑事法庭进行双边事项的谅解备忘录。在这个备忘录当中,卢旺达承诺将国际法上的特权与豁免也赋予给在该国际刑事法庭工作的联合国人员。[1] 其中规定:"根据《联合国特权及豁免公约》6条,与法庭办公室签约的其他工作人员应与联合国执行任务的专家一样赋予特权与豁免。"[2]但什么人才算是"其他工作人员"呢?其范围又有多广呢?

虽然卢旺达官员和卢旺达国际刑事法庭《备忘录》对这个没有清晰的定义,但如果从国际刑事法庭的职能上看,显然已经暗含着对辩护律师的职能豁免权。例如,卢旺达国际刑事法庭《规约》第29条规定,"其他人员,包括被告和被要求到本法院所在地的人,应获得使本法庭正常运作所需的待遇。"出于同理,《罗马规约》第48条规定,"律师、证人或被要求到本法院所在地的任何其他人,应根据本法院的特权和豁免协定,获得本法院正常运作所需的待遇。"另外,联合国和塞拉利昂关于建立特别法庭协定的第14条规定,也要求给予律师:(a)不受逮捕和拘禁……(b)他或她履行职责期间与犯罪嫌疑人或被告相关的所有文件不受侵犯;(c)作为律师的言行不受刑事和民事诉讼管辖……[3]所以,这些法律文件虽然都没有就辩护律师在国际法庭里应享有何种程度的

---

[1] Memorandum of Understanding Between the United Nations and the Republic of Rwanda to Regulate Matters of Mutual Concern Relating to the Office in Rwanda of the International Tribunal for Rwanda of 3 June 1999, U.N.-Rwanda, June 3, 1999, 2066 U.N.T.S.5(hereinafter Memorandum of Understanding).

[2] See id. P.2.

[3] Agrement between the United Nations and the Government of Sierra Leone on the Establishment of a Special Court for Sierra Leone art 14, Jan, 16, 2002, available at http://www.sc-slorg/LindClick.aspx? fileticket=CLklrMQtCHg%3d&tabid=176.

职能豁免权予以明确规定,但辩护律师为了司法公正所应有的豁免权应该说是法庭职能的必然。

当然,律师的职能豁免并不是绝对的。他们享有职能豁免权,是为了保护他们在履行职责期间不受逮捕和拘禁,以及诉讼期间"口头和书面的言辞"不受追究。但如果不是以辩护律师的身份来履行职责,那就不享有豁免。比如说,如果出于个人爱好或学术目的而出版的著作等,由于这不属于法庭辩论或职责范围内的事,自然也就不能享有豁免权。

在恩塔巴库泽提出动议后,国际刑事法庭进行了审议。肯定了卢旺达国际刑事法庭《规约》第 29 条同样适用于辩护律师,因为这是法庭正常运作的前提条件;程序的公正性也需要辩护律师"能够对他们的当事人的案件展开调查和作出辩论而无需畏惧"[1]。此外,法庭也审议了埃德尔一份为恩塔巴库泽辩解的文件,认为它是在为当事人利益工作的其中一个部分,所以理应享有职能豁免权,认为如果埃德尔在法庭所作的书面或口头言论面临调查或起诉,恩塔巴库泽的权利将得不到充分的保护。因此卢旺达国际刑事法庭接受恩塔巴库泽的动议,"要求卢旺达共和国中止对埃德尔履行职能上所作言论和行为的调查"。[2]

毫无疑问,卢旺达国际刑事法庭的这个裁决,比较明确表明了国际刑事司法机构关于辩护律师所应享有的职能豁免权的观点和立场。

---

[1] Prosecutor v. Bagosora/Ntabkuze/Nsengiyumva, Doc ICTR-98-41-A , October 6, 2010.

[2] See id. P29; see also Military I-Convicting Major Ntabakuze Would be "An Offence to Common Sense", Hirondelle News, May 31, 2007, http://www.hirondellenews.com/content/view/9537/227/.

第三部分

国际刑事诉讼基本程序

日本前首相东条英机、南斯拉夫总统米洛什维奇、卢旺达前总理坎班达以及苏丹总统巴希尔等被起诉,但他们被起诉、成为被告的事实本身,并不等于就一定犯有严重的国际罪行。到底有没有罪?如果有罪是什么罪?该判什么刑?这都应由审判说了算,由审判中出示的证据说了算。但证据是否能被接受或被认定?则是一个非常复杂的过程,因此这个过程就在国际刑诉法上形成了一整套的规则。

国际刑事诉讼的基本程序主要是三大块,即:审判前、审判过程中和审判后的上诉及复核阶段。在所有这些阶段中,"证据"始终占有中心的位置。国际刑事法庭诉讼采取对抗制,控辩双方在审理过程中想尽办法向法庭呈现有利于己方的证据。其原则是:被告在最后定罪前是假定无罪的,且有罪的证明标准还很高,要达到"排除任何合理怀疑"的地步,所以在检方提出证据后,如果认为证据不可信,或虽然可信但还存在怀疑,法官甚至可以在被告还未进行反驳时就可以驳回检方的指控。

证据主要是通过证人证词。任何一个案例中都会有不少证人。所有证人根据他们的立场可基本分为两类:一类是控方的,另一类是辩方的。证人出庭作证基本是采用英美法系的那一套,即:"直讯"、"反诘"、"再直讯"、"再反诘"。但尽管如此,研究国际刑事诉讼法时要注意:国际刑事诉讼程序规则并非发源于某个单一或统一的法律模式,而是自成一体的。里面有对抗式的因素,但也有纠问式的因素。事实上,国际刑事诉讼程序规则是独一无二的(*sui generi*)。

国际刑事诉讼法起步于二战后的纽伦堡和东京国际军事法庭。但这两个法庭的程序规则本来就不多,之后45年时间里又没什么实践和发展,所以联合国特设国际刑事法庭成立后制订的《程序与证据规则》,就具有试验和摸索性质。前南国际刑事法庭的《程序与证据规则》,针对实践中的新问题不断地修改和补充,前后达 20 多次,这对国际刑事诉讼法的发展无疑是一个很大的贡献。

第七章 审前程序

重大刑事案件一发生,整个社会就会非常关注,因为它关系到人们生存环境的安全及社会的秩序与稳定。对于谋杀案件,人们都想知道是怎么一回事?怎么会发生的?但除此以外,专业人士还想知道:案件发生后调查是如何进行的?嫌疑人在调查当中有哪些权利?检察官在调查后是否进行了起诉?如果指控,是以什么样的罪名?等等。由于这些步骤发生在审判之前,故称为"审前程序"。所以当被告,如日本前首相东条英机、南斯拉夫总统米洛什维奇或卢旺达前总理坎班达等出现在国际刑事法庭时,起诉与被告双方在诉讼程序上的较量其实已经开始。

审前程序主要由以下几个阶段组成:

(1)检察长办公室的调查与起诉;

(2)法庭批准后的逮捕与移交;

(3)证据披露与卷宗移送;

(4)辩诉交易;以及

(5)被告方对法庭管辖权的质疑。

在这些程序和过程中就会涉及不少法律问题,如调查证据是否达到标准?证据的收集手段是否合法;羁押时间是否过长?羁押方式是否合法?如果是多人被起诉,那该案是否应以共同被告的形式还是分开单独审理,以及国际刑事司法机构是否具有管辖权?等等。对这些问题的回答,是本章节的主要内容。

第一节 调查与起诉

在中国及其他的主权国家里，刑事案件发生后的调查通常由警察或公安来进行。警察或公安来搜集证据，他们到犯罪地点进行调查，确定罪行的发生，查明案件事实，对相关证人或嫌疑人进行询问，以发现和逮捕犯罪嫌疑人。当然，他们最后会把收集到的与案件有关的资料和证据进行整理后，就会移交到检察起诉部门，以便为起诉和法院的审讯做好准备。

但是像前南国际刑事法庭或国际刑事法院这样的国际机构却不行。它们没有警察，没有领土，没有主权国家执行调查的实际能力。所以，国际刑事诉讼机构的调查就只能依靠国家来进行。从这个意义上讲，"调查"在国际刑诉法中就存在另外一种含义。但从其目的上讲，与国家一样，则是为了起诉和惩治犯罪。

一、调查

在国际刑事司法机构，"调查"主要由检察官来实施。

在前南和卢旺达等国际刑事司法机构，检察官在有关国家的协助下展开调查，目的是去那些被指控罪行发生地搜集证据。在调查当中，法庭的调查人员将努力去查清嫌疑对象是有罪的抑或是无辜的，必要时，国际刑事司法机构的检察官也会对相关国家提出要求，比如逮捕犯罪嫌疑人等。

1. 条文规定

根据前南和卢旺达国际刑事法庭《程序与证据规则》第 39 条的规定，检察长有权：

（1）传唤和讯问嫌疑犯、受害人和证人并记录他们的陈述，收集证

据和进行实地调查;

(2)从事为完成调查及准备和在审判中进行起诉所需的其他事务,包括采取特别措施对有可能成为证人的人和情报资料提供安全保障;

(3)为此目的可以寻求任一有关国家当局的协助,以及任一有关国际组织包括国际刑警组织的协助;

(4)要求初审庭或一名法官签发出必要的命令。

同样,根据《罗马规约》第54条(3)款的规定,国际刑事法院检察官在"调查"方面也具有下列职权,即:

(1)收集和审查证据;

(2)要求被调查的人、被害人和证人到庭,并对其进行讯问;

(3)请求任何国家合作,或请求政府间组织或安排依照各自的职权和(或)任务规定给予合作;

(4)达成有利于国家、政府间组织或个人提供合作的必要安排或协议,但这种安排或协议不得与本规约相抵触;

(5)同意不在诉讼的任何阶段披露检察官在保密条件下取得的,只用于产生新证据的文件或资料,除非提供这些资料的一方同意予以披露;和

(6)采取必要措施,或要求采取必要措施,以确保资料的机密性、保护人员或保全证据。

根据前南国际刑事法庭《程序与证据规则》第39条的规定,检察官有权:

(i)传唤和讯问嫌疑犯、受害人和证人并记录他们的陈述,收集证据和进行实地调查;

(ii)从事为完成调查及准备和在审判中进行起诉所需的其他事务,包括采取特别措施对有可能成为证人的人和情报资料提供安全保障;

(iii)为此目的,寻求任一有关国家当局的协助,以及任一有关国际组织包括国际刑警组织的协助;

(iv)要求初审庭或一名法官签发出必要的命令。

鉴于国际刑事法庭检察部门的有限资源,具体的国际刑事诉讼机构一般会认为有必要制订一个合理的标准用来调查潜在的案件,以便能有效地安排资源。例如,在前南国际刑事法庭,检察长办公室就在1995年8月1日召开了一个关于调查和起诉指南的会议,通过会议制订了被认为对该法庭来说合适的调查和起诉标准。

在调查与起诉方面有不少具体的问题需要考虑。例如,国际刑事法庭是要调查和起诉实施严重违反国际人道法应负责人的"自然人"。而自然人是不同的,因此就得在起诉的大环境下就得具体考虑要被调查人所处的地位级别,是政治还是军事官员,国籍,其在政策战略制定中的角色,逮捕可能性以及证据/证人可靠性等问题。

在关于调查和起诉的标准方面,就得考虑行凶者的立场、违法的严重性、检察长办公室相关政策规定等。而在是否属于"严重违法"罪行(行为的性质)方面,还得考虑受害人人数、犯罪行为、被破坏的规模、案例型或模式型犯罪、地点,以及与其他案件的关联性等问题。

国际刑事法庭不承认受害者或非政府组织有提出案件受理请求的权利,并且否认各国政府有权直接启动国际刑事法庭案件调查。然而,受害者、各国政府、政府间机构或非政府机构可以向国际刑事法庭检察官提交相关证据和信息。尽管联合国没有明确说明为什么国际刑事法庭拒绝受理以上主体提出的案件受理请求,但从以往的实践来看,其主要原因可能有以下三个:

(1)由于在前南斯拉夫和卢旺达发生的罪行太多,以至于国际刑事法庭无法全部确认犯罪事实;

(2)国际刑事法庭无法受理全部案件,其中的很多案件可能并不成

立或者微不足道;

(3)如果允许各国政府自动启动国际刑事法庭调查程序,某些政府可能会处于政治目的启动调查,从而会使法庭的公正性和独立性受到破坏,前南国际法庭就曾发生过这种情况。

2. 检察官的调查职能

与前南国际法庭和卢旺达国际法庭一样,国际刑事法院检察官有权做出决定启动案件调查程序。然而,在调查程序的某些环节以及司法权限问题上,国际刑事法庭与前两者有所区别。在前南国际法庭和卢旺达国际法庭,检察官自主决定是否启动案件调查;而在国际刑事法庭,检察官的权力受到约束,并需要接受司法审查。

根据国际刑事法院《规约》第15条的规定,检察官可以完全自行进行调查。《罗马规约》第15条规定:

"(1)检察官可以自行根据有关本法院管辖权内的犯罪的资料开始调查。

(2)检察官应分析所收到的资料的严肃性。为此目的,检察官可以要求国家、联合国机构、政府间组织或非政府组织,或检察官认为适当的其他可靠来源提供进一步资料,并可以在本法院所在地接受书面或口头证言。

(3)检察官如果认为有合理根据进行调查,应请求预审分庭授权调查,并附上收集到的任何辅助材料。被害人可以依照《程序和证据规则》向预审分庭作出陈述。

(4)预审分庭在审查请求及辅助材料后,如果认为有合理根据进行调查,并认为案件显然属于本法院管辖权内的案件,应授权开始调查。这并不妨碍本法院其后就案件的管辖权和可受理性问题作出断定。"

该条款的开头就规定:检察官"可以"自行进行调查,这表明检察官的调查决定可以完全自行确定。然而,第二款的措词又表明,检察官要对"收到的资料的严肃性"进行"分析",另外还要"请求预审分庭授权调查",申请时还得"附上收集到的任何辅助材料"。

《罗马规约》第53条的规定更是复杂。它没有在"自行"调查的案件、安理会提交的"情势"或缔约国提交的案件之间作出区别,但却要求对检察长自己对其获得的信息进行"评估",如果她(他)确定没有进行调查的合理根据,或在考虑了犯罪的严重程度和被害人的利益后,仍有实质理由认为调查无助于实现公正的,则应通知预审分庭。

国际刑事法院检察官根据从包括各国政府、联合国机构等各种途径获得的信息,依据职权启动案件调查程序。检察官通过对获取的信息进行评估之后,决定是否启动案件调查。因此,即便某些案件已经符合了国际刑事法庭的审理标准,国际刑事法院检察官仍然有权决定是否受理案件启动调查。

根据《罗马规约》的规定,缔约国可以就某个情势提出申请、要求调查,检察长在接到申请后就必须开始调查。然而,在初步调查后是否还要继续,则取决于检察长认为是否有充足的证据可以向法院申请传唤或逮捕、案件是否有可受理性以及调查是否有助于实现正义。

在实践中,国际刑事法院检察长办公室的初步审查一般分为四个阶段,即:

(1)筛除无关信息;

(2)分析先决条件是否满足,分析是否有合理根据相信法院属事管辖权下的犯罪已经发生;

(3)根据补充性原则和严重程度分析可受理性;以及

(4)在初步得出可以受理的结论之后,判断调查和起诉是否有助于实现正义。

科摩罗(Union of the Comoros)是国际刑事法院的缔约国,它于

2013年5月14日以国际刑事法院缔约国的身份向该法院检察长办公室提出申请，要求对发生在三年前以色列针对自由加沙船队的袭击进行调查，看袭击中是否有战争罪或反人道罪的行为。这一请求的法律基础，是因为受到袭击的蓝色马尔马拉号（MV Mavi Marmara）的船舶注册地是科摩罗。根据《罗马规约》第12(2)(a)条的规定，如果犯罪发生于一艘船舶上，而船舶注册于《罗马规约》的某个缔约国，那么在其他条件均满足的情况下，法院对于该犯罪有管辖权。

所以国际刑事法院的缔约国可以提出案件受理要求或检察官自行启动案件调查。此外，联合国安理会根据《联合国宪章》第七章提出案件受理的要求。有意思的是，《罗马规约》并不要求受理的国家与所犯罪行之间存在实际的联系。也就是说，即使嫌疑犯不是本国公民并且案件并没有发生在本国，该缔约国仍然可以要求国际刑事法庭受理案件。而当联合国安理会要求国际刑事法庭受理案件时，该案件则已涉及到严重犯罪行为，并且已经"威胁到和平"，或已经"破坏和平"。

值得注意的是，《罗马规约》在起动程序的措词上既有"案件"（case），也有"情势"（situation）。它本身没有对其中的区别有任何的解释。但一般的理解是，"案件"通常是指法院管辖权内的"涉及一个或多个嫌疑人，或/并涉及一个或多个罪行"的案子；而"情势"的含义不像"案件"那么具体，它在关于犯罪行为发生的地域和时间上要更广泛一些。

国际刑事法院关于调查进行的程序规则，在很大程度上与前南和卢旺达国际刑事法庭的相似。根据《罗马规约》第54条(2)款的规定，该法院检察官可以根据第9部分规定展开调查，也可以在预审庭根据第56条(3)款授权后进行调查。

《罗马规约》第54条(1)款规定，法院的检察官（又称为"调查员"，相当于一国国内的警察）应当"为查明真相而调查一切有关的事实和证据,以评估是否存在本规约规定的刑事责任"。同时该条款还规定,在"进行调查时,应同等地调查证明有罪和证明无罪的情节。"国际刑事法院的这个规定,与大陆法系国家法律制度相似。然而,在前南与卢旺达国际刑事法庭中,主要是由辩护方来收集和准备那些能证明被告无罪的证据或材料。当然,如果检察官手上有能证明被告无罪的证据,他(她)根据规则就得向辩护方披露。此外,调查员在调查取证时,应尊重被害人和证人的利益和个人情况,如健康状况或犯罪的性质等,还要充分尊重《规约》所规定的个人权利。

有意思的是,根据《罗马规约》第56条的规定,如果检察官在进行某项调查时,如果碰到某些并不是该项调查所需要的证据,但这些证据可能是日后再也无法获得的,检察官同样可以要求法院的预审庭采取必要措施,以收集或保存这些证据。

3. 法律顾问的作用

在国际刑事法庭的刑事调查中,法律顾问(legal advisor)发挥着比较重要的的作用。事实上,在前南与卢旺达国际刑事法庭的每一个案件的调查、起诉与开庭审理当中,法律顾问的专业作用都是不可或缺的。

在调查阶段,检察长办公室的法律顾问要负责案件调查与审理过程中所有的法律事务。简单地说,法律顾问必须确保:

(1) 该调查小组所有成员都理解了起诉书中被指控的罪行的罪行构成要件;

(2) 在起诉书对嫌疑人将要使用的指控是合适的;

(3) 负责为诉讼所收集的证据能证明提出的指控;以及

(4) 对被告的确定的选择符合检察长办公室的战略要求。

调查与起诉工作,在某种意义上是"团队工作",需要合作,所以法律顾问与调查组必须共同努力合作,制定和实施有效的调查策略。他们相互之间还必须树立一种坦率交流、尊重和相互支持的氛围。如果法律顾问和调查组的组长在策略或指控方面有不同意见，就要将问题提交给上一级来解决。如果他们的分歧涉及到国际刑事法庭检察长办公室的基本政策，就得告知并邀请总检察长或副总检察长来评论研究解决。

法律顾问负责起草起诉书。如果可能，起诉书草案应尽可能快地制订出来，这样就能使负责调查的官员能根据指控的罪行，进一步了解手头上的调查任务和目标。这能推动工作的具体进展。

在所有的案件中，重点都必须放在刑事责任方面。如果被告是直接的犯罪者，重点就得放在如何提供有力的证据来证明被告的犯罪行为，要使被告与这些证据之间能串联起来。如果被告是一个领导者，重点就要放在"上级责任"或"指挥官责任"的理论要点方面，就要证明该被告的地位和实际控制能力，以及他没有能够阻止或惩治其部下的事实等。必要时，法律顾问要演示这些理论知识的基本点和要点。

调查人员与法律顾问的工作，在于提出具体有力的证据，使得犯罪者与这些事件相关联。要对所有地区都进行调查是不可能的，所以法律顾问要提供一定的背景情况知识，以便调查组聚焦于具体和可证明的案件。在被告被捕后，法律顾问就成为审判小组的一员，在审判中作为高级审判律师(the senior trial attorney)代表检察长出席审判。

国际刑事诉讼中的罪行都是国际法下的罪行，所以在调查、起诉、审理、判决、上诉及复核等阶段，每一步都充满了法律上的要求。所以在国际刑事法庭的检察长办公室里，法律顾问的位置比较重要。法律顾问要履行好自己的职责，必须要对国际刑事法庭不断变化和发展中的法律和实践，有比较清晰的了解。原因很简单：如果你不了解总的发展，就不能提供合理的建议。所以，为了维持必要的法律问题上的敏锐性，法律顾问被要求充分参与检察长办公室的法律活动，包括起诉书审查、特殊工作以及对重要问题的专门评论。对法律顾问来说,检察长办公室每周的法律顾问会议是必须要参加的,除非因出差或出庭而不在。

二、起诉

在前南与卢旺达国际刑事法庭,如果检察官最后决定要对犯罪嫌疑人立案,他就要提交起诉书。但在起诉之前,检察长一定要有足够的证据,能够合理地证明该嫌疑人犯有国际法庭管辖权范围内的罪行。在这里,足够证据(sufficient evidence),不等于"结论性的证据"(conclusive evidence)或"能排除任何疑问的证据"(evidence beyond reasonable doubt)。事实上,只要这种证据是"令人满意的"或者"能够证明犯罪的",也就足够了。尽管如此,在起诉阶段还是有不少法律问题需要注意。

1."具有初步确凿"的证据

起诉,它不需要检察官去调查每一个细微的证据,也不需要对犯罪人展开调查或者进行询问。国际刑事法庭适用的标准和要求,是"具有初步确凿(prima facie)"的证据。这项规定要求存在一种事实或者背景,它能够使一个理性的或谨慎的人足以相信该嫌疑人犯了罪。所以,这个标准要求检察官本着"谨慎、公正、严谨"的原则行事。

国际刑事法院《规约》第53条1款的规定,用来规范检察官启动起诉机制的行为。法院检察长如果决定对某个嫌疑人进行起诉,就要将起诉书先提交给预审法庭(国际刑事法院)或者提交给预审法官(前南及卢旺达国际刑事法庭)。提交后会有一个听证,目的是要确认:法庭是否应提出指控或起诉。

尽管"指控"(charges)和"起诉书"(indictment)之间没有实质性的区别,但前南与卢旺达国际刑事法庭的起诉确认程序与国际刑事法院的还是具有比较大的区别。正如特设国际法庭在很多案件里所反复重审的那样,一个起诉书必须是对案件事实和被控犯罪嫌疑人罪行的简洁陈述,所以必须是"基本起诉陈述",需要对重要方面细节的描述,必须简洁和充分,包含事实但无须具体证据或明确性。其必须是符合规定的和公正的,所以公诉人决定准备起诉书时,他必须遵循"在管辖权范围内,有充分的(sufficient)证据证明,犯罪嫌疑人犯了罪"。"指控"的含义仅为控告,只代表检察官方面正式的控告,指控某个人犯了罪。

原则上讲,检察长提出的起诉书中含有的罪名和指控,应反映被告的所有严重的犯罪行为。比如,种族屠杀、屠杀或迫害等,这样的指控能涵盖不少具体的犯罪行为。另外,对这样的指控,日后根据发现的证据还可以予以补充。例如,在种族灭绝的指控下,还可以增加"谋杀"等。如果指控在提出的时候比较全,在以后的进一步调查,甚至在审理时,即便有什么新的证据,也只要作些补充或调整,而不需对原来的起诉指控就在结构或根本上作大的修改。

国际刑事法庭检察长办公室应在考虑到时间与资源等因素的情况下,掌控调查工作的进展。为了能尽早地使起诉书成型,他们应将调查焦点放在主要的指控方面。由于资源有限及其他原因,检察指控不应试图要求自己去发现和证明每一个与指控有关的犯罪行为。特别是当指控涉及"指挥官责任"时,调查就更不能面面俱到,而是要关注那些少而精的事件上,要把重点放在那些能有力证明领导者负有不可推卸责任的犯罪事实方面。

所以当国际刑事法庭检察长一旦认为具有初步证据确凿的案件已成立,就可制订并提交一份起诉书给法庭的当值法官。其内容一般比较简单。作为一个例子,下面展示的是这类起诉书一般性格式:

检察长证明书

前南斯拉夫国际刑事法庭

案件编号： 日期：年 月 日

检察长证明书

我，路易斯·阿赫布(Louise Abbour)，是前南斯拉夫国际刑事法庭的检察长。我依照国际刑事法庭《程序与证据规则》的第47条履行我的职权，认为我的办公室在调查取证期间在提供立案的正当理由(reasonable grounds for believing)方面已取得充分证据，证明下述所列嫌疑人犯有法庭管辖权内的犯罪行为。我向初审庭提交上述起诉书(含支持材料)，请求初审庭遵照法庭《规约》第19条的规定予以确认。

路易斯·阿赫布(签名)

不过，在起诉书中的检控含有很大的技术含量。检察长办公室决定对某人指控"故意杀人"或"谋杀"，但有时只有间接证据(circumstantial evidence)，而没有发现死者的尸体等。在这种情况下，如果指控的罪名是具体的谋杀，而不是集体谋杀或多人谋杀，那么，考虑到法官有可能会因为没有死者的尸体而不接受指控，就需要在起诉书中准备备用指控(Alternative Charges)，以起到保险的作用。比如：对反人类罪(谋杀)Crimes against humanity (murder)的备用指控就是：反人类罪(虐待或不人道行为)Crimes against Humanity (torture or inhumane acts)；对严重违法(故意杀人)Grave Breach (willful killing)的备用指控就是：严重违法(造成极大痛苦的折磨，恣意地或严重受伤；不人道的对待)Grave Breach (torture, willfully causing great suffering or serious injury; inhuman treatment)；对战争罪(谋杀)Laws or Customs of War (murder)的备用指控就是战争罪(造成极大痛苦的折磨,恣意地或严重受伤;酷刑):Laws or Customs of War (torture, willfully causing great suffering or serious injury; cruel treatment),等等。

2. 指控的罪行

起诉书将开启国际审判的程序,是一份重要的法律文件,需要认真对待。

当起诉书中的指控涉及到对好多人的谋杀或殴打时,对指控时所用语言就需要注意。如果可能就要简练和精准。如果受害者只是一个人,指控时就要明确提到该受害人的姓名,或出于保护的考虑而提供一个假名。但如果在一起被指控的事件中包含有好多个受害者,起诉书就应附带一张这些被害者的名册,上面列出这些人的真名或假名,必要时附上他们的生平信息,比如,被狙击手所伤害的受害者的年龄与性别等。

如果在众多的受害者当中,既有被确认的,也有未被确认的,那么在这种情况下,检察官一般就会将所有被害者都包括在内。在起诉书中被指控罪行的语言一般为:在某一天(犯罪发生时间),在某个地方(犯罪发生地点),某某人(犯罪嫌疑人、被告)谋杀了大量平民。这些平民有已被确认的,但也有的还未被确认。这些人中已被确认的,请见附加表A,等等。

对于同一个犯罪行为,可以根据国际刑事法庭《规约》进行不同的指控。例如,对于"杀人"(killing),检察官可以根据这一杀人的背景情况同时指控该行为人违反了《规约》的第2条"严重违反日内瓦公约"中的"故意杀人",第3条"战争罪"的"谋杀"以及第5条"反人道罪"中的"谋杀"。

出于同样的谨慎的原因,检察官在起诉罪名时,也要考虑到:如果法官不同意该怎么办?所以,在检察官起诉时,一般都要考虑备用

(back up)的罪名,就要考虑一旦某个特定的重要的要素被否决,就还有一个备用的。例如,在起诉被告人犯有违反《规约》第 2 条时,就要考虑到:就犯罪行为的证明来说,肯定是没问题,非常清楚。但如果指控第 2 条所必须的"国际武装冲突的存在"不能证明时,该怎么办?因此,在就该条款指控时,就会将《规约》第 3 和第 5 条的"战争罪"和"反人道罪"作为备用的指控,因为这两个指控是不需要"必须存在有国际性武装冲突"这犯罪行为要件。出于同理,检察官在指控被告犯有《规约》第 5 条里的"基于政治、种族、宗教原因而进行迫害"的罪名时,就要想到:《规约》第 5 条所必须的"存在有对平民大规模或有系统的攻击"可能会证明不了。于是,检察官就会将《规约》第 3 条的"战争罪"作为备用的指控,因为这样的指控不需要非得有"对平民大规模或有系统的攻击"。检察官这样做的目的,是为了不让犯罪者因为法律考虑不周而得以逃脱惩罚。

如前所述,前南与卢旺达国际刑事法庭的审查指控程序与国际刑事法院的不同。在特设国际刑事法庭方面,核审法官只是通过单方面听证来审查起诉书及相关材料,所谓"单方面",就是指不包括犯罪嫌疑人及其律师。但在国际刑事法院的诉讼机制下,预审法庭则是在嫌疑人本人或其律师参加的情况下进行审核,除非嫌疑人自己弃权参加。在前南与卢旺达国际刑事法庭,对指控罪行的确认是签发拘捕令的前提条件。所以当指控被确认之后,检察官就可以请求法官签发一份或多份拘捕令。与此相反,在国际刑事法院,预审法庭甚至可以在嫌疑人被正式控诉前就签发拘捕令。

对指控或者起诉的确认是否意味着犯罪嫌疑人是有罪的呢?答案是否定的。事实上,确认起诉书所举行的听证,是为了保障犯罪嫌疑人的权利,以防止无充足法律基础的程序发生。所以,确认起诉书的听证不是审判。在确认听证中,检察官向法官提供充足的证据,来证明其要指控的人犯了起诉书中所指控的罪行。预审法庭就可以确认,"确实有充分证据证明、有实质性理由确认,被指控的人犯了所指控的罪"。在前南与卢旺达国际刑事法庭中,对起诉书予以确认的目标也是这样。根据前南国际刑事法庭《规约》第 19 条 1 款的规定,收到起诉书的审判庭法官应审查该起诉书。该法官若认为检察官所提的表面证据确凿时,就应受理起诉,否则就不受理起诉。

前南、卢旺达国际刑事法庭和国际刑事法院的《规约》和《程序与证据规则》,也都允许在一定条件下可以撤回起诉书。国际刑事法院《规约》第 61 条 4 款规定,检察官可以在审判开始前继续调查,而且也可以修改或撤回起诉。但如果对起诉书进行修改,被告就应事先得到通知。如果要撤回起诉,检察官就需通知预审法庭其撤回的原因。

在起诉书被法官确认后、审讯开始之前,检察官在预审法庭许可,并在通知被告人后,就可以修改起诉书。但如果检察官还要增加新的指控罪行,那就要根据《罗马规约》第 61 条的规定,就这些新的指控举行听证。如果检察官在审判已经开始后要撤回指控,就只能在得到法庭同意之后撤回。

根据前南国际刑事法庭《程序与证据规则》的规定,检察官在法官确认起诉书之前可以自己决定撤回起诉。但如果起诉书确认以后要撤诉,就得得到法官的同意。同样,检察官在法官确认起诉书之前可以自己决定修改起诉书。但如果起诉书确认以后要修改,就得得到法官或法庭的同意。

在确认起诉书的听证会上,预审法官可以作出如下几种决定:

- 确认起诉书提出的指控。如果认为起诉书里所涉罪行已有足够的证据,就可决定将犯罪嫌疑人提交给审判庭进行审判。国际刑事法院的院长理事会(The Presidency)就可决定由哪一个审判庭来受理该案件。

- 或者不同意起诉书上提出的指控。但法官即便不同意,也不能阻碍检察官日后提出其他新的证据,以再次要求对起诉书进行确认。
- 或者当认为检察官提出的证据有问题,比如要起诉的罪行似乎不对应等,就可决定将确认起诉书的听证延期举行,以便让检察官能有时间提供更多的证据或进行进一步的调查,或者修改指控等。

对起诉书中指控没有予以确认,或检察官自己撤回了起诉书中的指控等,都会影响到在这之前签发的拘捕令。当然,在这之前签发的拘捕令也就不再发生效力。

在起诉时,检察指控方还要根据自己所掌握的证据,看能否达到定罪的标准。在国际刑事法庭,定罪的标准很高,即被告被指控的罪行在审理后要符合"超越任何合理怀疑"的标准,否则就不能定罪。由于这个标准很高,有时检察长认为自己手头证据不足时,就会自动放弃。国际刑事法院肯尼亚案件中 2013 年 3 月撤回对穆萨拉的指控,就是一例。

2007 年 12 月 27 日肯尼亚的总统选举结果公布后,该国就爆发了严重的种族驱动的暴力事件。两个月之内,多达 1220 人被杀害,超过 3560 人受伤,约 350,000 人流离失所,900 多个强奸行为被记录在案。[1] 在这种背景情况下,国际刑事法院作出了一项决定,决定对 2007 年 12 月 27 日肯尼亚的总统选举结果公布后爆发了种族暴力事件进行调查[2],

---

[1] Shashank Bengali, Kenyans Rivals Agree to Share Power After Disputed Election, Knight Ridder, Feb. 28, 2008, *available in* LEXIS, News Library, Wire Service Stoties File.

[2] Situation in the Republic of Kenya, No. ICC-01/09-19, Decision Pursuant to Article 15 of the Rome Statute on the authorization of an investigation into the Situation in the Republic of Kenya (Mar. 31, 2010), *at* http://www.icc-cpi.int/iccdocs/doc/doc854562.pdf (hereinafter Kenya Decision), http://www.icc-cpi.int/.

并且认为穆萨拉（Muthaura）应对其中的某些罪行负有责任。但在一年以后的 2013 年 3 月 11 日，国际刑事法院检察官决定撤回针对穆萨拉的所有指控的决定。其理由，就是因为检察官认为目前自己所掌握的证据不足以达到定罪时所要求的"超越合理怀疑"这一定罪标准。

3. 变更起诉的罪名

一旦起诉并开始审理后，起诉书里的罪名是否在检察官没有主动提出的情况下由法官自作主张地予以变更呢？这是国际刑事诉讼中一件值得思考的问题。国际刑事法院 2012 年在卡塔加和尼古玖罗一案中的决定，提供了可以让人思考的空间和素材。

卡塔加和尼古玖罗（Katanga and Ngudjolo）均为刚果民主共和国国民。二人因涉嫌共同率领武装人员对波哥洛村（Bogoro）的军营和平民进行打击，被国际刑事法院指控犯有危害人类罪和战争罪。

被告卡塔伽是伊图里爱国抵抗力量（Patriotic Resistance Force in Ituri，简称 FRPI）的首领，拥有伊图里爱国抵抗力量实际领导权。被告尼古玖罗则是国家融合主义前线（National Integrationist Front）的首领，具有对国家融合主义前线控制的实际权利。鉴于两名被告被指控对波哥洛村的武装袭击负有共同刑事责任，并且相关的犯罪证据似乎都与两名被告有关，国际刑事法院就决定将两名被告合为一个案件进行审理。

2012 年 11 月 21 日，国际刑事法院第二审判庭作出了一个《关于适用法院条例第 55 条规定以及拆分被告指控的决定》[①]。根据这个决定，该法庭将分别对两名被告是否有罪作出判决，判决日期为 2012 年 12 月 18 日。

[①] 参见：http://www.icccpi.int/en_menus/icc/ Trial Chamber II/11 December 2012/Pages/3319.aspx.

但这个决定同时还包含颇具争议性的内容。第二审判分庭在这个决定中宣布:经多数通过,国际刑事法院决定适用法院《条例》第55条规定,准备考虑更改卡塔加被指控的个人刑事责任的类型。但比利时籍的法官克里斯蒂娜·范登韦恩伽尔特(Christine Van Den Wyngaert)对这个决定表示强烈反对,还附上一份长达29页的反对意见(Dissenting Opinion)。

《国际刑事法院条例》(Regulations of the Court)第55条规定,是关于"分庭更改事实的法律定性其权力"的规定,其具体内容为:

"1. 分庭依据《规约》第74条所作的判决中,在不超出指控和对其修订中所述事实及情况的范围里,可更改对事实的法律定性,以符合依据《规约》第6、7或8条所述罪行和依据《规约》第25和28条所述确切的参与形式。

2. 分庭在审判的任何时间,若认为事实的法律定性可能受到改变,应将这种可能性通知参与人,并应在听取证据后,在诉讼的适当阶段给参与人口头或书面陈述意见的机会。分庭可中止听讯,以确保参与人有充足的时间和设施进行有效准备,或在必要时,分庭可命令举行一次听讯,以审议拟更改的所有相关事项。

3. 为以上第2款之目的,分庭应尤其确保被告人:(a)有充足的时间和设施依照《规约》第67条第1款(b)项进行有效的答辩准备;或(b)如有必要,有机会再次讯问或使之再次讯问以前的证人,传讯一名新的证人,或按照《规约》第67条第1款(e)项提交可接受的其它证据。"

所以根据上述第55条第1款的"在不超出指控和对其修订中所述事实及情况的范围里"的规定,法院的审判分庭有权在一定范围内变更被告个人刑事责任的类别,当然就并不是没有任何限度的,关键在于如何理解和解释。

在卡塔加和尼古玖罗一案中,被告卡塔加通过预审后被起诉的个人刑事责任的类型为"伙同他人共同实施犯罪"(commits a crime jointly with another person)。国际刑事法院第二审判分庭多数认为,在原有的事实和情节基础上,卡塔加的个人责任类型应由"伙同他人共同实施犯罪"变更为"共同目的犯罪"(contributes to the commission of a crime by a group of persons acting with a common purpose, in the knowledge of the intention of the group to commit the crime)责任,"共同目的犯罪"则是《罗马规约》第 25 条第 3(4)(2)款中的规定。①

克里斯蒂娜·范登韦恩伽尔特法官反对这一变更,认为它超出了《法院条例》第 55 条规定的适用范围,并且严重侵犯了被告获得公平审判的权利。

范登韦恩伽尔特法官的反对意见是有一定道理的。控辩双方在审判前或在审判的过程当中,都要准备指控或辩护不同类别的个人刑事责任。法官应时时意识到,被告在整个审判过程中有权获得一个公平和公正的审判。由于在法院的检察官在预审确认的指控程序中没有指控卡塔加要承担"共同目的犯罪"责任,被告自然也就没有往这方面去准备。被告的责任类型是否应变更为"共同目的犯罪",主要是检察官应当考虑的,作为中立的审判分庭并没有义务去承担本应由检察官承担的责任。从开庭审理到宣布判决,是法院法官寻求真相、追寻正义的

---

① 《罗马规约》第 25 条第三款规定如下:有下列情形之一的人,应依照本规约的规定,对一项本法院管辖权内的犯罪负刑事责任,并受到处罚:1.单独、伙同他人、通过不论是否负刑事责任的另一人,实施这一犯罪;4.以任何其他方式支助以共同目的行事的团伙实施或企图实施这一犯罪。这种支助应当是故意的,并且符合下列情况之一:(1)是为了促进这一团伙的犯罪活动或犯罪目的,而这种活动或目的涉及实施本法院管辖权内的犯罪;(2)明知这一团伙实施该犯罪的意图。

过程。所以作为法官,在全部审判程序走完之后,审判分庭要做的就是根据法庭上已有的证据来判定被告是否有罪。

当然还需要指出的是,国际刑事法院审判分庭的宗旨还不仅仅是如何判定被告有罪,而且还有如何在法律规定的框架内,如何更有效地保障实体正义和程序正义。

4. 起诉书的确认

前南国际刑事法庭《规约》第 18 条及《程序与证据规则》第 47 条,清楚地设定了检察官需要向法官提交材料的范围。检察官不需要呈送所有的证据材料。提交的材料只要满足《规约》第 18 条所要求的"初步确凿的证据"和《规则》第 47 条所要求的正当理由就足够了。检察官需要注意避免提交不必要的信息,这主要是指那些对保护受害人和证人不利的信息。

除了向法官进行口头陈述以外,检察长办公室有一份反映起诉书的书面证据材料,因为口头陈述不可能像书面意见那样精准。如果在向法官提交的所有材料中,有一些检察官不希望被公开的信息,就可以申请予以保密。在前南与卢旺达国际刑事法庭,这项工作由检察长办公室的法律顾问来做,其申请书的格式基本如下:

前南斯拉夫国际刑事法庭

我,(法律顾问的姓名),以我最好的专业知识和信念审慎宣布以下的声明是真的:

1. 我是前南斯拉夫国际刑事法庭检察官成员组的律师。

2. 作为我的职责,我是负责关于(名称)调查的法律顾问。

3. 在我履行职责的过程中,我跟调查人员一起询问受害者和证人,尤其是那些为发生在(重要的具体地点)作证的受害人和证人所亲历的事。他们在法庭上作证一旦被公开,受害人和证人都会为自己的安全担忧,也为他们的家人和亲密朋友的安全担忧。

4.另外,被扣留在(重要的具体地点)人口显而易见。所有的扣留人员都非常容易识别,将其中一人或者多人的名字放入起诉书里,会使所有的扣留者包括他们的家人和亲近的朋友陷入危险。

5.根据我自己的经验和专业训练,那些作证的受害者和证人是如此害怕,我认为给予他们尊重是必要的。

6.许多的受害者和证人强调:由于他们的害怕,他们不愿意到法庭上作证。因此他们也得到保证,在没有预先得到他们同意的情况下,他们的姓名不会被公开。受害者和证人被联系和告知:我们将把他们的陈述放到一份或多份起诉书里。作为后果,我仍然相信他们害怕自己的名字被公开,是有基本理由的,而且持续存在着。

7.根据《程序与证据规则》第39条(ii)款的规定,作为基本的条件,我认为那些受害者和证人的安全是需要被特别考量的。

8.这种考量,根据《程序与证据规则》第52条的规定本应公开,其中也包括按程序提供起诉中那些受害者和证人的姓名。但现在基于我上面提到的理由,特兹申请保密。

9.根据《程序与证据规则》第47条的规定,作为保护那些受害者和证人的身份的一种手段,我采用添加附则的方法,通过信件"A",一个密封的信封,里面有上面第三段提及的受害者和证人的真实姓名,而在起诉时使用的是他们的假名字。这样那些名字在被要求公正时提供给法官。

这项声明由_____签署,时间_____。

所以,当检察官基于安全和隐私等原因需要向法官提交证人假名时,就首先要提交一份准许使用假名的申请。并在提交的确证材料中含有一个密封信封,里面写有证人的真实姓名。检察长办公室的法律顾问将在信封上签名[沿着信封(折回来)封好的封口处签上大名],这样,如果信封被打开了,就能证明它被打开过。

根据国际刑事法庭的《程序与证据规则》的规定,检察官享有修改起诉书的权利。但这一权利的行使,会由于时间点的不同而有区别。如果是在起诉书认可前的任何时间内要修改,检察官就可以自己决定并实施;但如果起诉书已经被法官或法庭确认,但庭审还未开始,检察官提出修改就要经认可起诉书的法官或庭长指定的一名法官的同意。如果修改了的起诉书中包括新的指控,就应尽快让被告对新的指控提出认罪或不认罪主张。当然,被告会再有30天时间对新的指控提出初步申请,必要时可以推迟审判日期以保证有充分的时间准备辩护。

不管是在前南还是在卢旺达国际刑事法庭,预审法官可以在审查起诉后决定:(1)立案;(2)不予受理;(3)要求检察官补充材料;或(4)要求检察官修改起诉书。

预审法官可以确认起诉书中的指控,认为它们符合"证据初步确凿"的标准。随后,法院的庭长委员会就会组成一个审判庭,负责对该案的审理。如果在听证会中预审法官认为证据不足,从而没有确认起诉书中的指控,检察官就需要对原来提交的材料进行研究,看是否要修改原来提出的指控,或是否要进行进一步的调查,以便对起诉材料和证据进行补充。

当然,如果法官没有确认起诉书中的指控,或者检察官方面撤诉,就会令以前的任何逮捕令停止生效。概括地说,前南与卢旺达国际刑事法庭在确认起诉书程序方面有这么一些基本的规定。

首先,根据前南与卢旺达国际刑事法庭《程序与证据规则》第49条的规定,如果所犯的一系列行为共同组成相同的集合行为,且所述罪行是相同被告所犯,检察官就在起诉时可以将两项或多项罪行可合并在一个起诉书中。

第二,特设国际刑事法庭《规约》与《程序与证据规则》在对同一个犯罪行为是否可以多种罪名起诉的问题没有明确的规定,所以存在着一定的困惑。例如,杀人行为可被作为种族灭绝罪来起诉,但也可以作为战争中的反人道罪。In Akayesu 案子中,法庭认为在以下三种情形下可采用累加的指控罪名的方式进行起诉:(1)被指控的犯罪行为包含多种因素;或(2)不同的罪名的起诉为了达到不同的效果;或(3)只有用多种罪名,才能反映犯罪行为所具有的多样化。但在 Kuperskic 一案中,国际法庭认为要考虑同一问题的两个方面,即:既要维护被告的基本权利,但也要允许检察官独立及充分行使其起诉和追究个人刑事责任的权利。该法庭认为,如果被指控的行为同时涉及到法庭的两个不同的罪行时,检察官就可以对同一犯罪行为以不同的罪名进行起诉。

第三,合并起诉在国际刑事诉讼中并不陌生。纽伦堡国际军事法庭就在一份起诉状中起诉了 22 名被告。联合国的两个特设国际刑事法庭出于加快审判进程的目的,也允许对被告的合并指控。

第四,根据前南国际刑事法庭《程序与证据规则》第 82 条(B)款的规定,如果为避免可能引起严重妨碍某一被告的利益冲突,或为了保护司法利益。法庭可以将合并指控的被告进行分别审理。

第五,起诉书中重要事实的遗漏可能导致无罪宣判或者已定的罪又被推翻。如果同样内容在起诉书中未予明确指出。在卢旺达国际刑事法庭,法庭就曾认为一份起诉书所说的:"被告人之间或与他人召开了多次会议"的指控模糊不清且不充分,因而认为不能支持关于大屠杀的共谋。另外一个案子的证据显示,在被告人与对几起暴行负责的武装部队之间存在着上下级关系,但由于起诉书里遗漏了"其它蓄意行为"的指控,法庭也没有据此做出裁决。前南国际刑事法庭在切莱比奇一案中,只是将它自己的注意力限定在处理起诉书中的具体指控方面,而对起诉书中比较抽象的"对身体和健康造成巨大痛苦和伤害以及残忍的待遇"的指控则不予采纳。在另一个涉嫌严重侵犯日内瓦公约的控告中,由于检察官方面未能比较充分地肯定国际武装冲突的存在,这是对"违反日内瓦公约"行为提出指控的必备法律要件,前南国际刑事法庭就对被告做了无罪宣判。

最后,在审判过程中,检察官不能遗漏其起诉主要的实质内容。

总之,确认起诉/指控是开展国际刑事起诉的关键步骤,在对被告作出起诉决定后,就要继续展开调查。在起诉书被确认后,案件将转入下一个阶段,即逮捕与移送到国际刑事法庭,以便进行审判。

第二节 逮捕、移交与羁押

作为一般性的原则,逮捕令在发出时,起诉书已被国际刑事法庭的法官或审判庭确认。换句话说,法官在签发逮捕令时,已经认为这份起诉书里的罪行存在着"初步确凿"($prima\ facie$)的证据。逮捕令还包括一个犯罪嫌疑人被逮捕后应立即将他移交给国际刑事法庭的指令。在国际刑事法庭,由法庭的书记官长负责转递逮捕令给与嫌犯相关的人员或当局,其中包括此人的国籍国或其居住国,或者是由法庭认为可能会被发现的居住地。

一、逮捕

"逮捕",从其定义上讲,是司法机关对一个人的制裁,它导致其个人自由的完全被剥夺。在包括国内和国际的任何一个刑事司法体系中,逮捕被告对于有效的刑事调查和公正审判是完全必要的。但同时还应认识:并非每一种强制或对身体的限制都被称为"逮捕"。只有在充分限制和完全剥夺自由的时候,才成为"逮捕"。一般来说,逮捕一个人是为了确保该被告出庭受审,也是为了发挥刑法保护社会和防范犯罪行为的有力措施。

在国际刑事诉讼中,至少有三点理由可以说明逮捕的必要性:

第一,保证被告人出庭;

第二,保证被告人不妨碍或损害法庭调查或程序;

第三,或者在适用情况下,在法庭管辖范围内或同样情况下,防止被告人继续实施该项犯罪或相关犯罪。

由于被逮捕的人总是在某一个特定国家的领土范围内,所以国际刑事法庭的逮捕令执行起来会面临一些国内司法制度中所没有的障碍和困难。为了能将被告逮捕,国际刑事法庭就需要向有关国家当局提出执行逮捕令的请求。此请求还必须同时附上国际刑事法庭的法官签署的关于犯罪嫌疑人的逮捕令。同时,起诉书及被告权利的告知书的副本,也会一起提交给被请求的国家。

联合国安理会通过的决议及前南与卢旺达国际法庭《规约》,明确要求所有的国家与国际刑事法庭合作。合作的事项主要是毫不拖延地遵守来自国际刑事法庭的任何要求协助的请求,其中包括逮捕、拘留以及将被告移送给国际法庭的命令。

但在实践中,无论是前南国际刑事法庭都曾遇到来自塞尔维亚和克罗地亚比较敌视的态度;卢旺达国际刑事法庭则遇到肯尼亚拒绝合作的态度。为解决这个问题,联合国安全理事会又通过决议,提醒这些国家在《联合国宪章》下有义务予以合作。随后的国际政治的变化,使得这些国家对国际刑事法庭的态度发生了变化。当然,北约稳定部队(SFOR)在 1995 年签订的"代顿和平协议"后,在波斯尼亚和黑塞哥维那关于对被告的逮捕方面发挥了比较重要的作用,这中间尤其是英国和美国军队的作用。

在一些案例中,被告对逮捕的合法性提出质疑,并要求救济。尼科拉（Nicolic）就是一个典型的例子。在该案中，尼科拉认为他是被北约部队从塞尔维亚和黑山劫持的。据此，他认为国家主权和他自己的人权都受到了侵犯。因此，国际刑事法庭对他没有管辖权，这个说法有点类似于艾希曼（Eichmann）。然而，国际刑事法庭拒绝采纳他的辩护，理由是：在逮捕的过程中可能是有违法行为，但将犯有战争罪、种族灭绝罪和反人道行为的人予以审理和惩治，其利益要远大于所谓的"非法逮捕"或"滥用司法"。然而，卢旺达国际刑事法庭的上诉庭在巴拉亚圭扎（Barayagwiza）一案中，却因被告的权利受到侵害而拒绝行使管辖权。它认为：严重侵犯被告的权利有损于法院的统一性。

在多科曼诺维奇（Dokamanovic）一案中，被告提出了关于诱捕被告在法律上是否合法的问题。多科曼诺维奇当时居住在南斯拉夫。但为了获得他在克罗地亚失去的财产而得到的补偿，就同意越过边境与联合国东斯洛文尼亚过渡行政当局、克罗地亚过渡行政当局进行会谈。然而，就在他一越过边境，就被带到联合国东斯洛文尼亚过渡行政当局基地。在那里他被戴上手铐，被告知相关权利后就被空运至荷兰的海牙，也就是前南国际刑事法庭的所在地。多科曼诺维奇认为这样的逮捕是非法的。他的意见是：由于他是南斯拉夫公民，所以只有南斯拉夫联邦共和国当局才有权逮捕他，所以他不是被逮捕，而是被绑架。然而，国际刑事法庭的法官则驳回了他的这些理由，认为：国家的实践和惯例里面都含有诱捕嫌疑人的方法，认为诱捕嫌疑人并不是逮捕程序的滥用。具体到这个案例，由于犯罪嫌疑人居住在南斯拉夫联邦共和国，而该国又拒绝与国际刑事法庭合作，所以诱捕他并不属于国际法上的不法行为。

为了克服执行逮捕被告方面所遇到的困难，前南国际刑事法庭在《程序与证据规则》里制订了第 61 条，规定：如果在合理的时间内如果逮捕令未被执行，法庭仍然可以开庭审理。这有点类似于"缺席审判"。

在前南国际刑事法庭成立的初期，曾举行过几次这样的"审判"，但后来随着被移送到法庭的被告增多，这样的"审判"也就不再有了。这种听证程序停止了。用前南国际刑事法庭检察长路易斯·阿赫布的话来说，举行这样的"审判"，由于被告没有到庭，所以意义不大，而且这对检察官的影响也是不利的。在卢旺达国际刑事法庭和塞拉利昂特别法庭，却从来也没有类似第 61 条里规定的"审判"。

对抗式或纠问式的司法制度对国际刑事法庭诉讼制度的影响，是显而易见的，但国际刑事法庭相互之间还有些区别。如果说前南和卢旺达国际刑事法庭在刑事诉讼过程中更多的是对抗制，国际刑事法院的诉讼制度中比较多的则是纠问式的司法制度。这点可以轻易地从国际刑事法院《规约》规定的法官（法庭）在审理过程具有比较大的权力上看得出来。即便是在调查取证的过程中，国际刑事法院的法官也具有广泛的权力来监督调查程序的展开。这些都是与特设国际刑事法庭不一样的地方。

国际刑事法院关于对逮捕令的签发以及请求国家执行法庭命令方面的规定，与前南和卢旺达国际刑事法庭的不同。在前南及卢旺达国际刑事法庭的《程序与证据规则》里，逮捕令是在起诉书确认之后由审查法官签署的。而依照国际刑事法院的程序规则，签署逮捕令的程序一般发生在起诉之前，这点比较特别。具体地说，国际刑事法院《规约》第 58 条的规定，预审庭在调查开始后，可根据检察官的申请，并在审查检察官提交的申请书和证据或其他资料后，如果有合理理由相信该嫌疑人实施了国际刑事法院管辖权内的犯罪行为，就可对该嫌疑人发出逮捕证。

在临时性的羁押或逮捕方面，不管是前南还是卢旺达国际刑事法庭都没有作任何规定，但《罗马规约》第 40 条却规定了对嫌疑人可以实施临时羁押或逮捕。"临时逮捕"，是指在审判庭法官没有介入的情况下由检察官启动的逮捕。

在实践中,有的被告认为《规约》并未对临时逮捕提供一个合法的基础,但这样的理由并没有被国际刑事法院所接受。尽管根据《罗马规约》第 40 条对嫌疑人实施临时羁押或逮捕,还没有导致该嫌疑人最终被国际刑事法院所起诉,但法院在德塔利奇(Detalic)一案中表示,虽然对嫌疑人临时逮捕并非是由国际刑事法院所为,但在这种逮捕之下所产生的羁押时间,将在该嫌疑人被判有罪时会从刑期中扣除。由于临时逮捕是由国际刑事法院的检察官单独启动的,所以检察官自始就负有协助国对嫌疑人采取的措施予以监督的义务。

在 1996 年,前南国际刑事法庭的《程序与证据规则》作了修订,其中被修改的规则就包括尽可能缩短未被正式起诉的嫌疑人被临时逮捕后的羁押时间。"临时逮捕"的必要性,主要是因为下列事项,即:防止嫌疑人逃匿,对受害或/证人要进行恐吓或伤害,要毁灭证据。自嫌疑人被移交至国际刑事法庭之日起,法庭对其采取的临时羁押有 30 天的期限。不过必要时,这一期限可以在召开有嫌疑人出席的聆讯之后被延长。

根据国际刑事法院《规约》第 92 条的规定,国际刑事法院可以在紧急情况下,在还未申请移交请求以及用于支持该请求的材料之前,就对嫌疑人采取临时逮捕措施,并暂时推迟提交。然而,如果被请求国未能在证据规则所限定的时限内收到移送请求以及第 91 条所规定的支持材料,被临时逮捕的人就会被解除羁押,从而获得释放。但被临时逮捕的人有时自己愿意到国际刑事法院自首。在这种情况下,接受请求国应当立即采取措施将该人移交至法院。当然,如果被释放,这并不影响此后当移交请求和相关支持文件被送达时,再对该嫌疑人采取逮捕并移交措施。

检察官在关于要求预审庭签署逮捕令的申请中,必须包括以下内容,即:犯罪嫌疑人的姓名以及能确定嫌疑人身份的其他任何信息,嫌疑人供述的在法庭管辖权范围内所犯之罪行为的具体材料,还有关于构成犯罪行为的事实的简要说明,证据摘要,确认嫌疑人构成犯罪的其他任何有合理根据的信息,以及检察官认为必须逮捕嫌疑人的理由,等等。

除非国际刑事法庭作出关于撤消逮捕命令的决定,否则逮捕令一直有效。根据逮捕令,法庭可以要求临时逮捕或是正式逮捕嫌疑人。《罗马规约》第九部分还规定,国家具有合作、向国际刑事法院移送嫌疑人的义务。如果国际刑事法院有合理的根据确信嫌疑人还犯有其他罪行,检察官就可以申请,要求法院修改逮捕令。

国际刑事法院在下达了关于逮捕或者释放犯罪嫌疑人的命令后,就会依据国际合作协议请求他国政府在其领土上进行逮捕或者释放行为。当然,这还需要国际刑事法院与该当地国家签署国际合作协议。

国际刑事法院《规约》第59条,要求被请求合作的国家在接到合作请求后立即执行逮捕行为。被逮捕人在依照法定程序被逮捕后,就会被及时送往主管司法当局。被逮捕人具有请求该主管司法当局将其释放的权利。但一般来说,主管司法当局会结合犯罪行为的严重性来决定是否将该犯罪嫌疑人予以临时释放。此外,该当局还得考虑其他相关的特殊情形以及释放后能否保证对释放人员的如期审判,等等。

国际刑事法院禁止国家的司法主管机关来质疑逮捕证的合法性。但这也不是绝对的。例如,"一罪不二审"是国际刑法的原则。根据《罗马规约》第89条(2)款的规定,如果被要求移交的人依照根据一罪不二审原则向国内法院提出质疑,被请求国应立即与国际刑事法院协商,以确定国际刑事法院是否已就可受理性问题作出相关裁定。如果质疑是有依据的,司法主管机关将会立即释放,如果法院难以一时确定,决定将会被推迟直到法院作出最终裁决。

二、移交

前南和卢旺达国际特设刑事法庭的《规约》与《程序与证据规则》，均采用"移交"或"移送"，而未采用"引渡"一词，以免在执行移交或移送时，因为请求国的宪法中存在禁止将本国公民引渡的规定而遭遇困难。这两个国际刑事法庭《规约》都明确规定：国际刑事法庭的管辖权优于国内法院的管辖权。因此从理论上讲，一国国内法或其引渡条约中的禁止将被告移交或移送给国际刑事法庭的障碍，均不得成为其对国际刑事法庭所承担合作义务的履行。因此，塞尔维亚和克罗地亚两国以其国内宪法禁止向外国引渡本国公民为由，不履行将被控方移交/移送至法庭的义务，均属不正当理由。

将有关嫌疑人向国际刑事法院移交的请求，有可能与将此同意向其他国家引渡的请求发生矛盾。在此种情况下，被请求国将面临比较难以履行的义务，即，依据引渡协议要将人引渡至他国，以及依据《罗马规约》将人移交国际刑事法院。根据《罗马规约》第90条的规定，如果要求引渡的国家是非缔约国的国家，那么国际刑事法院要求移交有关人员的请求并不具有自动优先的性质。

根据《罗马规约》第85条的规定，被非法逮捕或定罪的受害人将享有要求赔偿的权利。此条规定的内容，超出了目前国际人权一般性保护措施的范围，因为国际人权法只是规定案件出现真实确凿的错误（genuine case of miscarriage）后才可以提供补偿。在巴拉亚圭扎（Barayagwiza）案中，卢旺达国际刑事法庭的上诉庭裁定，被非法羁押的人在极端情况下将享有终止对其进行的一切未尽司法程序并获释放权利。此外，在其它一些较不严重的情况下，如果当事人被确认无罪，他将受到财产补偿，如果被定罪，则将受到减刑的处理。

与前南或卢旺达等国际刑事法庭不同，国际刑事法院除了发出逮捕证以外，还可以发出要求出庭的传票。根据《罗马规约》第 58 条（7）款的规定，检察官可以要求预审庭向某人发出出庭传票的申请。如果预审庭认为该嫌疑人在实施犯罪行为方面已有比较充分的证据，而且认为传票就可保证其出庭，那么，预审庭将发出要求该人出庭的传票。当然，这与羁押不同。一般来说，传票必须包括以下内容：(1)该人的姓名及其他任何与确认其身份有关的信息；(2)指定该人出庭的日期；(3)该人被控告实施的法院管辖权内的犯罪的具体说明；(4)被控告构成这些犯罪的事实的摘要。

当嫌疑人被递解至国际刑事法庭后，他/她将被羁押，但可提出临时释放的申请。在前南国际刑事法庭，如果法庭认为嫌疑人在获释后仍然能够按时出庭应诉，在外释放时且不会对任何人、证人或者其他人构成威胁，那就可以下令临时释放嫌疑人。不过，希望法庭释放的这些条件是否得到满足？其证明责任则由嫌疑人承担。事实上，不管是在前南还是卢旺达国际刑事法庭，对嫌疑人的羁押与否主要是通过事先推定来决定的。国际刑事法庭在符合如缴纳保释金等一定条件的情况下，也可做出临时释放的命令。但从实践上看，卢旺达国际刑事法庭从来也没有同意过临时释放其关押的嫌疑人；而前南国际刑事法庭同意临时释放的，也非常的少。

国际刑事法庭一般不愿临时释放已经关押的被告或嫌疑人，有多方面的原因。例如，国际刑事法庭与国家不同，它不具有在主权国家领土范围内实施逮捕的能力，所以它需时时依靠国家的合作来实施逮捕。而基于国际法庭起诉的国际罪行的性质的严重性，被关押人一旦释放，就有可能会想办法逃避审判。另外，法庭对嫌疑人如果决定临时释放，让外界可能产生对国际刑事法庭的权威性不利的影响。

迄今为止，国际刑事法庭在临时释放问题上，已积累了丰富的经验。一般来说，在决定是否要临时释放时，国际刑事法庭要考虑以下这些因素:被考虑要释放人所被指控的罪行的严重性,其定罪后是否具有长期监禁的可能性,移交来国际刑事法庭的情形,临时释放期间嫌疑人居留地国家对法庭的合作态度,等等。在卢旺达国际刑事法庭上诉庭的一个案件中,法庭判决还声明:起诉前的长期羁押不能构成临时释放的合理原因。当然,嫌疑人与检察官的合作情况也是需要考虑的一个因素。

国际刑事法院《罗马规约》第60条,也规定了"临时释放"的问题。根据这一条的规定,在被临时逮捕的人移交到法院之后,预审庭就应查明该人已被告知其被控告实施的犯罪,及其根据《罗马规约》所享有的权利,包括申请在候审期间暂时释放的权利。被逮捕的人可以申请在候审期间暂时释放。但如果预审庭认为存在继续羁押该人的必要情况,如确保该人不妨碍或危害调查工作或法庭诉讼程序和确保该人在审判时能到庭,那法庭就可继续羁押该人。当然,如果认为不存在这些情况时,预审分庭应有条件或无条件地释放该人。

预审庭还应定期复议其有关释放或羁押该人的裁定,并可随时根据检察官或该人的请求进行复议。经复议后,预审庭如果确认情况有变,可以酌情修改其羁押、释放或释放条件的裁定。总而言之,预审庭应确保任何人不会因为检察官无端拖延而在审判前受到不合理的长期羁押。如果发生这种拖延时,国际刑事法院应考虑有条件或无条件地释放该人。

三、羁押

羁押是一种概述性的用语,具体是指审判前和审判中的羁押。它是审判得以进行的必要条件和前提之一。

刑事审判的目的是通过惩治犯罪行为来保护社会公共利益。为刑事审判而进行的调查和起诉是要寻找犯罪嫌疑人,并在一定条件下根据法律规定对其人身自由予以限制。因此限制（羁押）的目的有两个，一是防止具有人身危险性的犯罪嫌疑人继续危害社会；二是为了对其犯罪事实进行调查，以判断是否应对嫌疑犯起诉。因此羁押是为审判作准备，是刑事审理的一个必要的阶段。

毫无疑问，羁押对国际刑事诉讼活动的正常进行非常重要。在国际刑事法庭的实践中，犯罪嫌疑人为逃避法律的惩罚而逃到它国，可以说是屡见不鲜的事。有时，犯罪嫌疑人所在地国家已因各种原因会拘留该嫌疑人。从国际刑事诉讼的目的出发，国际刑事法庭为了不使该嫌疑人被拘留国释放或从那儿逃跑，另外还要考虑他不会去伤害或威胁受害人或证人，或要去毁灭证据等，所以在对嫌疑人的起诉书和逮捕令发出之前，国际刑事法庭的规则允许检察官可以通过法官的批准，从而将嫌疑人移交和临时拘留在法庭的拘留所里。这样，法庭检察长办公室就可以在《程序与证据规则》规定的期限内提出对他的起诉。当然，如果经过调查或复查，发现该嫌疑人够不上被起诉的标准时，也可以决定不予以起诉。

审前羁押作为一种非常严厉的强制措施，一旦予以采用嫌疑人就无法从事任何社会活动，并且会使其社会评价、声誉，地位，经济收入等受到不利的影响。正是由于羁押措施的影响深远，因此羁押应作为一种不能轻易采用的例外措施。联合国《公民权利和政治权利公约》第9条第3款指出，"等待审判的人们被拘禁不应该是一般的规则……"。所以审前羁押应被视为是一种对人身自由保护的例外。

既然任何人在依法被证实有罪之前都有权被视为无罪，那么被告人羁押期间根据有关规定所享受的权利也应得到切实的保障。

禁止任意和非法的羁押是所有嫌疑人享有的权利中最基本的权利，也是1948年联合国《世界人权宣言》的基本要求之一。该"宣言"的第9条规定"No one shall be subjected to arbitrary arrest, detention or exile."在这里,不受任意的逮捕和羁押中的"任意",不仅包括"违背法律"的意思,而且还包括不恰当、不公正和缺乏预测性的因素,也就是说它要求羁押不仅是合法的而且是合理的。

1987年联合国《保护羁押和监禁人的原则》规定:"羁押不仅要严格按照法律的规定,而且只能由有资格的官员或授权的人执行"。按照这一要求,即便羁押的理由合法、充分,也必须由具有羁押、逮捕权力的官员依照程序进行,否则视为非法羁押与逮捕。

在人权基本规则发展的背景下,嫌疑人享有不受任意和非法羁押的权利可以说是国际法一项普遍的共识。它要求在实施逮捕、羁押措施时,必须有合法的理由和经过合法的程序。在通常情况下,国家在制定逮捕、羁押时,都规定有"实质性要件"和"程序性要件"。一般而言,"实质性要件"包括罪疑要件、刑罚要件和必要性要件。所谓罪疑要件,是指要有相当的理由怀疑犯罪,或有强烈的迹象显示嫌疑人故意实施犯罪,"程序性要件"则是指实施羁押、逮捕必须履行一定的手续,符合一定的程序。

在现代法治国家的司法制度中,基本上都在开庭审判前的程序中规定了关于司法裁判机制在逮捕和羁押方面的规则,以抑制在调查和起诉活动中对被告或嫌疑人可能发生的人身权利的侵犯。世界各大法系国家审前程序的一个主要特征是:无论是调查还是审查起诉活动,都要受到法院或其他司法机构的授权和审查。由于羁押本身涉及对人身自由的剥夺,对此采用了更为严格的司法审查机制。警察或检察官将公民逮捕或拘留,必须在法定的最短时间内,将该公民提交给法官按照法定程序进行审查,法官为此将举行专门的听审或聆讯,在控辩双方同时参与下审查对嫌疑人进行羁押是否符合法定条件,然后作出诸如实施羁押、保释或其他强制措施的裁决。所有这些国内刑事法律制度中围绕羁押的规定和保障措施,在国际刑法中都已有充分的体现和规定。

国际刑事法院《程序与证据规则》第63条规定:"分庭有权根据第六十四条第九款所述的自由裁量权,依照第六十九条自由评定所有提供的证据的相关性或可采性。"这一规定表明,法官有一定的自由裁量权。

国际刑事法院《程序与证据规则》第51条规定:"在审议有关第十七条第二款的事项时,本法院可以根据有关案件的情况,除其他外,考虑第十七条第一款中提到的国家可能提请本法院注意的资料;这些资料显示该国法院符合国际公认的规范和标准,可以独立公正起诉同类行为"。

被告或嫌疑人在起诉阶段也有他(她)的权利。从嫌疑人的角度而言,只有他才明白对他实施羁押的原因,才能去考虑羁押是否合法,是否与客观事实相符合,最后才能作出是否要对羁押提出异议的结论。因此这是嫌疑人实施抗辩权、羁押异议申请权等权利的先决条件。而对于检察起诉机关而言,告知是一项"法律义务",也就是说,要在实施逮捕、羁押措施的同时告知嫌疑人逮捕、羁押的理由以及他应该享有的权利,即使是在情况紧急,即对现行犯实施逮捕的情况下,也应该在逮捕结束后,在合理的时间内不迟疑地履行"告知义务"。

"嫌疑人享有被告知羁押理由的权利"是无罪推定原则的自然结果,也是国际人权公约和各国法律中所明确给予的一项权利。在1966年《公民权利和政治权利国际公约》以及《保护被羁押和监禁人的原则》等有关国际法律文件中,几乎都规定任何被逮捕和羁押的人都有权在逮捕和羁押后的短时间内被告知理由。并且,不但被告知理由,而且必须使用被逮捕者或被羁押者能够理解的语言。国际刑事法庭自然也有被逮捕羁押的人被告知理由的规定。

为了保障被告(嫌疑人)的权利,前南国际刑事法庭《程序与证据规则》第55条明确规定,"当法庭书记官长指示逮捕令送交给的人或当局在逮捕被告时,他(她)有义务向被告'以他或她所理解的语言'宣读起诉书和被告权利的说明，被告则有权保持沉默。他或她所说的将被记录并可被用作证据。"

国际刑事法庭还明确地规定，除那些已被法庭宣告为有罪的人外，在判定为有罪前，所有被拘者被推定为无罪，并始终被如此对待[①]。如果没有法庭的法官或分庭正式发出的逮捕令，拘留所不应接纳任何人。法庭在接纳以后应尽快向每个被拘者通知他能向之求助的法律的、外交的和领事的代表。此时应给被拘者机会在合理范围内将：他在何处通知他的家属、他的律师、适当的外交或领事代表，以及拘留所所长决定的其他人，费用由法庭承担。[②]

第三节 辩诉交易

所谓"辩诉交易"(plea bargaining)，就是检察官和被告之间在案件开始审理之前或在案件审理过程中进行的一种谈判。说是"交易"，是因为两个当事方可以像做生意似的讨价还价。检察指控方提条件，被告也可以提条件，你来我往，各提要求，各提要价，就像市场上一样。"辩诉交易"体现了当事双方之间的平等关系以及被告方在刑事诉讼程序中的权利。在国际刑事诉讼制度中，也有关于"辩诉交易"的规定和实践。

一、辩诉交易的基本概念

辩诉交易这一程序规则，是因为控、辩双方在庭审中的地位和作用而产生的。在普通法系国家司法制度中，刑事被告人第一次出庭时，首

---

① 前南国际刑事法庭文件：《关于拘留等候法庭审判或上诉的人或法庭命令因其他原因拘留的人的规则》(1994年5月5日通过)，第5条。
② 同上，第6—8条。

先要对自己被指控的罪行作出"有罪"还是"无罪"的认定。这在刑事诉讼程序上称为"认罪答辩"(guilty plea)。如此一来,被告在承认有罪(plea of guilty)还是无罪(plea of non-guilty)之间就有选择。如果被告承认有罪,法官又确信这一认罪是出于自愿,被告人懂得其意义和后果,法院就不再继续开庭进行法庭审理,而只是对被告人进行量刑并作出判决;如果被告不认为自己有罪,法院将在法定时间内对该案开庭审判。

被告在第一次出庭时对自己所被指控罪行的回答,一般都是认为自己无罪。有的被告,如克罗地亚的巴拉斯基奇(Blaskic)将军和塞尔维亚前总统帕拉夫斯奇(Plavsic),在得知被法庭起诉后,都自己来到海牙。他们都不认为自己有罪,用他们的话来说,他们来只是因为被起诉,但他们是无罪的。正因为如此,他们才需要来出庭,以维护他们自己及其国家的荣誉。

除认罪或不认罪这两个选择以外,偶尔也会有其他可被称之为例外的情况。比如,米洛什维奇在2002年7月2日被送至荷兰前南国际刑事法庭后的第一次出庭中,由于认为该法庭是由联合国安理会成立的,是西方国家用来反对他所领导国家的工具,其成立本身就是不合法的,所以在法庭上拒绝回答关于他认为自己是否有罪的一类被告。在这种情况下,法庭就将他列入不认为自己有罪一边,并命令书记长官处按照《程序与证据规则》的规定,开始启动案件审理的准备工作。

由于被告在认罪与不认罪之间有选择的权利,他就可以利用这权利与检察官作交易。交易的一个基本条件是交易双方对交易客体具有处分权,即决定其法律上命运的权力。从某种意义上讲,检察官不予起诉、降格起诉和撤销起诉的决定可以看作是对当事人处分的某种让步。

例如,某一被告被以战争罪和反人道罪的罪名起诉。被告律师在通过对案情事实的分析,再加上对适用该罪行的法律等因素考虑后,觉得要使被告获得无罪释放的判决难度很大,他就可以向检察起诉方建议,以被告的主动认罪来换得刑罚的减缓。当然检察起诉方在对方提出建议后,自己这边也要看一下手中所掌握的证据,看胜诉有多大把握,以决定是否同意。

"辩诉交易"是从国内法律制度中来的,它是美国的一项司法制度。第二次世界大战以后,美国由于种种社会原因,犯罪率居高不下。为了以有限的人力、物力解决日益增多的案件,一些大城市的检察官开始用协议和交易的方式在法院开庭审理之前,和代表被告人的辩护律师进行协商,以检察官撤销指控,降格指控或要求法官从轻判处刑罚为条件,换取被告人的认罪答辩。由于这种结案方式迅捷而灵活,因而在美国联邦和各州得到广泛采用。

辩诉交易的盛行在很大程度上与当事人处分原则这一程序的存在有着密切的联系。在普通法系国家的司法制度下,检察官尽管作为政府或社会公众的代表追诉犯罪,但在诉讼中的地位只是处于起诉一方的当事人。它所作的撤销起诉,不起诉决定尽管具有终结诉讼的效力,但其性质不属于司法机关对案中实体问题作出的司法性裁判,而只是当事人的处分。就法庭来说,它的审理范围受检察起诉方提出的请求所限制,审理和判决不能超出控方请求的范围,只有当事人提出并加以主张的事实,法官才能予以认定。当事人处分原则是指当事人可以自由处分诉讼中的请求或标的物。在此程序中,被告人可就检察官的指控向法官作出有罪或无罪的答辩。被告人一旦自愿作出有罪答辩,便意味着他放弃了获得公开审判的权利,继而也放弃了获得无罪宣告的权利。

所以从另外一个角度来看,"辩诉交易"程序也是充分尊重当事人,尤其是被告人主体性地位的制度。被告人在法庭审理中不仅是被处置的对象,还可以作为诉讼主体,积极地参加到刑事诉讼中,自主地决定自己的命运。即使作"有罪答辩",也是被告人为了实现自己的切身利益所作出的选择。

辩诉交易的存在,使刑事案件解决的决定性阶段提前到公诉提起后、法庭审判前,而不一定非要在案子审理后才能决定。所以从性质上也可以说,辩诉交易是一种庭外解决方式。"交易"这一概念本身内在地包含着合意的契机,而辩诉交易作为刑事诉讼领域中解决案件的一种方式,有其自身的特殊性,这种特殊性表现在合意的双重性,即解决方式的合意(或称实体合意)和解决内容的合意(或称程序合意)。

二、实践和案例

在国际刑事司法机构的审判机制中也引进了普通法系国家司法制度中的"认罪答辩"和"辩诉交易"的程序。例如前南国际刑事法庭《程序与证据规则》第62条规定:

"一个被告人一经转送到法庭所在地,庭长应立即将案件指定给一个初审庭。被告人应毫不迟延地被带到那个初审庭或一个法官面前,并且应被正式起诉。初审庭或法官应:

(i)让它自己/他自己或她自己相信被告人得到律师帮助的权利被尊重;

(ii)用被告人理解的一种语言向其宣读或使人向其宣读起诉书,并且让它自己/他自己或她自己确实明白被告人理解这个起诉书;

(iii)通知被告人,在其首次出庭的30天内,他或她将被要求就每项罪名进行认罪或不认罪的答辩,并且如果被告人如此要求,他或她可以立即就一个或更多的罪名进行认罪或不认罪的答辩;

(iv)如果被告人在首次或任何进一步的出庭时没有进行答辩,那么被告人代表进行不认罪的答辩;

(v) 在不认罪答辩的情况下,指令书记官长安排一个日期进行审判。"

国际刑事法庭在被告到达法庭所在地后,会在最短时间内安排被称之为"第一次出庭"(the first appearance)。在这次出庭中,法官传讯被告人并当庭向他(她)宣读起诉书以后,要求其指控进行是否认罪的回答。如果被告人做有罪回答,即承认检察官所指控的罪行,法官只要确认这种答辩出于自愿,没有任何威胁或引诱,而且被告人理解其被指控罪行的性质和构成要件,知道其后果和意义,法庭就不再开庭审理此案,而是径直对被告人所承认的犯罪予以判决。由此看来,被告人的自我承认本身便可直接导致有罪的裁判结果。

因为是"交易",所以如果作为交换条件,被告同意在审判同案犯时出庭为检察官方面作证而后来拒绝这样做,检察官也可以放弃原来的承诺而重新对被告进行起诉。总之,双方的协议就像是在起诉检察方面和被告辩护方之间签订的一份合同,只要一方不按合同办事,另一方就可以宣布合同废止。

对于普通法系中的控、辩双方"辩诉交易",前南国际刑事法庭的《规约》和《程序与证据规则》中先前没有这方面的规定。但当 1995 年埃德莫维奇(Erdermovic)在前南国际刑事法庭主动交代其参与屠杀无辜平民的事实,并在第一次出庭时就表示认罪时,在检察长办公室的美国籍检察官在内部法律讨论中就提出要在国际刑事法庭适用"辩诉交易"的建议。从而它引起了一场激烈的讨论。最后,在检察长办公室来自普通法系检察官的坚持下同意与被告方达成辩诉交易协议。

在国际刑法的实践中,这是第一例关于被告认罪并在起诉方和被告方之间达成"辩诉交易"的案例。从司法经济(judicial economy)角度考虑,达成"辩诉交易"能大大地缩短案子的审理过程,加上被告本人又是出于对所犯罪行的内疚是真心实意的认罪,因此,前南国际刑事法庭检察长办公室在讨论后,就把它作为一项起诉方面的优先政策确定下来。

埃德莫维奇一案,使得前南国际刑事法庭《程序与证据规则》1997年11月12日在进行修改时,加进了关于"辩诉交易"的第62条之二。该条款规定:

"如果一个被告人根据规则62(vi)认罪,或要求改变他或她的认罪并且初审庭相信:

(i)认罪是自愿做出的;

(ii)关于认罪已被通知;

(iii)认罪并非含糊不清的;以及

(iv)存在充足的事实基础证明犯罪行为发生并且被告人参与其中,或者以没有旁证的证据为基础或者因为各方就案件事实而言不存在任何实质性的分歧,

初审庭可以判决有罪并且指令书记官长确定一个宣判(sentencing hearing)日期。"

如果被告表示认罪,关于认罪的表示是"自愿"、"明确"、对该罪行和被告参加"有充分的事实根据",法庭就可作出有罪的裁定。所以,埃德莫维奇(Erdermovic)案使得"辩诉交易"开始在前南国际刑庭和卢旺达国际刑庭的实践中实行。国际刑庭里的"辩诉交易"是从普通法系国家司法制度中来的,但它的实践与普通法系的又有所不同。

在普通法系国家刑事司法制度下,检察官拥有广泛裁量权。它为辩诉交易从制度上提供了便利条件。正是因为检察官拥有了自由决定降格起诉和撤销起诉的权力,才有了与辩方交易的资本,以换取被告人

作有罪答辩或满足控诉方的其他要求。在案件审理以前,检察官与被告的辩护律师就定罪、量刑方面进行协商,以达成协议。通过谈判所取得的协议,如何有利于己方以及有利的程度,主要就是看辩护律师的经验和谈判技巧。法庭作为居中裁判者不加以干预。一旦成交,法院就予以接受。事实上,讨价还价只是在检察官和被告两方之间进行的,而且是在开庭之前。由于在这个阶段,法官还没有介入,并对案情一点也不了解,所以,只要当事双方达成协议,法官就只能接受。国际刑事法庭与此不同,检察长和被告方达成的协议,对法庭不具有拘束力。它在理论上只是起"建议"(recommend)作用[1]。检察长和被告尽管可以达成协议,但接受不接受最后还是由国际刑事法庭的法官决定。

在卢旺达国际刑事法庭的坎班达(Kambanda)一案中,也有辩诉交易。

坎班达是卢旺达前总理,他因在 1994 年涉嫌犯有种族灭绝罪被肯尼亚当局根据卢旺达国际刑事法庭正式请求而将他逮捕,并于 1997 年 7 月将他移送到卢旺达国际刑事法庭。在坎班达到达国际法庭后,他就与检察官方面达成辩诉交易。作为该交易的一部分,他在 1998 年 5 月 1 日第一次出庭时就承认起诉书中被指控的六项罪行,以换取国际刑事法庭对他和他家人的保护。当然,他期待这一认罪能在对他的刑罚上有所减轻。[2]

三、辩诉交易的利与弊

"辩诉交易"对司法公正的利益是起促进作用还是消极作用呢?

---

[1] 控、辩方之间的交易协议对法官不具有拘束力。关于这一点,当事者在每个协议文本里都有明确的认定。

[2] The Prosecutor v. Jean Kambanda, Judgement and Sentence, the ICTR, Case No. ICTR 97-23-S, 4 September 1998, pp.1 – 3.

在前南国际刑事法庭检察长办公室第一次建议并讨论这一问题时，不少人从司法经济的角度予以积极的肯定。国际刑事法庭所处理的刑事案，都是关于国际法上的严重罪行，如战争罪、反人道罪或种族灭绝罪等。这些罪行的规模一般都很大。因此一起案件从调查、取证、记录证人的证词一直到审判结束，往往要花费大量的财力和精力，一般都有几十万、几百万，甚至上千万美元的费用，这还只是从检察起诉方面来看。如果被告不能负担诉讼费用（在国际刑事法庭，由于诉讼费用昂贵，被告一般都没有能力支付），就需由国际法庭为其指定律师，那么花在指定律师上面的费用数目也很大。这对于财政已经出现危机的联合国来说，无疑是一项沉重的负担。所以，如果被告能与检察起诉方达成协议自认有罪，从经济的角度考虑，对国际刑事法庭自然是有很大的益处的。

但"辩诉交易"只是在起诉方和被告方面进行，这样的讨价还价是否是对法律的不严肃，对受害人以至整个社会的不公平呢？

辩诉交易的机制也不是没有争议。事实上，辩诉交易制度忽略了另一利益群体——被害人。辩诉交易仅在两大诉讼主体——被告人的辩护律师和检察官之间进行，双方对诉讼客体的交易与处分并不征求被害人的意见。即使对实施犯罪行为的被告人撤销指控，由于公诉行为的垄断性，由于被害人没有被赋予起诉权，被害人也就无能为力。

辩诉交易在国际刑事法庭刚提出来时，颇受争议。道理正如上面所述，忽视了被害人的利益。这显然与目前国际上加强对被害人的人权保障潮流是背道而驰的。不过也有人认为，讨价还价并没有损害司法的尊严和社会的利益。相反，这样做恰恰维护了社会公正。这一论点的基础是：让罪犯服刑，并不是只是为了惩罚他，更重要的是为了改造他。如果他能自己认罪，这对罪犯本身，对整个社会都是有利的。

检察官与被告在审判前达成协议，这在普通法系的国家是非常普遍的，但大陆法系则对此抱有深深的怀疑。普通法系说它好，主要是因为"司法经济"原则；而大陆法系则认为辩诉交易里有不平等，而且很容易发生不公正的情况。在前南与卢旺达国际刑事法庭，当辩诉交易涉及到刑罚时，从规则上讲，它对法庭只是个建议，没有任何的拘束力，但前南国际刑事法庭在其前期的审理中一般都接受检察官方面提出的建议。不过，审判庭与审判庭之间会有不同的考虑。最近的实践表明，法庭似乎不再简单地跟着检察官的建议走了。

国际刑事法院在成立时对辩诉交易问题也进行了详细的讨论。最后作为妥协的结果就是接受了大陆法系的原则，将辩诉交易作为证据中的一项。但尽管如此，辩诉交易的达成将使得整个审理过程变得简化了许多。国际刑事法院对辩诉交易的认可标准，与特设国际刑事法庭的大致相同，但它基于"公正利益"（interests of justice），特别是从考虑受害者利益的角度来审议案件的事实。它可以要求检察官进一步提供证据，包括证人的证词，也可以决定进行审讯。《罗马规约》里还专门有一个规定，反映了不同意辩诉交易程序的立场。根据《罗马规约》第65条5款的规定，检察官和辩护方之间就修改指控、认罪或判刑所进行的任何商议，对国际刑事法院不具任何约束力。当然，这一规定并没有完全排除辩诉交易协议的可能性。尽管检察官与被告达成的协议还需经过法庭的认可，但有关辩诉交易的规定还是允许检察官与被告方具有达成协议的建议权。

第四节　卷宗移送与披露证据

在前南国际刑事法庭实践中，已成习惯做法的不仅有检察官在庭前要按照《程序与证据规则》的规定，向被告方披露所有的证据材料，与被告律师方面在法官的安排下商定开庭前的准备工作或正式开庭时间,而且也还要向法官移送将在庭审中出示的证据材料,从而将大陆法系的案卷移送制度结合了进来。国际刑事法庭的这一规定无疑是非常独特、自成一类的。

一、案卷移送制度

前南国际刑事法庭在其成立之初制定的《程序与证据规则》,并没有关于在开庭前要向法官移送证据材料的规定。但大陆法系国家所实行的案卷移送制度的益处也是显而易见的。

案卷移送在司法制度上是与法官的庭前调查活动联系在一起的。起诉检察方之所以在案审前随案移送全部的卷宗材料和证据材料,目的是为了便于法官在开庭之前就能阅览这些材料,并根据阅卷情况,设想一下开庭审判中要注意的问题及大体的审判的思路,必要时还可以自行收集、调取自己认为必需而控方没有移送的其他证据。从法官方面看,他开展如此烦琐、细致的庭前调查活动的目的,是为了实现法官对法庭审理过程的主导权和控制权。在国际刑事法庭,刑事诉讼程序与一国国内的刑事司法程序一样,主要是围绕证据展示,如关于证据的可信性与证明力,辩论又是紧紧围绕着犯罪行为是否存在、被告人是否有刑事责任、被起诉罪行的构成要件是否都具备,等等。法庭审判几乎为控、辩双方对各自提出的证据的质疑与证明的争论活动所充斥。在常理上讲,法官都希望在其主宰下的法庭审判能有条不紊地进行。从逻辑上讲,法官如果在开庭之前对案件的基本情况及其争议焦点有一个清楚的了解,做到胸有成竹,对控制法庭并使审判得以顺利开展,无疑是有帮助的。

前南与卢旺达国际刑事法庭最初制定的《程序和证据规则》里,没有关于在开庭前要向法官移送证据材料的规定,但它们也没有禁止法官提出这样要求的规定。当庭审案子开始时,法官们就这一问题进行了私下讨论。在法庭第一个公开提出这个要求的是卢旺达国际刑庭的庭长嘎玛(Gama)法官。他是来自塞内加尔的法官。塞内加尔属大陆法系背景,所以在其审理的卢旺达刑庭的第一个案例、阿加耶苏(Akayesu)案中①,他要求起诉方将其已交给被告方的证据材料也交给他。

嘎玛(Gama)法官的命令在检察长办公室引起了一场轩然大波,它几乎遭到所有人的反对,尤其是来自普通法系国家法律专家的反对。在普通法系的司法制度下,法官是一个居中裁判者。为了能对案件作公正的判决,法官在原则上是绝对不应对案子事先有所了解,以免产生先入为主的偏见。所以他们已经习惯了这一作法。于是,检察长办公室在一片热烈的反对声中,向法庭提交了一个动议,要求法官"进一步考虑"(reconsideration)其决定②。但由于法官在收到动议后仍然坚持己见,检察长办公室方面无奈,只得移交自己准备在法庭上要提交证据的复本。

在前南国际刑事法庭,意大利的加塞西(Cassese)法官不久后也提出同样的要求。他在开庭前的准备会议上(Status Conference)解释说,法官在开庭审判之前没有接触过控诉方的案卷和证据,对案件情况一无所知,不利对审理过程中的法庭控制(control of the court)。法官事先阅览有关材料,是为了对整个案件的方向在审理前有个大致的了解,而不是为了在这个阶段上就裁定这些证据的真实性。

自加塞西法官作出解释和提出要求后,国际刑事法庭法官开庭前

---

① 阿加耶苏案,是1948年《预防和制止种族灭绝》以来由国际社会起诉的第一个案例。此案的上诉在检察长办公室里由我负责。初审阶段则由美国来的检察官,皮尔·波尔斯波(Pierre Prosper)负责。这是一位非常能干的检察官。该案初审一结束,他就回国。曾任美国国务院"战争罪"的巡回大使。

② "进一步考虑"(Reconsideration)的动议,其实也是普通法系国家的司法制度里所经常使用的一个程序。

阅览有关证据材料就成了一个制度,并在其后召开的法庭全体会议上将这一制度编进《程序与证据规则》。现在,法官甚至在阅览材料的基础上,为了加快庭审进度,可能决定减免其认为过多的证人的人数[①]。

1998年7月,前南国际刑事法庭法官在全体会议上通过修改《程序与证据规则》,加进了第65条(之三),以后在2001年4月又通过修订,从程序上专门规定:

"(A)初审分庭在任何时候都可以从其成员中指定一名法官负责预审诉讼(下为'预审法官')。

(二)预审法官在受理该案的初审分庭的授权和监督下在预审阶段协调当事双方的联系。预审法官应保证诉讼不拖延并应采取必要措施准备该案的公正和迅速审判。

(三)预审法官应确定适当的期限,尤其当检察官要求时间作进一步调查时。

(四)预审法官可被初审分庭委以规则第73条和73条之二所述全部或部分审讯前的职责,或规则第73条之三所述全部或部分辩护前的职责。

(五)预审法官应记录有关法律和事实问题的一致和不一致点。在这方面,他或她可命令双方向初审分庭提出书面提议。

(六)为了履行他或她的职责,预审法官可自动听取当事双方。

(七)预审法官应经常通知初审分庭,尤其当对问题有争议时,且可将这样的争议提交给初审分庭。

(八)预审法官一旦认为该案已准备好可以审讯,他或她应在依规则第73条之三在最后的审讯会议之前向初审分庭汇报。"

---

① 《程序和证据规则》第73条(之二)。

按照这条规定,检察起诉方在开庭审理前就要向法庭指定的预审法官(the pre-trial Judge)提交一系列的材料:除了检察官诉讼状最后文本及证据的概况以外,还得提交检察官要在案审中传唤证人的姓名或代号;检察官方面证人要在法庭中要证明的事实;证人的证言与起诉书中所起诉罪行的联系;证明每个被起诉罪行的证人的人数;证人作证的方式,即是出庭作证还是以书面的形式等;检察方面证人作证所需要的大概的时间量;以及检察起诉方面将向法庭出示的,已交给被告方面的物证,等等。在第65条第(F)款规定中,法庭对被告方也作了类似要求的规定。

联合国国际刑事法庭的这一实践在形式上与大陆法系国家中案卷移送的制度似乎一样,但两者之间有不同地方。

在大陆法系国家中,提起公诉采用的案卷移送的制度,指的是检察机关向案件管辖法院提起公诉时,不仅要提交指控被告人犯罪事实的起诉书,而且还要向法院移交侦查起诉时所制作的卷宗材料以及获取的证据材料。比如在法国,检察官在预审法官预审结束后制作的最终公诉书中,通常包括案情事实的摘要,被告人的品格,有利于和不利于被告人的证据。德国刑事诉讼法也规定,检察官在法院的要求下,应向法院移送迄今为止由它掌握的案件材料和收集的证据。

前南国际刑庭所要求提交的材料范围还没有这么宽。它主要是控方和辩方拟定出庭证人的材料。目的在于让法官开庭审理之前,就通过阅览材料对案情有一定的了解,并控制控方和辩方出庭实际需要的证人人数,以便在开庭审理时更好地支配和加快庭审进程。

二、证据展示

证据展示(discovery of evidence),本是普通法系司法制度中刑事案(及民事案)中了解案情的一种程序规则。国际刑事司法机构在其诉讼中引进了这一制度,因而要求在提起公诉后及开庭前,作为控诉一方的检察官有义务根据对方的要求向辩护律师展示他所掌握的证据,以保障辩护方的知悉权(right to know)。如果检察官不向对方出示有利于被告的证据,即被认为违反正当程序,将因此而承受不利于检察方的结果。

1. 公平与必要性

至于为何在刑事案件审判中设立这样的证据展示制度,其道理不难理解。由于检察起诉方拥有雄厚的人力和财力资源,所以在犯罪侦查和调查阶段,在收集证据的能力及其成效方面,比势单力薄的被告及其辩护人要强得多。在这种情况下,如果没有互通信息,特别是处于主动地位的检察机关如果不向被告人一方透露其所掌握的有关证据材料,再加上在普通法系制度下检察官不能往法官那里移送材料,被告人就无法从其他方面了解相关材料。这样,在法庭审理过程中控诉方就会突袭举证,会让辩护方感到不知所措。如果发生这一情况,控辩双方在法庭上的所谓平等对抗就无从谈起,刑事诉讼制度中对司法公正的设计宗旨和一贯追求也不会得以实现。所以,证据展示制度是与整个刑事法律制度配套设立的,国际刑事诉讼中也适用这一制度。

在国际刑法的实践中,证据展示制度并不是从一开始就有的。在第二次世界大战后的远东国际军事法庭的审判中,没有关于证据展示的制度,而且也没有强调这一原则。

但第二次世界大战以后,证据展示制度方面的规定有了很大发展。它主要在普通法系国家司法制度中实践运作,由检察官一方向被告方面提供与案审有关文件的副本和其他证据,其范围很广泛。美国《联邦刑事诉讼规则》第16条规定:在被告人一方提出请求的情况下,控方必须向其透露如下证据:

(1)所有检察官准备在审判中传讯的证人的姓名、地址、电话号码以及这些证人所作的与本案有关的一切书面声明和口头声明的记录，其中包括警方或检察官在调查时询问这些证人时的问话和回答的全部记录；

(2)所有被告人本人所做的与本案有关的书面声明和口头声明的记录；

(3)所有与本案有关的解剖、血样、指纹等的实验室报告和记录，以及一切有关专家的报告和声明。

(4)所有检察机关准备在法庭审判中出示的属于被告的书籍、文件、相片以及其他物品，并说明该物品与本案的关系，等等。

与普通法系国家中的证据展示制度相对应的是在大陆法系司法制度中被称为案卷移送的制度。根据这一制度，检察机关向案件管辖法院提起公诉时，要向法庭提交指控被告人犯罪事实的起诉书、侦查起诉时所制作的卷宗材料以及获取的证据材料。比如《德国刑事诉讼法》第173条第1项规定："依法院要求，检察院应当向法院移送迄今为止由它掌握的案件材料和收集的证据。"

在大陆法系国家司法制度下，法院之所以要求检察机关把控诉材料和收集的证据材料移送法院，目的在于，法官在开庭审理之前就能阅卷证据材料，以便对案情有相当充分的了解。这样就能避免在开庭审理时由于对案情一无所知而难以指挥和支配庭审进程。当然，这和大陆法系法官想在案审中发挥积极作用是分不开的。由于法官在庭审前就已充分了解了案情，而且案卷证据材料在案审前都由检察官转交到法官那里，所以，在法庭审理过程中，提出与调查证据的任务便通常由法官来进行，检察官所起的作用就不如在普通法系制度下的检察官那样重要。

国际刑事法庭在证据展示或案卷移送方面的实践比较特别。前南国际刑事法庭是联合国成立的第一个司法机构。在一开始制定的《程序和证据规则》里,前南国际刑事法庭引进了普通法系国家司法制度下的证据展示制度。该规则的第 66 条是关于检察长办公室向被告方进行证据披露的规定。

前南国际刑事法庭《程序与证据规则》第 66 条(A)款中对展示证据作出以下规定:

"根据第 53 条和第 69 条的规定,检察官应:

(i)在被告人第一次出庭的三十天之内,使用被告人理解的一种语言使辩护方得到当检察官从被告人那里获得所有的先前陈述并且寻求确认的时候伴随着起诉书的支持性资料的复制品;并且

(ii)在初审庭规定的或预审法官根据第 65 条之三而确定的时间期限内,使用被告人理解的一种语言使辩护方得到检察官意图在审判时要求作证的所有证人陈述的复制品,以及根据第 92 条之二而获得的所有书面陈述的复制品;当决定传唤这些证人时附加起诉证人陈述的复制品应为辩护方可以得到。"

按照上述规定,检察起诉方在被告第一次出庭后的三十天里,就应以被告能读得懂的语言,向其移送为支持起诉向法官提供证明材料的副本,以及检察官方面决定在案审期间要传唤的证人的证词。另外,检察官还要让被告方查阅在其保管或控制下的,对准备辩护至关重要的或检察官意欲用作审判证据的或从被告处或属于被告的任何书籍、文件、照片和有形物品。

所以,诉讼权的平等主要是指一项权利的享有。该权利一般被理解为包括下面几个要点:

(1)被告有权了解在起诉书中对其进行指控的所有罪行的全部细节;

（2）被告应在最短的时间内,有权审议检察起诉方所有的用以支持起诉书中罪行的证据。检察起诉方的这一揭示证据程序,必须要在规定的时间内完成(在联合国前南和卢旺达国际刑事法庭里是被告首次出庭后的30天内)。

（3）被告人有权指定一位或多位辩护律师。如果因为贫困而不能负担律师费用,法庭则为其指定一位律师并代他(她)支付所有必要的费用。另外,被告如果有必要进行调查活动但同时无力承担费用,法庭将指定一位或多位搜集证据的调查人员为其搜集证据。

（4）被告人有权传唤证人并对检察起诉方所传唤的每一个证人都进行交叉询问。辩方(被告)有权要求向法庭提供书面材料。此外被告人还享有要求证人出庭的权利。例如,他(她)可能请求法庭传唤(subpoena)证人,并且要求法庭强制性地传唤那些不情愿来法庭作证的人出庭作证。

2. 限制性

关于检察起诉方披露的义务不是绝对的。无限制的证据展示,也会导致控辩双方证据知悉权的过分膨胀,从而以形式上的控辩平等代替了实质上的不平等。因此,第66条(C)款对开示证据作了限制性规定：

"(C)当信息为检察官所掌握时,对信息的披露如果会进一步造成危害或危害目前正在进行的调查,或因为任何其他原因而会违背公共利益或影响任何安全利益的话,检察官可以申请正在举行秘密会议的初审庭解除在规则之下披露那个信息的义务。当检察官做出这样的申请时它应向初审庭(但只是初审庭)提供它希望保密的信息。"

根据这一规定,如果检察官认为其所拥有的材料被披露时会有损于将来或正在进行的调查,或因其他理由会违背公共利益或影响任何一个主权国家的安全利益,检察官就可以向法庭申请,以免去他根据

《程序与证据规则》必须披露证据的义务。当然,如果检察起诉方要想获得法庭的同意,他得在向法庭提出此申请时,同时还要提供能证明这样要求属于合理的有关材料。

所以除了检察官的披露证据的义务以外,法庭还可要求检察官在一定时间内告知法庭以下这些内容,即:控方的审前诉状(a pre-trial brief)将讨论哪些事实和法律问题,在哪些问题上控辩双方不存在争议,双方存在争议的问题有哪些,检方准备要传唤证人有哪些,等等。而且还要附上这些证人要证明的事实的概要和要出示的证物。法庭还会将指控与辩护方会集在一起,以便为审讯早日开始做准备。

国际刑事法院的《程序与证据规则》,在披露证据义务方面比前南和卢旺达国际刑事法庭的要求都要严格。它要求检察官告知被告所有自己在审判中要传问的所有证人的名单,并要求给予对方所有这些证人要举证问题的复印件,除了因为涉及到保护证人而由法官指定不能披露的内容以外。检察官必须披露的证据范围,还包括他所掌握的那些能证明被告无罪释放或者能减轻其刑事责任的那些证据。但关于那些能证明被告无罪的证据,检察官则需要首先向有关的审判庭申请。

国际刑事法院的《程序与证据规则》,规定了被告方也要向检察官方面披露其证人名字的义务,但其范围显然要比检察官方面的要窄。它只是涉及到一些特殊的辩护范围。双方都可以查看对方所拥有的要在审判中作为证据来使用的书籍、文件、照片等。之所以要这么规定,其目的是为了能保证公正审判,并使审判能快速的进行。

普通法系司法制度中的这种证据展示制度对当事双方都非常重要。因为在案件的审理过程中,任何一个争执的解决都必须建立在事实认定和法律依据基础之上。证据则是事关整个刑事诉讼成败的核心,是贯穿于刑事审判始终的一根红线。只有对检察起诉方面的证据了解清楚,被告人及其辩护人也才能从事实和法律两个不同的角度对检察官的指控进行有力的反驳,并提出和论证对被告人有利的辩护证据以达到自己的辩护目的。

证据展示制度本身也有个发展过程,不是从来就有的。远东国际军事法庭的审判时,东京法庭检察官方面有一证人,名叫田中隆吉。他原是日本陆军中将、陆军省兵务局局长。由于他自1923年陆军大学毕业后,一直在日军参谋本部工作,1927年在北京,1930年在上海,后任日本关东军参谋,曾参加"东条兵团"侵占内蒙古等,所以对侵华日军的阴谋内幕了如指掌。在远东国际军事法庭开始审判之前,田中隆吉表示愿意与检察方面配合,以便从日本陆军内部来揭发日本的侵略罪行。远东军事法庭的检察起诉方为了达到出其不意的目的,在开庭前对田中隆吉的证人身份和证词采取了极其严格的保密措施[①]。事实上,当田中隆吉突然出现在法庭上时,确实在被告中引起一阵骚动。他用自己所熟知的日本军部的内幕的证据,有力地揭露了日本在中国发动"九·一八事变"、策划成立伪"满洲国"的战争罪行。被称为检察起诉方的"王牌人证"[②]。

现在随着国际法,尤其是国际人权法的发展,证据展示制度成了国际刑事诉讼制度的一部分。

证据展示制度的重要性与刑事司法制度所允许的法庭辩护方式之间也存在着联系。普通法系与大陆法系这两大法系虽然在辩护方式上具有一些共同点,如都可以直接举证的方式论证辩护方的主张。但毫无疑问,在普通法系国家的司法制度下比较强调反诘(cross-examination)的运用。具体而言,对于检察官向法庭提供的证人,在检察官对其进行的询问(主询问)后,由辩护方从反对控方主张的立场出发,对该

[①] 中央电视台《探索发现》栏目:《丧钟为谁而鸣——远东国际军事法庭审判纪实》,安徽教育出版社2004年,第36—37页。
[②] 同上,第36页。

证人进行批驳性、怀疑性的审查询问,即反诘,以反驳控方证人证言中的矛盾和不实之处,向法庭证明控方关于被告人有罪的证明体系存在合理疑点,促使陪审团得出被告人无罪的结论。

在英美对抗式的审判中,反询问构成了辩护方最主要最基本的辩护方式,以至于有时辩护方不需要自行提出证人或其他证据,而只是通过对控方证人的反询问,仅仅抓住控方证人证言中的漏洞,就能取得法庭胜诉。然而,巧妙的反询问和极好的辩护效果,与对对方证据的先行了解是分不开的。

三、证据披露

证据披露的目的是防止出现伏击审判(ambush trial),防止一方掌握某一关键性证据,而另一方一无所知,在法庭审判的掌握证据的一方出人意外地拿出这个证据,而使对方不知所措,这样的做法被认为是不公平的,不利于澄清事实真相和公正审判,所以从20世纪中叶开始,在普通法系制度的国家里逐渐形成了一套案情互查的制度,即检察官和被告双方,互相向对方提出各种问题,要求提供各种文件和其他证据。通过审查对方提供的回答和文件证据,审查的一方就可以了解对方掌握的证据及对方在审判中将传讯的证人,等等,并因此做好应对准备。

1. 检方的披露义务

在国际刑事法庭的司法实践中,所有检察官方面所掌握的证据都在被告的审查之列。特别应该强调的是,根据司法公正利益的原则和国际法庭的规定,即使被告方面没有提出要求,检察官也有责任和义务主动向被告提供其掌握的任何能证明被告无罪的证据。

前南国际刑事法庭《程序与证据规则》第68条第1款规定:"检察官应尽可能快地向辩护方披露,检察官真实的认为会表明被告人无罪或减轻罪行或影响起诉证据可靠性的任何资料。"

如果检察官掌握有能证明被告没有犯下起诉书指控的罪行，或能减轻该罪行，或会影响控方证据的可靠性等的材料，就有尽可能快地向辩方披露这些材料的义务。所以，国际刑事法庭检察长办公室不仅要移送能证明被告有罪的证据，而且如果其掌握能证明被告无罪或能减轻被告罪行以及或能影响检察长怀疑证据可靠性的证据，也都必须移交给被告方。

披露证据问题出现的比较早，这个问题在审判前，甚至在被告被逮捕之前就已经被提出来了。在检察长办公室的日常工作中，都要有习惯将所有决定进行系统性的整理，并按主题进行排序和归档，将有利于在必要时更便捷地适用而有序更新。此外，对外披露所需的一套完整的关于某项起诉状（如诉讼请求、抗辩理由等）的命令与决定也正在准备过程中。早期的经验表明，如果一个案件在起诉之前没有很好地准备，那么案件一旦开始审理，证据披露问题将会变得相当复杂，检察官的公信力也将严重受损。

所有国际刑事法庭的检察官都必须时时记住《规约》和《规则》中关于证据披露的责任和义务。在任何时候都不得采取任何手段来回避这些义务。例如，当检察长办公室官员在询问证人或潜在性的证人时，一定要进行记录；在自己的陈述文档中不得记录有关证人的身份信息，如地址、电话号码等，这些信息应当被记录在证人自己的陈述文档中。检察官必须了解哪些信息和证据已经被检察长办公室所搜集。这样，检察长办公室所有相关人员，不管是调查还是法律官员，就可以一贯性地坚持落实这些规则：如，"证据搜集程序"和"证据保存及处理程序"。

当然，检察官的披露义务是持续的，而且在确定起诉状内容之后、审判过程中以及审判阶段结束后所获得的信息是可能须向被告人进行披露的。如果检察官方面发现新的证据或案件事实，且这些证据或事实根据规则应当向辩护方披露的，检方须立即将这些证据或案件事实的存在状况披露给被告方及审判庭。

　　国际刑事法庭检察长办公室绝对要避免这样的情况发生，即：自己已拥有某些证据或材料，却对辩护方说"没有"。这种情况会破坏检察长办公室的公信力和完整性。如果出现了这种尴尬的情况，就需要采取相应的措施来予以修正。《规则》第 67 条 D 项的规定，就适用于这样的情况。检察长办公室如果能在调查阶段和在起诉书起草的过程中，就通过意识到自己的证据披露方面的义务，时时将可能将来要用的证据或信息记录下来，这样就会减轻其在后续某个适当时期进行披露的义务负担。

　　尽管每个审判庭在程序上的做法会存在差异，但还是需要一个公平的标准程序。除非法官或法庭要求在特殊情况下排除适用，否则该程序将适用于检察长办公室未来的所有案件。检察官在关于披露证据义务方面如果不是太清楚，有权要求法庭就不清楚地方进行解释。同样，被告如果认为检察官没有履行它应履行的义务，就可以要求法庭发布命令，命令检方履行义务。在弗伦基伊一案中，前南国际刑事法庭认为，如果发现检方有违披露证据义务的行为，审讯可能会因此而重新开始，以便给被告以足够的时间准备。如果有必要，法庭甚至还会处罚检察官。

　　前南国际刑事法庭《程序和证据规则》第 68 条的规定表明，展示证据原则的规定，主要是因为司法公正的利益以及被告权利保障的需要。在前南和卢旺达国际刑事法庭，检察官有义务在审判开始前向对方进行证据披露。披露的范围包括支持起诉书的证据材料、计划传唤出庭的证人的证词，以及其他与起诉相关的证明文件的复印件。当然，并不是所有信息都要披露。法官对有些证据具有保护的义务，因此可以裁决不予披露。

　　前南国际刑事法庭《程序与证据规则》第 70 条是关于"不得披露的

事项"的规定。有些证据,举例说,虽然属于"开脱罪责"的证据,但如果是通过第 70 条的程序来到检察长办公室的,那也不能提供给辩护方,除非根据该条款的规定得到提供方的同意。如果该证据材料可能既属于第 70 条范围,又属于第 68 条范围,检察长可以提交单方面(ex parte)的动议,由法官来决定。

另外还有对受害者保护及证人保护问题。如果检察长办公室预见,如果有些证据如果现在披露,就有可能会危及到受害人或证人的安全,就应该向法庭提出推迟披露该证据的申请,直至特定的证人得到法庭的保护为止。当然,如果受害人或证人的身份信息被修正或被清除,修正部分应提交法官确认,并在确认后再履行披露的义务。当受害人或证人的姓名被更改,他们应被替换为数字或字母。这样,就不妨碍对材料的理解和分析。在某些情况下,控方可以要求延迟披露未删减证人的某部分证词。但检察官一定要向法庭或法官申请,请求同意。

前南国际刑事法庭《程序与证据规则》第 70 条(A)规定要对"内部文件"予以保护。所谓"内部文件",其定义涵盖了报告、备忘录,或其他内部文件。这些文件都不须根据《规则》的第 66 或第 67 条予以披露。内部文件又被称为"工作产品"(work-product)。但《规则》里没有这个词语,只有"其他内部文件"。鉴此,检察长办公室规定,作为一般规则,下列材料不须予以披露:

(a)调查员的笔记,工作的日记笔记,准备证人交谈前的要点笔记,在电话交谈时或个人随笔;

(b)有关内部人员出差或出访的报告;

(c)尚在进行过程中、尚未被证人签名的报告,或那些已被证人拒绝签署的证词;

(d)作为调查部分的问卷调查;

(e)不完整的证人陈述书(还未经证实或签名);以及

(f)内部对某个特定问题的专门报告,等等。

在前南和卢旺达国际刑事法庭,一旦检察官向预审法官提交了所有的材料和诉状之后,该预审法官就会将这些材料和诉状作为一个完整的卷宗而移交给主管该案审理的法庭。这个卷宗包括所有当事人提供的文件,在这之前所举行的会议的记录,等等。因此,这个卷宗对帮助初审庭决定召开审前会议很有用。不过,预审法官的这个卷宗与大陆法系"纠问制"中的"卷宗"(case file)不一样。大陆法系中的"卷宗",指的是法庭为检察官和被告方两边都可以用的证据材料。如果法庭认为检方在证明同一个事实所要传来的证人数量过多时,可以要求检察官减少;如果认为检察官有询问检方证人方面的用时过多,也可以要求他缩短时间。

2. 双向披露

在普通法系制度的国家里,"证据展示"最初实行的是"单行道"(one way)的机制,即只规定检察官必须向辩护方展示证据,但辩护方没有相同的义务,不过,随着刑事诉讼实践的发展,证据展示制度也逐渐从"单行道"演化为"双行道",实行控辩双方相互展示证据的制度,以体现真正的对等原则。

前南国际刑庭《程序和证据规则》也反映了普通法系司法制度的这一变化。该法庭《程序与证据规则》的第67条是关于"相互披露"(或"双行展示证据")的规则。该条规定:

"在初审庭规定或预审法官根据第65条之三而确定的时间期限内:

(A)辩护方应通知检察官按其意图提供:

(i)不在犯罪现场的辩护;在这样的情况中通知应具体说明,当被主张的罪行发生的时候被告人声称所在的地点和证人的姓名

及住址,以及被告人可以用来证明不在犯罪现场的任何其他证据;

(ii)任何特别辩护,包括降低或缺乏意识责任(diminished or lack of mental responsibility);在这样的情况中通知应具体说明,证人的姓名及住址,以及被告人可以用来确立特别辩护理由的任何其他证据;

(B)检察官应通知被告人证人的姓名,检察官意图要求这些证人来反驳根据上面段落(i)他收到的任何辩护理由。

(C)如果辩护方没有根据本规则提供通知,那么被告人就上述辩护理由进行证实的权利不应受到限制。

(D)如果一方发现了根据规则本应更早披露的附加证据或资料,该方应立即将那个证据或系列披露给另一方和初审庭。"

根据这一条的规定,除检察官应该通知被告(辩护方)其意欲传唤的证人姓名,以及为对抗辩护方提出的任何辩护理由的证人姓名以外,如果辩护方想在案件的审理中证明被告人不在犯罪现场,那他就必须在开庭审理前向检察方移交被告在指控犯罪时间内曾经出现的特定地点和地方、证人姓名和住址,以及任何其他的有关被告不在现场的证据。另外,如果辩护方想要证明被告丧失和缺乏智力能力,他就有义务移交给检察方他所要传唤的证人的姓名、地址以及其他相关证据。不过,如果辩方没有按此规则予以通知,也不能因此而限制被告要证明上述辩护的权利。如果控、辩中的某一方在审理过程中需要展示根据规则应该展示的证据或材料,就应将这些证据或材料立即移交给对方和法庭。

因此,前南国际刑庭的《程序和证据规则》在证据展示方面,采用了双向展示原则。证据展示的目的是为了避免一方对己方的证据在开庭前藏而不露,以便在法庭上搞伏击辩护或指控,利用对方的准备不足进行突然袭击。突然袭击不仅可能导致庭审的延期或成为查明案情的障碍，而且与公正的根本要求不相符合。所以双向展示即控辩双方均向对方展示证据，无疑比单向展示更有利于证据展示制度的良性发展以及效率与公正的实现。

根据前南国际刑事法庭《程序与证据规则》，辩护方被要求披露一些证据材料，这尤其是当他要进行"不在现场"的辩护时。不过，在塔迪奇一案中，史蒂芬法官认为：除非是关于"不在现场"或其他非常特殊的辩护，否则辩方没有任何披露的义务。

第五节 对法庭管辖权的挑战

在一国国内法院的审理过程，难得会碰上对案审法院管辖权提出挑战的事。但在国际刑事诉讼机构的审理过程中，法庭的管辖权受到质疑则是一个比较普遍的现象。从道理上讲，刑事案件必须得由"合法成立"的法庭审理，所以管辖权问题一旦提出，就是任何国际刑事诉讼机构首先要裁决的一个重要问题。

国际刑事诉讼机构的活动，无疑都得遵守刑法上被广泛认可的基本要求和原则。刑法上的"合法性原则"(principle of legality)要求一个法庭必须"依法成立"，否则就没有资格对案件进行审理，确定被告有罪以及惩治犯罪；刑法上的"法无明文不为罪"(Nullem crimen sine lege)原则，要求只有行为发生时已构成法律上禁止的犯罪行为时，该行为人才可能根据法律承担刑事责任。刑法上这些基本原则当然也适用于国际刑事诉讼机构。

国际社会为了惩治严重的国际犯罪行为，已成立了不少国际刑事诉讼机构。这些机构的宗旨和目的基本相同，但其成立方式与管辖权却并不一样：纽伦堡与远东国际军事法庭是第二次世界大战后由战胜国成立的,前南斯拉夫国际刑事法庭和卢旺达国际刑事法庭是由联合国安理会通过决议成立;塞拉利昂特别法庭则是塞拉利昂政府与联合国通过签订协议而成立。尽管成立方式各异,但它们都得符合"合法性"原则。换句话说,都得具有对特定国际罪行行使管辖的权力。然而正是在这一点上,上述这些国际刑事诉讼机构遇到了挑战。

一、东京审判

"法无明文不为罪"(Nullum crimen sine lege)是国际刑法的最基本原则之一,也是所有国际刑事诉讼机构都不可否认地要坚持这个原则。

"法无明文不为罪"是国际刑法的基本原则,所有其他国际刑事司法机构也都有这样的原则。例如,东帝汶特别法庭关于设立对严重刑事犯罪行为进行排他性管辖的组织法第12条也明确规定:"一个人在本规约下不应承担刑事责任,除非有疑问的行为在发生的时候构成国际法下或东帝汶法律中的犯罪"。再例如,国际刑事法院《规约》第22条明确规定:"只有当某人的有关行为在发生时构成本法院管辖权内的犯罪,该人才根据本规约负刑事责任(criminally responsible)。"

所以,"法无明文不为罪"的原则要求被告被起诉的行为在其发生时已根据当时的法律构成了犯罪,否则该被告就不应被起诉,更不能被要求承担刑事责任。远东国际军事法庭在其审判之初,在这方面遇到了来自被告方面的挑战。

1. 质疑"破坏和平罪"

第二次世界大战以后,同盟国在1943年11月1日的《对德国暴行宣言》中表示,他们将承担起诉和处罚战犯的责任和义务。以后在1945年8月8日的关于起诉和惩治欧洲轴心国主要战犯的协定《伦敦宪章》和1946年1月19日《远东国际军事法庭宪章》中履行了惩治战犯的承诺,从而成功地对德国纳粹分子和日本法西斯进行了审判。在东京审判中,在25名被告中,除了对南京大屠杀负有战争罪刑事责任的松井石根以外,所有其他24名被告都因对华或对其他国家的侵略而被判定犯有"破坏和平罪"。①

根据这两个国际军事法庭宪章的规定,侵略罪被称为"反和平罪"(有时被译为"破坏和平罪"),当时还没有侵略罪的专有表述。但从罪行构成要件上来分析,反和平罪就是侵略罪。侵略罪是国际法上的一个非常严重的国际罪行。迄今为止,只有第二次世界大战结束后成立的远东国际军事法庭和纽伦堡国际军事法庭有过关于侵略罪的司法实践。两个国际军事法庭的《宪章》对破坏和平罪作了规定,但对于在法庭成立前国际法是否已有法律禁止破坏和平行为的存在是有争论的。

传统国际法上关于"正义"战争与"非正义"战争的观念,在联合国成立的时候也被反映在1945年国际社会所起草和通过的《联合国宪章》中。但在联合国大会1974年12月14日通过"关于侵略罪的定义"之前,国际社会始终没有就"侵略罪"的定义问题达成一致。而且,即便联合国大会通过了关于"侵略罪"定义的决议,从国际法角度来说,这个文件还不是一个对国家具有约束性的国际文件。

远东国际军事法庭《宪章》第6条和纽伦堡国际军事法庭《宪章》第5条是关于"破坏和平罪"的规定。国际军事法庭列举出五项犯罪行为,即计划、准备、发动及执行侵略或违反国际公法、条约、协定或保证之战争;除此四项以外,为达到上述目的而参与共同计划或阴谋的罪行也被包括在内。②所以,按照两个国际军事法庭《宪章》的规定,侵略战争是犯罪行为;凡是以任何方式或行动去参与这种战争的人们都要负

---

① 《远东国际军事法庭判决书》,张效林译,群众出版社1986年,第612页。
② 远东国际军事法庭《宪章》第6条,纽伦堡国际军事法庭《宪章》第5条,参见:赵秉志、王秀梅编:《国际刑事审判规章汇编》,中国人民公安大学出版社,2003年。

其个人责任。

"甲级战犯"是指犯有"反和平罪"的人。由于它的严重性,反和平罪被国际军事法庭作为"甲"项,即第一项被规定在法庭管辖权里;"乙"项和"丙"项分别是指战争罪行和反人道罪行。所以,反和平罪是二战后成立的国际军事法庭审理案子中最重要的一项罪行。

从实践看,在纽伦堡国际军事法庭受审的戈林等 22 名主要纳粹战犯和在东京法庭受审的东条英机等 28 名主要日本战犯,全都被控为犯有反和平罪。由于所有这些被告在他们本国都享有很高的地位和权力,他们在二战前和二战中策划和实施对其他国家的侵略,所以在侵略政策的制定和实施方面都负有不可推卸的责任。

从这两个国际军事法庭的审判上看,被告对法庭有权审判战争罪行没有提出过异议,认为无论是国际还是一国国内军事法庭都可对被告们进行审判;虽然反人道罪是根据德国和日本法西斯在二战中的暴行确立的国际法新罪名,至审判时还没有任何国际法律文件对该罪名作什么规定,但被告对反人道罪也没提出什么异议。然而,被告律师对法庭在反和平罪或侵略罪方面的管辖权,进行了猛烈的攻击[①]。

破坏和平罪(Crimes against peace)在国际军事法庭受到指控。这个指控因为基于事后法(ex post facto law)而受到批评。在纽伦堡和远东国际军事法庭审理期间,被告律师对国际军事法庭审理反和平罪(侵略罪)的主要辩护理由是:

"第一,战争是国家的行为,因此,个人在国际法上无须承担任何责任;

第二,侵略战争本身并不是非法的,废弃以战争为国家政策工

[①] 梅汝璈著:《远东国际军事法庭》,法律出版社、人民出版社 2005 年,第 23 页。

具的1928年的非战公约,没有把战争当做犯罪。

第三,国际军事法庭《宪章》的规定,是'事后'(ex post facto)法,违反了'法律不溯既往'的原则,所以是非法的。"

所有这些主张在纽伦堡国际军事法庭的判决中都被驳回。该国际军事法庭通过对法庭的《宪章》、1907年的海牙公约、1923年国际联盟互助条约(Treaty of Mutual Assistance)草案、1927年9月24日国际联盟大会宣言以及1928年2月18日第六届(哈瓦那)泛美会议决议(Pan-American Conference Resolution)都被法庭考虑后,认为"诉诸一场侵略战争,不仅是非法,而且是犯罪行为(not merely illegal but criminal)"。[1]

按照纽伦堡国际军事法庭的判决,破坏和平罪是"最大的国际性罪行,与其他战争罪行的区别,只是它所包括的是全部祸害的总和"。因为从逻辑上讲,如果没有侵略就不会有战争,如果没有战争便不会有杀伤、奸淫、掳掠、残害平民、虐待俘虏等战争罪行,所以侵略战争是"全部祸害的总和",因而也是"最大的国际罪行"(Supreme International Crime)[2]。

侵略战争在被告们参与的时候是否在国际法上已经被认为犯罪?即使侵略战争在当时国际法上已被认为是犯罪,参与战争的个人是否应该为此负责? 对这两个问题,具有国际性质的纽伦堡和东京国际军事法庭认为,法庭的宪章规定是完全符合当时的国际法的,被法庭起诉的被告在遵守和适用宪章规定方面承担有国际法上的义务。

---

[1] Trial of the Major War Criminals before the Internaitonal Criminal Tribunal, Nuremberg, 1949, Vol 1, at 186.

[2] 纽伦堡国际军事法庭判决书,伦敦版第13页,中文译本第20页;转引自:梅汝璈著:《远东国际军事法庭》,法律出版社、人民出版社,2005年,第25页。

纽伦堡国际军事法庭认定侵略为一种国际法罪行,其主要根据是订立于 1928 年的《非战公约》。该公约有 63 个国家批准和参加,其中包括德国和日本。日本于 1929 年 7 月 24 日加入这一公约的[①]。所以,德国和日本对它都有遵守的义务。

《非战公约》在序言中声明:缔约国"所有各国关系之变更,只可以和平方法使其实现……由是世界文明各国联合,共同斥责以战争为履行国家政策之工具"。

公约第 1 条规定:"缔约各国兹郑重宣告:彼等罪责恃战争以解决国际纠纷,并斥责以战争为施行国家政策之工具。"

公约第 2 条规定:"缔约各国互允:各国间如有争端,不论如何性质,因何发端,只可用和平方法解决之。"

纽伦堡国际军事法庭认为,自从《非战公约》制订以后,侵略战争在国际法上已经被视为是违法的。它不但违法,而且还是犯罪。纽伦堡国际军事法庭在判决中认为:

"法庭宪章并非战胜国方面权力之武断的行使,而是宪章制定颁布时现行国际法的表现。"

"依照本法庭之见解:郑重地斥责战争为推行国策之工具,其中必然包括承认战争在国际法上是违法的原则;凡从事于策划和执行这种产生不可避免的可怕结果的战争者,都应该视为犯罪行为。被当为解决国际纠纷中推行国策工具的战争,其中必然包括侵略战争,因此侵略战争正是公约所视为违法的。"[②]

[①] 《巴黎非战公约》全文,载《国际条约集(1924—1933)》,第 373—374 页;《远东国际军事法庭判决书》,张效林译,群众出版社 1986 年,第 43 页。
[②] 纽伦堡国际军事法庭判决书,伦敦版第 39 页,中文译本第 65 页,转引自:梅汝璈著:《远东国际军事法庭》,法律出版社、人民出版社 2005 年,第 25 页。

被告律师曾辩解说,《非战公约》中并没有直接使用"犯罪"的字样,国际军事法庭认为这并不重要。它认为,公约中的国际法"不法行为",按照一般意义上的解释,其意义等同于犯罪。法庭以1907年的《第四海牙公约》(禁止战争中各种残暴行为的公约)为例证。该公约并未用过"犯罪"字样,但人们迄未怀疑过其中所禁止的事项都是犯罪行为。自公约签订以来的40年里,许多犯有这些罪行的人被各国法庭逮捕,作为战争罪犯审判和惩处。所以,解释法律和适用法律不能拘泥于呆板的文字,而应重视立法的精神和当时的环境,包括当时的公众意识、人类进步、社会舆论,等等。①

纽伦堡国际军事法庭在审理上级命令(The High Command Trial)一案时认为：

"…… 如同在普通刑事案件(ordinary criminal cases)中一样,在侵略战争犯罪行为中也必须存在犯罪的构成要件(elements)。首先必须存在真实的意图(actual knowledge),即一场侵略战争是故意被发动的。但仅仅是意图还不足以构成参与(participation),即便对于占据高级职位的官员也是这样。它还要求具有这种意图的人通过自己的地位来影响、继续推动或制止预防战争。如果是继续推动战争(furthering),那么他就应承担刑事责任。如果其能力范围之内是制止或预防(hindering or preventing)战争做的是后者,那么这个行为显示他缺少和这样的一个政策有关的犯罪意图。"②

---

① 转引自:梅汝璈著:《远东国际军事法庭》,法律出版社、人民出版社2005年,第25页。

② LRTWC, Vol XII, pp. 68-69; Rodney Dixon, Karim Khan, Judge Richard May, Archbold, International Criminal Courts, Sweet & Maxwell, London, 2003, p.406.

2. 日本侵略罪行的认定

纽伦堡国际军事法庭开庭比东京国际军事法庭开庭约早半年,纽伦堡国际军事法庭判决的宣布比东京国际军事法庭的要早两年。对纽伦堡国际军事法庭在破坏和平罪的认定和界定方面,远东国际军事法庭表示完全同意,并认为:"有鉴于两个法庭的宪章在一切重要方面完全相同,本法庭宁愿对纽伦堡法庭的意见表示无条件的支持,而不愿用不同的字句重新另写,以免敞开对两个写法不同的意见采取抵触的解释及争辩之门。"[①]

远东国际军事法庭的管辖时间从1928年起算。为了证明侵略战争在1928年以前就被视为国际罪行,远东国际军事法庭详细列举了在1928年以前国际社会已将侵略战争定为犯罪的努力和尝试,以及日本在国际法上的义务和权利。远东国际军事法庭列举的国际公约和国际事件主要有:

1.1894—1895年的中日战争;

2.第一次海牙和平会议;

3.1899—1901年的义和团事件;

4.日俄战争;

5.朴资茅斯条约;

6.北京条约;

7."南满洲铁道株式会所";

8.在中国的所谓"门户开放"政策;

9.1908年的日美同文通牒;

10.朝鲜的合并;

[①] 《远东国际军事法庭判决书》,第一部第二章"法"中"法庭的管辖权",张效林译,群众出版社1986年。

11. 二十一条要求,1915 年的中日条约;

12. 1917－1920 年协议国的对苏干涉;

13. 1919 年的和约;

14. 国际联合会盟约;

15. 1921 年的四国协议;

16. 1922 年的日美委任统治条约;

17. 华盛顿会议;

18. 对荷兰和葡萄牙的四国保证;

19. 华盛顿海军军备裁减会议;

20. 九国公约;

21. 1912 年的鸦片公约;

22. 巴黎非战公约;

23. 第三海牙公约;

24. 日内瓦红十字会公约;及

25. 第十海牙公约,等等。①

远东国际军事法庭在判决中用了整整一个章节(第三章)把上述各国际法律文件一一列举出来,以证明早在日本侵略中国以前,国际法上就已存在一个原则,即:侵略战争在国际上是犯罪行为;日本通过自己加入的国际公约,已经保证尊重所有其他国家的领土完整和政治上的独立。

远东国际军事法庭通过长达两年半的审理,最后在判决书关于"起诉书中罪状的认定"中声明:"日本为取得对东南亚、太平洋及印度洋,以及该地区内与其接壤的国家或岛屿之军事、政治、经济的控制地位……日本单独或与其他具有同样目的之国家,发动侵略战争,以对付

---

① 《远东国际军事法庭判决书》,张效林译,群众出版社 1986 年,第 23—51 页。

反对此侵略的国家。"

东京法庭就日本侵略中国的事实进行了裁决,认为:

"为达到他们日本统治远东这一最后目标所需要的攻击。他们在1931年发动了对中国的侵略战争,占领了满洲和热河。到1934年,他们已经开始侵入了华北,在华北驻兵,并树立了专为他们的目的服务而组织的各种傀儡政府。自1937年以后,继续对中国进行了大规模的侵略战争,侵略和占领了许多中国领土,设立了仿效上述形式的各种傀儡政府,并且开发了中国的经济和天然资源以供应日本之军事的和一般人的需要。"[1]

远东国际军事法庭认定日本对中国及其他国家"进行了侵略战争"。[2] 与此同时,法庭拒绝了被告律师们所提出关于"当被告们策划、发动或参加侵略战争的时候,侵略战争还未被宣布为非法"的说法;对于所谓被告们根据"法律不溯既往"的原则、应该是无罪的说法,远东国际军事法庭也予以坚决的驳斥。最后,在东京国际军事法庭11个法官中,除了印度法官之外,其余10国法官一致对于认定侵略战争属于国际法上的罪行,所有参加者也都负有个人刑事责任。[3]

二、联合国特设国际刑事法庭

联合国前南和卢旺达国际刑事法庭分别于1993和1994年成立后,其管辖权也遇到了挑战。按照刑法"合法性原则",只有经合法、正当程序成立的法庭才能对被告进行审理;法庭也只有经过充分有效的证明以后,才能确定被告是否有罪。这是刑法和国际法的基本原则,任何法庭都要遵循这一原则。因此,一个法庭必须首先是"依法成立"

---

[1] 同上,第565页。
[2] 同上,第568页。
[3] 梅汝璈著:《远东国际军事法庭》,法律出版社、人民出版社2005年,第24页。

(established by law)，才有资格进行审理。

前南国际刑事法庭和卢旺达国际刑事法庭是联合国安理会成立的，塞拉利昂特别法庭又是联合国与塞拉利昂政府之间达成的协定。从道理上讲，如果"人人都得遵守法律"，联合国不能例外，联合国安理会也不能例外，都要遵守法律。那么，联合国安理会成立这两个国际刑事法庭本身，在法律上有没有根据？

1. 挑战的背景情况

前南和卢旺达国际刑事法庭是两个各自独立的国际司法机构，其每个司法机构都有自己一套完整的调查、起诉和审理的机制。但从性质上讲，这两个国际刑事法庭有相似之处。例如，它们都是"特设"，都是联合国安理会决定成立，又都属于联合国安理会的附属机构。前南国际刑事法庭成立于1993年，卢旺达国际刑事法庭成立于1994年。在法庭成立以后，这两个法庭在其合法性问题上都面临过挑战。由于前南国际刑事法庭比卢旺达国际刑事法庭成立要早一年，它在"合法性"问题上遇到挑战的案例也要早。因此，对成立联合国特设国际刑事法庭"合法性"问题的论述，将主要放在前南国际刑事法庭发生的案例方面。

塔迪奇案是前南国际刑事法庭于1993年成立后审理的第一个案例。正因为是第一个，联合国安理会设立前南国际刑事法庭的合法性问题也被作为法律上一个极其重要的问题，在案审开始以前就自然而然地被提出来。

从国际法上讲，被告要求一个依法建立的法庭来审理对他的刑事控诉，这是他(她)的一项基本权利。《联合国公民和政治权利国际公约》第14条第1款规定,《欧洲人权公约》第6(1)条规定："在决定他的公民权利和义务或对他的任何刑事指控的时候，每个人都有权利在合理的时间内得到一个依法建立的独立公正的法庭(independent and impartial tribunal)给予的公平和公开的审理(a fair and public hering)……"

这一条款规定了任何人作为被告的一项基本权利,即:享受具有一个依法建立的法庭的公平和公开的审理。

"犯罪"本属于刑事实体法范畴,但要对其进行定罪,则必然会超越单一的实体限制。具体地讲,"定罪"是法定机关依照法定程序对公民是否触犯刑法而应追究刑事责任所作判定的过程,是刑事实体法和程序法的有机结合。它强调定罪的程序内涵,即只有通过合法、正当的程序来查明公民有犯罪事实,才能对公民是否有罪进行判定。法院(法官)是惟一有权判定的机关。定罪的惟一根据,则是通过审理过程中的证据展示,表明嫌疑人、被告人经查明确实犯有违背刑法规定的行为,应当被追究刑事责任。

所以,刑法的基本法理都要求严格地贯彻"法无明文规定不为罪"(nullum crimen sine lege)及"法无明文规定不处罚"(nulla poena sine lege)的原则。为了满足"合法性原则"的要求,必须首先明确地界定犯罪,使每个人都能意识到某种行为具有犯罪的特征。

合法性原则要求对禁止性的行为有一个清晰明确的界定;要求国际刑事法庭是依据已有的法律规定而成立。《前南国际刑事法庭规约》明确规定:"国际法庭根据现有规约的规定,有权起诉应对1991年以来在前南斯拉夫领域内实施严重违反人道法行为负有责任之人。"

对于前南国际刑事法庭属物事由方面的规定,"联合国秘书长认为,罪刑法定原则的适用要求国际法庭应适用国际人道法规则,这些规则无疑是习惯法的部分,因而某些国家并非所有国家不会因具体公约产生附带问题。这一点似乎对严重违反国际人道法负有起诉责任的国际特设法庭诉讼的程序而言特别重要。"①

---

① Report of the Secretary General, UN Doc. S/25704, Adopted by the Security Council at its 321th meeting, on 25 May 1993, para.29.

除了《欧洲人权公约》规定每个人都有受到独立公正的法庭给予的公平和公开的审理的权利以外,《美洲人权公约》第 8(1)条也规定:"每个人有权利在适当的保障和合理的时间内得到由一个事先依法建立的(previously established by law)有资格的和公正的法庭进行的审理。"

上述原则表明,任何人在受到刑事指控时,都享有由依法建立的独立和公正的法庭的审理的权利。因此,塔迪奇的辩护律师认为:"获得一个由依法建立的法庭决定刑事指控这样的权利作为"文明国家承认的一般法律原则"一部分,是国际法院规约第 38 条中规定的国际法渊源的一部分(one of the sources)。"[①]

由一个依法建立的法庭来决定被控方的权利,是"为文明各国承认的一般法律原则",也是国际法的组成部分。塔迪奇的辩护律师为了支持他的这一论断,强调了联合国《公民权利和政治权利国际公约》、《欧洲人权公约》和《美洲人权公约》中的"公平审判"或"适当程序"原则的基本性质,认为这些原则是国际法对刑事司法管理的最低要求。[②] 正是基于这些法律原则,塔迪奇在联合国安理会成立国际法庭的合法性问题上,向法庭提出了挑战。

2. 对挑战的回应

前南国际刑事法庭是联合国安理会在《联合国宪章》第七章规定下成立的。成立后的前南国际刑事法庭是作为联合国安理会的一个附属机构来运作。由于这层关系,前南国际刑事法庭在决定塔迪奇提出的合法性问题方面首先必须回答:它作为联合国安理会决议的产生结果和附属机构,本身有没有资格来讨论关于联合国安理会成立前南国际

[①] Decision on the Defence motion for Interlocutory Appeal on Jurisdiction, Appeals Chamber Decision on the Tadic jurisdictional Motion, 2 October 1995, Case No. IT-94-1-AR72, para.41.

[②] 同上。

刑事法庭是否合法的问题。

前南国际刑事法庭检察方的意见是,国际刑事法庭无权审查安理会成立国际刑事法庭是否合法的问题,理由是:国际刑事法庭是根据《联合国宪章》第七章成立的,而对《联合国宪章》的解释其实是一个不能裁判的"政治问题"。对此,初审庭也表示同意,"安理会为确保所构筑的框架适合公平审判(fair trials)而竭尽全力(taken every care to ensure),这是一回事;而通过法庭谨慎的框架以便能对国际法庭的合法性有权进行质疑(empowered to quesiton the legality),则是另一件完全不同的事。国际法庭的权限是明确的并且被严格确定的(precise and narrowly defined);如同其规约第1条规定的,它将起诉为严重违反国际人道法而负责的人,受到时空限制,并且在这样做的时候要符合规约。那就是国际法庭管辖权的全部内容。"[1]

援引前南国际刑事法庭《规约》第1条规定,是为了表明该法庭受空间和时间的限制;国际刑事法庭管辖权受到限制,是它不能审查国际刑事法庭成立是否合法的理由。基于同样思路,法庭检察方提出,并得到初审庭同意的理由还有:"这个国际法庭不是一个被用来审查联合国机关行为的宪法法院(a constitutional court)。相反的,它是一个具有清晰确定的权力的刑事法庭,包括一个相当具体和有限的(specific and limited)刑事管辖权。如果它将自己的判决局限在那些特定的范围,那么它就没有权力调查(investigate)安理会设立法庭的合法性。"[2]

为了进一步论证法庭没有权力去审议安理会建立它是否合法的问

---

[1] Decision on the Defence motion for Interlocutory Appeal on Jurisdiction, Appeals Chamber Decision on the Tadic jurisdictional Motion, 2 October 1995, Case No. IT-94-1-AR72, para. 14.

[2] 同上,第20段。

题，前南国际刑庭的初审庭还参考了国际法院的判决。国际法院在南非不顾安理会第 276 号(1970)决议继续留驻纳米比亚(西南非洲)对各国的法律后果问题进行裁决时，认为："无疑，法院没有司法审查(powers of judicial review)的权力，也没有对联合国有关机构的决定进行上诉审理的权力。"[1]

然而，尽管前南国际刑事法庭的初审庭认为对联合国安理会的决定不具有司法审查和上诉的权力，但该法庭上诉庭不这么认为。对该上诉庭来讲，是否要对联合国安理会的决定进行审议，不是问题的关键；为了决定它自己对案子有否管辖权的目的，国际法庭在其行使这个附加权力时能否审查安理会建立它的合法性，这才是问题的关键[2]。为此，上诉庭援引了联合国行政法庭规约第 2 条第 3 款的规定，即："在发生有关法庭是否有权的争端时，该问题应由法庭的决定解决。"此外，它还对"权力的权力"一语进行了解释。

"权力的权力"，在法语是"la competence de la competence"(the competence of the competence)。它是任何司法机构或仲裁法庭固有的管辖权中一个重要的部分。根据这一原则，任何法庭应有权"决定它自己的管辖权。"这是行使司法职能时的必要的要素。它被明确地规定在司法机构的文件中。如联合国国际法院《规约》第 36 条第 6 款规定："In the event of a dispute as to whether the Court has jurisdiction, the matter shall be settled by the decision of the Court." 既然关于国际法院有无管辖权问题由法院自己来裁决，从逻辑上讲，国际法院(法

---

[1] Legal Consequences for States of the Continued Presence of South Africa in Namibia (South-West Africa) notwithstanding Security Council Resolution 276 (1970), 1971 ICJ Report 16, at para. 89 (Advisory Opinion)).

[2] Decision on the Defence motion for Interlocutory Appeal on Jurisdiction, Appeals Chamber Decision on the Tadic jurisdictional Motion, 2 October 1995, Case No. IT-94-1-AR72, para. 20.

庭)来决定自己的管辖权,可以被认为是一项"固有的权力"。

决定自己的管辖权被认为是一项"固有的权力",这是因为国际法上不存在一个具体规定、完整的司法制度,也不是所有的司法或仲裁机构都需要一项具体法律文件来限定它的管辖权。事实上,"法院的第一个义务——正如其他任何司法机关一样——将断定它自己的权能。"[①]由于前南国际刑事法庭《规约》里没有法庭对自己管辖权审议进行任何限制的规定,所以上诉庭认为,前南国际刑事法庭就必须行使其"对管辖权的管辖权",通过审查被告方对管辖权的抗辩,以断定其受理此案实质问题的管辖权。

"显然,安理会在《联合国宪章》下的权限(discretion)越广阔,国际法庭审查其行动的范围就越狭窄,即使是关于法庭所自然拥有的(incidente)管辖权问题。然而,这并不意味着权力完全消失(disappears altogether),法庭具有这样的权力,特别是在《联合国宪章》原则和宗旨存在明显矛盾(manifest contradiction)的案件中。"[②]

由于前南国际刑事法庭上诉庭认为,只要是涉及到与《联合国宪章》的原则和目的明显不符的情况,国际刑事法庭不可能完全置之不理,所以它最后裁定:"结论,上诉庭认为国际刑事法庭有权审查基于安理会建立法庭的无效性(invalidity)而对其管辖权提出的抗辩(plea)。[③]

因此,前南国际刑事法庭认为它有权审查基于安理会建立该国际

[①] Judge Cordova, dissenting opinion, advisory opinion on Judgements of the Administrative Tribunal of the ILO upon complaints made against the UNESCO, 1956, ICJ Reports, 77, 163 (Advisory Opinion of 23 October) (Cordova. J., dissenting).

[②] Decision on the Defence motion for Interlocutory Appeal on Jurisdiction, Appeals Chamber Decision on the Tadic jurisdictional Motion, 2 October 1995, Case No. IT-94-1-AR72, para. 21.

[③] 同上。

刑事法庭合法与否的问题。

3. 法庭关于管辖权的裁决

塔迪奇在前南国际刑事法庭不具有管辖权方面提出了诸多的理由。如果归纳起来，它主要集中在以下两点：

第一，按照国际人权法和刑法公认的原则，法庭应该是一个"依法成立"（duly established）的法庭。作为一个国际刑事司法机构，前南国际刑事法庭应该由国际社会的主权国家通过协商一致、制定国际公约或通过修改《联合国宪章》来建立，而不应该仅仅以联合国安理会通过决议的方式来建立；

第二，《联合国宪章》没有关于安理会可以根据《联合国宪章》第七章来建立一个司法机构的明确规定，更不用说安理会拥有设立一个带有强制性质的刑事法庭的权力。[①]

这两个问题是对设立前南国际刑事法庭合法性的挑战，其要害是：《联合国宪章》里面到底有没有授予联合国安理会设立国际刑事法庭的权力。

塔迪奇的辩护律师的逻辑是这样的：联合国安理会如果不具有成立国际刑事法庭的法律根据，那它设立的这一法庭就是不合法的。根据国际法和刑法"罪刑法定"的基本原则，非法成立的法庭就没有管辖权，没有资格进行审判，因此，他认为被告人就应予以释放。

对前南国际刑事法庭的检察官来说，要证明联合国安理会在《联合国宪章》规定下具有建立国际刑事法庭的权力，是至关重要的问题。

联合国安理会成立前南国际刑事法庭的法律根据是《联合国宪章》的第七章。该章节的第一条，即《联合国宪章》第 39 条规定："安全理事

---

① Decision on the Defence motion for Interlocutory Appeal on Jurisdiction, Appeals Chamber Decision on the Tadic jurisdictional Motion, 2 October 1995, Case No. IT-94-1-AR72, para. 21,第 27 段。

会应断定任何和平之威胁、安全之威胁或侵略行为之是否存在,并应作成建议或抉择依第41条及第42条之规定之办法,以维持或恢复国际和平及安全。"

第39条规定表明,作为维护世界和平和安全为目的的联合国安理会具有断定对和平和安全是否存在威胁的权力。这是一个形势进行判断并下结论的权力,是非常重要的权力。同时它还表明:联合国安理会在断定国际局势是否存在对和平具有威胁方面,拥有相当大的自由量裁权。

联合国安理会不仅具有断定是否存在有对和平和安全威胁情势存在的权力,而且一旦断定这样情势存在,就有为了维持或恢复国际和平与安全,依据《联合国宪章》第41和42条规定采取强制性措施的权力。所以,联合国安理会如果断定在前南斯拉夫领土范围内存在威胁国际和平与安全的情势时,可以按照《联合国宪章》采取适当的措施。

《联合国宪章》第42条里规定的措施,属于军事性质的措施,它包括使用武装部队。《联合国宪章》第40条是关于一些"临时措施",其作用是为了作为一个"维持"的行动,产生"停止"或冷却的效果,"而不损害有关各方的权利、主张和立场。"它们类似于紧急的警察行动而不是依法执法的司法机关。所以,第40和第42条都不涉及设立国际司法机构问题。但第41条是关于联合国安理会可以采取的"武力以外"的措施的条款。根据这一条款规定,联合国安理会"可以促请联合国会员国"采取"得包括经济关系、铁路、海运、航空、邮、电、无线电"等停止的方法,必要时还可"断绝"外交关系。

第41条关于"不涉及使用武力的措施",设立国际刑事法庭显然不属于使用武力问题,符合该条款和平手段的规定。从逻辑上讲,《联合国宪章》第39条给予联合国安理会以断定国际上"和平之威胁、和平之破坏或侵略行为之是否存在"的权力。一旦联合国安理会作出决定,认为有这样的情势(situation)存在,就得依宪章的规定可以采取《联合国宪章》第41和42条里所规定的措施。

第41与第42条里措施的区别,在于第41条里是关于和平方式,而第42条是关于使用武力方面的措施。前南国际刑事法庭在性质上是个司法机构,设立这样一个机构显然不属于使用武力方面的"措施",不属于第42条所规定的措施。

仅从字面上理解,《联合国宪章》第七章中没有任何可被认为是直截了当地授予联合国安理会设立国际刑事法庭权力的规定。塔迪奇辩护律师在法庭上提出:对照《联合国宪章》第41条的规定,"很清楚,(该条款)没有建立一个审判战争罪法庭的任何意图。这一条中所举的例子都集中于经济和政治的措施,无论如何都没有建议司法的措施。"[①]

那么,《联合国宪章》第41条究竟该如何解释呢?

《联合国宪章》第七章的确是没有任何直接提到联合国安理会设立国际刑事法庭的字面规定。然而,对法律的解释,包括逻辑性的推理等,是全面理解法律条文的必要过程。关于联合国安理会是否具有设立国际刑事法庭的权力问题本身,其实也涉及对《联合国宪章》有关条文的逻辑解释和推理。

《联合国宪章》第41条规定:"安全理事会得决定所应采取武力以外之办法,以实施其决议,并得促请联合国会员国执行此项办法。此项办法得包括经济关系、铁路、海运、航空、邮、电、无线电及其他交通工具之局部或全部停止,以及外交关系之断绝。"

要理解这条规定,关键是对"可包括"(may include)一词的解释。

---

① Brief to Support the motion (of the Defence) on the Jurisdiction of the tribunal before the Trial Chamber of the International Tribunal, 23 June 1995, Case No. IT-94-1-T, at para. 3.2.1.

第 41 条中所列出的措施,如:"完全或部分中止经济关系和铁路、海上、空中、邮政,电报、无线电和其他通讯手段",或"断绝外交关系"等,里面没有提到"设立国际刑事法庭",甚至也没有提到"建立司法机构"的可能性。但"包括"一词又清楚地表明:这里所列举的措施仅仅是作为例证,它们不是"详尽性的"。换句话说,除这些措施以外还存在其他措施。只要有必要,联合国安理会为了维护世界和平与安全的需要,就可以采取除了第 42 条使用武力以外的其他措施。

正是基于这一逻辑,前南国际刑事法庭上诉庭最后得出结论,联合国安理会根据《联合国宪章》第 41 条的规定,完全具有(fall squarely)设立国际刑事法庭的权力[①]。换句话说,联合国安理会设立前南国际刑事法庭,符合国际法和刑法上关于"合法性原则"的要求。

这就是前南国际刑事法庭关于法庭成立"合法性"问题上的裁决。以后,当同样问题在卢旺达国际刑事法庭被提出来时,卢旺达国际刑事法庭也采取了基本相同立场的决定[②]。不过,因为法庭在其成立与设计方面还是存在区别,所以问题似乎也不完全一样。

4. 法庭是否有失公正性

阿卡耶苏案(Akayesu)是卢旺达国际刑事法庭成立后的第一个案例。在该案的审理中,被告阿卡耶苏对卢旺达国际刑事法庭成立的合法性提出了挑战。这一挑战主要是从国际法庭公正性的角度提出来的。

从联合国安理会于 1994 年 11 月通过第 955 号决议的背景看,安

---

① Decision on the Defence motion for Interlocutory Appeal on Jurisdiction, Appeals Chamber Decision on the Tadic jurisdictional Motion, 2 October 1995, Case No. IT-94-1-AR72, para. 36.

② The Prosecutor v. Joseph Kanyabashi, International Criminal Tribunal for Rwanda, ICTR-96-15-T, Decision on the Defence Motion on Jurisdiction (Trial Chamber, 18 June 1997).

理会成立卢旺达国际刑事法庭的目的,主要是为了惩治发生在 1994 年种族灭绝中的犯罪行为,并通过惩治犯罪来达到卢旺达国家的民族和解,恢复和维持和平。但阿卡耶苏认为,卢旺达国际刑事法庭实际上不可能达到这一目的,因为联合国组织本身就参与了 1994 年发生在卢旺达的大屠杀。此外,卢旺达国际刑事法庭审理的所有案件,被告全都属于卢旺达国家的一个特定的族裔,即"胡图"(Hutu),而该国的另一族裔,图西(Tutsi)却没有一个人受到起诉,这是卢旺达现国家政府向卢旺达国际刑事法庭施加压力的结果,显然是不公正的。[①]

联合国组织有没有参与自 1994 年 4 月 6 日起发生在卢旺达的大屠杀? 这是一个事实问题,需要经过调查后才会有结论。但从卢旺达国际刑事法庭这边来看,它的职责是法庭《规约》所规定的,它的管辖范围及管辖事项也是法庭《规约》里规定的。如果《规约》只是规定法庭对 1994 年发生在卢旺达国内的国际罪行进行调查和起诉,法庭就没有权力去调查、解释或裁定联合国作为一个国际组织有没有采取什么行动? 或如果采取的话,该行动的合法性如何? 况且,卢旺达国际刑事法庭本身还是联合国安理会通过决议成立的,是安理会的一个附属机构。

其实,联合国有否参与 1994 年在卢旺达大屠杀的问题,是一个与案件本身毫无关系的问题。该案要追究的是阿卡耶苏个人的刑事责任,是他是否要对起诉书中被起诉的罪名负责任的问题,这与联合国组织在卢旺达事件中所起的作用无关。尽管如此,这好像也涉及到法庭的公正性,即法庭成立的合法性问题。

1949 年四个《日内瓦公约》共同第三条规定:不得"未经具有人类文明所认为必需之司法保障的正规组织之法庭之宣判,而遂行判罪及

[①] . Prosecutor v. Jean-Paul Akayesu, Appeals Judgment, ICTR-96-4-A, June 1st, 2001, paras. 52 – 54.

执行死刑"。被告有获得公正审判的权利,这已成为一项习惯国际法的原则,为世界所有国家接受。然而,国际刑事法庭的合法性问题与法庭的公正性问题还不一样。国际刑事法庭的设立是否合法?这主要看设立该法庭的机构是否有建立该法庭的法律根据。前南和卢旺达这两个特设的国际刑事法庭,都是由联合国安理会设立的,因此研究这个问题就要去看授予联合国安理会职能的《联合国宪章》的有关规定。但关于国际刑事法庭的公正性问题,主要是指审判在程序上是否公正?所以它只是涉及国际刑事法庭是否已设计有能够保证公正审判的机制,这个机制是否被严格地执行和落实,以及法庭和法官是否在不受任何外来指示和干扰地依法进行审判。所以,阿卡耶苏提出的关于联合国组织是否参与 1994 年大屠杀的问题与卢旺达国际刑事法庭是否公正审判之间,是不存在直接的联系。

至于卢旺达国际刑事法庭只是起诉胡图人,而没有起诉图西人的问题,这是涉及立案和起诉政策的问题。如果这个问题由法庭的法官来裁定,本身就有一定的难度。因为根据法庭《规约》和《程序与证据规则》等法律文件的规定,调查和起诉是法庭检察长的权限,检察长及其领导的检察长办公室在其责任范围内独立地评估他们所得到的证据资料,并独立地决定是否已有充分的证据进行立案和起诉。从实际情况看,在所有国内和国际性质的刑事司法制度中,任何负责起诉的检察机关财政和人力资源都是有限的,它不可能实际做到起诉在其管辖范围内的每个罪犯。一般来说,起诉机构一般都要在它要起诉的犯罪行为和范围方面有政策方面的考量。由于检察起诉部门的独立性,检察长对于立案和起诉具有广泛的裁量权。

当然,被告可能会是检察长办公室制定某个歧视性起诉政策的受害者。但如果真是这样,就需要阿卡耶苏能向法庭表明该歧视性政策与法庭程序或证据规则之间的因果关系,并要与他自己的案子能联系起来,以证明存在对他审判过程中的不合法性问题。然而,由于被告阿卡耶苏提不出具体的证据来,所以他的上诉被法庭驳了回来。①

三、塞拉利昂特别法庭

塞拉利昂特别法庭在其成立之后,在其管辖权问题上也遇到了挑战。然而,它在关于成立国际刑事法庭的"合法性"问题上却作出了与联合国这两个特设国际刑事法庭很不一样的裁决。但这想来也并不奇怪。塞拉利昂特别法庭属混合性法庭,其成立方式与联合国两个特设国际刑事法庭不同。联合国前南与卢旺达国际刑事法庭是联合国安理会分别通过决议成立,塞拉利昂特别法庭则是根据2002年1月16日联合国和塞拉利昂政府之间达成的协定而设立的②。

1. 特别法庭成立背景

联合国安理会在其所通过的第1315号决议里,促请联合国秘书长与塞拉利昂进行协商、以设立一个独立的刑事法庭来对严重违反国际人道法罪行进行起诉③。《塞拉利昂特别法庭协定》④和《塞拉利昂特别法庭规约》(the Special Court Statute)⑤签订后,又由塞拉利昂议会于

---

① Prosecutor v. Jean-Paul Akayesu, Appeals Judgment, ICTR-96-4-A, June 1st, 2001, para 94.

② Agreement between the United Nations and the Government of Sierra Leone on the Establishment of a Special Courtfor Sierra Leone, Annex to the Report of the Secretary-General on the establishment of a Special Court for Sierra Leone, UN Doc. S/2000/915, 4 October 2000.

③ UN Doc S/Res/1315 (2000),2000年8月14日。

④ Agreement between the United Nations and the Government of Sierra Leone on the Establishment of a Special Courtfor Sierra Leone, Annex to the Report of the Secretary-General on the establishment of a Special Court for Sierra Leone, UN Doc. S/2000/915, 4 October 2000.

⑤ Statute of the Special Court for Sierra Leone, enclosed to the Report of the Secretary-General on the establishment of a Special Court for Sierra Leone, UN Doc S/2000/915, 4 October 2000.

2002年3月通过《批准法案》予以批准。该议会通过的《批准法案》明确宣布:"特别法庭不是塞拉利昂司法体制的一部分(not form part of the Judiciary of Sierra Leone)。"①塞拉利昂特别法庭也不同于前南斯拉夫法庭和卢旺达法庭这两个特别法庭,它与联合国不存在联系。因此它是一个独立的国际刑事法庭。

塞拉利昂特别法庭是一个独立的司法机构,它不属于塞拉利昂司法系统的一部分。塞拉利昂特别法庭的属时管辖权则开始于1996年11月30日。这个时间是最早的停火协议,即《阿比让协定》(the Abidjan Accord)签署的日期,塞拉利昂特别法庭的属人管辖权则限于那些"对严重违反国际人道法和塞拉利昂法行为承担最大责任的人员"②。在法庭审判分庭和上诉庭的法官中,少数人由塞拉利昂政府任命;剩下的其他法官则由联合国秘书长任命③。正是这种人员结构安排以及《规约》中包含国内法的罪行的情况,联合国秘书长将特别法庭描述为"有着混合管辖权限和人员组成的自成一格的条约性法庭"④。

在塞拉利昂特别法庭的《规约》中含有国内性质的因素。如果说前南斯拉夫和卢旺达两个特设法庭是作为联合国安理会的附属机构而成立,塞拉利昂则是一个独立性质的国际刑事法庭,它与联合国安理会没有隶属关系。这是塞拉利昂特别法庭与联合国两个特设法庭最具不一样的地方。

2. 特别法庭的裁决

2004年3月13日,塞拉利昂特别法庭作出了一个关于赦免是否

---

① 《特别法庭协定》第11条第2款,2002年《批准法案》,2002年《塞拉利昂公报》附录,第130卷,第2期,2002年3月7日。
② 同上,第1条。
③ 同上,第12条。
④ Report of the Secretary-General on the establishment of a Special Court for Sierra Leone, UN Doc. S/2000/915, 4 October 2000, p.9.

合法的重要裁定①。该法庭的上诉庭认为，塞拉利昂国内战争中的交战双方人员根据《洛美和平协定》规定所获得的赦免，将不妨碍特别法庭对这些人员进行起诉。这个决定虽是关于赦免问题，但里面涉及该法庭管辖权及合法性问题。

1999年7月7日，革命联合阵线(联合阵线)(the Revollutionary United Front)(以下简称为"RUF")与塞拉利昂政府在多哥城市洛美签署了一个和平协定②，即《洛美和平协定》(Lomé Agreement)。协定第9条对革命联合阵线做出广泛的让步，包括大赦(amnesty)，以平息十年之久的内战。③

联合国秘书长塞拉利昂特别代表在协定后面附加了(appended)一个否定性的声明(disclaimer)，宣布赦免条款将不适用于国际灭种犯罪、反人道罪、战争罪以及其他严重违反国际人道法的犯罪。④

塞拉利昂特别法庭的属事管辖权包括"危害人类罪"、"严重违反《日内瓦公约共同第三条》和《第二附加议定书》行为"，以及"其他严重违反国际人道法罪行"，和塞拉利昂国内法中的罪行，如塞拉利昂国内法中所规定的严重虐待女童与肆意毁损财产的行为⑤。因为联合国秘书长特别代表的声明，塞拉利昂特别法庭《规约》第10条规定："给予根据本规约第2条到第4条所规定罪行的任何人的赦免，都不妨碍特别法庭对这些人的起诉(not be a bar to prosecution)。"

---

① The Prosecutor v. Morris Kallon and Brima Buzzy Kamara, Special Court for Sierra Leone, SCSL-2004-15-AR72(E) and SCSL-2004-16-AR72(E), Decision on Challenge to Jurisdiction: Lomé Accord Amnesty (Appeals Chamber, 13 March 2004).

② Peace Agreement between the Government of Sierra Leone and the Revolutionary United Front of Sierra Leone of 7 July 1999, Lomé, UN Doc. 1999/777.

③ 同上，第11条。

④ Seventh Report of the Secretary-General on the United Nations Mission in Sierra Leone, UN Doc. S/1999/836, 30 July 1999, para. 7.

⑤ 《塞拉利昂特别法庭规约》，第2—5条。

从国际法角度看,《洛美和平协定》属于《维也纳条约法公约》意义上的国际条约,对塞拉利昂政府自然具有约束力。既然塞拉利昂政府对协定中对联合阵线作出让步,保证对其实施全面地赦免,那么所有参加武装冲突的人员根据协定都将无条件和无限制地获得大赦。因此,被告律师在卡隆和卡马拉(Kallon and Kamara)一案中认为,一个国际条约即《洛美和平协定》产生的义务,在没有得到该协定其他缔约方同意的情况下不能被以后所订立的条约所改变。因此,当塞拉利昂政府在这以后与联合国缔结协定时,它已经违反了其先前所承担的国际义务。《洛美和平协定》要求塞拉利昂政府保证对联合阵线的成员以及参加冲突的其他人员不采取任何"官方或司法行为"。[1] 这里的"行为"当然也包括同意设立一个国际法庭的协定,明显地属于"司法或者官方"行为。

《塞拉利昂特别法庭程序和证据规则》第72条E款规定,如果涉及法庭管辖权问题,审前动议将被移送至上诉庭决定,所以,这个审前动议就由上诉庭直接来审理。

塞拉利昂特别法庭的上诉庭,首先审查了《洛美和平协定》的地位问题。上诉庭认为:"仅仅是参加武装冲突就应适用国际人道法的事实不能导致他们被赋予国际法中的国际人格这样的结论。塞拉利昂政府将革命联合阵线看作一个实体并与之缔结一个协定这样的事实不足以让我们得出这样的结论,即联合革命阵线(the RUF)具有缔结国际条约的能力(international treaty-making capacity),因为没有其他国家承认他们是国际法中的实体(entity under international law)。"[2]

---

[1] 《塞拉利昂特别法庭规约》,第24页。

[2] The Prosecutor v. Morris Kallon and Brima Buzzy Kamara, Special Court for Sierra Leone, SCSL-2004-15-AR72(E) and SCSL-2004-16-AR72(E), Decision on Challenge to Jurisdiction: Lomé Accord Amnesty (Appeals Chamber, 13 March 2004), p.47.

对塞拉利昂特别法庭来说,如果联合国和其他一个第三国在《洛美和平协定》上签字,并不一定就可以将该协定归入国际条约的类别,从而对所有签字方都产生义务①。联合国和其他第三国有时只是起"道义上保证"的作用,目的是为了双方能善意地履行《洛美和平协定》。这种道义上的保证并不等于法律义务。一项国际条约,从性质上讲是为了在缔约方之间创设权利和义务,而《洛美和平协定》只是创设了恢复和平的实际情势,它并没有制订国际法所规范的权利和义务。②

在国际法对赦免限制问题上,塞拉利昂特别法庭的上诉庭提到了国际法上的"普遍管辖原则"(universal jurisdiction)。上诉庭认为:如果管辖权属于普遍性质,那一个国家就不能通过赦免方式来剥夺其他国家对违法者进行起诉的权力。另外,它还通过对第二次世界大战后的纽伦堡军事法庭案例以及对以色列艾希曼(Eichmann)案分析后认为,塞拉利昂特别法庭《规约》第 2 条至第 4 条所列举的罪行都属于国际罪行,都是根据普遍管辖原则予以起诉的罪行。保护人类尊严是一项强行法规范,它体现了对所有人而言具有义务的本质"的事实③。因此赦免国际犯罪违反了国际法,"而且也违背了一个国家对作为一个整体的国际社会的义务(obligation of a State towards the international community as a whole)。"④

塞拉利昂特别法庭上诉庭认为对国际法上罪行予以大赦也违反了国际法,将是国家对整个国际社会所承担义务的违背,但同时也承认"国际法中不存在禁止国内大赦的习惯规则,只是存在具有这样禁止性

---

① The Prosecutor v. Morris Kallon and Brima Buzzy Kamara, Special Court for Sierra Leone, SCSL-2004-15-AR72(E) and SCSL-2004-16-AR72(E), Decision on Challenge to Jurisdiction: Lomé Accord Amnesty (Appeals Chamber, 13 March 2004),第 37—42 页。
② 同上,第 42 页。
③ 同上,第 71 页。
④ 同上,第 73 页。

习惯规则的发展趋势(development towards an exclusion)。"①

除了《洛美和平协定》的法律地位和赦免问题以外,塞拉利昂特别法庭上诉庭就法庭是否具有管辖权以及依据《规约》或《协定》成立法庭的合法性问题作出了裁决:"上诉庭认为它没有权力(not vested with power)来裁决关于其自身法庭《规约》合法或不合法的问题。只有在可以证实有关条款根据维也纳条约法公约第 53 条或第 64 条或根据习惯国际法无效的情况下,上诉庭才有权力采取这样的一个措施。然而,各方都没有就这些条款的适用性(applicability of these provisions)提出要求。"②

此外,法庭还明确的认为前南斯拉夫国际刑事法庭关于塔迪奇管辖(the Tadić jurisdiction)问题的裁决不能被看作一个权威案例(as authority),因为两起案件的情况并不相同。前南斯拉夫国际刑事法庭根据安理会决议成立,而塞拉利昂特别法庭是根据条约而建立(a treaty-based tribunal)。塔迪奇案的裁决主要讨论安理会建立一个国际刑事法庭的权力范围。它不涉及一个条约条款的合法性(validity)。不过,法官们也承认,如果当一个适当成立的法庭被要求宣布其权力的界限时(limits of its powers)情况就会不同。"③

塞拉利昂特别法庭上诉庭的裁决尽管也是关于法庭成立的合法性问题,但它的结论与前南国际刑事法庭上诉庭在塔迪奇(Tadić)一案中的裁定有很大的不同。归纳下来,有以下几个要点:

第一,塞拉利昂特别法庭与前南国际刑事法庭在性质上不一样:前

---

① The Prosecutor v. Morris Kallon and Brima Buzzy Kamara, Special Court for Sierra Leone, SCSL-2004-15-AR72(E) and SCSL-2004-16-AR72(E), Decision on Challenge to Jurisdiction: Lomé Accord Amnesty (Appeals Chamber, 13 March 2004),第 73 页。

② 同上,第 61—65 页。

③ 同上。

南国际刑事法庭由联合国安理会通过决议设立的,而塞拉利昂特别法庭则是通过订立条约而设立;

第二,前南斯拉夫国际刑事法庭在塔迪奇(Tadić)一案中就管辖权问题所作的决定[①],在本法庭的案审中不能被视为权威性的意见,还因为两个案例的具体的情形并不相同。塔迪奇(Tadić)一案的决定只是限于讨论安理会设立国际刑事法庭的权限范围,并不涉及到条约规定的有效性问题;

第三,塞拉利昂特别法庭是根据条约设立的,所以它不具有审议关于法庭规约合法或不合法的权力。

塞拉利昂特别法庭上诉庭在其裁决中还提到了《维也纳条约法公约》的第53和64条。该公约第53条规定:"条约在缔结时与一般国际强制规律抵触者无效。"另外,该公约64条还规定:"遇有新的一般国际法强制规律产生时,任何现有条约之与该项规律抵触者即成为无效而终止。"

塞拉利昂特别法庭的管辖权相当独特,它来源于塞拉利昂对其本国司法权力的让渡,而不是首先源于普遍管辖权原则。塞拉利昂特别法庭依据双边协定设立起来,其司法审判权主要是来源于塞拉利昂国家基于属地和属人原则基础之上的管辖权。如果从国际法原则上讲,一个国家只有缔结条约才能将自己所拥有的权力和权限授予他方(nemo plus juris transferre potest quam ipse habet),所以,塞拉利昂特别法庭只能通过这种转让权力的方式得到管辖权。

基于《维也纳条约法公约》中关于条约在缔结时与一般国际法强制规律抵触时无效,以及在任何现有条约之与该项规则抵触者即成为无

[①] The Prosecutor v. Morris Kallon and Brima Buzzy Kamara, Special Court for Sierra Leone, SCSL-2004-15-AR72(E) and SCSL-2004-16-AR72(E), Decision on Challenge to Jurisdiction: Lomé Accord Amnesty (Appeals Chamber, 13 March 2004), p.57.

效而终止的规定,塞拉利昂特别法庭因而认为:如果根据《维也纳条约法公约》第53条或第64条规定,或者如果根据习惯国际法,塞拉利昂特别法庭《规约》是无效的,塞拉利昂特别法庭成立也有可能属于不合法的。然而,当事方都没有提供能够适用上述规定的基础[1]。基于这些论点,塞拉利昂特别法庭上诉庭驳回了被告在该法庭管辖权问题上所提出的挑战。

---

[1] The Prosecutor v. Morris Kallon and Brima Buzzy Kamara, Special Court for Sierra Leone, SCSL-2004-15-AR72(E) and SCSL-2004-16-AR72(E), Decision on Challenge to Jurisdiction: Lomé Accord Amnesty (Appeals Chamber, 13 March 2004), p.57.

第八章 审判程序

日本前首相东条英机、南斯拉夫总统米洛什维奇或卢旺达前总理坎班达等究竟有没有犯罪？或到底犯了什么罪？等等，这些都将在审判过程中予以确定。所以审判程序是整个国际诉讼过程中的关键性阶段。

国际刑事审判是从被告首次出庭开始的。在前南与卢旺达国际刑事法庭的诉讼的规定中，都有关于被告首次出庭的程序。被告首次出庭时，审判庭将向被告宣读对他起诉的罪行，确认他是否在其辩护律师的帮助下理解自己所被起诉的罪行的性质，并作出对所起诉的罪行认罪或不认罪的表示。国际刑事法院《规约》第64条也同样规定，审判庭在审判刚开始时，就要向被告人宣读业经预审庭确认的指控书，从而确定被告人明白指控的性质，并给被告人表示认罪或不认罪的机会。

证据是国际刑事诉讼中的关键。被告最终有罪还是无罪，都由证据决定。在对抗性法律体系中，证据是庭审的基本形式。证据必须在法庭上出示、当事人有义务对自己的主张举证等，这些已成为国际诉讼程序中的一般性证据规则。

对抗式程序性质的国际刑事司法机构的证据规则，主要体现在证据的形式、庭审中的证明标准、举证责任以及关于作证的豁免问题等方面。与程序证据相关的还有庭审中的举证责任、定罪标准以及作证的豁免特权问题等。国际刑事诉讼的目的是惩治犯罪，所以判决与刑罚也是讨论审判程序时不可避开的问题。

第一节　证据

我们中国刑事诉讼强调的是以"事实为基础"。而在国际刑事诉讼活动中,最重要的莫过于"证据"。嫌疑人能不能接着被起诉?起诉的罪名能否成立?如果成立,能否予以起诉并开庭审理?等等,这些都由证据决定。

国际刑事诉讼中的证据有不同种类,可以分为口头证据,包括各种证人在法庭上做出的证言,以及非口头证据,包括书面证据、文件证据和物证等。有些证据是直接证据,也有些证据属于间接证据或旁证。从道理上讲,证据属于什么形式似乎并不重要,只要证据可靠,对指控的罪行有证明价值,就都可以被法官接受和采用。但在实践中,当事方在庭审中提出的证据是否能为法庭所接受?则是一个非常复杂的问题。

一、证据的呈现顺序与方式

审判始于检察官的开场陈述。检察官是起诉方,所以有义务指出被告人为什么被送上被告席,他将如何证明,其证据大概有哪一些,等等。辩护方随后可以马上,但也或选择以后再做开场陈述。在实践中,辩护方律师往往倾向于在检察官证人出庭后,轮到自己方面的证人要出庭时再做开场陈述。因为这样可以有的放矢,效果会更好些。

前南国际刑事法庭的《程序与证据规则》,允许被告不经宣誓的程序就可出庭作证。这与普通法系中的被告作证有很大的不同。在普通法系国家的刑事审理过程中,被告可以要求作证,但他在作证完了以后仍接受检察官方面的诘问。然而,在前南国际刑事法庭中,由于未经宣誓,被告在作证的过程中就可以自由的陈述观点,无需惧怕盘问(因为没有反诘),他只要阐述了自己的看法,解释他的行为动机,也就是说为什么他是无辜的,等等。

"开场陈述"后就进入检察官方主诉的阶段。在这个阶段,检察官方面传唤证人出庭作证。证人的出庭作证、陈述及询问将按下列顺序进行:对证人的主询(examination in chief)、交叉询问(cross-examination)和复核询问(re-examination)。这个顺序与普通法系国家的刑事诉讼程序基本相同。然而,相比较来说,国际刑事法庭比普通法系国家的刑事诉讼程序的又要灵活得多。在国际刑事法庭,法官可以对证人进行询问,他们在基于公正利益、为确保审判的公正进行方面,享有的非常广泛的自由裁量权。同样,他们在法庭程序的控制上也有很大的权力。比如,当对处于惊恐状态下的证人提问的态度有点过分时,法官就可以进行适当的干涉。另外,不管是检察官还是被告方,在其提交的涉及证人作证的书面或口头质询议案时,法庭都可根据该证人的实际情况作出接受或拒绝的决定。

当检察官方主诉快结束时,法官就会命令辩护方呈交一份其欲传唤的证人和证据的清单。辩护方还要提交一份他要辩护的事实摘要,标明每个出庭证人的作证内容及其预计所需的作证时间。如有必要,法官会在被告方传唤证人前举行非公开会议,以寻求减少辩方证人的人数或缩短对证人出庭所需要的时间。在这之后,辩护方就开始开场陈述和传唤证人。证人首先由辩护方进行主询问,然后由控诉方诘问,最后再由辩护方复核询问。在这一过程中,法官随时都可以对证人进行询问。

要了解国际刑事法庭的诉讼程序,就一定要注意:除非审判庭另有决定,否则法庭审判模式就一定是:检控方向法庭提出证据,辩护方提出证据,检控方提出反驳证据,以及法庭在审理过程所要求的证据等。因此,在辩护方主诉结束后,检控方就可以提出证据反驳(evidence in rebuttal),但对于检方的反驳,辩护可以再反驳(defence evidence in rejoinder),法官也可以再询问(re-examination)。如果法官再询问的问题,是在这之前都没有被提到过的,那么控辩双方就将有机会针对这一问题来反诘证人。

正如已经指出的那样,国际刑事法庭在如何盘问证人的模式和控制法庭秩序方面具有很大的权力。至于国际刑事法院,由于它的制度更接近于大陆法系,所以其控诉方和辩护方证人之间没多少,或根本就没有差别。在国际刑事法院的框架下,法官可以更多地主动向证人询问。但尽管如此,仍然有一些规范证人询问的规则,而这些规则则与国际刑事法庭的规则非常相似。

二、证据的采纳与拒绝

国际刑事诉讼中的证据规则虽然比较灵活,它允许接纳各种各样的证据,如书面证词、证人的口头证词、传闻证据,等等,但这些不同的作证方法的可信度相互之间还是有区别的。比如,事实证人与专家证人之间就有区别。事实证人是就他(她)所见到的在法庭上作证,而专家证人则主要就某个专门问题陈述他(她)的意见。另外,直接证据与间接证据的证明的价值与分量也不一样。

从字面上讲,"证据"一词主要指证据的可采性、相关性、证明价值以及证明责任等问题的法律原则和规则的总称。在英、美法系国家司法制度中,证据一般有两种基本类型和三种基本形式,即直接证据和间接证据两种类型,以及言词证据、实物证据和司法认知这三种基本形式。其中实物证据即案件中的"展示物品",它包括实在证据和示意证据。前者指案件中"实实在在的东西",如杀人用的枪、下达的命令(书面)等。后者指能表明案件中某些情况的视听材料,如现场模型、图示等。司法认知是指那些无须专门证明即可由法官确认的事实。

迄今为止成立的所有国际刑事法庭的诉讼程序，采用的主要是英美司法制度的对抗式程序，所以它们证据法和其他程序法一样，也带有对抗式诉讼的特征，即由控、辩双方决定并传唤证人，通过向国际法庭提出对己方有利的证据，来证明被告人有罪或无罪。举证责任属于原告和被告，而不属于法官；所有证人都是为原告和被告出庭而不是为法庭作证。然而，与英美司法制度不同的是，国际刑事法庭没有陪审团。不管是事实还是法律问题，全都由法官来决定。他们听取证人，决定哪些证据可以接受并在证明中有多大作用，最后还要决定被告是否有罪。

能够证明被告有罪或无罪的证据可能有很多，但归纳起来无非就是两类，证人的证言和实物证据。这两类在法律上被统称为证据。在国际刑法的实践中，无论哪一类证据在提出来了以后都不是一定会被国际刑事法庭所接受的。当一方提供某个证据时，另一方可以提出反对。如果反对理由充分，法官可以判定该证据不被接受。这样在案审结束，法官讨论要对被告定罪时就不能把这一证据考虑在内。对证据的接受与拒绝，尤其是对关键性证据的接受与拒绝，是关系到被告是否有罪的问题。

自从1993年后成立的国际刑事司法机构的程序和证据规则，与二战后成立的纽伦堡与东京国际军事法庭的非常相似。它们都放弃了一国国内证据法方面的复杂性与技术性，转而支持证据的从宽原则和柔性原则。

由于国际刑事法庭采用的是"证据主义"，所以诉讼双方最重要的事情便是用全力去搜集有利于自己的证据，并促使法庭采纳。在整个审讯过程中，法庭耗于听取和采纳证据的时间几乎占全部审讯时间2/3左右。可见法庭及其双方当事人对证据的重视。与其他审判一样，证据也分为证人和物证两种。

根据前南和卢旺达国际法庭的《程序与证据规则》的规定，法官可以采纳任何被认为是具有证明价值的证据。换句话说,审判庭可以自己来决定证物或证人证言的相关性和可信性。不过,即使证据具有相关性和证明价值,但也可以不为审判庭所接受。当然,不管是接受还是不接受,审判庭在行使自由裁定权(discretion)时都要遵循《规约》和《程序与证据规则》的规定。

　　证据的形式不同,其价值与分量也不同。其道理很简单,证据必须要"可信"才能被采纳。"可信"又在于证据听起来是否符合逻辑。作为一条基本规定,审判庭是通过证据的可信度来决定其可信价值的。简而言之,证据的可信度取决于对其可信性的评估。

　　在国际刑事司法的实践中,证据的采纳(采证)是指法官依法或自行裁量,以决定是否允许控辩双方提出的证据在庭审中出示或作为定案的根据。所以,采证是法官根据规则所作出的决定。一项证据是否被采纳,必须由法官来决定,控辩双方没有决定权,但控辩双方可以请求法官采纳或排除各方提出的证据。

　　"证据"一词还含有"事实"和"原则"两个部分。在国际刑事诉讼的实践中,由于国际人权法一些最基本原则的发展,"事实"并不能自然而然地成为证据,这已是一个非常明白的道理。比如说有些事实,虽然千真万确,但获得证据的做法本身就违背法律上所规定的合法性,那就不能成为证据。所以事实要成为证据,还需要克服一些司法程序上的障碍。

　　司法程序上的障碍很多,其中一个就是开庭前的限制动议。所谓限制动议,就是某一方对法庭提出的限制,某一证据进入审判程序的一种要求。这种动议一般是在开庭前或庭审过程中提出。如果当事一方通过证据展示的程序,认为对方的某一证人不符合证人资格或某一证据因某种原因不应被接受进入审判程序,他可以限制动议的方式要求法官判定事前排除这个证人或证据。如果在审判过程中一方发现某些证据不应被接受,该当事方也可以提出反对。当然所有这些限制动议目的,就是为了不让对方的某一证据进入审判程序。如果某一证据被排除在外,法官在最后定罪时就不能将该证据考虑在内。

作为一般的规则,任何人都可能上法庭作证,除非法庭认为由于年龄等客观原因而予以阻止。但即便是有年龄方面的限制,未成年的孩子有时也被允许作证。一个孩子可能不明白国际刑事法庭所要求进行的"誓词"一项的意义,但在理解事实基本问题方面却可能没有什么困难,而且还能从容作答。所以根据前南与卢旺达国际刑事法庭《程序与证据规则》,如果孩子被认为已足够成熟,能够说出真相,那法庭就应允许他(她)未经宣誓而作证。当然,判决不能只是建立在孩子的证词上面。它还需要与其他方面因素综合起来考虑。

从国际刑法的实践上看,证人如果一旦作证,就再也不能与案子的任何当事方联系。此外,证人在作证时,不能仅仅认为可能会对他自己不得而拒绝回答问题。但在任何情况下,证人的证词不能在日后作为起诉他或认为他有罪的证据。相比较而言,通过录像作证的证词的可信度不如在法庭当庭作证的证词的可信度。此外,还未作证的证人,不能前去法庭聆听其他证人的证词。同样,隶属于国际刑事法庭检察长办公室的调查员,由于其在这之前所进行过的调查及询问,所以在一般情况下也不能出庭作证。

法官的职责是主持审判、评估证据和进行裁决。由于国际刑事审判机构的诉讼程序主要适用普通法系的对抗制方式,法官在审理过程中,一直处于中间裁决的地位,不直接介入案件的实质问题。证据主要由控辩双方提出,如果当事方在程序问题上发生争议,法官将作出裁定。法官一般不介入调查取证的工作。在诉讼过程中,法官将对证据的可采性作出裁决,一旦一份文件被接纳为证据,法官将以该证据为基础,进行判决。因此,国际刑事司法的审判是围绕证据来展开并以证据为基础作出判决。

纽伦堡国际军事法庭《宪章》第 19 条的规定,考虑到国际审判程序的特殊性所要求的认可证据的柔性规则,所以它利用快捷和非技术性程序,允许在庭审中采纳具有必然性和相关性的证据,以确保案子能公平、快速地审理。但自从纽伦堡与东京审判以来,有关证据的国际刑事诉讼规则有了很大发展。主要原因是因为国际人权法的影响和对人权保障意识的加强,如关于控辩方的权利平等要有效记录证人证言以及对证人的保护措施,等等。

国际刑事法庭在证据方面的标准可以说是非常的宽泛。例如,前南国际刑事法庭《程序和证据规则》第 89 条 C 款规定:"审判分庭可采纳它认为有证明价值的任何有关的证据。"同一条款的 D 款规定:"审判分庭可以要求证明从法庭外取得的证据的可靠性。"

所以,国际刑事法庭的证据规则如同英美法系国家的一样,它将证据的可采性放在一个核心地位。确定一个证据是否可以采用,主要有三个标准,即:相关性、有证明价值和可靠性。在这三个标准中,可靠性(reliability)似乎更为重要。某个证据如果具有相关性和证明有价值,就必然也会有可靠性。可靠性可用来把证据可采纳的所有成分穿在一起。因此,可靠性是决定证据是否具有证明价值的一个因素。

法官采纳证据的依据是证据规则或自行裁量。在国际刑事法庭中,证据规则中关于哪些证据可以采纳或不可以采纳的规定比较原则化,主要由法官来决定。必要时,法官会对规则作出解释。

前南国际刑事法庭是联合国组织在其成立后设立的第一个刑事司法机构,其证据规则不可能设想出所有诉讼中遇到的问题。但如果遇到国际刑事法庭《程序与证据规则》中无可适用的证据规则时,法庭的法官就"应适用最有利于公正判决其审理的问题,且与规约的精神和一般法律原则相符合的证据规则"。这个规定允许法庭使用一般法律原则来填补证据规则的空白。事实上，不管是在联合国前南还是在卢旺达国际刑事法庭，《程序与证据规则》是由法庭的法官根据司法实践的需要而不断地修订、修改或制订。当然，这并不意味着法官在进行评估就机械地引入以求要解决问题的程序或证据规则。

应该说，国际刑事法庭的《程序与证据规则》还有遗漏、未考虑到的地方。也正因为如此，才有修改与增补规则的必要。《程序与证据规则》不仅授权法官们修改规则，而且该《规则》的第 89 条（B）款还规定，当《程序与证据规则》未作明确规定时，审判庭可以适用最有利于公正判决其审理的问题，且与规约的精神和一般法律原则相符的证据规则。

三、证人证词与实物证据

在国际刑事法庭，询问证人的次序和方式与普通法系国家的司法程序基本上是一样的。所有的证人基本上都分为检察指控方和辩护律师方。在每一个具体案件中，都是首先由检察官方面按名单逐一传讯证人。

法官在每次开庭例行公事性的开庭程序完结以后，就会以某种方式告诉检察官或被告律师可以开始传讯。法官语言一般很简单，如"检察官先生，你可以传讯你的证人了"，或者"你可以开始了"。检察官听到后，就按照事先拟定的名单传讯证人。在证人走到证人席前站定后，书记长官处的人员就会按照法官的指示，让证人根据《程序与证据规则》的规定进行宣誓。誓言也很简练，主要是保证其后在法庭上的证词全都是真话。不管是在前南国际刑事法庭还是在卢旺达国际刑事法庭的实践中，也不管是检察官方面还是被告方面的证人，所有的证人都发誓要说真话。当然如果证人不愿意发誓讲真话，法官也就不会让他作证。

检察官对自己这方的证人的发问，被称作"直询"。用"直询"这个词,是为了同接下来被告的发问即"质询"区别开来,直询的方法因发问人的风格不同而异同,有的迂回渐进,有的则直截了当。但无论用哪一种方法,检察官在开始时都首先要奠定被询人的可信性(credibility)。这点很重要,如果他不能做到这一点,也就是说,如果法官对证人的人品不怎么相信,那么他(她)的证词再好可能也是没用的。

奠定可信性的方法,一般从姓名、年龄、住址、工作以及家庭成员开始。如果证人有一份比较好的工作,如在学校里面教书,可以较详细地问一下工作情况,工作的时间年限,具体负责范围,等等。当然也可以根据案情的需要,再问些其他问题。这些问话的目的,是让法官们听了以后觉得这是个非常可信的人,他(她)在法庭上说的话都是真话。

就关于证人的背景情况询问以后,就需立即转入案情。这里,问话方法也因情况不同而不同。一般情况下,检察官都是把最有力的证人、证言放在第一个或最后一个,以便尽可能给法官留下更深的印象。审理中对证人的问话,基本上都是按照事情发生的时间顺序一步步进行的,这样是为了使证言清楚明了,一目了然。

在一国国内司法程序中,直询进行的方式受法律规则的限制,如不能用"引导性问话"。所谓"引导性问话",就是问话本身就暗示答案的问话,例如"你当时看到的是不是就是镇长"就是引导性问话,因为里面已含有答案。适当的问话应该是,"你当时看到了谁?"

在国际刑事法庭的程序规则中,并没有关于限制"引导性问话"的规则。然而,由于国际刑事法庭的程序规则与普通法系国家比较相近,辩护律师中不少来自普通法系国家,所以,在法庭只要检察官方面有引导性问话,被告律师在问话刚一结束时会立即提出"反对!"并在后面再加上反对的理由。如果法官认为反对有理并且同意,法官就可以阻止证人回答这个问题;反之,如果法官不同意,证人就可以接下来回答这个问题。国际刑事法庭实行的是逐字纪录。被告律师的反对和法官的决定等，都将一字不漏地保留在法庭的记录里。

国际法庭证据标准的宽泛，还在于法庭法官的自由度比较大，前南与卢旺达国际刑事法庭的《程序与证据规则》第89条明文规定，该国际刑事法庭只适用本法庭制定的证据规则，不受国内证据规则的拘束。所以，各国国内的证据规则无论有多好，它们对国际刑事法庭而言，顶多是起到参考的作用。

1. 专家证人

在国际刑事法庭出庭的证人，除了事实证人（fact witness）以外，还有专家证人（expert witness）。

前南与卢旺达国际刑事法庭的《程序与证据规则》，都有关于如何采纳专家意见的规则。"专家"，是某个领域的专家，由于在法庭需要了解的问题上有特别的研究，所以被邀请出庭陈述其意见。"专家"，可以是各个方面的专家。比如，对群尸坑里的尸体有特别鉴别能力的专家、对笔迹有研究的专家、对被告的身体状况特别了解的医生、对某个地区的历史或武装冲突背景特别有研究的专家、或对那个国家的民族族群特别有研究的专家，等等。当这样的专家的声明没有受到对方的质疑，就表明对方接受专家提供的意见，法庭当然也就没有必要要求该专家出庭来接受反诘。从国际刑事法庭的实践来看，法官一般都鼓励当事方使用专家证人。

所以，专家证人是指基于特有的实践经验或专门知识对案件事实提出判断性意见的人。国际刑事法院《罗马规约》或《程序与证据规则》中没有关于专家证人定义方面的规定。不过，专家证人在前南国际刑事法庭和其他国际法庭实践中也相当普遍地采用，国际刑事法院也必然会采用专家证人的制度。

"专家证人"是从英美法系引过来的。英国1999年《统一民事诉讼规则》第425条第4项规定："专家"是指在特殊领域具有知识与经验，从而使得他在法庭所陈述的意见能够为法庭所采纳的人。美国《布莱克法律大词典》界定:"经过该学科科学教育的男人(或女人),或者掌握有从实践中获得的特别或专门知识的人"。

根据这两个定义,专家证人是在某个领域有专门知识和经验,并据此向法庭提供证言的人。在英美法系国家,专家证人具有就证据资料发表意见并作出结论的权力,正是因为他们在某一领域内具备了超越一般人的知识与经验,这些知识与经验正是当事人、法官、陪审团所不具备的,但在公正裁决案件时又是十分需要的。因此律法才将这种权力赋予专家证人。但法律对专家证人也进行了一定的约束。

专家证人的资格是由法庭判断的,法庭往往看重的是实际的专业技能。充分的理论知识可能并不能保证某人能在面临实际问题的时候作出正确的判断,但是大量的实践经验却当然地赋予了他专家的资格。比如,在笔迹鉴定方面,如果一个人对笔迹鉴定颇有研究,并且也已被权威所承认,那他在笔迹鉴定方面的意见就可以作为专家的意见被法庭参考。

专家意见必须满足程序性要求才能被承认,这包括事先知会对方并提交一份书面报告。对专家证词的最好反驳方式是提供相反的专家证词,因此可以预料对方将使用这种方法,而不应该试图去否认其有效性。无论如何专家都必须是合格而且公正的。在对专家资格有争议的情况下,国际刑事法庭还会举行一个资格审查的预备听证会以决定是否承认其证词。只有经过这样的程序,才能允许专家提交他的报告作为记录,并对他进行审查。法庭在允许专家证词时要考虑专家的专业能力、使用的方法,以及结果的可信性等因素。其意见的可信性由审判庭根据这些因素和其他证据所决定。

当然,在庭审用得最多的还是"事实证人"。在关于案件定性问题上,如在种族灭绝案作证过程中,事实证人也不能表达自己的意见。比如他不能说,"在我看来,他纯粹是出于种族的原因而故意杀人的"。检察官也不能问:"在你看来,这起凶杀案是不是一起有预谋的种族灭绝案呢?"除了专家证人,一般证人是不能作结论的。他只能把自己所见到的事实进行叙述,至于作结论,那是由法官根据庭审中的证词、证言和证据来作出,例如检察官不能问:"被告是否已犯下种族灭绝罪?"证人也不能下结论式地说:"被告就是犯下了战争罪和反人道罪。"

2. 书面证据

在国际刑事法庭的审理过程中,证人证言原则上应由其本人在法庭上以口头方式提供,但在特殊情况下国际刑事法庭也允许接受书面形式的证言[①]。前南国际刑事法庭根据《程序及证据规则》第92条 ter 的规定,审判庭在确保证人也能到庭以备接受可能的质询的前提下,可以全部或部分地接受其以书面形式提供的证言。由于这是根据第92条 ter 的规定而提供证据的证人,所以这类证人在前南国际刑事法庭被称为"92 ter 证人"。在卡拉季奇案(Karadžić Case)中,截至2012年年底时,被告卡拉季奇要求传唤的证人基本都属于此类证人。

在刑事审判中,关于罪行或证据的书面材料有时会起决定性的作用。关于书面材料的一个基本原则就是:除非当事人同意对方可以另外安排,否则所有书面文件都必须通过证人在法庭上来提出,且还要当庭标明该文件的来源和出处。至于文件的可信力,主要是看该文件的权威性及其内容。

在决定书面证据是否具有真实性与可信性方面,审判庭会考虑诸多因素,如该书面证据的形式、内容、被使用的目的,以及它是原件还是复印件,等等。当然,原件较于复印件来说,会更具有证明力。当文件以任何形式登记过或者若已经在某些合法官方登记过,也将会予以考

[①] 例如,前南国际刑事法庭《程序及证据规则》第89(F)就如此规定。

虑。文件是否有签字，印章，被鉴定，盖戳或经其他任何方式被一些官方或组织认可的，以及这些文件是否如当事人所陈述的那样被恰当地制作、生成或认证等，都会成为审判庭考虑证据可靠性的因素。

证词或宣誓是指"按照规定在正式书面誓词上签字或者依据一国法令履行程序"的声明。如果对方当事者并不反对证人出庭所做的证词，那么国际刑事法庭将采纳该证词作为书面证据。

书面证词（deposition）是证人作证的另一种方式。审判庭可以应当事方的请求或出于它认为的司法公正的必要性，可以要求在审判庭以外要求提供书面证词。出于获得书面证词的目的，审判庭可指派高级官员来监督整个采证过程。书面证词虽然对庭审有帮助，但它和其他庭外证据一样，其证词的效力一般被认为低于当庭出示的证据。

3. 传闻证据

所谓"传闻证据"（Hearsay），就是在法庭外所说的话，拿到法庭上作为证据，比如，在一个种族灭绝案关于犯罪意图的审理中，某一证人在法庭上作证时说："那天我从他（被告）的办公室走过，听见他对他的属下讲，他参与了发生在1994年的大屠杀。"证词中引述的那位被告的话就是"传说"。在不少普通法系国家的刑事审判中，"传说"不能被用作证据，原因就是其可信度不高。国际刑事法庭这方面没有绝对的规则。

"传闻证据"在国际刑事诉讼中的证明价值与作用，也是国际刑事法庭实践中多次讨论的问题。在普通法系国家的审判程序中，法院对"传闻证据"的价值一般都表示怀疑。其原因是由于传闻证据的内容是未经到庭宣誓而提出的，它本身又不会受到反诘。而且如果被采用，在一些情况下可能会阻止其他更可信的证言被法庭采纳。但这些原因还不是"传闻证据"很难被普通法系国家的法官接受的唯一理由。从深层次方面考虑，"传闻证据"如果作为证据被法庭接受，会造成一种危险的趋势。因为这种所谓的证据可能涉及到与案情有关的任何方面，但同时又很难被证明。

在普通法系的国家，审判由非专业的陪审团组成，而陪审团的成员由于不是专业人士，所以很容易被"传闻证据"所误导。这恐怕就是普通法系国家的刑事审判制度很难接受传闻证据的主要原因。另外一个原因，则是因为在普通法系国家的法院中，每个证人都要被反诘，以确定该证人的证词的可信力。另外，如果证人在宣誓后作伪证，还要承担其作伪证的法律后果。而"传闻证据"不需要承担风险，所以，在如果说谎，甚至诽谤都不会受到惩罚的环境中给出的证词，其可信度就自然会令人怀疑的了。

对于普通法系的法官来说，所有出自第二手的证据，比如是证人以外的另一人所提供的文件，或是证人以外第三人所说的话，都不能作为可靠的、能被法庭接受以证言。因此在普通法系国家的法庭上，即便一方提出这方面的证据，另一方必然会反对，而且这样的第二手证据也一定会被法庭驳回。然而，从大陆法系来的法官，对"传闻证据"价值的看法上就不一定等同于普通法系的。他们有时甚至还会采纳这一类的证据。

尽管"传闻证据"在普通法系国家的法院里一般都不被当作证据来接受，但在国际刑事法诉讼中的情况有所不同。但关于"传闻证据"的规则，并不来自于某一个特定的国家或法系。审判庭决定对证据予以采纳或不采纳时，主要是考虑证据的关联性和可靠性。国际刑法从一开始，即从纽伦堡国际军事法庭开始，就从未完全或直截了当地排除"传闻证据"。以后，联合国特设国际刑事法庭在其诉讼程序中也没有完全地拒绝接受"传闻证据"。

在塔迪奇（Tadic）一案中，前南国际刑事法庭上诉庭将"传闻证据"定义为："审判过程中作证以外的其他人所作出的，但引用的目的是为了证明其陈述为真实的言论或行为",并认为:"世界上一些国家法律体系中有关传闻证据的特殊规定,以及关于证据真实性、自愿性及属实性等,会对审判庭产生一定影响,但却没有拘束力。"

所以,该法庭在塔迪奇一案中对"传闻证据"最后裁定:"在对本案一个中间上诉的动议的裁决中(interlocutory motion),法庭对传闻证据的使用进行了充分的讨论并做出了决定。鉴于那个决定可以查到,这里只是声明,仅仅因为证据具有传闻性质的事实还不足以将它马上就排除在可采纳证据范围以外。

在审判过程中,并且已经有了上述的决定,仍然有人反对接受特定的传闻证据。不过,这些反对意见时常得不到支持。存在疑问的证人证言是否会被采纳,将根据第89条所规定的证明价值来进行判断。"[①]

尽管国际刑事诉讼的证据规则中不当然地排斥传闻证据,但其价值仍需通过其本身的关联性和证明力来评估。当然,无论如何,"传闻证据"的权威性绝对不如证人在法庭上所提出的证据。

根据前南国际刑事法庭的《程序与证据规则》的规定,证人在一般情况下都得亲自来法庭作证,其作证时的表情和举止处于法官们的直接观察下。他作证是否讲真话,中间是否有疑点,法官还可以通过发问来证实。而且根据规则的规定,证人在被直询后还要受到对方的立即质询。所以,如果证人作证时有不真实的证词,就有可能在质询中被揭露。国际刑事法庭审判中的这一程序,是为了从机制上保证证人证词的真实性。所以,如果某人在法庭外说的话,可以随便就被拿到法庭上作为证据,以上这些监督机制就发挥不了作用,证词的可靠性和真实性也得不到保证。但这并等于所有传说都不能作为证据。有些传说由于

[①] Prosecutor v. Dusko Tadic, *Opinion and Judgment*, the ICTY, Case No. IT-94-1-T, 7 May 1997, paras. 555–556.

某种特定的原因可信性可能很高，这些传说经法官裁决后就可以用作证据。

4. 旁证

在世界上不少国家的刑法制度中，只要想让法庭采纳为"证据"，就得提供"旁证"。这方面甚至还有一句著名的拉丁语格言，即"一个人的证词不能算是证词"(*unus testis, nullus testis*)。然而，关于"旁证"的这一道理并不是所有地方都适用的。在国际刑事诉讼中，考虑到国际犯罪的一些特殊情况，前南和卢旺达国际刑事法庭就排除了这一格言的适用。因此，从理论上讲，仅仅是一个人在法庭上提供的证词（没有旁证）也可以为法庭所采纳，只要该证人的证据与案件有关，并且是可信的。

前南国际刑事法庭《程序与证据规则》第 96 条规定，在性侵害的案件中无需旁证。这主要考虑到"性侵害"案子的一些特殊性。例如，在战时环境下，有些东西，诸如精液、血液及其它物理或医学证据之类的佐证，是非常难以获得的。所以，这个规则的制订是有一定道理的。国际刑事法庭的《程序与证据规则》不要求性侵犯案中的受害者提供佐证。

那么，这条规定是否可以理解为：除了性侵害案件以外，其他所有的刑事犯罪都必须要有"旁证"？对此，前南国际刑事法庭做出了否定的回答。它认为，之所以有《程序与证据规则》第 96 条的规定，是为了确保性侵害案件的受害人所提供的证据能够享有与其他案件中受害人提供的证据一样效力的权力，但这并不是说，其他案件的所有证据都必须要有旁证。

再比如，前南与卢旺达国际刑事法庭《程序与证据规则》中关于"同意"(consent)的规则，也是旨在保护受害者。根据前南与卢旺达国际刑事法庭的证据规则，在性侵犯案件中，如被害人受到暴力、胁迫、拘押或心理压迫的侵害或威胁,或被害人有理由相信假如他/她不屈服,将遭受迫害、威胁或恫吓,那在这种情况下,所谓被害人的"同意"就不能作为抗辩的理由而被采纳。

所以,在国际刑事诉讼的实践中,并不是所有的证据都需要旁证,但如果能有旁证,该证据的分量显然就不一样。当有的证据没有任何旁证时,国际刑事法庭并不会仅仅因为没有旁证就自动地拒绝它。但另一方面,法庭在接受没有旁证的证据时,显然就要谨慎一些,对于这样证言的可信力就需慎重考虑。

5. 实物证据

在国际刑法的庭审实践中,除了证人证词以外,还有实物证据。实物证据的范围很广泛,它包括书面文件、会议记录、证人在庭审前的声明记录等,另外还有实物,如案发现场照片、刀子、书信,等等。所有这些实物证据,在审判中为证明被告是否犯有被起诉的罪行,能起到很大的作用。

然而,按照国际刑事法庭审判的一般规则,要使实物证据被接受为证据而成为被告是否犯罪的依据,还必须经过一定的程序。这些程序的设立是为了保证证据的可靠性。

首先,检察方和辩护律师方在开庭之前,都必须告知对方和法庭,自己在法庭上将要出示的实物证据,并根据《程序与证据规则》关于证据展示的规定,提前将要出示的证据的副本给予对方查看。如果是文件,就把该文件复印一份,然后邮寄或派专人送给对方和法庭。如果是实物,则可以商定约个时间来亲眼察看一下这些作为证据的实物。在一般情况下就是这样。如有特殊情况,比如在开庭前一两天才刚刚发现的实物证据,则要经法庭同意后才能拿到法庭上去。在决定是否让这样的证据出示的问题时,对方可以提出反对意见,法官则要考虑一方为什么没有按照规定提前通知对方。如果属于故意隐瞒等原因,法官将决定该证据不得在该法庭出示。但如果确实存在可以原谅的原因，而且证据对弄清事实真相也很重要，法官一般会允许该证据在法庭出示。

在开庭前将要当庭展示的实物证据让对方知晓，是为了给对方时间准备。所以当事方在查看了对方的实物证据后，就要为质疑证据作准备。质疑可以从多方面着手。比如，证据本身不可靠或者证据虽然能说明问题，但证据取得的方式存在着问题，等等。另外，在开庭时出示证据的一方，还有义务在法庭问起时说明证据的来龙去脉。所以，实物证据要被接受为法庭认可的正式证据，还必须通过证人在法庭上的作证，并被法庭接受。它不能在没有这一当庭展示程序的情况下自动成为证据。

6. 司法认知

在普通法体系下，法院可以对某些事实采取司法认知（judicial notice）。该术语是指在某事项未经证明为存在或真实的情况下即对其进行承认。显而易见，司法认知是出于方便和快捷的考虑，而对任何人都不会质疑的常识范围内的事项免除证明义务。出于这个原因，国际刑法不仅承认司法认知的重要性，而且鼓励国际刑事法庭采用司法认知而不要求对常识性事实进行证明。采用司法认知，不仅有助于快捷和节约，而且促进了审判的公正性。一般认为，司法认知对双方而言均有助于公平审判，因为他们无需证明那些业已令人信服的事实，而且使法庭在其决定中能够对"目前可得的全部事实"进行考虑。当然，"司法认知有助于法庭作出公正的决定，使他们能够避免由于无视历史或科学，或进行愚蠢和不必要的调查时所将面临的指责和讥笑"。

当一个国际法庭对公开文件的常识性事实进行司法认知时，例如联合国的记录或同一法庭的其他诉讼记录等，就意味着任何一方都无需为证明这些事实的发生和文件的真实性而提供证据。

前南国际刑事法庭《程序与证据规则》第94条(B)款,则更进一步允许法庭对与目前诉讼事项有关的,来自于其他诉讼的裁定事实或文件证据采用司法认知。值得注意的是,这个条款只适用于同一法庭自己的判决,而不能延伸到其他法庭所裁定的事实,如不能适用一国的国内法庭。在一些情况下,审判分庭选择依据第65(H)条款,而非第94(B)条款,来认可双方都已同意承认的一些事实。同样重要的是,要牢记在第94(B)条款下,如果以往的诉讼仍在上诉过程中,则可能无法采取司法认知。此条款对基于被告认罪或供认的判决也并不适用。同样,当模糊而概括地要求对整个判决进行认知时,第94(B)条款将不适用。因此,申请适用本条款的当事人必须明确指出他们希望进行司法认知的段落、部分或判决。他们还必须精确地确定他们希望进行司法认知的事实。因此,一个完整的判决并不是一个合适的司法认知对象。

对于已经裁决事项的司法认知可能会有助于缩短审判过程,这也是任何公正审判所欲达成的目标,然而,对没有在第一次审判时在法庭出现的第二个被告而言,这必然会导致对公正性的严重质疑。无论如何,这个条款被恰当地形容为"非常含混不清的",并且引起了法官们相当程度的担忧,以至于他们对于本条款给予了深思熟虑的限制性解释。这不应该被认为是不寻常的,因为在其他诉讼中裁定的事实并不必然是常识性事实,在其后的审判中对这些事实需要进行斟酌才能确认。

国际刑事法庭的审判庭根据《程序与证据规则》,对常识性事实采取司法认知。那什么是"常识性的事实"(facts of common knowledge)？卢旺达问题国际法庭审判分庭在西曼扎(Semanza)一案中做出了回答,即将其定义为:"这些事实是如此的尽人皆知,或依据易得而权威的资料来源从而得到严格建立和确认的,以至于证明其存在是不必要的"。

不过在关于司法认知的法律后果,法官们相互之间也存有不同意见。有一种意见认为,司法认知创造了一个有利于检察官的推定,但有些法官则不同意这样的意见,认为在确定证据的价值时被告还是具有反驳的权利。

7. 法庭之友

在国际刑事法庭的司法实践中,"法庭之友"的制度也用得比较多。前南国际刑事法庭成立后在法庭是否有权向主权国家送达"传票"问题上,就邀请全世界所有法律专家以"法庭之友"的身份向法庭提供意见。

"法庭之友"的历史非常悠久,最早可以追溯到罗马法。"法庭之友",拉丁文称之为"Amicus Curiae",英文为"A friend of the court"。《新牛津英语词典》(The New Oxford Dictionary of English)则将"法庭之友"定义为:"于特殊案件中,为法院提供中立建议之人",而Holthouse's Law Dictionary,则将其定义为:"当审判者对于法律事项产生疑问或误解时,旁观者得以'法庭之友'身份向法院提出报告。当法院中的辩护人为某案件进行辩护时,如果法官未发现或忽略了某项法律上的问题或错误时,辩护人就必须扮演上述角色。"

从上述定义可见,"法庭之友"是指在诉讼案件中,那些没有涉及利益的个人或团体,为了向法院说明其对该案件相关法律争议上的意见,主动向法院提出书面报告,以协助法院更公正地作出裁决。

"法庭之友"作为一个特殊的司法诉讼制度,在英美法系国家中早已存在,但是大多数大陆法系国家没有这样一种制度。但在国际刑事司法的审判当中,"法庭之友"的应用日益广泛。虽然国际刑事法庭《规约》中对此没有规定,但在前南与卢旺达国际刑事法庭的实践中,"法庭之友"已是被普遍认可的一个程序制度。

根据"法庭之友"在当前国际刑事法庭中的频繁引用,从国际法的层面可以将之定义为:在国际刑事案件的审理过程中,为非当事方的任何个人、国家、团体或组织，基于中立的立场或是基于特定的利益，而向该国际刑事法庭主动提出事实上的经验或法律上的见解，以为相关司法机构做出裁决提供参考。

在前南国际刑事法庭的检察长诉密斯奇等五个被告（The Prosecutor v. Simic et al）一案中，曾经为国际红十字会工作过的一个代表，主动与法庭检察官接触，提供了其在访问波黑集中营里所看见的情景，并表示愿意到庭作证。通过交谈检察官相信，如果他出庭作证，其证词将有助于为该案的被告密斯奇定罪。于是，检察起诉方马上将他列入己方要传唤证人的名单，认为他在法庭为给被告定罪，实现公正方面能起帮助作用。但国际红十字会在知道这一情况后，立即与检察起诉方联系，表达了自己不同意该证人出庭作证，并引用国际红十字会在国际实践中享有的特权豁免，希望能将他的名字从证人名单中删除。

前南国际刑事法庭的检察官为了审判公正，认为所有与案情有关的证据都应提交给法庭。由于双方都坚持自己的观点和立场，国际红十字会就在检察官基于《规则》第 73 条提出动议的同一天，就根据《证据与程序规则》第 74 条规定，以"法庭之友"（Amicus Curiae）的身份请求作证豁免权，并陈述了该组织在享受作证豁免权方面的法律根据。[①]

此外，当国际刑事司法机构本身遇到疑难问题时，有时也求助于机构外的专家来作为第三方提出意见。例如，国际刑事法院曾苏丹达尔富尔情势提出的请求，就是一例。

2005 年 3 月 31 日，根据《罗马规约》第 13(b) 条，联合国安理会通过了 1593 号决议，将苏丹达尔富尔情势提交给国际刑事法院，要求法院予以调查。这是国际刑事法院自 2002 年成立以来收到的第一个由

---

① The Prosecutor v. Simic et al, Experte Confidential (Decision on the Prosecution Motion under Rule 73 for a Ruling Concerning the Testimony of a Witness), ICTY, Trial Chamber (Case No. IT-95-9-PT), Decision of 27 July 1999, p.2.

联合国安理会提交的情势。

2006年7月,在达尔富尔情势提交一年多后,国际刑事法院检察长仍未针对任何嫌犯向预审庭申请签发出法庭传票或逮捕令,理由是安全方面还存在问题。对此国际刑事法院的法官们有所不满意。于是根据《罗马规约》第57(3)(c)条以及《程序与证据规则》第103条的规定[①],预审分庭认为有必要听取第三方的意见。

2006年7月24日,第一预审分庭邀请两位"法庭之友"就受害者保护和证据保全问题给出他们的意见。这两位法庭之友,一位前南国际刑事法庭第一任法庭庭长的安东尼奥·卡塞西(Antonio Cassese),另一位是曾任前南与卢旺达国际刑事法庭检察长,时任联合国人权事务高级专员路易斯·阿赫布(Louise Arbour)女士。这两位国际刑法专家都欣然接受邀请,并以"法庭之友"的身份分别于2006年8月和9月以书面形式提交了他们的意见。两位"法庭之友"都认为检察官过分夸大了在达尔富尔地区内部展开调查会涉及的安全问题并且表现得过于保守和谨慎。

在卡塞西教授提交的书面意见中,他对保护受害者和证据保全所应采取的一般措施和具体措施、调查策略、刑事责任模式以及举证方式都给出了自己的建议。认为最有效的方式是收集可以将相关刑事责任归于苏丹军方(包括民兵)和叛乱武装的证据。另外他还认为检察官可以直接或者通过预审分庭间接地要求苏丹政府官员出庭就苏丹政府已

---

① 《罗马规约》第57(3)条规定:除本规约规定的其他职能以外,预审分庭还具有下列权力:必要的时候,下令保护被害人和证人及其隐私,保全证据,保护被逮捕或被传唤到庭的人,及保护国家安全资料。

《程序与证据规则》第103条则规定:1.分庭在认为有助于适当裁断案件时,可以在诉讼任何阶段邀请或准许国家、组织或个人,就分庭认为合适的问题提出书面或口头意见。2.检察官或者辩护方应有机会对根据规则1提出的意见作出回应。3.根据分则1提出的书面意见应提交书记官长,由书记官长向检察官和辩护方送副本。分庭应确定提交此类意见的时限。

经采取、正在采取或者将要采取的保护受害者的具体措施作出说明。按照卡塞西教授的看法,检察官其实并没有充分利用其所有资源展开有效的调查。[1]

与卡塞西教授不同,阿赫布女士用了相对委婉的语言表达了她对检察官调查工作的看法。她通过人权高专办的实践经验,她承认在该地区内部开展调查存在风险,但同时也指出:"风险不可能绝对消除但是可以运用一些调查技巧将风险最小化。"她认为在一般意义的武装冲突中,就侵犯人权行为展开严肃的调查是可能的,因此建议国际刑事法院的检察官必须全面履行它的职责。当武装冲突正在进行时,调查国际犯罪行为时面临的安全问题本身并不能阻碍法院按照其职责及时有效地行事以追究个人刑事责任。[2]

这些专家们作为"法庭之友"提出的意见,对推动国际刑事司法机构的工作,无疑是有一定帮助作用的。

第二节 罪行的确定

罪行的确定,涉及到举证责任。在刑事案件中,举证责任就是控诉方承担的证明嫌疑人、被告人构成犯罪所必需的全部事实或基本事实的责任。

对一个公正的刑事审判程序而言,证据的"合理怀疑"标准是必要的。前南国际刑事法庭和卢旺达国际刑事法庭在其《程序和证据规则》

---

[1] Observations on Issues Concerning the Protection of Victims and The Preservation of Evidence in the Proceedings on Darfur Pending Before the ICC, PTC I, ICC-02/05-14, 25 August 2006.

[2] Observations of the United Nations High Commissioner for Human Rights Invited in Application of Rule 103 of the Rules of Procedure and Evidence, ICC-02/05-19, PTC I, 10 October 2006.

认可了这一标准。它们要求裁定被告有罪的证明标准必须是"排除任何合理的怀疑"。因此,检察官在案审中的证明标准,不仅仅是要求证明罪行构成要件中每一个都存在,而且还要达到"排除合理怀疑"的地步,以确保被告被定罪。

一、定罪的程序要求

在国际刑事诉讼中,定罪证据必须经法庭审查,作为证据的物证也必须在法庭上出示。法庭在规则和实践中强调,一切定罪证据均应经过法庭出示、审查。只有被法庭认可、采纳的证据才能作为对被告人定罪的依据。前南国际刑庭《程序和证据规则》第85条规定:

> "(A)各方有权传唤证人和提出证据。除非初审庭为司法利益作出另外指示,审判时的证据应按下列顺序提出:
> (1)控方证据;
> (2)辩方证据;
> (3)控方的反驳证据;
> (4)辩方的再反驳证据;
> (5)初审庭依本规则第98条命令所采取的证据。"

每个案件的审理阶段就分为主讯(Examination-in-chief)、反诘(cross-examination)和再主讯(re-examination)等;任何有用的信息都可以在审理时向法庭提交;当然,证人证言都必须经过质证。

国际刑事诉讼还强调诉讼过程中的当事者之间的平等,所谓控辩双方平等,其实是指调查和起诉阶段中的平等。其具体要求是:

(1)检察机关行使追诉权也要尊重法律上保障人权的规定,并负有维护嫌疑人、被告人权益和保障司法公正的义务;

(2) 嫌疑人或被告人享有以辩护权为核心的一系列诉讼权利,尤其包括判决前随时得到律师帮助的权利,在诉讼中享有与检察官平等的提证权、问证权。

(3) 法官在庭审中对控、辩双方的意见和证据材料应予平等的重视,对各方的利益予以同等尊重和关注。

除了控辩双方平等以外,作为国家或国际社会刑事追诉者的检察官,在刑事诉讼中还负有一项特殊的义务,即它要始终承担证明被告人有罪的责任,并要达到最高的证明标准。换句话说,控诉方承担证明嫌疑人、被告人有罪的责任。证明责任由控诉方承担的直接依据在于"他必须反驳无罪推定……被告人没有为自己申辩无罪的责任。"

指控方举证责任的具体内容,主要包括以下三个要点:

第一,控诉方应向法庭出示据以指控的所有证据材料,如书证、物证、鉴定结论、视听资料等并证明证据的合法性。

第二,控诉方应向法庭陈述被告人的犯罪事实,并运用足够的证据进行充分论证,达到足以推翻被告人无罪的推定。

第三,对被告人提出的辩护理由,控诉方"有责任来驳斥它,而不是被告方有责任来证明它。"

所以,控诉方提出指控的目的在于推翻嫌疑人、被告人被推定无罪的原始地位,他必须承担证明嫌疑人、被告人有罪的责任。事实上,任何人都不太容易或不大可能提出证据来证明自己无罪,更何况处于受追诉地位的嫌疑人、被告人。处于弱势地位的被告人,在诉讼中无需承担证明自己无罪的责任,对自己诉讼主张的证明,只需达到较低的证明标准;对于可能使自己陷入刑事控罪之中的事项,被告人拥有拒绝陈述的权利,等等。这样,作为强者的检察官与作为弱者的被告人,经过法律程序的矫正,就大体上在对抗手段、对抗能力和对抗机会方面拥有平等的地位。

控辩双方当事人在诉讼中的法律地位完全平等，不存在一方地位高于他方的情形。从诉讼结构的角度来看，普通法系国家刑事诉讼中的控、辩双方与审判官的距离相等，呈等腰三角形的外观。其中审判官处于等腰三角形的顶点，居中立的裁决地位，控辩双方由分别排在等腰三角形底边与两腰的交点之上，呈对抗的姿态。在法官眼中，即便是代表社会利益的公诉人（检察官），也和被告人一样是当事人之一，两者地位平等。双方的差异只是在于对案件事实和法律适用的主张不一致。所以在前南国际刑庭的组成结构上，检察长办公室是一个独立的机构。但在法庭审理的过程中，它又是一个当事者，作为控方而享有与辩方同等的诉讼权利。

前南国际刑事法庭与卢旺达国际刑庭的审理程序，基本上是属于普通法系的对抗式的刑事法庭。当然，普通法系的公诉运行机制有它一定的道理。诉讼的对抗性造成控辩双方在诉讼程序中的平等，并使得公诉活动能在被告方挑剔性的质疑之下受到充分的检察和审查，从而使公诉的质量能得到保证。

但联合国这两个特设国际刑事法庭的审理程序又不完全是普通法系的。在普通法系国家的对抗式审判中，法官原则上是一个相对消极、被动、中立的仲裁者角色。审判中由控辩双方各自向法庭出示证据，并以控辩双方为主进行法庭调查。然而，与普通法系国家中的法官"消极、被动"相反，前南国际刑庭的法官可以在审理案件时采取积极、主动的姿态。如果需要，法官在案审的任何环节上都可以主动地向任一当事方澄清任何被忽略的或不清楚的问题。

除了提问题以外，法庭的法官可以提醒控方或辩方遵守法庭的规则，制止任何与案情无关的问题和回答，还可以随时随地亲自询问证人。法官为查清案件事实，还可以《程序与证据规则》的第98条为依据，在起诉主张和证据范围之内，积极主动地搜集、评判控诉方未提出的证据材料,而不会受到在一般普通法系里的法官所受到的限制。

所以相比较英美司法制度的对抗式程序而言,国际刑事诉讼规则要更灵活一些。在国际刑事法庭的诉讼程序中,不但是由法官来控制审判的进程,而且法官在审判的过程中可以向证人提问,可以命令任何一方提出补充证据,还可以传唤证人和命令其出庭。根据前南国际刑事法庭《程序与证据规则》第 89 条的规定,该国际法庭的审判庭"不受任何国家国内证据规则的拘束",而且在审判中"审判庭可采纳它认为有证明价值的任何有关的证据。"所以,国际刑事法庭的诉讼审判程序,还是不同于英美司法制度的对抗式程序,它是自成一类的。

关于指控犯罪成立的证明责任是不能转移的。所以在整个审理过程中,由检察起诉方承担证明被告有罪的责任和义务。但是,当被告人作出"不在场"(alibi)的辩护时,他就要承担举证责任(burden of producing evidence)。具体来说,被告人应提出证据对此进行证明或解释,使该辩护理由成为法庭审理的争议事项,法官有义务告知此项责任。未履行或未充分举证的后果是使法庭认为对被告人有利的争议事项不成立,即辩护理由不成立,因而它只须达到引起控诉方必须进行"驳斥"的举证要求,而证明责任的证明标准为达到"无合理怀疑"或"确凿、充分"。

需要注意的是,法官采纳的证据,必须是控辩双方提出的证据或依法可以进入诉讼程序的证据。法官不能在此之外另行采纳来自其他方面的证据。在英美法系国家,证据原则上由控辩双方提出,法官只在例外情况下才依职权主动调取证据或传唤证人。在大陆法系国家,一般由法官主动出示证据。被采纳的证据,一般就是定案根据。

二、质询证据

质疑证据可以通过询问的方式(简称"质询"),在刑法术语中又称为"交叉质询",被认为是发现真相、暴露做假的非常有效的一种方法。在普通法系国家的法院审理当中,交叉质询的目的主要在于刁难对方证人在主询问中的证词的可信性。当然,交叉询问还被用来揭露对方证人证言中的虚假或不实之处。

所谓质询(cross-examination),就是在某一证人作证完毕以后,由对立一方的律师问话。需要首先强调的一点是,之所以会有质询是因为国际刑事法庭的审判程序与普通法系国家的一样,检察官和被告双方在案件的审理中各有各的证人,分得清清楚楚。检察方只能传唤检察方的证人,被告也只能请被告的证人。虽然根据规则审判庭在必要时也有权传唤证人[①],但这种情况比较少。检察方和被告双方的证人,是双方根据自己调查结果和案情分析确定的。不言而喻,检察方的证人所作的证词,都是要证明被告有罪的;被告方的证人所作的证词,自然都是要证明被告是无罪的。

国际刑事诉讼中关于询问证人的顺序,是从英美法系国家移植过来的对抗性诉讼的模式,即:主询问、交叉询问、反询问。证人首先被提出证人的一方进行询问,这叫做主询问,初问的问题也仅限于与案件关联的事实。接下来是交叉询问,交叉询问的本质是通过辩护律师的质询揭示证人的偏见和不可信性。

与在普通法系国家中的法院一样,交叉询问在国际刑事法庭也主要是用来质疑对方证人的证据及证人的可信度。换而言之,交叉询问主要用来质疑:1.对方证人在主询问中关键性的事实,2.证人证词的可信程度,以及3.对方证人证词与本案的相关性。这里,有必要强调前南刑庭《程序和证据规则》第90条(2)款的规定。根据这条规定,"反诘应限于直讯的问题以及影响证据的可靠性的问题。初审分庭可行使自

---

① 前南国际刑事法庭《程序与证据规则》第98条。

由量裁权,允许像在直讯时那样讯问另外的问题。"当然,国际刑事法庭的法官可以在案子审理期间的任何阶段向证人提问。在对证人的询问方面,法官具有广泛的权力。法官为了公正利益,就要确保审判的公正进行。

在国际刑法的实践中,质询对方证人的权利从一开始就有。第二次世界大战后的《纽伦堡国际军事法庭宪章》和《远东国际军事法庭宪章》关于审理程序的规定里,都明确规定有对证人进行盘问的权力①。联合国安理会成立的前南斯拉夫国际刑事法庭和卢旺达国际刑事法庭,在它们各自的《程序与证据规则》中也都有同样的规定。在国际刑法中作这样一条规定,其根本目的是保证审判的公平。它认为通过质询,证人的有意编造和无意的误述都可以有效地暴露在法庭,有利于弄清事实真相。

从国际刑法的审判实践来看,当检察方或被告律师质询对方证人时,其着眼点往往不是为了挖掘事实,而是为了使整个案情转向对自己有利的方向。为了达到这个目的,质询主要就被用来破坏该证人的可信性,并努力地从该证人的口中套出对己方有利的证词。

在法律上,破坏证人的可信性的做法被称作"弹劾"(impeach)证人。它可以通过不同的办法进行。比较典型的方法就是通过揭示证人的偏见、作证的私利和动机。从逻辑上讲,只要一个人对某个人或某种事物怀有偏见,或者如果某件案子的结果对自己有某种利害关系,那么他的作证就不大会是公正和客观的。如果证人以前的声明或言论同他在法庭上所作的证词不一致,那么质询的一方就可以以此来破坏该证人的可信性。通过揭示出这些不一致的地方,质询的一方就可以告诉法官,要么该证人是在那里编造,要么他根本就没有记清。而无论哪一

---

① 《纽伦堡国际军事法庭宪章》第 24 条;《远东国际军事法庭宪章》第 15 条。

种情况,这个证人的证词都不足为信。

三、定罪标准

根据无罪推定的原则,被告被证明有罪之前是被假定无罪的。被国际刑事法庭起诉的人都是犯罪嫌疑人。但他们在法庭检察官提出充分的证据证明他们有罪之前,都被推定无罪。在国际刑事法庭中,证明被告人有罪的责任完全在检察官一方,检察官须证明被告人的罪行,其提出的证明必须充分,使法官对被告人有罪不存在合理怀疑。所以检察官必须出示足够的证据以证明被告有罪。

1. 定罪标准的基本概念

联合国特设国际刑事法庭在刑事诉讼中使用合理怀疑标准来确定被告人有罪或无罪。例如,在切莱比奇(Celebici)一案中,审判庭认为,"检察官有责任证明被告实施有犯罪行为,而且对该犯罪行为不存在任何合理的怀疑"。当案审结束时,如果对被告是否犯有犯罪行为仍还有合理的怀疑,被告就不能被定罪。所以,在庭审中就要求检察官必要证明其指控的每一个要素。同样,在确定被告有罪时,法庭需要注意"是否对证据有任何合理的解释而不是判定被告人有罪"。另一方面,法庭在决定被告的罪行时必须很小心,必须要看在确定被告犯有罪行方面是否还存在任何合理的怀疑。

"合理的怀疑"(reasonable doubt),并不能等同于"没有丝毫怀疑"(beyond a shadow of doubt),它与"绝对的肯定"(absolute certainty)的概念也不太一样。

在法理学上,"合理的怀疑"其实是指合情合理的怀疑。

在切莱比奇一案中,前南国际刑事法庭审判庭采用普通法系国家的定义来解释,认为所谓的"合理怀疑",就是指陪审团在具体案件中自己认为什么是合理的标准。按照美国军事法庭的解释,合理怀疑是"对所有证据进行充分考虑之后的怀疑,它会让一个公正的、深思熟虑的人承担裁决的责任,认为是确实可信的"。然而,在前南国际刑事法庭的案审中曾误用了"合理怀疑"的证据标准。Simicetal 就是其中的一个。

在该案关于"蔑视法庭"罪方面,前南国际法庭审判庭坚持适用律师接触方面的"严重怀疑"(grave suspicions)标准,这个严重怀疑甚至可以达到"排除任何合理怀疑"的证据标准。另外,在塔迪奇一案中,审判庭认为在 Jaskici 被杀死的五个人非常可能是死于一队军人,而不是与被告有关的一个小分队。当法庭在被告或有罪或无罪方面使用"合理怀疑的标准时,法官们还得评估证据的可信性并参考其他案例已经采用过的标准。

在案件的审理阶段,举证责任完全由公诉人(检察方)承担。在前南国际刑庭,被告被定有罪的标准规定得非常高,即检察、起诉的证明必须达到"排除任何合理怀疑"(beyond any reasonable doubt)的程度。所谓起诉的证明必须达到"排除合理怀疑"的程度,也就是说检察机关的证明活动必须能够排除一个正常人在该具体情况下所可能产生的任何怀疑。在审判过程中,被告人及其辩护人从事实和法律两个不同的角度,对检察官的指控进行有力的反驳,并提出和论证对被告人有利的辩护证据。检察方则必须在法庭上以法律为根据,毫无保留地出示其所掌握的全部证据。如果不这样,其所指控被告人的犯罪事实就有不被审判法庭认可的可能。换句话讲,起诉方如果不能出示具有说服力的证据,以证明被告所被指控的罪行已经清楚地具备了(不是"可能具备",也不是"不太确切地具备"。)其所有的构成要件,法庭就不能认可公诉人指控的相应的犯罪事实。

所以在国际刑事法庭,证明的标准很高,要达到"超越了任何合理怀疑"的程度。就是说,如果一个正常而不带偏见的人在听完了检察官方面的所有证人的作证,看完了检察官方面出示的所有实物证据后,如果对被告是否就是罪犯这点上不存在任何的"合理怀疑",那么被告就可被判有罪。被告人有权提出证据为自己辩解无罪,如果被告人提出的证据引起法官对他有罪的怀疑,检察官确立被告人有罪的努力即告失败。

"超越任何合理怀疑"的概念,来自普通法系国家的司法制度。那么什么是"合理怀疑"呢？这本身是一个不太容易界定的概念,只能用比较的方法来确定。在美国法律中,证明可分三个层次。最低程度的证明叫做"合理性证明"(reasonable basis)。意思是说,当一个正常的人把所有的证据不带偏见地审查一遍,如果他认为从向法庭展示的证据来看,被告"很可能"(a significant possibility)犯有其被指控的违法行为,那么这个证明就是成功的。也就是说,只要证据的天平往一边倾斜,重的一边就算是完成了证明。这种证明大多用于民事案件。

中间程度的证明叫做"明确、可信证明"(probable cause)。这一级的要求比合理性证明要高。但到底要高出多少,才算是明确、可信,这也是一个无法解答的问题。但不管怎么样,它也算是给了裁判者一个比较大的尺度。一般在欺诈等民事案件证明中,要求必须达到这一证明程度。

最高程度的证明就是"超越合理怀疑"。超越合理怀疑是从反面看问题,着眼点不是证明者证明了多少,而是他还有多少没有证明,如果这些没有证明的地方构成了合理怀疑(reasonable doubt),那么证明就算失败。

当案审开始、检察官和被告律师各自作完开庭声明以后(或者检察官作完开庭声明,而被告律师选择把开庭声明留到以后来做。)接下来的一步叫做"检察方传讯"(examination in chief)。所谓检察方传讯,具体地说就是检察官逐个传讯检察方的证人,逐一出示实物证据,以证明被告确为罪犯。

前南国际刑事法庭《程序与证据规则》第 87 条第 1 款涉及到"超越合理怀疑"定罪标准,该条款规定:"当双方完成他们对案件的陈述,初审庭庭长应宣告审讯完闭,初审庭应进行秘密评议。只有当初审庭的多数法官认为证明有罪已无合理的怀疑时才能达成有罪的裁判。"

2. "超越任何合理性怀疑"的定罪标准

国际刑事法院《规约》第 66 条第 3 款规定:"判定被告人有罪,本法院必须确信被告人有罪已无合理疑问。"

在刑事诉讼中,定罪的证明要求应当达到以下几个方面的要求:

1. 据以定案的证据具有关联性,即对案件真实具有证明作用,不具有关联性的证据不能作为定案的依据,如被告人的前科、相似事件、品格等,不能作为证据使用。

2. 据以定案的证据必须是控、辩双方在法庭上出示的证据,并且其真实性、可靠性得到控辩双方交叉提问、质证的证实;

3. 对控、辩双方存在争议的证据,提出证据的一方需提供进一步证实其真实、可靠性的补充证据,特别是对非原件的文书证据和传闻证据;

4. 据以定案的证据必须是合法取得的,并且以法定的证据形式表现的,如果对证据的合法性存在争议,提出的一方对证据的合法性承担举证责任;

5. 根据控辩双方已提出的证据,可以肯定犯罪是本案被告人所为,排除任何其他的可能性,也就是对被告人实施了犯罪行为排除了合理的怀疑;

6. 当承担举证责任的一方(控方,即公诉人和自诉人)不承担举证责任、无法举证或举证达不到法律规定的证明要求时,法院应当作出证据不足,指控的犯罪不能成立的无罪判决。

与程序证据相关的还有诉讼的效率性问题。它后来成为国际刑事法庭相当重视的一个问题。在刑事案件中,关于辩护的内容以及如何辩护,一般情况下取决于控辩双方的意志和安排。但在国际刑事法庭的实践中,不少案件辩护人却会出于这样或那样的理由,不断要求法庭延长开庭时间,拖延审判进程。如塔迪奇案从1995年开庭,一直到2001年的年初才最后审理结束。为改变这一状况,法庭作了一些调整。其中包括加强对庭审进程进度的控制,和在一定的条件下允许当事方提交书面证据等。这对提高审判效率都起到一定作用。所以国际刑事法庭的审判体系,里面既有普通法系的因素,也有大陆法系和其他法系的因素。它已经发展成自成一体、相当完整的司法体系。

法官在审理中征求控辩双方意见并进行审查。前南国际刑事法庭《程序和证据规则》第98条规定:"初审庭可命令任何一方提出补充证据。该庭可自己传唤证人和命令其出庭。"

法官可以命令提出该证据的一方,提出与该证据有关的一切陈述,以决定该证据是否采纳。如果决定不予采纳,则该证据将不能在法庭上出示,或者删去与该证据有关的记录。如果提出该证据的一方不提出能够证明该证据具有可采性的证据,则法官也会命令将该证据的有关记录删除。当然,如果对方当事人不提出异议,所有的证据都可以在法庭上进行出示和调查。

超越合理怀疑本是普通法系国家国内刑法上的证明标准,本来就很高。由于国际刑事法庭要严格适用国际标准,所以在国际刑事法庭对检察官提出的证明标准实际上是更为严格。在每一个案审中,检察官方面必须确实要证明到"超越合理怀疑"的程度,才能定被告人有罪。而在被告方面,根据"一切被告在被证明有罪之前为无罪"的原则,则不需要证明任何东西。在理论上被告方面可以坐在法庭上什么也不做,让检察官方面传讯完了证人以后,直接等待法官决定检察官是否已证明到"超越合理怀疑"的程度。由于对检察官有这么一个要求,所以当被告律师传讯证人时,他并不是要努力证明什么,而主要是想通过证人和证词,在检察方陈述的案情中找出一些漏洞,目的是在法官的脑子里留下一些"合理的怀疑"。如果被告律师能做到这一点,就可以指望国际刑事法庭判定被告无罪。

由于定罪的标准太高,所以国际法院的检察官有时也会知难而退。在国际刑事法院肯尼亚的案件中,检察长 2013 年 3 月撤回对穆萨拉的指控就是近期比较典型的一例。

2007 年 12 月 27 日当肯尼亚的总统选举结果公布后,肯尼亚爆发了严重的种族驱动的暴力事件。两个月之内,多达 1220 人被杀害,超过 3560 人受伤,约 350,000 人流离失所,900 多个强奸行为被记录在案。[1] 在这种背景情况下,国际刑事法院作出了一项决定,决定对 2007 年 12 月 27 日肯尼亚的总统选举结果公布后爆发了种族暴力事件进行调查[2]。调查后,国际刑事法院第二预审分庭于 2012 年 1 月 23 日裁决认为,有实质性理由相信在骚乱和暴行中存在反人道罪的行为,并且有理由相信肯雅塔(Kenyatta)和穆萨拉(Muthaura)应对这些罪行负有责任。

然而在一年以后的 2013 年 3 月 11 日,该法院检察官告知国际刑事法院关于自己撤回针对穆萨拉的所有指控的决定。至于撤回的理由,倒也简单。主要是因为检察官认为目前自己所掌握的证据不足以达到定罪时所要求的"超越合理怀疑"这一定罪的标准。具体说是因为以下几点因素:

---

[1] Shashank Bengali, Kenyans Rivals Agree to Share Power after Disputed Election, Knight Ridder, Feb. 28, 2008, Available in LEXIS, News Library, Wire Service Stoties File.

[2] Situation in the Republic of Kenya, No. ICC-01/09-19, Decision Pursuant to Article 15 of the Rome Statute on the authorization of an Investigation into the Situation in the Republic of Kenya(Mar. 31, 2010), at http://www.icc-cpi.int/iccdocs/doc/doc854562.pdf (hereinafter Kenya Decision), http://www.icc-cpi.int/.

第一,部分原定要出庭作证的证人自 2007—2008 年的暴乱后相继被杀,另有一些证人改变了主意,不愿继续向检控方提供证据;

第二,肯尼亚政府向国际刑事法院提供的合作相当有限,这使得检控方所为定罪所需要的很多证据都无从获得;

第三,检控方的一个关键证人,即控方四号证人,在确认指控决定宣布之后翻供,并且承认自己受贿,控方的证人名单上随之删除了这位证人[①]。

确实,定罪需要证据,如果没有足够的证据,即使勉强开庭,也无济于事。由于检控方四号证人翻供并承认受贿,这使得该证人的证词对指控没有任何的帮助。另外,检控方确认指控时所依赖的不少证据也是其他两位证人的"传闻证言",其可信度也有问题。所以权衡再三后,国际刑事法院检察官不得不撤回对穆萨拉的所有指控。当然,撤回对穆萨拉的指控,在理论上对肯雅塔的案子在法律和事实方面是没有任何影响的[②]。

第三节 作证义务及其豁免

作证义务及其豁免,是一个与证人证词相关的问题。专门对它进行讨论,是因为它在国际刑事诉讼中具有独特的地方。

为了司法公正,出庭作证在刑事司法制度中已成了一项不可推辞的义务。但与此同时,在国际刑事司法程序上为了保证某些特别类型

[①] Prosecution notification of withdrawal of the charges against Francis Kirimi Muthaura, ICC-01/09-02/11-687, 11 March 2013.

[②] Public Redacted Version of the 13 March 2013 "Prosecution observations on the impact of the withdrawal of the charges against Mr Muthaura on Mr Kenyatta", CC-01/09-02/11-692-Red, 13 March 2013.

的联系顺畅而规定了免于作证的特权,如律师与委托人的联系。但除了这层关系以外,另外还有一些,如以保密方式向检察官提供的信息；战地记者提供的信息；红十字国际委员会的官员在其工作的过程中所搜集到的信息,等等。这些都与国际刑事诉讼中的作证豁免有关。

一、证人的作证义务

证人证词,是审判得以顺利进行的基本条件,也是司法公正能否得以最后实现的关键所在。因此,刑事法庭为了保证能得到与案审相关的证人证词,就会规定证人作证的基本义务。而被法庭传唤的证人如果拒绝作证,就有可能会被法庭定为"对法庭藐视罪",就会仅仅因为这个罪名而承担相应的个人刑事责任。比较能够说明这个问题的,是2012至2013年发生在前南国际刑事法庭的克里斯蒂奇拒绝作证的案例。

前南国际刑事法庭成立于1993年5月。在成立后由法官制订的《证据与程序规则》里,就规定了"对法庭藐视罪"(第77条)。根据这条规定,如果证人对法庭所提的问题"抗拒回答或不回答",就构成了对法庭的藐视(contempt of the court)。据此,法庭就可能对该证人"处以不超过20,000荷兰盾的罚金或不超过6个月的监禁,按规则第103条的规定服刑。"所以"对法庭藐视罪"还不是抽象的,而是属于法庭可以实实在在予以惩治的一个罪行。前波黑塞族军官拉迪斯拉夫·克里斯蒂奇(Radislav Krstić),就因为无视前南国际刑事法庭要他作证的决定,始终坚持其拒绝为卡拉季奇出庭作证的立场,而最后被起诉犯有对法庭藐视的罪行。

拉迪斯拉夫·克里斯蒂奇(Radislav Krstić),曾担任前波黑塞族共和国军队德里纳军(Drina Corps of the VRS)的副司令及参谋长。他因涉嫌参与1995年7月的斯雷布雷尼察(Srebrenica)大屠杀而被前南国际刑庭检控官起诉。经审理后,克里斯蒂奇最终以协助及教唆(aid and abet)种族灭绝罪等罪行被判有期徒刑35年,并于2004年12月被移送至英国的瓦克菲尔德监狱(Wakefield Prison)服刑。2010年5月7日,克里斯蒂奇在英国狱中被三名穆斯林囚徒袭击,重伤入院。事后,克里斯蒂奇被暂时转移回到位于荷兰的联合国羁押中心(United Nations Detention Unit),以待移送至波兰继续服刑。

在卡拉季奇一案中,被告卡拉季奇在为自己辩护的过程中,于2012年10月3日根据前南刑庭《程序及证据规则》第54条①规定向审判庭提交动议,要求以传票(Subpoena)的方式传唤克里斯蒂奇出庭作证。

根据法院的判例,签发传票的前提主要包括如下几点:

第一,相关证人可能提供的证词必须能够为要求传唤证人的当事方提供实质性的重要帮助;

第二,当事方必须已在合理范围内尽力争取相关证人的自愿合作而未果;

第三,相关证人的证词无法通过其他途径获得。

卡拉季奇一案在前南国际刑事法庭,是个重要的案件。他原是波黑塞尔维亚民主党的创始人之一。他于1992年3月27日波黑塞尔维亚共和国(Republika Srpska, RS)成立时任总统,直至1996年7月19日。他被指控其参与四个"共同犯罪集团",犯下11项国际罪行,其中包括:(1)永久驱逐波黑境内塞族人主张领土范围内的非塞族人;(2)围困萨拉热窝,炮轰及狙击当地平民,意图散布恐怖;(3)清除斯雷布雷尼察的穆斯林人;(4)绑架联合国人员为人质。指控的11项罪行

---

① 《证据与程序规则》第54条规定:"法官或初审庭可在任何当事方的请求下或自动发出,为调查或准备或进行起诉所需的命令,传票和授权令状、移交令。"

还包括种族灭绝、迫害、灭绝及谋杀、驱逐及不人道行为、恐怖及非法袭击平民、劫持人质等。

至于要求法庭发出传票的理由，卡拉季奇在请求提出时说，法庭检察官指控他曾与克里斯蒂奇讨论斯雷布雷尼察的屠杀，而克里斯蒂奇本人则可以证明卡拉季奇从未与其进行过此种讨论，且其从未向卡拉季奇汇报过斯雷布雷尼察穆斯林人被处决之事。这一证词将直接涉及斯雷布雷尼察屠杀问题上卡拉季奇犯罪主观方面构成要件（mens rea）的认定问题[1]。

由于这个问题的相关性和重要性，前南国际刑事法庭于 2012 年 10 月 23 日批准了卡拉季奇的请求，并签发了对克里斯蒂奇的传票。2013 年 2 月 7 日，克里斯蒂奇依传票要求出庭。然而出乎众人意料的是，其当庭拒绝宣誓，并要求审判庭重新考虑其决定。克里斯蒂奇称，在英国监狱服刑七年的经历，以及其他经历使得他患有严重的创伤后心理压力症（Post-Traumatic Stress Disorder），并表示将拒绝任何以其健康为代价的要求。

经过两度短暂休庭后，前南国际刑事法庭的审判庭先是口头决定要求书记官处负责协调并提交一份关于克里斯蒂奇健康及精神方面状况的详细报告，其中必须指明：其一，出庭作证是否以会损害克里斯蒂奇的健康；如果会，是以何种形式；其二，克里斯蒂奇是否具有理解提问，并提供回答的基本能力。

2013 年 3 月 13 日，审判庭在审查了书记官处提交的医学鉴定报告后作出裁定，认定克里斯蒂奇的健康及心理状况完全不影响其遵照传票要求出庭作证，并警告其若继续拒绝作证将面临藐视法庭的指控。

---

[1] Prosecutor v. Karadžić, Motion for Subpoena: General Radislav Krstić, Case No. IT-95-5/18-T, 3 October 2012.

在克里斯蒂奇再度拒绝作证后,审判庭根据《程序及证据规则》第 77 规定于 2013 年 3 月 27 日对其启动了藐视法庭程序。

前南国际刑事法庭在克里斯蒂奇一案中适用藐视法庭罪的案例,清楚地展示了刑事法庭中证人出庭作证义务的重要性及其意义。

二、作证豁免的基本考虑与规定

在具有作义务的同时,刑法上存在着"作证豁免"的原则,即有些人可以被免除作证的义务。

"豁免"这个原则的出发点,是基于社会和谐的考虑。它规定当事人之间、医生与患者之间、夫妻父子之间或牧师与教徒之间等,不得被迫作证,目的是要维护律师与当事人之间、医生与患者之间及牧师与教徒之间的相互信任关系,维护夫妻父子之间的亲情关系。因为如果律师、医生、牧师被迫出庭作证的话,势必对当事人、患者、教徒造成不利,他们之间的信任关系势必被破坏。同样,如果夫妻父子之间被迫作证的话,亲情关系也被破坏。那样的话,当事人不会再找律师做代理人,法治社会的结构将被破坏。

前南和卢旺达国际刑事法庭都有关于律师和当事人之间的特权的规定。例如,这两个国际法庭的《关于羁押等候法庭审判和上诉的人或法庭命令因其他原因羁押的人的规则》都规定,在押者有权完全和无限制地与其辩护律师通讯。《程序和证据规则》中还专门规定了被告人及其律师之间享有通信的特权,不得命令被告人予以披露他与律师之间的通信,除非他同意披露或自愿向第三人披露。

但实践中,还有关于作证豁免方面的灰区。例如,《规约》和《程序与证据规则》里就没有关于记者是否能享有作证豁免的规定。但如果国际刑事法庭传讯记者出庭作证,那记者是否有权拒绝呢?

前南国际刑事法庭就曾于 2002 年发出传票,要求采访过拉多斯拉夫的兰德尔出庭作证,原因是他1993年12月11日在《华盛顿邮报》上发表一篇文章提到,拉多斯拉夫"希望将非塞族人清除出波黑巴尼亚卢卡地区"。法庭要他到庭作证,自然是为了弄清事实真相,还法律一个公正。然而面对传票,兰德尔坚决表示反对,不愿意来法庭作证,同时还就法庭要他作证的决定向该法庭的上诉庭提出上诉,要求获得"作证豁免权"。

对此,前南国际刑事法庭上诉庭经审议后,其五名法官于2002年12月11日一致作出裁决,裁定记者享有"作证豁免的特权"。因为记者如果出庭作证,将使记者的采访对象、记者本人的安全没有保证,记者的采访权和公众知情权将受到伤害。

上诉庭的判决书中说:"如果战地记者被确认为作证的证人,它将造成两大后果:首先,他们的新闻采访工作将遇到阻碍,因为被采访对象可能不再对他们坦诚相见,他们还可能因此被拒绝进入冲突地区。其次,战地记者因此由侵犯人权行为的见证者变成受袭对象,他们的生命将面临危险。"[①]判决书指出,除非一名记者的证词将对某案件核心问题提供"直接、重要的证据",否则法庭不应传唤记者出庭。

所以,前南国际刑事法庭裁定记者享有"作证豁免"主要就是考虑到:如果记者被迫出庭作证的话,就不会有人愿意再向记者将真话。又因为记者出庭作证讲出了采访对象本来不愿公布的内容,也就会给记者的采访对象造成不利,记者的生命安全可能就会因此受到威胁。更严重的是,记者的采访权就会受到限制,公众的知情权当然也就受到了损害。

在联合国前南国际刑事法庭的《规约》和《证据与程序规则》里,都有要求国家合作、强迫证人出庭作证的规定。由于前南国际刑事法庭

---

① 王进,"记者能否享有作证特权",《北京青年报》,2002年12月15日,第A2版。

是由联合国安理会根据《联合国宪章》第七章通过的决议成立的,联合国所有会员国有义务根据《联合国宪章》的规定[①]与前南国际刑事法庭合作并提供协助。根据前南国际刑事法庭《规约》的规定,各国应与国际法庭合作的范围包括:查人、找人;录取证词和提供证据;送达文件或将被告移送给国际法庭,等等[②]。当证人来到海牙出庭,如果拒绝回答法庭的问题,法庭根据《证据与程序规则》的有关规定,可以将其拒绝作证视同于对法庭的藐视。而一旦法庭认为是在藐视法庭,它就可对该证人处以不超过 20,000 荷兰盾的罚金,或不超过 6 个月的监禁。[③]

国际刑事法院《证据与程序规则》第 65 条(1)款规定,"在法庭出庭的证人,如果没有享有规则第 73、74 和第 75 条中所规定的特权,可被法庭强迫作证。"针对有些比较执拗的证人会拒绝作证,《证据与程序规则》第 171 条关于"拒绝服从法院的指示"的条款,规定了对拒绝作证的证人,法院可采取制裁措施。这些措施包括可高达 2000 欧元的罚款,并保留在拒绝期间进一步追加罚款的可能性。所以,国际刑事法院和前南国际刑事法庭为了保证法庭的案审能有公正的结果,也都在各自的《证据与程序规则》中作出可以强迫证人出庭的规定。同时还规定,如果不享受法定豁免权的证人拒绝出庭,法庭可以给予惩处。

但在另外一方面,前南国际刑事法庭和国际刑事法院的规则里,也都在有关证人证言方面制定了与西方国家司法制度相似的一些豁免特权。比如,前南国际刑庭《证据与程序规则》第 90 条关于"证人作证"这一条明确规定,法庭可以强迫证人回答问题。然而,证人可拒绝任何会

[①] 《联合国宪章》第 24 条规定:"为了保证联合国行动迅速有效起见,各会员国将维持国际和平及安全之主要责任,授予安全理事会,并同意安全理事会于履行此项责任下之职责时,即系代表各会员国。"《联合国宪章》第 25 条还规定:"联合国会员国同意依宪章之规定接受并履行安全理事会之决议。"

[②] 前南斯拉夫国际刑事法庭《规约》第 29 条"合作与司法援助"。

[③] 前南国际刑事法庭《证据与程序规则》第 77 条。

使其被定罪的陈述。另外，在法庭强迫要求下作出的证言，不应在以后对该证人除伪证外的其他违法行为的起诉中用作证据。《规则》第97条是关于"律师——当事人特权"的条款。该条规定，律师和当事人之间的全部通讯应被视为享有特权，因而不受在审判时披露的限制，除非他们自己同意披露。

在国际刑事法院《规则》里，有关作证豁免的适用范围则更广。该法院《规则》第73条与前南刑庭《规则》的第97条相似，它给予律师和当事人之间的全部通讯以受保护的特权。但除此以外，还有医生与病人、心理医生与病人之间在行使职业的通讯联系等，也都要享受作证特权。国际刑事法院《规则》第73条(2)款还规定，法院将由于相互之间关系的隐私性质和保密原则，而给予证人以作证上的特权。另外，如果国际刑事法院认为，作证特权豁免权的享受将促进法院《规约》和《证据与程序规则》的目的实现，法院也会同意给予。

因此，国际刑事法院的这些规定，不仅使得证人在符合法定的情况下享有作证豁免特权，而且将在以后的实践中，给予了法庭是否同意证人作证豁免权上相当大的自由裁量权。

更加引人注意的是，国际刑事法院《证据和程序规则》第73条(4)款明确规定：

"一个现在或曾经被国际红十字会聘用的官员（official）或工作人员（employee）的证言（testimony），以及在国际红十字会《章程》下，为国际红十字会工作的过程中所获得的消息、文件和其他证据，都将被法院认为享有特权（privileged）而不受披露（not subject to disclosure），除非：

1. 国际红十字会在根据下面第(6)款里所规定的协商后，通过书面形式表示不反对披露，或同意放弃（waive）这一豁免特权。

2. 这些消息、文件和其他证据,已经存在于国际红十字会公开发表的声明和文件之中。"①

该《证据和程序规则》第 73 条(6)款还接着规定:

"如果(国际刑事)法院断定:国际红十字会的消息、文件或其他证据,对某一特定的案子有非常重要的作用,法院将与国际红十字会进行磋商(consultation),在考虑案子的背景情况、该证据对案子的关联性、除国际红十字会外有否可能通过其他途径获取证据、司法公正和受害者的利益,以及法院和国际红十字会各自职责的履行等诸多因素的情况下相互合作,寻求解决问题的办法。"②

从常理上讲,刑事案件中要弄清事实真相,在案审中要实现司法公正,关键在证据。披露证据是贯通整个案审过程中的一条红线。事实能否披露,是审判公正能否得到真正实现的关键。然而,国际刑事法院《证据与程序规则》第 73 条规定,明确地给予国际红十字会在作证方面的豁免特权。

不管是联合国安理会于 1993 年和 1994 年成立的前南国际刑事法庭和卢旺达国际刑事法庭(International Criminal Tribunal for Rwanda)的《证据与程序规则》,还是主权国家 1998 年成立国际刑事法院的《证据与程序规则》中,给予一个特定的国际组织以作证豁免权,这在国际刑法证据规则上还是第一次。如果对国际刑事司法机构在作证方面的规定有所了解,就会看到,这是一个非常特殊的规定。其原因就是因为国际红十字会组织的特殊性质。

---

① 国际刑事法院《规约》是 1998 年 7 月在意大利罗马的外交大会上制定的,所以,这一《规约》有时又被称为《罗马规约》。
② 同上。

三、国际红十字会组织的特殊性质和地位

国际刑事法院在其《证据与程序规则》里,规定国际红十字会在作证方面享有豁免特权,还规定曾经被红十字国际委员会聘用的官员的证言,以及在为国际红十字会工作的过程中所获得的消息、文件和其他证据,都将被法院认为享有特权而不受披露。这当然是一条特殊的规定。

在巴拉斯基奇(Blaskic)一案中,前南国际刑事法庭曾向克罗地亚(主权)国家和克罗地亚的国防部长发送过传票(subpoeanas)。如果结合这点来看,应该说,前南国际刑庭在其司法案审中决定给予国际红十字会在作证方面的绝对(absolute)豁免,是出乎寻常,也是非常重要的。说到底,这与国际红十字会组织的特殊性质和地位有着联系的关系。

1. 国际红十字会的独立性与中立性

作证问题,既属于刑事诉讼法范畴内的问题,也涉及到国际法上的豁免问题。而刑诉和国际法上关于国际红十字会作证的问题,又是和国际红十字会组织的特殊性质和宗旨紧密地联系在一起。由于国际红十字会在国际性或国内性武装冲突中的作用和职能,其能否因为要实现司法公正而被强迫作证,对于国际红十字会来说至关重要,对于所有其他的国际组织和团体也有深远的影响。

国际人道法是适用战争或武装冲突的法律。哪里有战争或武装冲突,哪里就有适用国际人道法的规则问题。然而,1949年日内瓦四公约虽然承认国际红十字委员会的进行救济的权利,但同时又规定:国际红十字委员会只是在有关冲突各方之间同意的条件下,才能从事保护与救济伤者、病者、医护人员及随军牧师的人道活动[①]。换句话说,国

---

① 1949年《日内瓦第二公约》和《第三公约》的第9条,《第四公约》第10条。

际红十字委员会需要国家或作战团体的同意,才有可能进入到战场或关押战俘、平民的集中营。因此,对贯彻落实国际人道法负有公约赋予责任,并需要在战争或武装冲突实地(in field)要进行保护战争受难者的国际红十字委员会来说,让所有有关战争或武装冲突方面认为其是一个独立和中立的组织,至关重要。否则,国际红十字会可能连接触战争受害者的机会,都可能因为国家或作战团体不信任、拒绝而被剥夺。

为了坚持独立性、公正性和不偏不倚的中立态度,国际红十字委员会在战争和武装冲突中保护战争受难者的行动,基本上是独来独往。尽管在救护上的人道目的都一样,但它从不与其他非政府组织或团体分享情报或资料。在战争和武装冲突中救护的危险虽然极大,但它从不要求当地政府或国际组织提供警卫。连1999年在科索沃这样的狂轰滥炸下,它都拒绝了联合国维和部队提出的护送其救援车队的建议。为了能给国际上造成一个公正和独立的印象,即便是在其工作人员屡屡遭到枪杀时,国际红十字委员会仍然坚持这一立场和习惯作法。国际红十字会与国际法上其他国际组织相比,有其较为独特的性质和地位。而该组织在历史上的形成发展过程及构成该组织最重要原则之一的独立性和中立性,又决定了国际红十字会为什么不愿意向联合国国际刑事法庭和国际刑事法院披露其所掌握情况的根本原因和理由。

在联合国国际刑事法庭成立以前的国际实践中,当国际红十字会的代表发现某国家或武装团体犯有严重违反国际人道法行为时,它通常会不声张地向该国家或团体指出,这些行为有悖于《日内瓦公约》的规定,希望能引起重视、予以纠正。但如果这些行为仍然继续,并在国际红十字会一再警告下仍然有恃无恐,那国际红十字会就会针对这一情势发表公开声明,表示谴责。但即便是发表声明,国际红十字会也只是从保护战争受难者的利益出发,在原则上指出,应对严重违反国际人道法的行为予以制止。它并不会具体地指明某个国家或某个武装团体应负责任,更不会点出某个领导人的名字。国际红十字会如此含蓄,是为了其组织能被允许继续留在那儿,以履行国际人道法职责。国际红十字会每次发表声明,其用意是为了能制止违反国际人道法的行为,而不是对已经发生了的违法行为进行起诉或惩罚。

国际红十字会如此行事,是因为国际红十字和国际红新月运动的《规约和程序规则》(Status and Rules of Procedure of the International Red Cross and Red Crescent Movement)对国际红十字会组织的作用已作了明确的规定。该《规则》第5条第2款规定:国际红十字会"有义务履行日内瓦公约所赋予的职责,在武装冲突中忠实落实(faithful application)国际人道法有关规定,并对任何违反国际人道法行为的申诉给予重视。"①

能否在实践中始终保持中立性、独立性、不偏不倚的原则,这对国际红十字会来讲,就显得至关重要。所以,国际红十字会采取不让其工作人员出庭作证的政策,是由该组织的性质和特点所决定的,从某种意义上讲又是迫不得已的。

自从联合国安理会成立了前南和卢旺达两个国际刑事法庭以后,国际红十字会(或国际红十字会的代表)可能被法庭传唤来作证,就成了一个现实和迫切的问题。国际红十字会因此处于一个非常困难的选择之中。到底是应该尊重国际社会所设立的司法机构的合理要求,为了帮助实现案审的公正而出来作证呢？还是为了能继续得到国家和作战团体的信任,使国际红十字会能继续发挥在促进和维护《国际人道法》的原则,并能继续保护战争受难者方面的作用,而拒绝出来作证。

为了维护该组织的独立、中立和公正的原则,国际红十字会对可能

---

① Status and Rules of Procedure of the International Red Cross and Red Crescent Movement, Article 5.2. See: WWW. icrc. org.

发生的作证问题早有准备。1993年2月22日,联合国安理会针对当时在前南斯拉夫国内发生大规模的"种族清洗"行为,决定要成立一个国际刑事法庭。它通过了第808号决议,授权联合国秘书长在60天内起草前南国际刑事法庭的《规约》,以提交联合国安理会讨论通过。因此联合国安理会第808号决议,标志着前南国际刑事法庭势在必行。就在联合国安理会的这一决议通过后的第三天,国际红十字会发表公开声明,阐述了其在作证问题上的立场:

"所有为国际红十字会工作的人员,都不能就日内瓦公约的适用情形,即国际性还是国内性武装冲突的情形,而提供任何情况和(或)作证(give testimony)。因为这(作证)将对国际红十字会履行其国际人道法的职责,产生以下不良的影响:

(1)它将违反国际红十字会对战争受害者及武装冲突各方所作的关于保密的承诺(pledge of confidentiality);

(2)它将损害国际红十字会的受害者及其权威的威信;

(3)它将危及国际红十字会代表和受害者的信心;

(4)它将使国际红十字会在现在或将来(future)失去能接近战争受难者的机会。"①

那么,国际红十字会的这一立场和政策,在联合国国际刑事法庭的实践中,在多大的程度上被认可的呢?当国际红十字会的代表是否必须作证的问题在前南国际刑事法庭被提出来后,国际刑事法庭本身也须根据国际法作出裁决。

2. 前南国际刑事法庭的决定

既要维护和促进有关国际人道法的规定和原则,又要为了能保护

---

① International Committee of the Red Cross (the "ICRC"), Geneva (25 February 1993), Public statement setting out the ICRC's position regarding the setting up of the International Criminal Tribunal for the Former-Yugoslavia.

战争受难者的利益而不让其代表出庭作证,国际红十字会在平衡这两点上确实不太好办。然而更为难的是,曾经为国际红十字会工作过的代表如果自己愿意出庭作证,那又该如何处理呢?

在斯密奇(Simic)一案中,曾经为国际红十字会工作过的一个代表表示愿意到庭作证。检察官虽然理解国际红十字会的组织特性,但仍然反对国际红十字会享有无可争议的(unqualified)不披露权利,并认为是否能享有作证豁免权,应由法庭在逐案中结合保护措施来决定。这样,既能考虑和保护到国际红十字会的特殊利益,也能照顾到司法公正的需要。

检察官认为:"虽然国际红十字会的反对理由不难让人理解,但从法律角度看,检察官方面不能接受所有国际红十字会的人员都自然而然在国际刑事法庭面前享受作证豁免的立场。"[1] 为了能使前南国际刑事法庭同意国际红十字会这一愿意作证的证人出庭作证,检察官方面列举了以下三个理由:

第一,在该案审理中作为第三者(a third party)的国际红十字会,没有阻止愿意作证的证人作证的权利;

第二,关于保护国际红十字会在保密方面特权的措施,应由法庭来决定,而不是国际红十字会;

第三,关于能否披露案审中所需的证据,也应由法庭最后决定,而不是国际红十字会。[2]

这里,法庭检察方认为国际红十字会属于第三者。只要证人本人愿意来法庭作证,国际红十字会就没有权利阻挡。然而,在国际法上,

---

[1] The Prosecutor v. Simic et al, Experte Confidential (Decision on the Prosecution Motion under Rule 73 for a Ruling Concerning the Testimony of a Witness), ICTY, Trial Chamber (Case No. IT-95-9-PT), Decision of 27 July 1999, p.2.

[2] 同上,第3页。

一国的外交代表或一个国际组织的官员,其在履行职责时所享有的特权豁免,从理论上讲,不是他(她)个人的问题,而是因为代表的职能和行使职务的需要。当代表要放弃自己享有的特权豁免,就必须首先由该代表所属的国家或国际组织的同意。所以,当曾经为国际红十字会服务过的代表主动提出要放弃特权豁免(其中包括作证豁免特权),愿意来法庭作证,根据国际法的理论和原则,需要首先得到国际红十字会的同意和认可。因此,国际红十字会的立场和观点,即:只有国际红十字会才能决定其原来所聘用的代表是否应放弃作证豁免,在国际法上是有根有据,是适宜的。

虽然国际红十字会以前所聘用之代表不能独自决定来法庭作证问题,他(她)还需得到国际红十字会的同意,那么,国际红十字会要求享受作证豁免的提议,又是否能被检察长方面接受呢?

国际红十字会根据《证据与程序规则》第 74 条规定,以"法庭之友"(Amicus Curiae)的身份请求作证豁免权,并陈述了该组织在享受作证豁免权方面的法律根据。这从程序或方法上讲,国际红十字会的这一做法没有什么不妥。

联合国安理会在 1993 年 5 月通过第 827 号决议时,将前南刑庭的《规约》也作为决议的附件一起通过。但它将制定法庭《证据与程序规则》的任务,则交给了法庭的法官[①]。前南国际刑庭的《规约》共有 34 条,里面主要是关于法庭结构、法庭管辖权和审判原则等方面的基本规定。前南刑庭《证据与程序规则》的规定虽有 100 多条,但在国际红十字会能否享有作证豁免问题上,没有任何具体规定。前南斯拉夫国际刑事法庭是联合国历史上第一个由自己成立的司法机构。在国际上没

[①] 前南国际刑事法庭《规约》的第 15 条是关于《程序和证据规则》的规定:"国际法庭的法官应通过关于诉讼预审阶段、审判和上诉的进行、证据的采用、受害人和证人的保护和其他相关事项的程序和证据规则。"

有一部国际刑法典的情况下,国际刑事法庭的规则尽管根据法庭的实际运作情况作了近20次的修订,但仍有不少"灰区"(grey area)。而在国际刑事法庭的实践上,如果法庭的规则里没有具体规定,各国的国内司法规定和实践,就具有很大的参考价值。因此,国际红十字会在世界各主要法系的理论和实践上找根据,符合国际刑事法庭的习惯做法。

由于密斯奇案例是国际刑事法庭关于国际红十字会能否享有作证豁免权的第一个案例。因此,检察起诉方和作为法庭之友的国际红十字会方的意见,以及法庭在这问题上的决定,对这一问题的定论自然都有很大的影响。

国际法庭在国际红十字会是否享有作证豁免权问题上,主要从以下三个方面来考虑:"(1)国际习惯法;(2)司法公正和保密原则,是否在个案的基础上(on a case-by-case basis)审议;(3)有关保护措施(protective measures)是否有可能满足所有当事方的利益。"[①]

在1949年《日内瓦公约》里,主权国家通过多边国际条约的形式,明确了国际红十字会在武装冲突中保护战争受难者的职责。在另一方面,由于国际红十字会的努力,截止到2004年12月31日,世界上共有191个国家批准加入了1949年《日内瓦公约》[②]。使得国际人道法这一基本法律文件,成为国际法上被最普遍接受的国际法律文件。联合国秘书长将1949年四个日内瓦公约清楚地列为国际习惯法的一部分。而联合国秘书长的这个报告,得到联合国安理会的一致同意。[③]

国际法院在其《关于核武器的合法性》一案中所提出的咨询意见也进一步肯定了国际人道法中的主要协议已成为国际习惯法:

---

① The Prosecutor v. Simic et al, Experte Confidential (Decision on the Prosecution Motion under Rule 73 for a Ruling Concerning the Testimony of a Witness), ICTY, Trial Chamber (Case No. IT-95-9-PT), Decision of 27 July 1999, p.44.

② www.icrc.org.

③ 参见联合国安理会第827(1993)号决议的执行部分第一段。

"在人道法方面详尽的编纂,该法律体系有关协定的普遍被接受,以及尽管被编纂文件里有关于退约的规定,但从未被使用过的事实说明,在国际社会中属于该法律体系的大部分条约规定,已成为惯例,已成为最普遍被接受的人道法原则(the most universally recognized humanitarian principles)。这些规则是国家所应有的行为规范和准则。"①

对国际刑事法庭来说,问题的要点不是国际红十字会的代表能否出来作证,而是国际红十字会是否具有只有免去作证的义务才能得到保护的利益。因此在审议中,国际刑事法庭考虑了国际红十字会在履行《日内瓦公约》和该公约附加议定书中的作用。由于世界上几乎所有的国家都批准加入了《日内瓦公约》,这在某种意义上证明公约里赋予国际红十字会的特殊作用和职责,也已成了国际习惯法的一部分。而在阐述国际红十字会的活动方面,法庭尤其强调了该组织的中立原则、独立性和不偏不倚的原则。认为这些原则是国际红十字会要完成其使命过程中所不可缺少的(indispensable)。②

国际红十字会在其履行职责、保护战争受害者的活动中,一般都会向有关国家和冲突方允诺:它不会将其代表在执行其保护使命过程中所目睹的违反国际人道法的行为,向外界泄漏出去。在关于国际刑事法庭面前作证的问题上,国际红十字会的原则立场自然是,只要是(或曾经是)国际红十字会的代表或工作人员,就不能就其在执行有关国际人道法使命的过程中获得的情况出庭作证。因为任何作证行为,都会在事实上给人造成倒向武装冲突某一边的印象,从而损害国际红十字

---

① I.C.J., Legality of the Threat or Use of Nuclear Weapons (Advisory Opinion), July 8, 1996, Para. 82.

② The Prosecutor v. Simic et al, Experte Confidential (Decision on the Prosecution Motion under Rule 73 for a Ruling Concerning the Testimony of a Witness), ICTY, Trial Chamber (Case No. IT-95-9-PT), Decision of 27 July 1999, p. 53.

会的中立性和不偏不倚的原则,对其在武装冲突中履行保护战争受难者的工作,客观上会产生负面影响。

国际法庭还认为,保密(confidentiality),不仅是国际红十字会为进行其组织活动最为关键的(essential),而且也是《日内瓦公约》的缔约国所普遍承认的"工具"(working tool)。①

前南国际刑事法庭还做了这样的假设,如果它不同意给予国际红十字会以作证豁免权,对国际红十字会继续履行其职责会产生什么样的后果呢?

显然,如果武装冲突中的国家或武装团体允许国际红十字会进来,是因为他们信任国际红十字会,认为它会坚持保密原则,不会把它在战区所看到的公布于众。因此在逻辑上,"同意进入"是与"对国际红十字会的信任"紧密联系在一起的,这两者可以等同起来。法庭认为,保密原则是国际红十字会能否完成《日内瓦公约》所赋予的职责和目标的关键。据此,法庭作了结论:由于《日内瓦公约》反映了缔约国的"法律确论"(opinio juris),而且缔约国已通过缔约的方式假定(assume)承担了"公约上的义务",即在司法程序中不公开有关国际红十字会代表在其履行职责中所目睹的情况。因此,国际红十字会有权根据《日内瓦公约》和附加议定书缔约国的意愿,坚持不透露(情况)的原则。②

前南国际法庭在作出关于国际红十字会应享有作证豁免的决定以后,还就国际刑事法庭与国际红十字会这两个机构之间的区别发表了意见:

"这是两个各自独立的国际机构,其中每个都被国际社会赋予极其

---

① The Prosecutor v. Simic et al, Experte Confidential (Decision on the Prosecution Motion under Rule 73 for a Ruling Concerning the Testimony of a Witness), ICTY, Trial Chamber (Case No. IT-95-9-PT), Decision of 27 July 1999, 第55-60页。

② 同上,第73页。

特殊的使命(unique mandate)。这两个机构的使命,又都是以国际人道法为基础,并又都为了国际人道法能得到更好地贯彻落实而努力。然而,虽然两者的目的相同,但它们的职能和任务(function and tasks)则不一样。国际红十字会的活动可以被称之为'预防性'(preventive)的;而国际刑事法庭则在发生违反国际人道法行为时,有权起诉(prosecute)对该行为负责的人。"①

在对以后刑事诉讼程序具有深远影响的决定里,法庭认定国际红十字会根据国际习惯法,享有阻止(preclude)曾聘用过的代表披露其在为国际红十字会服务过程中所获信息的权利。毫无疑问,法庭的这一决定,对以后所有关于国际红十字会作证豁免问题,起了一个指导性的作用。

3. 作证豁免规定的意义及其影响

《证据与程序规则》里的第73条4款和6款的规定,给予国际红十字会绝对的作证豁免权。《证据与程序规则》第72条,是关于保护或披露有关国家安全方面情报的规定。相比较规则的第72条和第73条,两者有相似之处。然而,与第72条中国际刑事法院有最后的决定权不同,国际红十字会在是否披露有关该组织所获情报方面,具有最后的决定权。

毫无疑问,在国际刑事法院《证据与程序规则》里有关国际红十字会作证豁免的规定,构成了国际红十字会在国际法上可以要求不披露其代表在履行职责过程中所获证据的重要根据和理由。由于国际红十字会在整个程序和证据规则方面,是惟一明确被指定享有作证豁免的国际组织,因而可以被称为国际刑法证据方面的例外。

国际红十字会在国际刑法程序规则方面所享受的作证豁免,主要

---

① The Prosecutor v. Simic et al, Experte Confidential (Decision on the Prosecution Motion under Rule 73 for a Ruling Concerning the Testimony of a Witness), ICTY, Trial Chamber (Case No. IT-95-9-PT), Decision of 27 July 1999,第79页。

是基于两个方面的理由：(1)国际红十字会在其组织宗旨和目的方面的特殊性；(2)国际刑法方面的有关实践。

国际红十字会享有作证豁免，既是一个例外，同时又是一个相对的例外。所谓的"例外"主要体现在前南斯拉夫国际刑事法庭在密斯奇和特多罗维奇案子里作证问题上的有关决定；国际刑事法院的《证据与程序规则》的第73条规定；以及国际红十字会与东道国之间签定的《总部协定》中有关特权豁免的规定等。

如果概括一下前南斯拉夫国际刑庭在1999年7月27日密斯奇一案所作的决定，可以认为，国际刑事法庭之所以作出国际红十字会应具有作证豁免的决定，主要是因为：

第一，国际红十字会是一个具有国际法律人格者和国际法下特殊地位的国际组织，而且189个(现在为191个)主权国家批准加入了1949年《日内瓦公约》。这反映了整个国际社会所认可的国际红十字会的作用；

第二，联合国大会承认国际红十字会的特殊作用，以及主权国家对国际红十字会工作的评论，都为国际红十字会享有不泄露其工作活动情况的特权提供了依据。国际红十字会的保密性已构成国际惯例法的一部分；

第三，国际红十字会与主权国家签定的《总部协定》，是国际法意义上的协议。这些协议通过给予国际红十字会特权豁免，明确规定了当地国家对国际红十字会工作保密性的认可，这对该国国内有关作证方面的司法制度也产生了影响。国际红十字会与全世界60多个国家签有"总部协定"[①]。所有这些协定都制定有保护其工作人员免受必须作

[①] 中国政府与红十字国际委员会于2005年7月19日也正式签订了《总部协定》。经过与中国政府的谈判、协商，红十字国际委员会在北京设立了一个代表处。

证义务的规定;

第四,国际红十字会在武装冲突中保护战争受难者的使命,是1949年《日内瓦公约》及其1977年两个附加议定书和国际红十字运动所赋予的。因而,国际红十字会的使命代表了国际社会的公共利益;

第五,国际红十字会能否完成其保护的使命,有赖于武装冲突各方是否具有允许国际红十字会接近被保护者的意愿。这一意愿,反过来又取决于国际红十字会是否能坚持有关中立、公正和保密的原则及规定。

因此,作证方面的某些特权,反映了取证方面的例外情况。对于国际红十字会而言,保密和中立原则紧密相联,它是国际红十字会落实国际人道法、保护战争受难者的首要条件。与作证义务以便对已发生的罪行要进行惩罚相平衡,这点似乎更重要。国际红十字会有关中立、独立等原则,决定了它必须具有保密性。如果没有作证豁免,保密性也无从谈起。

2000年6月30日,成立国际刑事法院预备会议在讨论法院的《证据及程序规则》第73条的讨论中,同意给予国际红十字会绝对的作证豁免权。这一条款的制定,是主权国家在国际红十字会提交的案文基础上协商和谈判的结果。它在以后国际刑事法院的活动中,当然对所有有关方面具有拘束力。

国际红十字会主观上不愿意作证。然而,证据证据,主要就是它的相关性(relevance),就是指作为证据的一切事实,同案件之间存在有内在的、必然的联系。它必须是能证明犯罪事实是否发生、犯罪行为是否为被告所实施、犯罪性质或情节的轻重,以及危害社会程度之大小等有关的事实。因此,证人证言在案审过程中对弄清犯罪事实,具有决定性的作用。证人的范围,也就是什么人可以作证的问题,其实也不是由法院或谁任意决定,而是由了解案情这一客观事实所决定的。

国际红十字会在其工作性质上，是一个贯彻执行国际人道法，在武装冲突中保护战争受难者的国际组织。它经常是有关国际人道法罪行的惟一见证者。比如1994年4月至7月在卢旺达国内性质的武装冲突中(internal armed conflict in Rwanda)所发生的大屠杀中，国际红十字会就是惟一留在卢旺达领土内的国际救援组织和非政府机构[①]。也只有它才了解当时所发生的严重违反国际人道法的行为。因此，如果国际红十字会是某一特定案子的唯一见证者，而该案所被追诉的罪行，又属国际法上极其重要的罪行，不排除国际红十字会在平衡司法正义和本组织活动两方面的利益后在个案中主动但也属于特殊情况地作出向国际刑事法庭或国际刑事法院披露一些情况的决定。

根据国际刑事法院《证据与程序规则》的这一规定，国际红十字会对于自己掌握的与庭审案子有关的情况、文件和任何形式的证据，享有决定公开或者不公开的权利。尽管这条规则也设想了特殊情况的出现，如在国际红十字会掌握有对案子至关重要的证据，而且又是惟一能向法院提供证据者时，国际刑事法院可以与国际红十字会磋商，以寻求解决问题的途径。但联系整个条文来看，决定公开证据的最后权力在国际红十字会方面。按照《证据与程序规则》的规定，只要国际红十字会不同意，国际刑事法院就无法强迫国际红十字会的官员或工作人员出庭作证，也不能在法庭上披露国际红十字会所掌握的消息和文件。

国际红十字会的作证豁免权，在国际刑事法院的《证据与程序规则》第一次被作了明确规定；在联合国前南斯拉夫国际刑事法庭(International Criminal Tribunal for the Former-Yugoslavia)的案审中，国际红十字会人员是否应该作证的问题已被提出、讨论并作出决定。

[①] 本文作者在联合国国际刑事法庭任上诉检察官期间，多次去卢旺达调查案子。当地人在谈到红十字国际委员会1994年种族灭绝期间对他们提供的人道援助时，显得非常感动。

事实上，前南斯拉夫国际刑事法庭的决定，对国际刑事法院在国际红十字会是否应享有作证豁免的规定，起到了一定的影响作用。这些国际刑事法庭(院)的规则和决定，从另一个侧面体现了国际红十字会这一个国际组织的特殊性质。

第四节　判决与刑罚

审判庭裁决被告有罪或无罪，是案审的最后一个阶段。根据前南与卢旺达国际刑事法庭《程序与证据规则》的规定，当审判庭的多数法官都认为犯罪行为已被证明，而且达到"排除任何合理怀疑的"证明标准，被告就会被定有罪，就会受到法律的惩治，否则就应无罪释放。

"罪有应得"是刑法的基本要义，惩罚与威慑犯罪是国际刑法的主要目的。被告被审后是否有罪？如果有罪，该接受什么样的惩治？这就是国际刑事诉讼中的判决与刑罚问题。

一、判决的基本考虑

无论国内的还是国际性的刑事司法审判，目的都是为了惩罚罪犯。所以从哲学还是政策层面上看，国际刑事诉讼的目的就是要惩治国际罪行。至于其他的一些考虑，如预防犯罪、族群和解或维持和平等，则是国际刑事诉讼附带的结果和作用。国际刑事诉讼机构在适用国际刑法时，注重的只是法律本身，而不是种族和解或恢复世界和平等目的。

"刑罚"一词说到底，是要让犯罪的人因其所犯的罪行而受到惩治或损失。在一国国内的法律体系中，刑法一般都比较清楚地、明确地规定了刑事审判的适用范围，刑事审判法律规定与审判实践也尽可能详尽地对刑事司法裁量权加以界定。前南与卢旺达国际刑事法庭的《程序与证据规则》里都没有规定明确的刑罚，但在实践中还是有些基本相同的特征。

1. 最高刑罚为终身监禁

国际刑事法庭《规约》或《程序与证据规则》中惟一非常清楚规定的,就是排除死刑的适用。因此,国际刑事法庭所能采取的基本刑罚手段就是刑期,最严厉的就是无期徒刑。前南国际刑事法庭的《程序与证据规则》规定,该法庭的审判庭在决定被定有罪的被告的刑期时,得参考前南斯拉夫国家法院的刑罚规定和实践。同样,卢旺达国际刑事法庭也规定要参考卢旺达国家法院的刑罚规定和实践。

在德拉利奇(Delalic et al)一案中,前南国际刑事法庭的上诉庭认为,由于刑法上的"无罪推定"原则,庭审的过程中就要开始考虑一个关键的因素,即对任何一个合理的刑事法庭来说,被告必须得在排除任何合理怀疑以后还能被已采纳的证据证明有罪。如果做不到这一点,法庭就可以以证据不足为由驳回起诉,从而结束整个庭审的诉讼程序。

在审判程序上,当检方和辩方都在法庭上出示所有证据以后,就由检察官和辩护律师做最后陈述。在这一最后陈述中,检察官和辩护律师一般都会对庭审中所有的证据、事实和法律要点作一个概括。当然,也会表达他们所希望的从法庭那儿得到的判决。

国际刑事法院与联合国特设刑事法庭有所不同。根据国际刑事法庭《程序与证据规则》第141条(2)款的规定,被告总有最后发言的机会。此外,根据《罗马规约》第76条的规定,被告人可以提出请求,要求再次举行听讯,听取与判刑相关的任何进一步证据或意见。当双方当事人都结束了对案件的陈述和对证人的传唤后,法庭宣布听审结束而开始进行非公开的审议。《罗马规约》第74条规定法官出席审判的每一个阶段,并还要进行审议。如果审判庭中某个法官因为某种原因无法继续参加审议,主席委员会就会指定一个候补法官予以替代。庭审后的审议由审判庭非公开进行。《程序与证据规则》要求审判庭基于在审判过程中所呈现的证据、事实以及罪行发生的背景情况等,来作出裁决。

尽管《罗马规约》要求国际刑事法院的审判庭的法官在判决中要取得一致意见,但判决由多数法官同意即可通过。对多数意见持否定态度的法官可将其不同意见置于判决附录。特设国际刑事法庭的实践,已经清楚地表明:不管是多数还是少数,每一个法官都有权将自己的意见清楚地在判决中表达出来。国际刑事法庭的这一习惯做法,与普通法系国家的法院和联合国国际法院的实践是一致的。前南与卢旺达国际刑事法庭,以及国际刑事法院的裁决,必须是书面的,其中含有对庭审过程中所呈证据的全面而合理的论述、分析和结论。所有的判决都要公开宣布。

一旦审判庭认定被告有罪,就将对其确定适当的刑罚。尽管刑罚的程序在《规约》或《程序与证据规则》里没有规定,前南国际刑事法庭在其开始运作的初期,宣读判决与对被告的刑罚是分两步进行的。审判庭在被告被定有罪后,另外再举行听证会确定被告的适当刑罚。这样做有一定的好处。因为在这样的听证会上,被告为了能减轻刑罚提交相关证据材料,检控方也可以向法庭关于应该重判的材料。

国际刑事法庭的《程序与证据规则》在刑罚的程序方面曾作了修改。修改后的程序就将有罪的判决与刑罚同时合并在一个判决书中决定宣布。所以,被告有罪并受到什么样的刑罚,就成了判决书的一部分,除非被告在第一次出庭的过程中承认有罪。在认罪的情况下,刑罚如何? 将会另外决定和宣布。

在实践中,一旦法庭最后裁定被告有罪,检察官在刑罚(量刑)方面可以要求合并对其提出的多项指控,可以要求法庭依照被定有罪指控中的最严重的服刑。当然,这是最严重的,并不是说其他的就没罪,就不需要服罪。这样,即便在后来的上诉中,如果被定最严重的罪名被推翻或被改判，余下的被定有罪的指控仍然会作为其服刑的根据，仍然逃脱不了惩罚。

在请求刑罚方面，检察官还要考虑避免会出现过早被假释的问题。所以，检察官在提出量刑建议时，既要考虑到同一犯罪行为的刑期合并的必要性，但也要争取对被告能有一个适度刑期的判决。

国际刑事法院《规约》的第 76 条，规定了刑罚的程序。根据这条规定，国际刑事法院的审判庭作出有罪判决时，应当考虑在审判期间提出的与判刑相关的证据和意见，裁定应判处的适当刑罚，除非被告自己承认有罪。在被告承认有罪的情况下，审判庭可在检察官或被告人提出请求时，依照《程序和证据规则》再次举行听讯，听取与判刑相关的任何进一步证据或意见。最后作出判决时，刑罚就应公开，并尽可能在被告人在场的情况下宣告。

量刑程序是一个非常复杂的过程。但《国际刑事法庭规则》第 77 和第 78 条的规定，对国际刑事法院的审判分庭不提供任何关于刑罚方面以明确的指导。在第二次世界大战以后，不管是纽伦堡与东京审判，还是在这之后诸多国家的军事法庭审判，它们在刑罚方面并没有留下多少指导性规范，因此国际刑事法院能够从这些法庭的实践中得到的帮助少之又少。但幸运的是，前南与卢旺达国际刑事法庭多年来在刑罚方面大量的司法实践，可为以后的国际刑事法院的量刑提供参考。当然，特设国际刑事法庭迄今为止的实践是否在刑罚方面已有足够的经验，这还有待于观察和总结。

量刑的过程，本质上是一个法官运用其自由裁量权的过程。但尽管如此，里面还是有些原则要遵循。例如，"同罪同罚"的法律原则，是所有法庭认为比较合理的原则。在国际刑事法庭的实践中，一般来说，上诉庭不能轻易地修改初审庭在刑罚上的判决，除非上诉庭确认在初审中存在明显错误，从而需要在刑罚方面也进行适当地修正。当然，随意或过度地施加刑罚是绝对禁止的。

前南与卢旺达国际刑事法庭以及国际刑事法院在刑罚上完全排除死刑的适用,这典型地反映了国际人权法对国际刑法的深刻影响,同时也顺应了国际上关于废除死刑的大趋势。第二次世界大战后成立的纽伦堡、东京国际军事法庭,曾对被定有罪的罪大恶极的战争罪犯处以死刑。所以,如果与那时的国际刑法相比,当代刑事审判排除死刑的做法无疑是国际刑事审判的一个重大发展。由于死刑不予适用,终身监禁便是前南、卢旺达国际刑事法庭和国际刑事法院能够判罚的最高刑罚了。在这之后成立的国际刑事法院的《罗马规约》还规定,被定有罪的被告的徒刑的期限最长不得超过 30 年,除非其犯罪后果极其严重或其情节特别的恶劣,这样的罪犯才能被判处终身监禁。

在国际刑法的执行方面,有两种形式,即:直接与间接的方式。所谓"直接"的执行方式,就是国际刑事法庭(或法院)自己,而不需要通过有关国家来执行法庭发出的命令或判决等。二战后成立的纽伦堡和东京国际军事法庭就是直接执行的范例。这两个国际军事法庭是盟军战后在其占领国设立的国际军事法庭。由于德国和日本都已无条件地投降,这使得盟国设立的军事法庭在其执行力方面就不存在任何的障碍。

前南和卢旺达国际刑事法庭是联合国安理会创建。尽管它们可以通过安理会和《联合国宪章》机制来执行法庭的决定和判决,但其本身不具有如同纽伦堡和东京国际军事法庭那样的"直接执法力"。事实上,不管是在调查起诉还是执行判决等方面,这两个国际法庭都得依赖国家间合作才能实施。

国际刑事法庭的《规约》要求法官们遵循刑罚判决的一般惯例。《程序和证据规则》对此则规定得更为明确,它规定审判庭可以参考前南斯拉夫或卢旺达国家的国内法院的判决,来作出适当的刑事裁决。但这一要求不是必须的。前南法庭审判庭则可以根据前南的国内法律作出裁决。但如果审判庭决定作出与前南斯拉夫审判惯例不同的判决时,其适用的刑罚必须是前南法庭根据具体情况所决定的。一国国内的刑事审判和国际刑事审判在程序、性质和范围等方面会有所不同,所以一国国内的法律制度或程序不能自动适用国际刑事法庭的刑事审判惯例。

"惯例"一词如果究及其意,主要是要将溯及既往的判决包含在内。由于前南与卢旺达国际刑事法庭的管辖权,也包括惩治那些在其成立之前就已经犯的罪行,这其实与刑法上的"法无明文规定不处罚"的著名法则相违背。因为这一点,前南或卢旺达国际刑事法庭的刑罚裁决应与前南斯拉夫国家或卢旺达国家的刑罚惯例相一致。但这两个国际刑事法庭有时援引前南斯拉夫及卢旺达国家的司法惯例,好像是为施加粗暴刑罚提供了正当的理由,并非是为了保护被定罪的被告避免受到过度刑罚。

当前南国际刑事法庭对其所审判的被告中的第一个处以终身监禁时,审判庭裁决认为,如果这样的犯罪案件由国家法院来审判,其最高刑罚也将是终身监禁。当然,有些国家的宪法禁止终身监禁,但国际刑事法庭的刑罚的根据,主要而且首先是国际刑事法庭自己的《规约》。前南国际刑事法庭的《规约》规定的刑罚,体现了联合国组织所主张的旨在废除死刑,并以终身监禁为最高刑罚的司法实践。

2. 罪刑加重与减轻情节

前南和卢旺达国际刑事法庭在进行刑罚判决时,都必须要考虑加重或减轻刑罚的情节与要素。但不管是国际刑事法庭的《规约》还是《证据与程序规则》,里面都没有对加重或减轻刑罚的情节与要素进行细化。因此,到底什么是"加重或减轻刑罚的情节与要素"?某种意义上讲,就是法庭法官的自由裁量权。在法庭上关于刑罚讨论时,检察官要尽量向法庭陈述那些能排除任何"合理怀疑"标准的加重刑罚的情节;相应,辩护则在法庭上拼命地举证,要求法庭减轻刑罚。对于何为"加重或减轻刑罚的情节与要素",前南与卢旺达国际刑事法庭的《程序与证据规则》还是有一些原则性的规定。

在国际刑事法庭的实践中,法官在决定刑罚时还必须要考虑的那些"加重刑罚的情节与因素"。迄今为止,从前南与卢旺达国际刑事法庭来看,这些情节与因素主要有:被告所犯罪行的严重性、罪行规模、被告的年龄、受害者的数量及其所受的痛苦、被告对被控罪行的介入程度、被告的地位和权力,等等。当然,被告在审判中有没有悔改也是一个加重或减轻刑罚的情节。

至于"减轻刑罚的情节与因素",从实践中看,主要有:在惩治犯罪活动方面与检察官合作、犯罪后表示悔恨、对自己罪行进行自首、对其他被拘留者或受害者进行援助、拘留期间的优良表现,等等。当然,性格、年龄、家庭状况等,也都是在减刑考虑的其他因素。

被告在犯罪过程中的地位,也是刑罚决定时要考虑的因素。不过,地位不重要并不等于一定会轻判,地位高也不等于会重判。具体如何?得综合其他因素一齐考虑。另外,"认罪"该如何对待?也是一个问题。虽然"认罪"一般是被作为减刑考虑的一个因素,法庭在实践中又表明:法官有时在量刑时似乎并没接受检察方的建议。从前南国际刑事法庭的实践看,一般认为:如果犯罪活动的情节严重,对罪行的考虑将抵消认罪所本应有的减刑效果。

在前南国际刑事法庭的刑罚实践,被判决无期徒刑的不多;但在卢旺达国际刑事法庭的判决中,大多数被定有罪的被告被判决无期徒刑。例如,在坎班达一案中,尽管被告在其被关押期间与检察官方面合作,而根据《规约》与《程序与证据规则》的规定,合作应被看作是减轻罪刑的一个要素,但他最后还是被判处无期徒刑。

1997年7月9日,卢旺达前总理坎班达(kambanda)被肯尼亚当局根据卢旺达国际刑事法庭的正式要求而被逮捕。1998年5月1日，坎班达在其第一次出庭(initial appearance)的时候对起诉书中指控的六项罪行都表示认罪(pleaded guilty)，这六项罪行是：灭绝种族罪、预谋灭绝种族、直接公然煽动灭绝种族、共谋灭绝种族、反人道罪(杀害)，以及反人道罪(灭绝)。

卢旺达国际法庭经审查后确定了以下几点：

(1)坎班达愿意与检察官办公室保持合作；

(2)坎班达的认罪将会鼓励其他的人承认自己在1994年大屠杀中的责任；

(3)在绝大多数国家的法律中，其中也包括卢旺达法律，承认罪行一般被看作是考虑减轻处置的因素；

(4)坎班达所犯罪行具有其内在的严重性，该罪行行为还具有"广泛"和"系统性"的特征，尤其是具有"震撼人类良知"的特征；

(5)坎班达具有"故意的"和"有预谋的"犯罪意图；

(6)坎班达作为卢旺达总理，负有保护本国居民的义务和权力，但他滥用了人民对他的信任。[①]

基于以上分析，尽管他在法庭主动认罪，但因罪行严重，仍被卢旺达国际刑事法庭判处无期徒刑。[②]

坎班达如此，莫斯玛(Musema)和尼耶塔克(Niyetegka)也同样如此，他们都被判了无期徒刑。对这两个案件中，卢旺达国际刑事法庭的上诉庭也支持审判庭所作的刑罚判决，认为刑罚根据犯罪行为的严重性来决定。有时尽管存在罪轻的情节和要素，但审判庭并非因此就不能判处无期徒刑。上诉庭如此认为的理由也很简单和清楚，"根据犯罪

[①] The Prosecutor v. Jean kambanda, Judgment and Sentence, 4 September 1998, Case No. ICTR 97-23-S.

[②] 参见：The Prosecutor v. Kambanda, available at http：// www.un.org.ictr

行为的严重性程度,审判庭可以自己决定。哪怕被告明显存在罪轻情节,审判如果认为有必要,也总是可以作出无期徒刑的判决。"

但国际刑事法庭除了无期徒刑以外,还可以作出其他的判决。例如,国际刑事法庭的《规约》就规定,它还能判处罪犯返还其因犯罪行为所获得的财产,包括以强制手段剥夺其合法所有的财产。《罗马规约》也规定法庭有权判处罚款,但是罚款只能是刑期的附加惩治措施,而"没收因犯罪行为直接或间接所得的财产,不得损害第三人的权利。"

国际刑事法庭可以在被定有罪的被告服刑一段时间后,决定将其释放。这种裁决是终局的、不可逆的,所以它还不同于世界上有些国家司法制度上的假释。另外,如果出现了《罗马规约》第110条所规定的一种或多种情况,国际刑事法院据此可以减轻刑罚。这些情况包括:

(1)自始至终愿意配合国际刑事法院的调查与审判;

(2)自愿协助国际刑事法院在其他案件所做裁决或命令的执行,尤其是在提供被没收财产所在地的线索与帮助受害人方面;

(3)以及任何其他明显的贡献,以至于应当减轻处罚的情况。

被定有罪的人在哪儿服刑?这原则上由国际刑事司法机构从愿意监禁的国家里进行挑选。当然,对国家而言,这是一个自愿性质的承诺。对于"监禁"与"合作",国际刑事法院在其《规约》里进行了区分:"监禁"是自愿的(第十部分),而其他"合作"(第九部分)则是一项义务。

前南和卢旺达国际刑事法庭在这方面的规定,也大致相似。根据前南国际刑事法庭《规约》第27条的规定,法庭将从一个已表示愿意接受服刑的国家名单中指定一个国家,以落实监禁的需要。为了落实这项规定,前南和卢旺达国际法庭已与世界上好几个国家签订了协议。

已判罪人员的监禁必须符合其被监禁国家的法律法规。换句话说,监禁的条件必须与该国家中相似罪行的判罚人员相同,不得从轻或从重。尽管前南和卢旺达国际刑事法庭的法规对于监禁条件与国际标准人权的要求没有具体的规定,但根据国际习惯法,这些司法机构得遵循此类标准。国际刑事法庭判决的执行,还包括各项协议,监禁的条件应与囚犯处置、任何形式的拘留或监禁中对所有人员的身体保护原则,以及囚犯处置基本原则的最低限标准相符。

国际刑事法院《罗马规约》第 106 条(2)款规定,对被定有罪人的监禁条件应与普遍接受的囚犯被处置国际标准相一致。监禁地国家可以依法进行罚款、没收财产和赔偿,但不得修改国际刑事法庭关于罚款或监禁条件的决定。前南与卢旺达国际刑事法庭《程序与证据规则》第 105 条,还对如何对受害人进行财产赔偿进行了规定。

与国际刑事法庭合作,对已裁定有罪人员实施监禁的国家,应当"接受国际刑事法庭的监督"。按照前南国际刑事法庭与红十字国际委员会的协议,后者被授权不仅要监督位于荷兰海牙的国际刑事法庭的监狱,而且还在经过有关国家允许后,监督对监禁国际刑事法庭被定有罪人的监狱的情况。事实上,几乎所有经与前南国际刑事法庭签订的判决协议,里面都有关于红十字国际委员会实施监督的条款。

国际刑事法院《程序与证据规则》第 211 条也同样规定,该法院院长可以要求实施监禁的国家或其他可靠的渠道来提供有关的信息、报告或专家意见。此外,法院院长还可以指定法官或法院其他成员为监督拘留条件的代表。

监禁地所在国不能在未经国际刑事法庭同意的情况下,来独自决定赦免、减刑及提前释放被监禁的犯人。《罗马规约》第 104 条规定,监禁地所在国如果擅自作出决定,国际刑事法院就可将罪犯转移到其他国家予以监禁。

国际刑事法院没有关于"赦免"的规定。这方面相似的只有一条规定,就是关于"减刑"问题将由国际刑事法院单独来决定。与此相反,前南与卢旺达国际刑事法庭的规则里都明确含有关于"赦免"方面的规定。根据前南国际刑事法庭《程序与证据规则》第 123—125 条的规定，"赦免"问题将由法庭的庭长在与其他法官商量后可以作出决定。不过，国际刑事法庭只是决定赦免（或减刑）的适当性，最后决定则仍由监禁地所在国的主管部门作出。

根据《罗马规约》第 110 条的规定，国际刑事法院将不时地对刑期的执行进行复查。根据该条规定，国际刑事法院有义务要对已服刑2/3监禁期，或判决无期徒刑但已服刑 25 年的被关押的人进行复查，看是否应减刑。减刑的理由，包括罪犯在被监禁后的事后配合或情形变化。这种审查机制，也同样适用于目的在于提前释放或赦免方面。

二、刑罚的基本考虑

在刑罚所发挥的作用方面，存在着各种各样的基本考虑。它们一般是通过概念来表达，如"普遍性威慑"（general deterrence）及"特殊性威慑"（specific deterrence）和"个体性威慑"（individual deterrence）。

从理论上讲，虽然"特殊性威慑"和"个体性威慑"在一国国内的刑罚制度中能起到比较重要的作用，但在国际性的环境下会有所不同，因为国际罪行的实施在很大程度上取决于那些超出个体意志的政治背景。因此，一般性威慑才是国际刑事诉讼中刑罚的目标。国际刑法，或者国际刑事司法机构的判决，说到底，就是想通过惩罚以劝阻他人在国际社会中再犯有国际罪行。所以，刑罚的威慑力应是国际刑事法庭力求达到的目的。当然，除了威慑力以外，国际刑事司法机构还有一些其他的基本考虑。

1. 威慑力

法律的威慑作用，是在讨论刑罚问题，这自然而然是考虑的一个首要问题。国际刑事司法机构管辖的国际罪行，多发生在战争与武装冲突期间。在这被称之为特殊的非正常的时期,国际社会有必要深刻了解所担负的责任和义务,即保护人民,特别是平民的义务。因此,正是基于对国际刑事法庭的这种期望,从而促使人们要培养尊重法律规则的文化,而非简单的对违法后果的恐惧,并以此阻止犯罪行为的实施。

当然,这种关于威慑力的观点也存在着一定的缺陷与不足。第一,这种威慑作用因为是要威慑,所以从理论上讲,只有在违法犯罪者事先知道这种行为是犯罪时才可以成立。第二,这种威慑力的观点是基于犯罪分子仔细衡量了自己的行为会给自己带来什么惩罚的前提下才成立。但是很多较严重的犯罪行为都是在情绪激动的时候,或者是为了复仇等原因,此时这种情绪已经使被告丧失了判断力。第三,这种观点也是不道德的。因为它是基于法官无法衡量的主观惩罚来起作用。而且这种威慑力的作用也变成了一种区分罪与非罪的方法。最后,实证的证据表明严厉的刑罚并未降低犯罪的体量,在适用死刑方面更是如此。

在某一案件中,前南国际刑事法庭上诉法庭曾提醒审判庭在刑罚判决中不要过分强调威慑的重要性,因为这些判决会影响到法官以后的相似案件的审判,尽管它同时也认可威慑对将来类似情形下的负责人有特别的意义;其次,正如前南国际刑事法庭审判庭在 Jokics 案中所主张的那样,如果只是为了起到威慑作用而加大刑罚的力度,会导致不公平以及从根本上减少人们对于法律的敬畏。当然了,用个体的惩罚作为对想要犯罪的人的一种预警并不是刑事司法的唯一目标。对这种普遍的威慑力给予过多的关注,实际上也扭曲了刑事裁决的过程本身。过多的依赖于这种观点会导致人们用单一的方法去实现法律的真正目的。

2. 预防

"预防"(Prevention)是刑罚的又一个理论。其要点是假设违法者在再次犯罪前予以防止。对于这种刑罚的意义,萨尔蒙(Salmond)理论的解释是:"我们对凶手施以绞刑,不仅仅是我们觉得这就是他们的宿命,而是同我们杀死蛇的原因一样,因为它们在这个世界上消失比存在对我们来说会更好。"

在国际刑事诉讼当中,也有关于预防性刑罚方面的讨论。例如在科迪奇(Kordic et al)一案中,审判庭就表明,希望通过审理使所有的人,即被告、被害人及其亲属、证人及普通公众的认知,使他们全都确信,一个严肃的法律正在被实施和执行。在库佩里斯基(Kupereskic)一案中,前南国际刑事法庭审理庭中也认为:"法庭刑罚的目的是要表明,不仅是前南斯拉夫国家的人民,而是世界各国人民都要清醒地认识到,现在不存在什么不需要受到惩治的犯罪行为。'罪有所罚'是为了惩治严重违反国际人道法的行为,并由此建立对法律的尊重,推动国际司法公正的发展。"

在科迪奇和切克基(Cerkez)案件中,前南国际刑事法庭的上诉庭考虑到了判决的教育作用,强调了刑罚对被告声誉带来的玷污和不良影响,它也是保护国际人道法不被侵犯的重要手段。并将其深远的意义明晰化,认为刑罚是一个群体积极预防的方法。上诉庭认为:"由国际法庭作出的判决书的最重要的目的之一是通过判决,让国际法体系所具有的可实施性和强制性特征能足够明晰。刑罚的目的要考虑到判决的教育作用,也要照顾到传递信息的作用,即国际人道法规则在任何情况下都必须得到遵守。在司法实践中,判决往往尝试将这些规则和基于公众主观标准的道德要求内在化。"所以,刑罚的目的就是更好的贯彻落实国际司法体系,它会具体地传递出一种信息,就是国际人道法必须被遵守,量刑把这种道德观念和想法逐渐的植入到公众的头脑中。

因此,前南和卢旺达国际刑事法庭通过将刑罚与国际法律意识相联系,对预防性刑罚给出了新的意义,即在任何情况下犯有国际罪行都是不被允许的,并且是一定要受到刑罚的,因为惟有这样,才能达到加强和发展国际正义的目的。

3. 报应

"报应"(Retributio)这种观点是基于对于司法的基本理解,认为惩罚就是其本身所应达到的目的。这种观点同时也说明,"刑罚"并不是仅依据将来所能带来的威慑力,而是依据他给别人带来的受害的程度。这种观点的支持者认为根据罪犯应得到的报应而给予他相应的刑罚才是唯一公正的裁决。这种基于报应的理论应是刑罚成立的主要原因。对于犯罪分子的惩罚同时也是对被伤害者的一种补偿。事实上,对作恶者的惩罚同时也是对恶行本身的报复,正义的实行很大程度上取决于其力度和效率。对非正义的愤慨是社会道德感的主要组成部分之一,亦是良好道德观的依靠而存于法律之中。

在这种背景下来审议国际刑事法庭刑罚判决时可以看到,国际法庭在刑罚判决时会将先前的案例作为指导性原则,以决定本案的刑罚判决的结果。但这里关注的主要是如何正确表达国际社会对所审理罪行的愤慨,而不是报复本身。在阿卡耶苏一案中,卢旺达国际刑事法庭上诉庭认为:"国际法庭的判决应明确说明国际社会对国际罪行的严厉谴责,表明国际社会还不能容忍对国际人道法及人权如此严重的侵害"。

实际上,惩罚理论现在已经不再被认为是好的,而且现代社会对于这种理论持支持态度的人也已经越来越少。所以国际刑事法庭正努力寻找一种适度的惩罚方式,使其能够与国际人权法案和近代刑法学的思想相适应。

例如,在尼克里奇(Nikolic)一案中,前南国际刑事法庭的审判庭认为,虽然传统报应方面的理论要求刑罚应与造成的损害成比例,但基于国际刑事法庭及国际人道法的基本目的和意图,报应意味着国际社会对于在人类最易受损害的时刻(即发生武装冲突的情况下),严重侵害和漠视严重违反人道法及基本人权行为的谴责及愤慨。

此外,国际刑事法庭还提出了与以前的报复观点不同的现代惩罚理论。刑罚不像复仇,它吸收了限制性原则并对应着一个公正的、恰当的刑罚。刑罚包含了一种约束,而且要求被告恰当的承当刑罚,除此以外别无它意。所以,这种刑罚对于他所做的违法行为来说,必须是一种公正的、适当的处罚。特别要指出的是,罪和处罚必须相适应。在某些情况下,国际刑事法庭追求的是公正的罪有应得的观念,并合理地做出有罪的判决。当然,罪有应得要求与他的罪行相适应,并且此罪该当。

4. 回归社会

关于刑罚,现在还有另外一套理论,即"复归社会"的理论(Reformative theory)。这种学说最早是由意大利的翁伯罗萨(Ombrosa)和法国的拉卡塞哥(LaCassague)提出的。根据这种理论,刑罚的最大目的是为了使犯罪者复归社会。犯罪者在服刑的过程中需要被改造,或者服刑本身就是对犯罪者的一种改造,所以刑罚具有治愈、治疗、教育的特性,而不应该是对犯罪者要造成肉体上的惩罚和痛苦。然而,尽管有些国家的立法和人权活跃分子都支持此种观点,但由于国际刑事诉讼的特殊性,国际刑事法庭的法官在考虑被定有罪的被告的刑罚时,一般很少考虑这种所谓"复归社会"的理论。

但在国际刑事法庭的实践中,有时还是可以看到这种所谓"复归社会"学说的迹象。例如,前南国际刑事法庭的被审庭在尼克里奇(Momir Nicolic)案认为:"审讯庭发现惩罚必须致力于达到更进一步的目标,即复归社会。审讯庭认为复归社会的概念所包含的内容应该更广泛,它存在于刑事诉讼程序的各个阶段,而不是仅仅包括已经过去的定罪阶段。尤其是像这个案件一样当发生歧视性犯罪时,就应该仔细检阅受害者的陈述以唤起另一方的同情心和理解。因此,当以后如果再有同样的机会,这种带有歧视性的行为就不会发生,犯罪就不会发生。

这样就可以使犯罪者复归社会达到和平。"

在达翁吉奇（Daorijic）一案中，姆斯芭（Musmba）法官在被告认罪后的刑罚判决中认为，复归社会的目标和意义要远大于阻止和防御犯罪，认罪是被告得以复归社会的每一步，而且也是促使被破坏的社会秩序得以修复的积极因素。如果在被告自己承认有罪辩护之后，对其过于严厉的刑罚处罚就会看上去会更像显得是一种报复。在社会发生动荡之后，复归社会有助于减少政治上的不稳定和冲突。

但正如以上所论述的，"复归社会"的因素在国际刑事法庭的判罪量刑过程中发挥的作用并不明显。正如前南斯拉夫上诉庭在一个案例中所认为的那样，在国际刑事法庭所管辖的众多的刑事犯罪案件中，量刑判决时很少会考虑到复归社会这一因素。"如果过多的考虑复归社会就会破坏比例原则，还势必影响刑罚与罪刑相称的原则以及其它量刑的目的。"

尽管国际刑事法庭在刑罚判决时把复归社会当作次要的考虑因素，但复归社会仍是达成和解的一个步骤，而和解对于恢复前南斯拉夫和卢旺达国内社会的政治稳定与和平是至关重要的。所以，不管是前南还是卢旺达国际刑事法庭，它们在刑罚判决时都把和解作为判决的目的之一。

"复归社会"，在决定被定有罪的被告是否应减刑时也至关重要。前南斯拉夫国际刑事法庭《程序与证据规则》第125条规定：在决定免刑或减刑是否合适时，除其他外，（国际刑事法庭的）庭长应考虑囚犯被宣告有罪的罪行的轻重程度，同样情况囚犯的待遇，囚犯恢复正常的表现，以及囚犯与检察官的任何实质合作。

5. 维护世界和平与安全

维护世界和平与安全，主要是从联合国安理会角度考虑提出的问题。安理会设立国际刑事法庭，依据是《联合国宪章》第七章，目的是为了维护世界和平与安全。当然,如果从国际罪行的后果与严重性方面探讨,这也是一个思路。

国际刑事司法机构管辖下的罪行,就是国际罪行。至于什么是"国际罪行"呢？国际法上没有一个统一的定义。联合国国际法委员会在其订立的《国际不法行为所引起国际责任公约草案》(Responsibility of States for Internationally Wrongful Act of a State)的第2条中认为：

"含有作为或不作为的国家行为只要有下列情形之一时,即可认为犯有国际不法行为：

(e)该行为根据国际法可归结于(attributable to)该国家；并且

(f)构成(Constitutes)对该国所承担国际义务的违反。"

根据上述规定,国家由于其"行为"(action)或"不行为"(omission)违反了国际法,并构成对国家的国际义务的违反,就被认为犯有国际不法行为。如此,国家不法行为包括两个基本要素：

第一,不法行为违反了在对保护国际社会的基本利益上的极为重要的国际义务；

第二,国家违反的这一义务被全体国际社会视为是一种犯罪。

在第二次世界大战后成立的美国军事法庭,曾在 re List and Others 案里将国际犯罪定义为："一项国际犯罪是被普遍认为具有犯罪(criminal)行为,它关乎国际社会的利益,并被认为不能完全属于国家在正常情况下能行使排他性的管辖权(exclusive jurisdiction)……"[①]

[①] Hostages Trial, US Military Tribunal at Nuremberg, 19 Feb. 1948 (1953) 15 Ann. Dig. 632 at 636.

至于为什么要惩治国际犯罪？一般的说法是为了实现公正(justice)，也有说是为了世界和平，因为如果没有公正，就不会有和平(there is no peace without justice)。联合国安理会于2006年6月22日发表声明认为：

"安理会重申其对《联合国宪章》和国际法要作出贡献的承诺，它认为《联合国宪章》和国际法是一个世界更加和平、繁荣和公平不可缺少的基础(indispensable foundations)。安理会确信国际法在促进国际关系的稳定以及为各国提供一个框架以解决共同面临的挑战方面发挥着关键的作用(critical role)，从而为国际和平与安全的稳定做出贡献……

正义和法治，其中包括对人权的尊重，这些是和平持久不可缺少的要素，安理会对此给予高度重视并努力促进……

安理会强调各国遵守它们义务的责任以结束逍遥法外这种情形，并且起诉那些对灭绝种族罪、反人道罪以及严重违反国际人道法的行为负责的人。安理会认为，如果一个处于冲突或正在从冲突中痊愈的社会要想纠正针对平民的虐待行为，并且要防止将来出现这种虐待行为，就必须要对违法行为进行惩治。安理会决心以适当的方法与违法行为作斗争，并将考虑运用司法与和解机制，其中包括国内、国际和'混合'(mixed)刑事法院和法庭，以及真相与和解委员会。"

在这个声明中，联合国安理会表达了以下三个要点：
第一，《联合国宪章》是一个和平、繁荣、正义世界的法律基础，国际法对国际关系的稳定和秩序具有关键性的作用；
第二，保障人权是和平得以维护的必不可少的因素；

第三，国家负有对犯有国际法罪行的人进行起诉和惩治的责任和义务。其起诉或惩治的方式或是国内司法程序，或通过国际刑事法庭、"混合法庭"或事实与和解委员会等。

这三点相互联系，和平、繁荣和正义的世界都需要通过保障人权和惩治国际罪犯来实现；对人权的保障和对犯有国际罪行的人进行起诉和惩治，有助于实现和维护一个和平、繁荣和正义的世界。所以，国际罪行就是对国际社会所认定的最基本价值理念构成极大破坏，必须予以惩治的严重国际犯罪行为。

6. 综合性的考虑

从国际刑事法庭的实践看，国际刑事法庭在决定刑罚判决时把惩戒和威慑作为主要的考虑因素，但它同时把其刑罚目的也融合在加重和减轻情节中一并考虑。如果联系国际刑事法庭在关于刑罚方面的规则和实践，可以看到有以下几个特点。

第一，前南和卢旺达国际刑事法庭的刑罚实践并不统一，不仅两个法庭相互之间不统一，就是一个法庭内部也并不一致；

第二，虽然在前南国际刑事法庭初期的刑罚实践中，法官会对不同的罪行之间有个区分。例如，种族灭绝罪被认为比反人道罪和战争罪更严重，但此后的实践表明，国际刑事法庭迄今为止并不认为国际罪行之间有一个高低之分；

第三，国际刑事法庭对于帮助犯和教唆犯的处罚比共犯的轻（co-perpetration），这是一个比较普遍的实践；

第四，审判庭在量刑时会考虑到被告的个案情况，其在国内监狱或在审判前在国际刑事法庭拘留所的时间会在刑罚时间里予以扣除。

刑罚与其他问题一样，时有争论，也有不同看法。例如，根据《刑法》上"一罪不再理"（non bis in idem or nebis in idem）的基本要求，一个人不能因为同样的犯罪事实而受到二次审判。根据前南与卢旺达国际刑事法庭《规约》：一个因严重违反国际法行为而被本国法院已经审判的人，一般不会再受到国际刑事法庭的起诉和审判。然而，"一罪不再理"并不是绝对的。例如，在下列三种情况下就有可能被国际刑事法庭再次起诉：第一，虽然是同一犯罪事实或行为，但以前在定罪时只是作为一普通犯罪来审理；第二，该国的国内诉讼程序不公正或不独立，或是为了包庇被告逃离国际审判而做样子；第三，该国法院审理过程中没有国际刑事诉讼程序中所要求的必要关注（due diligence）的标准。由于《规约》允许对"无罪释放"的判决提出上诉。这就引出了一个问题：该规定是否与"一罪不再理"原则相冲突。

当然，迄今为止，国际社会中国家司法实践在刑罚方面还没有形成一般性的法律原则。大陆法系国家的实践也不同于英美普通法制度。如果考虑到这些实际情况，对无罪判决的上诉作出并非违反"一罪不再理"的原则。

国际刑事审判的目的，是要惩治国际罪行。作为国际刑事诉讼附带而来的结果和作用，是要达到种族和解、维持和平、记录历史、预防犯罪等的作用。然而，国际刑法的目标是否能够真的实现？又是否能够达到民族和解与恢复世界和平的目的？对此，也一直存在着怀疑和争论。

第九章　上诉及复核

"上诉"在英文里叫 Appeal，就是通过法律规定给予经过审判的当事方向更高级法庭申诉的程序。无论是从社会和政治的角度，还是从公平审判的角度看，当事方，尤其是被定有罪的被告应该享有向更高一级审判机构申请审查的权利。

如同其他法律规定一样，上诉权本身也经历了一个发展过程。在二战后成立的纽伦堡和东京国际军事审判中，程序规则里没有任何关于上诉的规定，所以这两个国际军事法庭的判决就是最终结果，也不存在任何复核（review）程序。但在今天，对审判庭判决的上诉已成了当事方的基本权利之一。联合国的两个特设国际刑事法庭和国际刑事法院不仅规定了上诉及复核的权利，而且还就如何行使这些权利在程序上作了详细的规定。

第一节　上诉权内涵与规定

上诉是一种权利。在现代国际刑法的实践中，检察官和被告针对初审庭在法律或事实方面的严重错误都可以提出上诉。上诉请求能否被同意？首先要看前提条件能否满足。如果这些条件都能得到满足，就不能阻止上诉。当然，上诉法院有权就上诉案件中提及的具有普遍重要性的某些问题作出决定。如果它有理由并拒绝进行审判，那初审法院的判决将成为正式的终审意见。当然，国际刑法在发展，上诉的规定本身也在发展。

一、关于上诉的基本规定

国际刑事诉讼中规定上诉制度，首先是因为国际人权法在二战后发展的结果。作为国际人权法重要法律文件之一的《公民权利和政治权利国际公约》，在其第 14 条第 5 款明确规定："凡被判定有罪者，应有权由一个较高级法庭对其定罪及刑罚依法进行复审。"

根据以上这一规定，凡是被判定有罪者，就享有向一个较高级法庭对其定罪及刑罚要求依法进行复审的权利。所以，这里强调被定有罪的被告的权利。事实上，在世界不少国家的国内立法中，并未规定检察官方面也有上诉权利。但国际刑法与国内刑法在上诉方面也有所不同。在国际刑法实践中，为了维护受害人和国际社会的共同利益，也是为了能更有利于澄清国际法层面上的问题，检察官也被赋予上诉的权利。

上诉权反映了"公平审判"的理念，因为上诉里面含有纠正审判中错误的逻辑。不过，"公平理念"有个要求，就是被告在上诉中享有的权利应与其在初审中的一样。相同的问题应以相似的方式来处理。上诉庭在案子的裁决中得遵循先例。它只有在不坚持以往司法原则更有利于公平正义实现的情况下，才能不再坚持这一原则。

在一国国内的司法制度中，关于审判的等级有具体的规定。譬如在美国，不是所有的案件都是在高级法院进行初审，只有重罪案件，即可判刑一年以上的案件，方可在高级法院初审。轻罪案件一般由高级法院以下的地区法院初审。因此，第一次上诉的受理法院也因初审法院的不同而不同。如果初审法院为地区法院，那么第一次上诉就必须到高级法院，如果初审法院为高级法院，第一次上诉就必须到上诉法院。有的国家在司法制度上还规定有三审。现在成立的国际刑事司法机构都规定有上诉程序,其实践普遍采用的是两审制。

在国际刑法的司法实践中,前南国际刑庭是第一个设立上诉庭的国际刑事司法机构。该法庭《规约》第11条规定:"国际法庭将由下列机构组成:……分庭,其中包括两个初审分庭和一个上诉分庭。"

前南国际刑庭《规约》第25条还规定:

"1. 上诉分庭应受理被初审分庭定罪者或检察官根据以下理由提出的上诉:

(a)使判决无效的法律问题上的错误;或者

(b)造成谈判的事实错误。

2. 上诉分庭得维持、撤销或修正初审分庭所作的判决。"

前南国际刑事法庭设立上诉庭并允许被告与检察方上诉,这是对国际刑事审判制度的重大发展,是国际刑事司法体系中一大进步。第二次世界大战后成立的纽伦堡国际军事法庭与远东国际军事法庭,它们在诉讼程序上都只设立了一审程序,没有上诉程序,从而剥夺了被告上诉的权利。如果用今天国际法发展的标准来评判,显然有悖于国际人权法上已普遍承认的最低标准。

允许被告与检察方上诉已成为国际刑法实践不可或缺的程序规则的一部分。1998年7月在意大利罗马通过的国际刑事法院《罗马规约》第81条规定:

"被定罪人或检察官代表被定罪人,可以基于下列任何一种理由提出上诉:

(1)程序错误;

(2)认定事实错误;

(3)适用法律错误,或

(4)影响到诉讼程序或裁判的公正性或可靠性的任何其他理由。"

从以上规定来看,检察官和被告方面都可以上诉,国际刑事司法机构的上诉庭在开庭及裁决过程中,用来推翻初审法院判决的理由很多。但总起来就是两个方面,就是基于法律和事实部分。例如,根据前南国际刑事法庭《规约》第 25 条的规定,就是"使判决无效的法律问题上的错误"或者"造成谈判的事实错误"。

二、上诉的适用范围

从法律规定上看,上诉庭具有作出或维持、撤销或修正初审庭判决的权力。被初审庭定罪的被告或检察官都可以因为初审庭的法律问题,或事实方面的错误上而提出上诉。

举例说,前南国际刑事法庭关于"严重违反 1949 年《日内瓦公约》情势"的罪行只能适用于国际性的武装冲突,在初审中,检察官对被告在武装冲突中的罪行提起起诉,关于行为都没问题,被告被证明在武装冲突中犯有该罪行中所规定的行为。然而,初审庭认为武装冲突的性质属于国内性武装冲突,而不是国际性武装冲突,从而认为检察官起诉的这一罪行并不成立。检察官对此不服,所以在上诉时就可以通过法律和事实上的理由,说明初审法官误判而导致了被告没有被判有罪。为了确定当时法官是否是误判,上诉法庭的法官,需要查看当时在审判中到底发生了什么情况,检察方是怎么询问的,被告律师是怎样反对的,他们各自提出了什么理由,法官是怎么看这些理由,最后是如何判决的,等等。只有搞清了所有这些情况,上诉庭的法官才能断定初审法官是否真的作了误判。

在程序上，初审庭作出判决后，要求上诉的被告或检察官方面就得在初审法庭判决宣告之日起 30 日内向法庭的书记官长提出，并向对方送达经签署的上诉通知。前南国际刑事法庭《程序与证据规则》第 108 条规定："寻求对一判决上诉的一方应在该判决或处刑判决宣告之日起 15 日内向书记官长提出，并向另一或数当事方送达一经签署的上诉通知。"

根据《程序与证据规则》第 112 和第 113 条的规定，应诉方的辩论书及其根据应在上诉辩论书提出送达另一方后，并向书记官长提出；上诉方还可在应诉方提出辩论书后 15 天内再提出对辩论书的答辩。

当上诉陈辩书、答复陈辩书以及反驳书在规定的时间内都已上交，上诉庭就会确定口头陈辩的开庭听证日期。届时检察官与被告及被告上诉律师将在上诉法庭出庭并进行庭辩。根据规则，在宣布开庭后，由提出上诉的一方进行口头陈辩，然后由另一方进行答复，提出上诉的一方还有一次反驳机会。

根据前南和卢旺达问国际刑事法庭的《规约》，规定了只有涉及法庭管辖权问题时才能作为提出中间上诉的理由[①]。而在所有其他情况下，中间上诉就一定要经审判庭提出，其提出也因为是一项将在很大程度上影响诉讼程序或者审判结果是否公平。也正因为如此，上诉庭中间上诉的决定能在实质上推动法庭诉讼进度。为了能得到上诉庭的同意，希望上诉的必须在法庭宣布决定后的七天内申请。如果上诉庭同意后，提出上诉的当事方要在七天之内向上法庭提出上诉的书面诉状。

除了初步性（preliminary）的问题以外，其他问题上也可以提出中间上诉，只要其上诉的问题涉及最终判决已不能纠正的损害的事实，或

---

① 见本章第三节内容。

适用一般国际法具有普遍重要性的问题,都可提出上诉。但中间上诉与初审结束后一般意义上的上诉程序不一样。在"中间上诉"这个环节上,上诉庭法官的裁决只是根据初审庭原先的纪录,两个当事方只能就上诉事宜一次性地提交诉状,提交一次后没有针对对方的反驳,而且也没有听证。

前南国际刑事法庭《程序与证据规则》第107条规定,原来适用于初审诉讼过程的程序和证据规则也将适用于上诉庭的诉讼程序当中:"适用于初审庭诉讼过程的程序和证据规则应准(mutatis mutandis)用于上诉庭的诉讼。"

在当事方口头陈辩结束后,上诉庭会尽快作出决定。原则上,上诉法庭根据案情可以作出以下三种决定:

(1)推翻原判。如上诉法院认为有必要进行重新审理,可以将案件退回另一初审庭重审;

(2)维持原判。

(3)对原判进行某种修正。

上诉庭决定都需形成书面文件,文件名称叫上诉法庭决定(Appeals Decision)。因为上诉庭是国际刑事法庭的终审法庭,又因为前南国际刑事法庭上诉庭同时也是卢旺达国际刑事法庭的上诉庭,所以,前南国际刑事法庭上诉庭的决定,对联合国安理会所属的这两个国际刑事法庭的初审法庭,都有约束力。

上诉是一种权利,是一种检察官和被告根据法律都应享受的权利。但上诉请求本身能否被同意,也有前提条件需要满足。根据规定,被初审庭定罪的被告或检察官如果要上诉,就首先必须提出能"使判决无效的法律问题上的错误",或"造成判决的事实错误"。这个上诉标准应该说是非常高的。所以在接到上诉通知书后,上诉庭本身也要根据标准来审查。如果上诉庭觉得要上诉的问题达不到这样的标准,就可以驳回请求,案审也就到此结束。

国际刑事法院《规约》第 82 条,还规定了可以针对无罪、有罪或刑罚问题以外的其他方面裁决的上诉。根据这一规定,诉讼各方在下列任何情况下都可以就"管辖权或可受理性的裁判"等问题享有上诉的权利。有关缔约国或检察官,对于预审庭根据《罗马规约》第 57 条(3)款第 4 项作出的裁判,在经预审分庭同意后也可以提出上诉。按照该条款的规定,如果预审庭在尽可能考虑到有关缔约国的意见后根据情况断定,该缔约国不存在有权执行《罗马规约》第九编所规定的合作请求的任何部门,显然无法执行国际刑事法院关于合作的请求,则可以授权检察官在未根据《罗马规约》取得该国合作的情况下,在该国境内采取特定调查步骤。

至于上诉对进行中的刑事诉讼所产生的影响,国际刑事法院《规约》在第 82 条第 3 款中明确规定,上诉本身没有中止效力,除非上诉庭应要求根据《程序和证据规则》作出这种决定。上诉亦可针对于赔偿受害人的命令。被害人的法律代理人、被定罪人或因赔偿命令而受到不利影响的财产善意所有人可以选择提出上诉。

在 2008 年 7 月 11 日,上诉庭在其判决中赋予受害人(victims)就被告有罪或无罪提出相关证据,对证据的可采性和关联性提出质疑的权利。而这权利,一般是只能由作为当事方的检察官和辩护律师才能行使。

国际刑事法院的检察官就预审庭 2009 年 3 月 4 日关于巴希尔逮捕令的裁决提出的上诉,是中间上诉的一个重要案例。在此案中,由于预审分庭鉴于证据标准而否决了检察官方面提出的灭绝种族罪,检察官对此提出上诉,要求重新裁决。法院上诉庭认为,预审庭在巴希尔一案逮捕令方面的裁决,属于适用错误证据标准的程序性错误,因此该裁决应被修改。

国际刑事法院起诉苏丹总统巴希尔,其原因是由于苏丹自独立以来经历了多次武装冲突。2003年,在达尔富尔冲突中发生了对平民普遍和系统性的攻击,由于苏丹政府拒绝其国内的叛乱分子获得政治权利,叛乱分子将苏丹政府安全部队作为攻击目标,从而导致武装冲突的爆发。苏丹政府则对反叛乱武装进行了军事打击,这就使得达尔富尔地区的局势十分严峻,2005年3月31日,联合国安理会认为达尔富尔地区的局势已构成"对国际和平与安全的威胁",并根据《联合国宪章》第七章以及《罗马规约》第13条第2款的规定通过了第1593号决议,将2002年7月1日以来的达尔富尔局势交由国际刑事法院检察官进行调查和起诉。国家刑事法院检察官于2005年6月1日展开了针对达尔富尔局势的调查。2008年7月14日,国际刑事法院检察官请求对被指控在达尔富尔地区犯下灭绝种族罪、反人道罪以及战争罪的苏丹总统巴希尔发出逮捕证。

2009年3月4日,在国际刑事法院的预审中,预审庭认为:初步确凿的证据表明,苏丹总统巴希尔犯有战争罪和反人道罪,应根据《罗马规约》第25条3款a项承担其个人的刑事责任。预审庭应以两项战争罪和五项反人类罪决定逮捕巴希尔。与此同时,预审庭认为检察官没有充分地证明巴希尔具有犯有种族灭绝罪的意图,因而没有同意检察官提出的种族灭绝罪的起诉。据此,国际刑事法院检察长就种族灭绝罪问题提起了上诉。

第二节 上诉的可受理性

如前所述,根据前南与卢旺达国际刑事法庭的《规约》,被告和检察官都有上诉的权利,都可针对初审庭关于有罪和刑罚的判决来上诉,检察官可以上诉来反对关于无罪的判决,这与普通法系国家的司法制度有很大的区别。然而,上诉庭是否一定要同意上诉的请求?这方面有它的自由裁量权,也有一些规定。这就是上诉的可受理性问题。

一、上诉的标准及要求

在国际刑事诉讼中,任何一当事方还可针对已裁定的罪行与刑罚之间比例不当来提出上诉。上诉的理由更是远超过普通法系国家所规定的范围。例如:法律上存在着将导致审判无效的严重错误;或存在导致案件处理不当的严重的事实错误等。检察官根据国际刑事法院《规约》第81条的规定,甚至还可以程序错误为由提出上诉。

关于以初审庭犯有"法律上的错误"而提起的上诉,根据前南国际刑事法庭上诉庭设定的标准,它不是任何法律上的错误,而必须是能使其决定无效的法律错误(invalidating the decision)。换句话说,不是初审庭所犯的任何一个法律上的过失都使得该审判庭的决定是可被修改或重判的。因此,当事方提起上诉时,它首先要能通过论证来表明,它上诉提出的法律问题,属于使其决定无效的法律错误。但即使当事方自己提出的论证没有达到这一步,其上诉的请求不会自然而然地被驳回。因为在其上诉之后,上诉庭会考虑当事方提出的问题。如果上诉庭认为它尽管论证不够,但该问题其实却是一个能使被审庭的决定归于无效的法律错误,上诉庭也会将再次审理审判庭相应的裁决。在上诉阶段中,当上诉庭因为辩护方而重新审议法律问题时,它当然也要适用"排除任何合理的怀疑"的定罪标准。也就是说,如果上诉庭在审理后认为被告有罪,那它自己就要确信:被告所犯的罪行已不存在任何合理的怀疑。

至于以初审庭犯有"事实上的错误"而提起的上诉,同样根据前南国际刑事法庭上诉庭设定的标准,它也不是任何事实上的错误,而必须是能导致不公正的事实错误(occasioned a miscarriage of justice)。在弗伦基伊（Furundzija）一案中，前南国际刑事法庭将"事实上的错误"定义为："由非常不公平的司法程序所产生的结果，比如说，尽管在审判中缺乏一些有关犯罪行为基本要素的证据，但被告最后还是被定罪"。这就"属于事实上的错误"。在瓦斯伊维奇（Vasiljevic）一案中，初审庭认为被告是团伙犯罪分子组织中的一个共同作案者，而不是一个辅助或者教唆者。初审庭之所以这么裁定，是它认为被告具有杀人的动机。在上诉的审理过程中，上诉庭认为初审庭的这个裁决不合理，同时认为这个裁决属于"能导致不公正的事实错误"，从而纠正了原来的判决，将原先对他的刑罚从 20 年减少到 15 年。

如同在普通法系国家的法院一样，国际刑事法庭上诉庭的审理决不是重新审理。相比较上诉庭来说，审判庭在对庭审中的证据的评估方面具有更大的优势，因为它通过面对面地传唤证人和询问证人，在评估证据的可靠性和可信性（reliability and credibility of evidence）上具有第一手的实际经历。因此，在裁定证人的可信性，以及证人证词的采信力方面，最好不要轻易对初审庭的决定提出挑战。从哲理上讲，两名秉公执法的法官，即便是面对同样的证据，而且每个人的逻辑都很严谨，论理也都非常科学，但最后这两个法官的结论却可能完全不同，所以当事方提出上诉时，仅仅说会有不同的结论是不够的，一定要把重点放在合理性方面，即一定要指出并论证：被审庭的裁决是任何一个合理的（reasonable）法庭都不可能如此裁决的。

在前南国际刑事法庭，上诉庭不止一次地强调："上诉"与初审不同，它并不是让当事方有机会再次陈述他们的案子。所以在上诉阶段，当事方必须要将自己的陈述限制在上诉所提问题的范围之内，即：被审庭作出了哪个能使其决定无效的法律错误，或者是哪个能导致不公正的事实错误，等等。同样，上诉庭自己在审理的过程中，也要将法庭的程序严格控制在这些问题的范围之内。当然，上诉庭自己可以主动提出一些与整个法庭的司法功能具有一般重要性的问题。这些问题与个案中的判决不一定有关系,但它对整个国际法庭的法律功能却会产生影响。由于上诉庭是国际刑事法庭的最后的裁决者,提出并论述一般性的问题具有指导性的意义。当然,也并不是所有一般性的法律问题,这里主要是指与上诉庭审理过程中有关的那些一般性意义的问题。

二、上诉庭的自由裁量权

由于初审庭在庭审过程中根据《程序与证据规则》已享有很大的自由裁量权,所以上诉庭在上诉一般不轻易地同意接受当事方对初审法庭提出的挑战或质疑,除非因为:

(1)初审法院背离了审判的原则/规则;

(2)或者对适用法律理解不当;

(3)审判时受到外界或无关案件的因素的影响;

(4)基于错误的事实而下的结论。

在国际刑事诉讼中,上诉庭有权通过上诉过程中的动议程序对已经作出的判决进行重新审视。在受理上诉案件时,上诉庭的方法是结合预审前及审判过程中的证据来推断:这些事实和法律是否能证明被告有罪?作为一个合理的(reasonable)法庭,这样做是否有一定的道理?如果答案是肯定的,那么上诉法院将维持初审法院的判决。

关于上诉的程序,上诉方应在收到初审法院的判决后规定的时间发出上诉通知。该通知的内容应包括上诉的理由,以及所要求的减刑。当上诉方已提出符合要求的上诉通知或者上诉请求已得到允许,初审法院将不能执行任何有关待上诉法院审判的事宜的裁决。

在前南国际刑事法庭以及卢旺达国际刑事法庭这两个法院,上诉案件由"预审法官"或"预听法官"受理。法院根据初审的材料为上诉案件备案。在特别的情况下,法院允许案件双方提供新的证据。上诉方向被告方发出一个上诉的简述,被告方给予回复,然后上诉方再给予回复。简述的内容只能是针对被告方简述中的论证。上诉法院在收到所有的这些简述及回复之后会定一个日期举行听证会。

需要强调的是,上诉阶段并不是重新审理案件。所以当事方在上诉阶段如果要提交新证据,一般很难为上诉庭所接受。但尽管如此,也不排除上诉庭在特殊的情况下接纳新的证据。例如,如果有的证据在审判中出于客观的原因不可能被发现,而且该证据具有相关性和可信性,对判决的公正会起到决定性的作用。因此,前南国际刑事法庭的上诉庭在库泊里斯基奇(Kupreskic)一案中声明:当事方在"非常严重的情况"下才能在上诉阶段提出新的证据。但一般来说,关于新的证据的申请不会在上诉阶段被接受,除非能够证明,接受这样的证据符合"司法公正的要求"。

上诉庭对上诉案件进行审议时,具体要做什么裁决?当然有一定的自由裁量权。如果上诉庭拒绝接受上诉,原来初审庭的裁决就是该案的唯一的最后判决。事实上,上诉庭在一般情况下都不愿意修改或推翻初审庭的裁决,除非初审法庭:(1)错误的适用了法律原则,(2)给予不相关的事实以过多的关注,(3)在基本事实方面作出严重错误的判决。

"蔑视法庭罪"是否也可以上诉吗?当这个问题一开始出现在塔迪奇案时,前南国际刑事法庭的《程序与证据规则》还没有任何规定。不过,当上诉庭认为辩护律师米兰·维吉(Milan Viju)犯有"蔑视法庭审"时,还是允许他有上诉的权利,认为一个国际刑事法庭必须遵守的国际法,对国际刑事法庭的规则的解释必须符合其《规约》及《公民权利和政治权利国际公约》第14条的基本宗旨。

在前南与卢旺达国际刑事法庭的上诉程序规定方面,上诉程序首先由预上诉法官(a pre-Appeal judge or pre-Hearing Judge)来负责处理。上诉材料主要是基于初审的资料整理而成。在特殊情况下,会有另外新的证据。针对上诉状,对方有权进行答辩,只是答辩范围应限于上诉人的请求问题的范围。当所有材料都提交后,上诉庭就会择日开庭审理。

在上诉阶段要提出新证据,当事方首先得向上诉庭证明:他在被审阶段时之所以没能提出这些新的证据,并不是因为他的原因,而是因为某些当时客观条件所限的原因。要证明这一点,该当事方在初审阶段是否具备"应有的谨慎"(due diligence),就成了上诉庭采纳该新证据要考虑的第一个问题。

不仅是在上诉阶段,就是在复核中,当事方也可以申请提交新的证据,只要当事方在复核中能够证明:他要提交的证据是在初审时期所不可能知道或被发现的。尽管上诉和复核阶段都可以申请提交新证据,但在这两个阶段的证据在本质上有所不同:上诉阶段的证据可以是与初审时讨论过的问题有关,而复核时提出的新证据则是在初审阶段从未发现过的事实。

国际刑事法院《罗马规约》第83条规定的是有关上诉的审理程序的规则。根据这一条款的规定,上诉庭拥有初审庭所有的权利。当上诉庭认为审判中的程序有失公正,而且这种不公正实际影响了判决或判刑的可信度(reliability);或者认为审判中发生了严重的事实错误、适用法律错误或程序错误,那么上诉庭可以推翻或修改有关的裁判或判刑,或命令由另一审判分庭重新审判。为了能达到公正的目的,上诉庭可以将事实问题发回原审判庭重新认定,并将其认定的结果再报告给上诉庭。当然,上诉庭可以自己调取证据。如果上诉是由被定罪的被告或者其辩护律师提出的,那上诉庭就不能作出被告人更为不利的裁决。如果是针对刑罚而提出上诉,那么当上诉庭认为关于刑罚的判决与所被指控,并被证实的罪行不相称,它可以根据《罗马规约》的第七部分规定的程序来改变判决。

在国际刑事法院,如果上诉得到同意,那么在上诉或上诉准备时期,原来初审庭的判决或刑罚的执行就须暂停。有时,审判庭自己就已经决定,已被判定罪的人在等待上诉期间应被继续关押。当然,如果一个被定有罪的人的羁押时间已经超过了他被判处有罪的监禁时间,那么该被告就须被释放。如果检察官也提出了上述问题,那被定有罪被告的释放就应受到《罗马规约》第81条(3)款中所规定的条件的约束。

如果被判无罪,被告人应当立即释放,但在特殊情况下,尤其是考虑到潜逃的风险,被控罪行的严重性,以及上诉成功的可能性等因素,审判庭应检察官的要求可以在等候上诉决定期间继续羁押该人。对审判分庭维持上诉期间羁押该人的裁决,被告可根据《程序和证据规则》提出申诉。

在上诉程序方面需要注意的是,在前南问题国际法庭和卢旺达国际法庭上,上诉庭可以维持、推翻或修正审判分庭所作的决定,它也可以推翻一个无罪裁定并作出一个有罪判决。但虽然上诉庭自己可以决定刑罚,但它一般会将案子发回审判庭,由它们来决定刑罚,例如在塔迪奇和切莱比奇案中,上诉庭就是这样做的。但在某些案件中,上诉庭却推翻原先初审庭决定的无罪判决,或在原来的刑罚上再增加刑期。

第三节 上诉制度的新发展

国际刑法在发展,关于上诉权的规定也根据新的情况在发展之中。
联合国特设国际刑事法庭和国际刑事法院,在其《规约》中拟定了两种上诉类型:一是对判决或刑罚的上诉;另一则是对审判中间(interlocutory)裁定的上诉。前南国际刑事法庭在其第一个案例,塔迪奇案中就对关于管辖权的"中间上诉"作出了新的贡献。

一、塔迪奇案中的"中间上诉"

塔迪奇(Tadic)案是前南国际刑事法庭于1993年成立后审理的第一个案例。在该案例中,关于联合国安理会设立前南国际刑事法庭的合法性问题作为一个法律上极其重要的问题自然而然地提了出来。

塔迪奇在他关于国际刑事法庭没有管辖权的请求意见,主要集中在以下三个方面:

(a)关于联合国安理会成立前南国际刑事法庭的合法性问题;

(b)规定前南国际刑事法庭的管辖权优先于国内法院管辖权是违反国际法的;

(c)前南国际刑事法庭对其《规约》中的国际罪行不具有实质性的管辖权。

他首先将这些问题向审判庭提了出来。但审判庭在听取了双方意见后,驳回了被告的请求。那么,被告在关于前南国际刑事法庭管辖权问题上的所有请求都被初审庭驳回以后,能不能马上就上诉呢?

这个问题非常现实和具体。也就是说,在审判正式开始之前,被告是否有资格就国际刑事法庭的管辖权问题提出中间上诉呢?

中间上诉(interlocutary appeal),就是指在终审裁决作出之前发生的上诉。在一国国内刑事案件中,管辖权问题一般不是对案件争议解决具有决定性的问题。但管辖权问题在联合国前南国际刑事法庭和卢旺达国际刑事法庭也属于中间上诉的范围。由于法庭管辖权问题是涉及法庭是否有资格受理案件的根本问题,因此,中间上诉在联合国国际刑事法庭也成了对案件的实质结果能起重大影响的上诉。

前南国际刑事法庭《程序与证据规则》第73条给予被告有提出"初步申请"(preliminary motions)的权利,规定如下:

"(A)在一个案子派给一初审分庭后,各当事方可在任何时候向该分庭提出非初步申请的动议,请求适当裁定或解脱。这种申请可依该初审分庭的决定以书面或口头提出。

(B)对这种申请的决定不得上诉,除非得到由三名上诉分庭法官组成的审查小组的许可,该审查小组可许可下述上诉:

(i)如果受非议的决定会对寻求许可的一方的案子造成不利且不能被审判的最后处理包括判决后的上诉所补救;

(ii)如果该拟意上诉的问题对本法庭的诉讼或一般国际法有普遍的重要意义。"

按照这一规定,中间上诉的上诉庭,由三位法官组成。他们主要是根据上诉要求来裁决上诉方的申请是否具有充分的理由。在程序上,这个法庭有权驳回审判庭原先的决定。另外,对"伪证"或"蔑视法庭罪"的裁决,也可以提出上诉。关于"蔑视法庭罪",就一定要向法庭的庭长提出上诉。庭长同意后,就会指定五名法官来审理。

在前南国际刑事法庭的初步申请可以包括对管辖权(jurisdiction)问题向初审法庭提出反对,如果被拒绝或败诉,就可以根据第73条(B)规则的规定向该法庭的上诉庭提出"中间上诉"。但如果单从理论上讲,法官制定的第73条(B),这条款规则与该法庭《规约》之间是有矛盾的。

前南国际刑事法庭《规约》第25条,是关于上诉程序的规定。该条规定:

"1.上诉分庭应受理被初审分庭定罪者或检察官根据以下理由提出的上诉:

(1)使判决无效的法律问题上的错误;或者

(2) 造成谈判的事实错误。

2. 上诉分庭得维持、撤销或修正初审分庭所作的判决。"

二、"中间上诉"的基本逻辑

前南国际刑事法庭上诉庭应受理根据"使判决无效的法律问题"或"造成判决的事实错误"问题所引起的上诉一语清楚表明,被告与检察起诉方都有上诉权,但其上诉范围是能使判决无效的"法律问题上的错误",也包括造成判决的"事实错误"。由于这些错误都明确无误地指初审法庭判决中的错误,时间上只能是在初审庭作出判决以后,所以,上诉应该是在初审以后的事。因为,如果没有判决,又何来错误。

联合国安理会在通过关于成立前南国际刑事法庭的第 827 号决议时,同时也通过了附在该决议后的《前南国际刑事法庭规约》。《规约》第 25 条是关于上诉的规定。根据这一条款的规定,案件当事方(被告与指控方)都有上诉的权利。当然,这符合现代国际法发展的趋势。由于国际人权法的发展,上诉权已成为被告的基本权利之一。国际人权法一些基本文件,如《公民权利和政治权利国际公约》也都规定了被告具有上诉的权利。

前南国际刑事法庭《规约》一共才有 34 条,它是关于法庭结构和基本职能方面一般性的规定。考虑到刑事审判错综复杂,需要在程序和证据方面制定不少其他规定,所以联合国安理会在通过《规约》时,就要求法庭的法官在选举产生以后制定这些规则。这样,就产生了国际刑事法庭的法官在制定具体规则时应如何贯彻和落实《规约》的问题。

"正如国际法庭的检察官在 1995 年 9 月 7 日和 8 日的审理中所承认的,规约在本质上是属于一般性质的,而且安理会确实希望它在适当之处,特别是在'初审和上诉'方面能得到法官们通过制订补充规则来完善①。正是在这种情况下,法官们并通过了'程序和证据规则'的第七部分"②。

在国际刑事法庭管辖权问题上,被告究竟是否应享有中间上诉的权利呢？根据《程序与证据规则》,被告应具有上诉权。然而,检察方把国际刑事法庭管辖权问题与法庭成立的合法性问题分开,认为被告方无权挑战国际刑事法庭成立的合法性问题,因为这涉及到联合国安理会权威问题。这一观点得到初审庭的认同,认为：

"国际刑事法庭需要裁决的关于该法庭的管辖权问题涉及很多方面,如国际法庭需要确定的犯罪的时间、地点和性质。这些都可称为管辖权问题。而国际法庭建立的有效性不是真正的管辖权问题而是它建立的合法性问题……"③

但上诉庭却明确地表示不同意。认为"检察官对管辖权概念的解释与现代司法公正的理念不相符合"④。

成立国际刑事法庭的目的是为了实现正义。因此,如果要对法庭《规约》或《程序与证据规则》进行解释,主要是考虑如何才能有利于实现正义。从逻辑上讲,《程序与证据规则》第 72 条是有道理的,它是有助于实现正义的条款。因为国际刑事法庭的管辖权是个事关根本的问题。假设,国际刑事法庭对这一案例确实不具有管辖权。但由于根据

---

① 《规约》第 15 条。

② Prosecutor v. Tadic (Opinion and Judgment), ICTY, Trial Chamber II, Judgment of 7 May 1997, para. 4.

③ 同上。

④ Decision on the Defence Motion for Interlocutory Appeal on Jurisdiction, 2 October 1995, Case No. IT-94-1-AR72, para. 6.

规定被告没有任何上诉的权利和机会，案情的实质问题就只能继续进行下去。这样，几个月、一年、两年或更长时间以后，国际刑事法庭在听取了大量的证人证言，以及接受大量证据的基础上，考量并作了裁决。到了那个时候，也只是到了那个时候，被告根据《规约》第 73 条具有上诉的权利，才把国际刑事法庭缺乏管辖权的问题再提了出来。如果到了那时，国际刑事法庭的上诉庭确认，国际刑事法庭对该案没有管辖权，整个审判原本就不该进行的，那就已经晚了，因为整个法庭为审理此案已经花费大量的人力、物力，被告由于审理在法庭拘留所也因此失去自由付出了更为沉重和没有必要的代价。

所以，《程序与证据规则》第 73 条尽管与《规约》的规定有冲突，但是一条有用的规则。它有用，对双方都公平，而且尤其是有利于保障被告的权利。因为它能使被告避免接受法庭在没有资格情况下去受理其原本没有权力受理的案件。

在这样的逻辑思维下，前南国际刑事法庭的上诉庭最后认定：

"归根到底，上诉人申请理由是如何对国际刑事法庭审理他案件的法律资格的评价问题。如果最终这不是一个管辖权问题的话，那么它是什么问题？而且，如果不是国际刑事法庭上诉庭来裁决，那又是什么机构能被合法的授权来解决这个问题呢？实际上这不是结论性的，但却是有趣的。试想如果在争端一开始它们没有被解决的话，明显的它们可以在一个关于其法律意义的上诉中被提出。在被告人经历了可以称之为未经授权的整个审判之后，会不会有一个支持被告人的判决服务于更高的公平利益？总之，在一个法院，常识不仅仅是在权衡事实的时候得到尊重，而且当审视法律和选择适当规则的时候同样得到尊重。在当前的案件中，法庭审理和解决上诉人中间上诉的管辖权不应是有争议的。"①

上诉庭认为在法律的范围内权衡事实时应尊重常识(common sense),在评述法律和选择适当的规则时也应这样。因此,对案子初审期间处理上诉人关于管辖权的中间上诉是无争议的(indisputable)。

卢旺达国际刑事法庭后来也采取了与前南国际刑事法庭同样的实践,允许被告就管辖权问题行使"中间上诉"的权利;

国际刑事法院成立时也参考了这一实践,并在《罗马规约》第82条第1款明确规定:

"当事双方均可以依照《程序和证据规则》对下列裁判提出上诉:

1. 关于管辖权或可受理性的裁判;
2. 准许或拒绝释放被调查或被起诉的人的裁判;
3. 预审分庭根据第五十六条第三款自行采取行动的决定;
4. 涉及严重影响诉讼的公正和从速进行或审判结果的问题的裁判,而且预审分庭或审判分庭认为,上诉分庭立即解决这一问题可能大大推进诉讼的进行。"

所以通过国际刑事法院的规定可以看到:国际刑法实践不但肯定了被告具有上诉权,而且通过对国际法基本原则的逻辑分析,还肯定被告具有中间上诉权。这是对刑法原理和国际刑法实践的一个很重要的发展。

---

① Decision on the Defence Motion for Interlocutory Appeal on Jurisdiction, 2 October 1995, Case No. IT-94-1-AR72, para.6.

第四节 复核

前南、卢旺达国际法庭和国际刑事法院的《规约》,都有关于"复核"的规定。当然,"复核"对这些法庭来说,不是一个新概念。它不仅存在于以前的国际刑事诉讼机构的实践中,就是在许多国家的国内司法体制中也都存在,只是其具体规则有所不同。

一、复核的基本规定

作为一般性规则,法庭作出裁决后就应该产生效力,得到执行。然而在某些情况下,如果绝对地拒绝对裁决复核的请求,则也有可能会违反正义原则。

如果有一当事人发现了原来在审判时还不被知道的一个事实,而这个事实如果在审判时作为证据被采纳,就有可能会改变原来的判决。那在这种情况下,程序上仍然坚持原来的判决,不允许有关当事方将这一事实提出,以便对它进行复核,就是不公平的。

根据前南和卢旺达国际刑事法庭《规约》和《程序与证据规则》的规定,被判有罪者和检察官可以在下列情况下请求对裁决进行复核(review):

第一,发现新的事实,即在初审和上诉审理中从未出现的具有证明作用的新事实。

第二,提出请求的当事方在初审和上诉程序中不知晓这一事实。需要注意的是,提出的事实不仅仅在于该事实在诉讼前或诉讼过程中是否已经存在,而在于提出请求的当事方在当时并不知晓。

第三,提出的这一新的事实,在改变早先作出的裁决方面具有决定性因素。

第四,最后,这一新的事实,即便是请求方非常地谨慎和注意,在提出请求之前的程序中也无法发现。

不过,尽管"谨慎和注意"这个要件非常的重要,但前南国际刑事法庭的上诉庭在可能导致司法不公的情况下也不是绝对地要求这一点。

在审核这个问题上,国际刑事法院扩大了有资格提出申请人的范围。除被裁决有罪的被告和检察官以外,就是在被裁定有罪者死亡之后,他(她)的配偶、子女、父母,或由被裁决有罪者死亡前书面指定的人,均可以向上诉法庭申请,要求对最终裁决的定罪和量刑进行复核。

国际刑事法院《规约》进一步严格了请求审核的条件。成文法扩大了重审的范围。首先是要求有新的证据,而且还证明:这一新的证据在这之前之所以没有提供,不能归咎于申请方。除了这一点以外,还要证明:这一新的证据一旦被采纳,就会产生完全不同的裁决结果。另一个可以被用来申请审核的理由,是原来被采纳的决定性证据是错误或伪造的。此外,当原来审理的法官存在违反国际刑事法院《规约》第46条所规定的渎职行为而被免职时,也可以申请要求复核。

《罗马规约》关于复核的规定与联合国特设法庭这方面的规定不同。《罗马规约》对申请复核的请求在时间上没有限制;而前南和卢旺达国际刑事法庭《规约》虽然允许被定有罪者可以在此后的任何时间内提出复核的申请,但检察官如果请求复核,就必须在最终裁决后的一年内提出申请。

在国际刑事法院,当上诉庭在收到并考虑了复核申请以后,它可能会决定:(1)发回原来的法庭要求重审;(2)重新组成一个新的法庭来审理;或者(3)维持原来的判决。但在前南和卢旺达国际刑事法庭,复核将由原来作出最后裁决的法庭进行。由于最后裁决通常是由上诉法庭作出,所以进行复核的也往往是上诉法庭。当然,如果没有上诉,最后作出裁决的就是初审庭。那在这种情况下就由初审庭来对复核的申请进行审理。

必须强调的是,请求复核不会自动地就启动新的审理程序。只有当该相关的法庭通过对新的事实的认定,并裁定该新事实若在原来的审判中被考虑就可改变原来裁决的结果时,才会启动新的审理程序。而重审后作出的裁决是可以上诉的。所以,对复核的申请进行审查,还只是处于最初的阶段。

在前南国际刑事法庭的第一案,即塔迪奇一案中,上诉庭就在裁决之前对一个新出现的事实进行了讨论。尽管最后上诉庭断定这不是一个《规约》及《程序与证据规则》意义上的"新事实",但它仍然宣布:如果发现有新的事实,它将会把案子发回到初审庭重新审理。

从道理上讲,如果原来审判的法庭中的法官已经离开国际刑事法庭,法庭的庭长可以其他的法官来参与复核。不过,由于前南、卢旺达国际刑事法庭在性质上属于"特设",其任期也将到期,所以联合国安理会恐怕要作出适当的安排,以便能解决法庭解散后(初审庭和上诉庭都不复存在),原来裁决的案件中又有新事实被发现的特殊情况。

一般来说,要求复核的请求是针对判决而提出。然而,由于在前南和卢旺达国际刑事法庭的实践中,还存在着针对法庭管辖权的"中间上诉"。由于"中间上诉"也可能结束整个案子的审理,如在卢旺达国际刑事法庭的 Barayag viz. 一案中,法庭的检察官就该案的上诉庭的裁决于 1999 年 11 月 3 日提出申请,请求复核。而上诉庭认为:由于原上诉庭的判决为最后裁决,所以在这种情况下应该同意检察官方面提出的关于要求复核的请求。

二、复核的典型案例

在前南与卢旺达国际刑事法庭的实践中,有好几起关于复核的案例。其中比较典型的要数卢旺达国际刑事法庭的巴拉亚圭扎一案。

案由说来还有点复杂。

被告巴拉亚圭扎（Barayagwiza），由于涉嫌在1994年犯有种族灭绝罪与反人道罪等被卢旺达国际刑事法庭起诉。以后，于1996年5月31日在喀麦隆被捕。巴拉亚圭扎在喀麦隆等待移交期间，向卢旺达国际刑事法庭提起人身保护令的请求，质疑喀麦隆根据卢旺达国际刑庭的命令拘留他的合法性，但该法庭并未听取他的请求。1997年11月19日，巴拉亚圭扎依据卢旺达国际刑事法庭发出的逮捕证及移交的命令，被移交到位于坦桑尼亚阿鲁沙的卢旺达国际刑事法庭的拘留所。以后，在1998年2月23日，在他第一次出庭时，巴拉亚圭扎就向法庭提出质疑，认为法庭关于逮捕和拘留他的程序是不合法的，其关于人身保护令的请求从未得到法庭的审理。当他的这一请求被审判庭于1998年11月17日驳回后，又不屈不挠提出上诉。

巴拉亚圭扎在其上诉中反复提到的"人身保护令"（Habeas corpus)，主要是普通法系国家中的一种保护人权的规定。这是关于被逮捕、拘留的人的一项基本权利，这是关于被逮捕、拘留的人的一项基本权利。简单地说，在这些国家中，原则上要求在逮捕被告人或临时拘留嫌疑人时应告知其被逮捕的理由。如果没有被告知理由，被告就可以通过"人身保护令"这一司法补救措施，来确定拘留的合法性，并要求法庭酌情命令释放被拘留者。

所以，"人身保护令"是一个旨在保护个人自由或人身完整性免受侵害的法律救济手段。虽然这个权利并没有规定在国际刑事法庭的《规约》或《程序与证据规则》里，但它已被载入包括《公民权利和政治权利国际公约》第9条第4款、《欧洲人权公约》第5条第4款和《美洲人权规约》第7条第6款，成为国际人权的主要规范之一。而且，虽然没有明确规定，但国际刑事诉讼活动，其原则上肯定是承认保护个人自由或人身安全不受任意拘留的权利。

正是基于这么一个道理,卢旺达国际刑事法庭上诉庭在审理巴拉亚圭扎一案时肯定了"被拘留人有权要求独立的司法当局来重新审查扣押合法性的必要性,同时也认为'人身保护令'应适用于国际刑事诉讼中"。卢旺达国际刑事法庭上诉庭的这一决定,对"人身保护令"适用于国际诉讼程序以及对于国际人权法的发展,具有重大的意义。

那么,在巴拉亚圭扎案中,有没有发生有违反国际刑法规定的非法逮捕或拘留呢?

在巴拉亚圭扎案中,从1997年11月19日把他移交到法庭到1998年2月23日他第一次出庭之间有96天。卢旺达国际刑庭《规约》第19条和第20条以及法庭《程序和证据规则》第62条规定:一旦被告人被移交到法庭所在地,就应毫不拖延地将他送交指定的审判分庭并正式起诉。但法庭的检察官反驳说,96天是有点长,但是有原因的。由于从1997年12月15日至1998年1月15日是法庭的休假,所以延误了被告人的首次出庭。那么,96天究竟是否构成被告人被迅速带见法官的权利的违反呢?

"毫不拖延"一词,可以说是"迅速"的同义词。在审理期间,卢旺达国际刑事法庭上诉庭查证了有关国际条约和国际习惯。《公民权利和政治权利国际公约》设立的人权事务委员会曾解释认为,应迅速将被告或嫌疑人带见法官,不得人为地延误,具体地说,不得超过几天。《欧洲人权公约》第5条第3款也要求迅速地将嫌疑人带见法官或能够对逮捕行使司法权的官员。

在参考了有关国际条约和国际习惯方面的实践以后,卢旺达国际刑事法庭上诉法庭认为,从1997年11月19日把他移交到法庭到1998年2月23日他第一次出庭之间的96天的延迟,构成了违反国际上认可的人权标准的行为,也不符合该法庭《规约》以及《程序与证据规则》中的有关规定的要求。至于该法庭检察官的争辩,即延迟因为从

1997年12月15日至1998年1月15日是法庭休假的理由,上诉庭则驳斥了这一点,认为早在法庭休假之前就该安排被告人首次出庭了。正是基于所有以上这些理由,卢旺达国际刑事法庭上诉庭裁决:该法庭的检察官违反《规约》及《程序与证据规则》中关于保障被告基本权利的规定,没有尊重这些法律文件中关于保护个人自由或人身安全不受任意拘留的权利,因而最后裁决当庭释放被告。[1]

上诉庭的判决对卢旺达国际刑事法庭检察长办公室来说,无疑是一个重大的打击。为了阻止巴拉亚圭扎被释放,检察长办公室请求复核,并投入了大量的人力来寻找新的证据。最后,由于检察官能够证明:如果这些新的证据在上诉阶段被采纳就会产生完全不同的裁决结果,从而成功地修正了原来上诉庭关于释放巴拉亚圭扎的决定。作为一种平衡,虽然巴拉亚圭扎在法庭审理后被定犯有种族屠杀罪等,但由于其在被逮捕和被关押的过程中发生有违反其权利的情形,所以作为补偿,他的刑期从无期徒刑被减为35年。

---

[1] Jean Bosco Barayaguiza v. The Prosecutor, Case No. ICTR-97-19-AR72, Appeals Decision, March 31, 2000.

第四部分

国际刑事诉讼法的基本保障

犯罪理应受到惩治,判决公布了就由一定人执行。如果国际刑事法庭的判决不能被落实,惩治罪犯当然也就无从谈起。但国际社会与国内制度不同,国际刑法与国家的司法体制也不一样,所以国际刑事诉讼法在保障措施方面有其自己的特征与要求,以保证判决能被执行。

凡有幸在国际刑事司法机构里工作过的人都非常清楚,即国际刑事司法机构要正常地运转和发挥作用,必须要具备一些必不可少的条件。这些条件除了一般人能想到的类似要有足够的财政预算和专门人才等因素以外,另外还有一个不可或缺的:就是必须要有国家的合作和支持。

之所以强调一定要有国家合作,是因为国际刑事司法机构的基本事实情况所致。国际法庭与国家不同,它们既没有领土,也没有警察和军队。虽然国际刑事法庭(院)可以对在全世界范围内的犯罪嫌疑人下达起诉书,追究国际犯罪嫌疑人的刑事责任,似乎非常的厉害和强大,但它对起诉书中被指控的被告却没有任何执行逮捕或扣押等司法行为的实际能力。在与国际刑事法庭活动有关的任何环节上,如取证、逮捕、移送被告,以及执行判决等方面,都离不开国家的合作。换句话说,如果国家不合作或不同意,国际刑事法庭连国家的领土都进不去,这样也就没有调查,没有起诉书,当然也就不会有审判。所以毫不夸张地讲,国际刑事司法机构在其运作的过程中每时每刻都离不开国家的合作和支持。这是国际刑事诉讼活动得以开展和实施的基本保障。

第十章　国家与国际刑事司法机构的合作

在国际刑事司法机构受审的被告,除二战结束后东条英机和戈林等是被盟军逮捕后送到东京和纽伦堡国际军事法庭受审的以外,后来的其他被告,如南斯拉夫的米洛什维奇总统、卢旺达的坎班达总理、塞尔维亚的卡拉季奇等,都是他们自己国家在抓获后移送到国际刑事法庭去的。国家非常珍惜自己的主权,所以这听起来有点不可思议,但这确实非常生动地揭示了国际刑事法庭与国家之间复杂和微妙的关系。

国际刑事司法机构在调查、审理案件,以及执行判决的过程中,都必须时时依赖国家在协助调查取证、逮捕及移交案犯,以及代为执行判决等方面的合作和支持。国际刑事法庭(院)是否能有效运作以完成国际社会所赋予的使命,在很大程度上取决于国家向它所提供合作和支持的范围及程度。

对国家来说,与国际刑事法庭合作是一个关系到国家主权的实践性很强的问题,里面涉及到很多具体的、复杂的、政治性很强的法律问题。但在取得国家合作和支持方面,前南与卢旺达国际刑事法庭应该说是非常的成功。2011年7月20日,塞尔维亚总统鲍里斯·塔迪奇证实,该国最后一个在逃的巴尔干战争罪犯的嫌疑人戈兰·哈季奇已被捕,并将被移送到荷兰海牙受审。用塞尔维亚总统自己的话来说,塞尔维亚由此完成了"它的法律以及道义上的职责"。[①]

[①] "欧盟欢迎塞尔维亚逮捕哈季奇",《参考消息》,2011年7月21日,第三版。

哈季奇是前南国际刑事法庭中被起诉的所有被告中最后一个被逮捕的。他的被捕意味着该国际刑事法庭所有被起诉的无一没被逮捕，或没被移送到荷兰海牙接受审判。这个简单的事实会让人感到惊讶不已，因为将受到起诉的被告都被抓获并将他们都送上被告席，这是世界任何一个国家都不可能做到的。但在惊讶的同时可能还会感到：国际法似乎不再是常说的"软法"（soft law），而是实实在在的"硬法"。当然，国际刑事司法机构卓有成效的执法力度首先得归功于国家的合作与支持。

第一节 合作的法律规定

与国际刑事司法机构的合作，涉及到国际条约的效力问题。而国际条约，从道理上讲，它原则上只对缔约国有拘束力。拿国际刑事法院来说，它是以公约为基础而设立的机构，所以国家可以自行决定是否批准它，并受其条文的拘束。这点与非缔约国显然不同。

一、合作的基本概念

主权国家批准加入国际刑事法院《规约》后，在法律上就有义务遵守《规约》里关于与国际刑事法院合作的规定，也就有义务根据法院的请求进行合作。由于条约对第三国而言是它国之间的行为（res inter alos acta），既不有损，也不有利（pacta tertiis nec nocent nec prosunt）。所以从法律上讲，非缔约国与缔约国的合作义务是不同的。

从法院《规约》来看，缔约国与非缔约国的合作义务是不一样的。《罗马规约》第86条是关于国际合作和司法协助方面一般性的规定。根据这条规定："缔约国应依照本规约的规定，在本法院调查和起诉本法院管辖权内的犯罪方面同本法院充分合作。"

国际刑事法院《规约》第 87 条第 5 款是关于国际刑事法院非缔约国与国际刑事法院进行合作的规定。它规定：法院"可以邀请任何非本规约缔约国的国家，根据特别安排，与该国达成的协议或任何其他适当的基础，按本编规定提供协助。"

按照上述规定，缔约国应依照《罗马规约》规定，在法院调查和起诉犯罪方面同法院充分合作。对于非本缔约国，法院则可以通过其相互之间的特别安排，在达成协议的基础上来提供协助。

即便是缔约国，即便法律上有合作的义务，但由于检察长有时也需要主动与有关国家接触，以取得案件调查或审理方面所要求的进展。国际刑事法院检察长本索达（Bensouda）2012 年 10 月对肯尼亚访问，就是一例。

肯尼亚是国际刑事法院的缔约国，但它在 2007 年 12 月 27 日的总统选举结果公布之后，就爆发了严重的种族驱动的暴力事件。短短两个月之内，就有成千上万人被伤害和流离失所。对此，国际刑事法院授权对肯尼亚大选后发生的暴行展开调查，并在调查后起诉了肯尼亚法院认为的暴力负责的人。然而，就在国际刑事法院决定要对肯尼亚情势中的犯罪行为进行调查和审理后，肯尼亚政府在与国际刑事法院合作方面出现了一些问题，如在应请求，要提供有关信息方面。此外，肯尼亚国内也开始蔓延一种畏惧报复的情绪，有些证人（其中包括受害者或知情者）由于受到威胁而不再愿意向国际刑事法院的指控方提供证据，所有这些自然让国际刑事法院在证据的收集和披露中处于不利的局面。

为了能使法院的调查、起诉和审理工作能顺利进行，2012 年 10 月 25 日，新上任的国际刑事法院检察长法图·本索达（Fatou Bensouda）女士就赴肯尼亚进行工作访问。访问期间，本索达检察长会见了肯尼亚总统齐贝吉（Kibaki）和总理奥廷加（Odinga），与肯尼亚外交部长、总检察长等其他官员会晤并展开讨论。其目的就是为了能取得肯尼亚政府对国际刑事法院检察工作的合作与支持。

肯尼亚是国际刑事法院的缔约国,具有合作的义务。从国际法律上讲,缔约国具有合作义务符合条约法的一般性原则。1969年5月23日通过的《维也纳条约法公约》(Vienna Convention on the Law of Treaties)第35条明确规定:"如果条约当事国有意以条约之一项规定作为确立一项义务之方法,且该项义务经一第三国以书面明示接受,则该第三国即因此项规定而负有义务。"该公约第34条还明确规定,任何一个国际条约如果没有得到第三国的同意,对该国就不产生任何的义务或权利。这也是条约法的一般性原则规定。

正因为如此,国际刑事法院《规约》在国家合作问题上对缔约国与非缔约国作了不同规定。对于国际刑事法院的缔约国,国际刑事法院"有权"向它们提出"合作请求"(cooperation requests),缔约国应在国际刑事法院调查和起诉的犯罪方面具有与其"充分合作"的义务;但对于国际刑事法院的非缔约国,国际刑事法院只是"可以邀请"(may invite),它们根据特别的安排来通过"达成的协议或任何其他适当的基础",来"提供协助"①。"邀请"一词清楚地说明了非缔约国与国际刑事法院之间的合作在法律上只是属于"自愿性质"的合作。

以上是国际条约法和国际刑事法院《规约》一般性原则和规定。具体到国际刑事司法机构,如果从联合国安理会的权威,从国际刑事法庭的管辖权或从国际法一般原则方面来分析,非缔约国的合作在某个具体案件中可能会负有强制性质的合作义务。

二、联合国安理会的作用

以国际刑事法院为例。如果非缔约国在某个具体案件中承担了具

---

① 《国际刑事法院规约》第87条第5款。

有强制性质的义务,首先是因为联合国安理会与国际刑事法院之间的联系,以及安理会在《联合国宪章》中的权威;联合国安理会的权威,又与《罗马规约》关于国际刑事法院管辖权的规定联系在一起。

《罗马规约》第1条规定,法院的作用是"对国家刑事管辖权起补充作用"(即"补充性原则")。该规约第二章则对法院具体的管辖权制度作了进一步阐述,其要点主要有:

(一)该法院的管辖权限于整个国际社会关注的最严重的国际法罪行,即灭绝种族罪、危害人类罪、战争罪和侵略罪;①

(二)一国一旦成为规约缔约方,即意味着接受该法院对上述犯罪的管辖权;非缔约国可以声明方式,接受该法院对有关犯罪行使管辖权;②

(三)除安理会提交案件的情形外,只要犯罪发生地国或犯罪嫌疑人国籍国之一是规约缔约国或接受了法院管辖权的非缔约国,法院就可以行使管辖权;③

(四)法院管辖权的启动机制分为三种情况:一是缔约国向检察官提交案件;二是联合国安理会根据《联合国宪章》第七章向检察官提交案件;三是检察官自行根据有关资料开始调查;④

(五)如果对案件有管辖权的国家正在或已经进行调查或起诉,或有关的人已就同一行为受到审判,则国际刑事法院不应受理案件;但如法院断定有关国家不愿意或不能够切实进行调查或起诉时除外。⑤

所以,关于国际刑事法院行使管辖权问题上,不仅法院检察官可以

---

① 《国际刑事法院规约》第13条。
② 《国际刑事法院规约》第12条第3款。
③ 《国际刑事法院规约》第12条第1—2款。
④ 《国际刑事法院规约》第13—15条。
⑤ 《国际刑事法院规约》第1、17条。

启动调查和起诉机制,就是法院缔约国和联合国安理会也可以向检察官提交显示一项或多项犯罪已经发生的情势,启动法院的运转。由于国际刑事法院的缔约国或非缔约国基本上都是联合国组织的成员国,所以,如果当联合国安理会向法院检察官提交一项情势报告,以启动法院审理程序的机制,就会涉及联合国成员国,还可能会涉及国际刑事法院缔约国或非缔约国的合作义务。

联合国安理会的权威来自《联合国宪章》。根据《联合国宪章》第25条规定,联合国安理会通过的决议对所有联合国成员国都具有拘束力。所以,当联合国安理会向国际刑事法院提交某个与维护世界和平有关的犯罪案情时,它就可以要求所有联合国成员国在法院调查该案过程中提供合作。鉴于联合国安理会的性质,这一请求对所有联合国会员国而言,都具有约束力和强制性。联合国安理会对国际刑事法院的影响作用,以及对法院进行合作的要求其实已有案例。

针对苏丹达尔富尔地区所发生的战争罪和反人道罪的情况,国际调查委员会2005年1月25日向联合国秘书长递交了一份报告。在报告中,委员会建议安理会将达尔富尔的情势提交国际刑事法院,因为"苏丹司法体系没有能力,而苏丹政府又不愿意对发生在达尔富尔地区的犯罪进行审判,并要求行为人对其罪行承担责任。"[①]

由于报告认为苏丹司法体系没有能力也不愿意对发生在达尔富尔地区的犯罪进行审判和惩治,所以联合国安理会在接到报告后,依据《联合国宪章》第七章于2005年3月31日通过了第1593号决议,其中规定"将自2002年7月1日以来,发生在达尔富尔地区的情势,提交国

[①] Report of the international Commission of Inquiry on Darfur to the United Nations Secretary-General (January 25, 2005), http://www.un.org/News/dh/sudan/com_inq_darfur.pdf.

际刑事法院检察官"①。安理会还决定:"苏丹政府及达尔富尔地区所有冲突方,都应根据本决议对国际刑事法院及其检察官的工作给予完全配合,并为他们提供任何必要的帮助;与此同时也注意到,非《罗马规约》缔约国不承担规约下的义务,因而敦促所有国家和有关地区以及其他国际组织,积极提供合作。"②

联合国安理会据此要求苏丹政府及所有冲突方都要根据决议对国际刑事法院及其检察官的工作给予完全配合,并为他们提供任何必要的帮助。尽管非《罗马规约》缔约国不需承担规约下的义务,但安理会也敦促所有国家和有关地区以及其他国际组织要与国际刑事法院积极提供合作。

关于苏丹达尔富尔地区情势所通过的第 1593 号决议,是安理会第一次依据《规约》第 13 条第 2 款的规定,使用启动机制的案例。苏丹是联合国安理会执行该决议的当事国,但同时也是国际刑事法院的非缔约国。尽管它对安理会决议表达了反对立场③,由于自己是联合国成员国之一,它还得遵守《联合国宪章》规定,并服从安理会的决议与法院合作。

第 1593 号决议中"苏丹政府及达尔富尔地区所有冲突方,都应根据本决议对国际刑事法院及其检察官的工作给予完全配合,并为他们提供任何必要的帮助"一语清楚地表明:包括苏丹在内的有关非缔约国,都要根据联合国安理会的这一决议对国际刑事法院检察官的工作给予完全配合,并且还要向国际刑事法院提供必要的协助,即便苏丹或其他需要提供协助的国家是国际刑事法院的非缔约国。

非缔约国的权利义务除了与联合国安理会有联系外,还与条约机

---

① Security Council Resolution 1593, op. para.2 (March 31, 2005).
② *Ibid*.
③ 《北京晚报》,2005 年 4 月 1 日,第八版。

制相联系。根据《罗马规约》中"补充管辖权"原则的规定,任何一个相关国家就管辖权问题都可以向国际刑事法院提出质疑。联合国安理会通过第 1593 号决议,要求将发生在达尔富尔地区的情势提交给国际刑事法院。虽然苏丹现在是国际刑事法院非缔约国。但如果它反对由国际刑事法院来调查和审理,就可以依据"补充管辖权"原则来证明自己有意愿也有能力行使管辖权,国际刑事法院就没有管辖权。然而,对"补充管辖权"原则讨论的本身,就是为非缔约国设置了强制性义务,因为它要求非缔约国按《罗马规约》里规定的程序来提出并按照里面的要求行事。这可以说是传统国际法上"条约对第三国不产生权利和义务"原则的新发展。

三、尊重国际人道法义务

国际刑事法院非缔约国除了因为联合国安理会所提交的情势而具有合作义务以外,还会因为"尊重并保证国际人道法被尊重的义务"这一《日内瓦公约》中的规定而具承担与法院的合作义务。

国际刑事法院管辖的罪行属于国际法上最严重的罪行,其中包括"战争罪"。根据《罗马规约》第 8 条的规定,"战争罪"是指"严重破坏 1949 年 8 月 12 日《日内瓦公约》的行为",等等。所以《罗马规约》中的战争罪与 1949 年《日内瓦公约》之间有紧密的联系。

到目前为止,世界上几乎所有的国家都批准加入了 1949 年《日内瓦四公约》[①],该公约已毫无疑问地成为国际习惯法的一部分。1949 年《日内瓦四公约》共同第一条规定了尊重并保证国际人道法被尊重的义务,即:"缔约各方承诺,在一切情况下,尊重本《公约》(和《议定书》)并

---

① 截止到 2013 年 10 月 31 日为止,世界上所有 195 个享有无可争议的主权国家全都批准加入了 1949 年《日内瓦公约》。参考:www.icrc.org.

保证其被尊重."所以,根据这条规定,公约缔约国不仅自己"尊重",而且还要"保证""尊重"《日内瓦公约》。

这一规定在要求非缔约国给予合作方面具有特别意义,因为它注重国际人道法这一法律体系的特殊性质,没有那种基于相互作用关系才能生效的承诺。国际法相互作用的条款,只有在其他缔约国遵守义务的情况下才对每一缔约国具有约束力,而国际人道法规范的绝对属性,决定了这些规范是整个国际社会要承担的义务。因此,国际社会的每一成员都有权要求这些规则被尊重。

国际法院在其1986年7月27日"尼加拉瓜军事及准军事行动案"(the Nicaragua case)的判决中曾经论述说:"根据日内瓦公约第一条,美国政府有义务'在一切情况下''尊重'而且'保证'公约'被尊重',这是因为此项义务并不仅仅源于公约本身,更是源自人道法的一般性原则,公约对此仅仅予以一个特定的表述而已。"①

国际法院认为美国政府有义务"在一切情况下""尊重"而且"保证"公约"被尊重",就是从公约源自人道法的一般性原则方面来进行分析的结论。国际人道法规范的绝对属性决定了这些规范是整个国际社会要承担的义务,国际社会的每一成员都有权要求这些规则被尊重。所以,共同第一条基于习惯法之中,并使得每个国家,无论其是否批准条约都有义务要承担。正是在这一理论基础上,国际法院认为:"美国有义务不鼓励个人或是集体参与尼加拉瓜的武装冲突,否则即构成破坏四个《日内瓦公约》共同第三条的行为。"②

因此,只要美国鼓励参与尼加拉瓜的武装冲突,就构成破坏四个《日内瓦公约》共同第三条的行为。由于美国在该案中向尼加拉瓜反政

---

① Military and Paramilitary Activities in and against Nicaragua (Nicaragua v. the United States of America), Merits, ICJ Reports 1986, p. 114, para. 220.

② 同上。

府武装部队散发军事作战手册，鼓励这些反政府武装部队采取与国际人道法一般原则相悖的行为，因此明显超出不鼓励违反人道法的消极责任。因为"尊重并保证国际人道法被尊重的义务"是双重义务。它要求各国"尊重"；并保证条约"被尊重"。

共同第一条关于"保证尊重"的条款意味着国家在国际人道法规则受到侵害时就可以采取行动，还可以从《第一附加议定书》第 89 条的角度来解释。该条款规定，"在严重违反公约或者本协议书的情况下，各缔约方承诺在和联合国合作下以符合联合国宪章的方式联合或单独采取行动"。

这一规定表明缔约国可以在严重违反公约或者协议书情况出现时与联合国合作以符合联合国宪章的方式联合或单独采取行动，该规定适用范围就很广。这条规定为了促进国际人道法规则的实现，而且还要求对违反国际人道法行为作出反应。这些行为虽然要求在与联合国合作并在充分尊重《联合国宪章》的基础上进行，但关于采取行动的义务显然非常重要。既然它明确允许第三国可以采取行动，逻辑上也就要求缔约国对于严重违反《日内瓦公约》的行为予以合作。

成立国际刑事法院的目的之一是为了追究严重违反 1949 年《日内瓦公约》的行为。既然法院非缔约国，但同时是《日内瓦公约》的成员负有在"任何情况下"都必须"保证尊重"的义务，其中就引发出与国际刑事法院合作的义务。不管怎样，这一合作义务应被理解为：它要求非缔约国至少是不能阻碍国际刑事法院为惩治或制止严重违反《日内瓦公约》行为所做的努力。

第二节 合作与国内立法和司法

国际刑事司法机构为了确保完成国际社会所委托的任务，自然希望所有国家都无条件地与国际法庭充分合作,并向法庭提供必要的支持。但国家在与国际刑事司法机构合作时会充分顾及自己国家主权和安全方面的问题。有些国家之所以还没有批准加入《罗马规约》,主要是顾及本国的国家主权会受损害。这种顾及在与国际法庭合作问题上也必然会呈现出来。

一、需要国家合作与支持

以国际刑事法院为例,现在国际刑事法院的工作已经全面启动,法院所有18名法官根据《罗马规约》规定的程序都在荷兰海牙到任就职[1];检察长路易丝·莫利诺·奥卡珀(Luis Moreno-Ocampo)先生和副检察官们上任以后也已积极开展工作[2]。

检察官办公室的主要任务,用一句简单的话讲,就是根据《罗马规约》的规定调查和起诉"灭绝种族罪"、"危害人类罪"和"战争罪"。按照《罗马规约》的规定,尽管缔约国和联合国安理会也可以在启动机制上发挥作用,但它们只能就某个"情势"(a situation)[3]提出请求。具体该情势中有没有"罪行"(a crime),是否形成"初步确凿证据的案子"(prima facie),具体要不要请求立案等,都要由检察长来定。这意味着检察长在法院启动机制方面的权力更具体,也更重要。在一个国家的司法制度里,警察和起诉工作是分属于两个不同的部门。但在国际刑事法院,检察官办公室除承担起诉责任外,还担当了调查(警察)的职能。

---

[1] 关于国际刑事法院所有18名法官的背景情况和法官上任后的工作情况,请参考: Hans-Peter Kaul, Construction Site for More Justice: The International Criminal Court after Two Years, *American Journal of International Law*, April 2005, Vol. 99, No. 2, p. 370, pp. 375–379.

[2] ICC Press Release, Election of the Prosecutor—Statement by the President of the Assembly of States Parties, Prince Zeid Ra'ad Al Hussein (March 25, 2003).

[3] 《罗马规约》第13条。

为此,检察官必需与各国广泛接触,以便能展开调查并保证逮捕令的执行。

检察官办公室设有三个分支机构,它们是司法科(Division of Jurisdiction, Complementarity and Cooperation)、调查科(Investigation Division)和起诉科(Prosecution Division)。司法科的任务是根据《规约》第15条和第53条的要求,在国际刑事法院管辖权限范围内对所提交的情势中的事实作出深入分析,并且为处于调查或分析下的情势提供有关管辖权、补充原则与合作方面的建议;调查科则负责开展调查工作,其内部又分为若干个调查小组,包括对法庭、军事、政治、经济的等问题,由具有专门知识的各类顾问人员组成。起诉科则由起诉和申述辩护人组成,其任务是负责将案件带到法庭进行审理[1]。

检察长根据《罗马规约》具有评估案件要素的义务,其中包括在开始调查前对犯罪与可作为证据的事实作出评估等。就在联合国安理会于2005年3月31日通过第1593号决议,要求国际刑事法院对发生在苏丹达尔富尔地区的犯罪进行审判,并要求追究相关行为人的刑事责任以后,国际刑事法院检察长奥卡珀(Luis Moreno-Ocampo)于2005年4月1日就对在如何执行联合国安理会决议方面采取必要措施,表达了自己要与相关国家和国际组织接触寻求合作的意愿,其中包括联合国以及非洲联盟[2]。

由于国际刑事法院所在地是在荷兰海牙,远离像乌干达、刚果或苏丹这样罪行实际发生地国家,法院的调查取证需要当地和有关国家的合作,检察官也需要与当地本国的警察人员一起工作。虽然安理会已

---

[1] Hans-Peter Kaul, Construction Site for More Justice: The International Criminal Court after Two Years, *American Journal of International Law*, April 2005, Vol. 99, No. 2, p. 373.

[2] *Ibid*.

通过第 1593 号决议,但作为非缔约国的苏丹或作为第三方的非洲联盟和联合国如果不能给予帮助和支持,检察官和国际刑事法院就将面临艰难的局面。当然,安理会的继续支持也是极其必要的。国际刑事法院如何应对达尔富尔的情势,对法院今后的发展将产生重要的影响。

苏丹案件是联合国安理会要求国际刑事法院进行调查的。苏丹没有批准加入国际刑事法院而没有成为国际刑事法院缔约国的另一非洲国家科特迪瓦(Côte d'Ivoire)却根据《规约》第 12 条第 3 款主动接受国际刑事法院的管辖权[1]。

合作是实践性很强的具体事宜。如果参考前南国际刑事法庭成立后国家的合作实践,就可清楚看到:国际刑事法院在获得有关国家,尤其是非缔约国的合作方面会有相当的难度。但国际刑事法院顾及实际情况的合理决定,反过来会推动国家对国际刑事法院的支持。国际刑事法院 2013 年 9 月关于肯尼亚鲁托(Ruto)副总统审理期间被"获释"一周的决定,就是一个很好的例证。

肯尼亚鲁托副总统被国际刑事法院所起诉,原因是 2007 年 12 月 27 日肯尼亚的总统选举结果公布之后,该国爆发了严重的种族驱动的暴力事件。在仅仅两个月的时间内,就有多达 1220 名肯尼亚人被杀害,约 350,000 人流离失所,900 多个强奸行为被记录在案。[2] 鉴此,国际刑事法院检察长向提出申请,要求对肯尼亚大选后发生的暴行展开调查。该法院的预审分庭在对检察长提起的案子开庭后,于 2012 年 1 月 23 日同意了检察长的要求,认为有必要追究骚乱中发生的犯罪行为,并认为鲁托(Ruto)和肯雅塔(Kenyatta)等对这些行为负有罪任。

---

[1] ICC Press Release, Registrar Confirms that the Republic of Côte d'Ivoire Has Accepted the Jurisdiction of the Court (February 15, 2005).

[2] Shashank Bengali, Kenyans Rivals Agree to Share Power after Disputed Election, Knight Ridder, Feb. 28, 2008, available *in* LEXIS, News Library, Wire Service Stoties File.

国际刑事法院还决定,肯尼亚的两个案件将于2013年5月和7月开始审理。但在庭审之前,也就是在2013年3月30日,肯尼亚最高法院做出判决,裁定该国于3月4日举行的总统选举有效。这样,已成为被告的肯雅塔就成为肯尼亚第四任总统,国际刑事法院的另一被告鲁托则当选为肯尼亚副总统。

然而被告鲁托一案在审理时,肯尼亚发生了恐怖袭击。2013年9月21日至24日,位于肯尼亚市内的内罗毕韦斯特盖特购物中心受到恐怖袭击;而在恐怖分子和肯尼亚军警对峙和交火中,六名肯尼亚军警人员死亡,五名恐怖分子被击毙外,此外还有包括平民在内的200多人伤亡。

毫无疑问,这是一起紧急事件,不少事情都需要马上处理。于是国际刑事法院于恐怖袭击发生后的9月23日紧急举行了听证,并决定暂时"开释"肯尼亚副总统鲁托,推迟一周审理其案件,以便他能回国处理袭击事件。而听证一结束,鲁托就马上离开法庭,匆匆赶往机场回国。鲁托是国际刑事法院迄今审理的最高级别的在职国家官员。他在审理期间被"获释"一周回国处理危机事件,这在国际刑法的历史上也是前所未闻的。但由于事出有因,所以就连辩护方的死对头指控方对法庭的决定都没有提出任何异议。[①]

国际刑事法院关于肯尼亚鲁托副总统审理期间被"获释"一周的合情合理的决定,无疑会有助于国家对国际刑事法院的合作与支持。

二、国内立法必要性

要与国际刑事法院合作,国家就必须要通过国内立法改革,使得本国的法律规定能与国际刑事法庭(院)里的规定接轨。

[①] "肯副总统获准回国处理危机",《参考消息》,2013年9月24日,第2版。

随着国际刑法的发展,世界上已出现了好几个国际刑事司法机构。尽管所有这些国际性质的司法机构都没有属于自己的武装力量或警察,因而都需要国家的合作与支持,然而,由于这些机构各自成立的方式不同,其管辖权和运行机制不同,使得国家与这些国际刑事司法机构合作的义务也不同。

1. 立法措施

联合国前南国际刑事法庭是联合国安理会根据《联合国宪章》第七章于1993年通过808号和827号决议成立的。由于联合国安理会的权威、联合国组织的广泛性,以及前南国际刑事法庭适用的是那些已经毫无疑问成为国际习惯法部分的法律规则[①],所以在某种意义上都不存在所谓非缔约国的问题,它在取得国家合作与支持方面也具有很大优势。

成立国际刑事法院是联合国大会于1994年在国际法委员会草案基础上开始讨论的。该草案经过"成立国际刑事法院筹备委员会"(PrepCom)深入讨论,最后于1998年7月在罗马召开的外交会议上获得通过。由于通过的《罗马规约》是个国际性法律文件,需要法定数目的国家批准才能生效,其中自然就引申出缔约国与非缔约国,以及它们之间不同合作义务区别的问题。

国家与国际刑事司法机构合作,需要通过国内立法来完成。在通常的国际刑事司法合作制度中,尤其是在关于协助条件、提出和执行请求的程序及方式等问题上,国内法一向起着决定性的作用。联合国安

---

① "in the view of the Secretary-General, the application of the principle nullum crimen sine lege requires that the international tribunal should apply rules of international humanitarian law which are beyond any doubt part of customary law so that the problem of adherence of some but not all States to specific conventions does not arise." Report of the Secretary-General, UN Doc. S/25704, para. 34.

理会在前南国际刑事法庭成立时要求国家为了能履行合作的义务而制定或修改其国内相关的法律。

前南国际刑事法庭的《程序与证据规则》提供了一个关于国家与国际刑事法庭予以合作的制度。在这个制度中，国家负有与国际刑事法庭合作的义务。除了有义务要向国际刑事法庭"引渡"受到起诉的被告之外，不允许以国家与国家之间通常考虑的诸如"双重犯罪的政治庇护"、犯罪嫌疑人国籍等传统理由拒绝向国际刑事法庭交出嫌疑人。

此外，前南国际刑事法庭还拥有广泛的权力。例如，它能够向各国发出具有约束力的命令，要求提交证据、逮捕和移交犯罪嫌疑人，以及送达传票(subpoonas)。虽然允许各国以国家安全为理由拒绝提供文件和其他证据，但是这是受严格限制的，法庭在这个问题上有最终发言权。相关国家可以收集证据，但是法庭的检察官不但能够在前南斯拉夫领土上进行调查和收集证据，而且可以在已经立法授权法庭活动的国家收集证据。当不遵守合作义务的情况发生时，国际刑事法庭可能对其影响做出司法裁定，随后由法庭的庭长提交给联合国安理会予以讨论和决定。

前南国际刑事法庭《规约》第29条规定："各国应与国际法庭合作调查和起诉被告犯有严重违反国际人道法罪行者。"联合国安理会在为设立前南国际刑事法庭而通过的827号决议则特别规定："各国应根据本决议和刑庭规约与国际刑庭及其机构充分合作，据此，各国应以其国内法采取措施，履行本决议和规约的规定，包括各国遵从审判庭以《规约》第二十九条签发的协助请求和命令的义务方面的规定。"

联合国安理会决议要求各国采取立法措施来履行决议和《规约》的规定，其中包括遵从法庭签发的协助请求和命令的规定，由于联合国安理会决议对联合国成员国具有约束力，所以就在前南国际刑事法庭成立后短短三年里，就有20个国家为履行上述安理会决议专门制定了国内立法,具体规定了与前南国际刑庭合作的义务①。这些国家包括法国、英国、美国、俄罗斯、德国、奥地利、新西兰、意大利、波黑、克罗地亚等②。在这些国家里,如在奥地利的立法中,就干脆将与国际刑事法庭的合作关系比照奥地利与其他国家之间的司法互助来进行。③

英国的立法比较详细。在它1996年关于"与国际刑事法庭合作的立法"的文件中,英国首先表达了要与国际刑事法庭合作来调查和起诉被指控实施该国际法庭所管辖罪行的立法意图。为此目的,英国表示要遵守来自国际刑事法庭的请求。该请求的内容包括:"将嫌疑人逮捕并移交给国际法庭";"在调查和起诉罪行方面提供协助";以及"执行国际刑事法庭要求维护或恢复财产的命令,并且实施判断财产所有权的要求"等等。④

2. 代顿和平协定

前南国际刑事法庭的属地管辖权被限制在"前南斯拉夫国际领土范围内"发生的国际罪行,因此前南斯拉夫国家的合作就显得至关重要。1995年12月14日,在国际社会的努力推动下,波黑、克罗地亚、南斯拉夫签署了《波黑和平总体框架协定》(即《代顿和平协定》,Dayton Peace Agreement),其中,《代顿协定》附件六人权协定第13(4)条规定:

---

① International Criminal Tribunal for the Former Yugoslavia, *Yearbook of 1996*, Chapter V: State Cooperation, p. 226.

② 关于这些国家所通过的与前南国际刑事法庭合作的法律文本,参考: International Criminal Tribunal for the Former Yugoslavia, *Yearbook of 1995 and Yearbook of 1996*.

③ Australia: International War Crimes Tribunals Legislation 1995 (unofficial translation), Section Two: Judicial Assistance,参考: International Criminal Tribunal for the Former Yugoslavia, *Yearbook of 1995*, p. 233.

④ United Kingdom: Statutory Instrument No. 716, The United Nations (International Tribunal) (Former Yugoslavia) Order 1996, International Criminal Tribunal for the Former Yugoslavia, *Yearbook 1996*, p. 259.

"波斯尼亚和黑塞哥维那所有主管当局应与这个前南斯拉夫国际法庭协定中建立的组织,以及得到联合国安理会授权的其权限涉及人权或人道法的任何其他组织进行合作并且提供不受限制的接近的机会。"①

在《代顿和平协定》中,南斯拉夫既是为它自己,也代表了塞尔维亚共和国(the Republika Srpska)签署了协定。由于这些当事方对前南斯拉夫领土的武装冲突都有举足轻重的作用,所以这个文件非常重要。代顿和平协定,尤其是该协定的第 9 条和第 10 条附件 1 – A 中,强调了所有签署方都同意要促进本地区的和平与安全,并承诺与前南国际刑事法庭合作。

《代顿和平协定》第 9 条宣布:"各方应根据在调查和起诉战争犯罪和其他违反国际人道法方面进行合作的义务,与本协定附件描述的,或得到联合国安理会授权的所有参与执行本和平解决协定的实体进行充分合作。

附件 A 第 10 条,标题为"和平解决的军事方面",要求各方与一般框架协定描述的,或得到联合国安理会授权的,包括前南斯拉夫国际法庭在内的所有参与执行本和平解决协定的实体进行充分合作。②

"或引渡或起诉",是国际社会为了打击国际犯罪活动而在司法协助过程中常用的一种制度,其基本含义是,如被请求国根据一定理由拒绝引渡,则应根据请求国的请求,将案件提交被引渡国主管当局以便起诉。联合国特设国际刑事法庭的实践却不适用"或引渡或起诉"的原则。前南国际刑事法庭虽然与国内法庭一起具有"并行管辖权"(con-

---

① 参考:International Criminal Tribunal for the Former Yugoslavia,*Yearbook of 1996*,Chapter V:State Cooperation,p. 229.

② 参考:International Criminal Tribunal for the Former Yugoslavia,*Yearbook of 1995*,p. 321.

current jurisdiction），但在"并行"的同时却具有"优先权"（primacy）①。因此，许多国家在与特设法庭合作方面立法中规定，在本国正对某人进行司法程序的过程中，一旦接到刑庭就同一罪行对该人提出的移交请求，则应当中止本国的司法程序，优先考虑刑庭的请求。例如，波黑"关于与国际刑事法庭合作法案"（Decree with force of law on Extradition at the request of the International Tribunal）第 19 条规定：

"在共和国内正在对一个被告人进行一项或多项刑事诉讼程序，而这个被告人被要求引渡的时候，最高法院为了前南斯拉夫国际刑事法庭审理法案第一条中提到的犯罪行为而应该停止针对那些行为的刑事诉讼程序。"

所以，不管波黑国内法庭某一刑事案件的审理处于什么阶段，只要是国际刑事法庭对该审理中的被告提出移交国际法庭的请求，波黑最高法庭就会要求中止审理而将被告移送国际法庭。德国也有类似的规定②。所以，前南国际刑事法庭的第一个案件的被告塔迪奇，就是在德国国内法庭被审理时应前南国际刑事法庭的请求而移送荷兰海牙的。德国制订了"关于与国际刑事法庭合作法案"（Law on cooperation with the International Tribunal in respect of the Former Yugoslavia），其中第 2 条规定：

---

① 前南国际刑事法庭《规约》第 9 条"并行管辖权"规定，国际法庭和国内法院具有并行管辖权，但国际法庭"优先于"国内法院。

② 参看：International Criminal Tribunal for the Former Yugoslavia, *Yearbook of 1995*, p. 337.

"在德意志联邦共和国刑事诉讼程序的状况下:

(1)根据(国际刑事)法庭的要求,涉及法庭管辖权之内犯罪的刑事诉讼程序在任何阶段都应移送到法庭。

(2)根据第一段,如果一个要求被提出,那么不应对任何人进行诉讼程序,如果是因为一项属于(国际刑事)法庭管辖的罪行而且他们为此正在或已经在那个法庭接受审判的话。"[1]

为了保证前南国际刑事法庭的权威和命令的效力,各国还制定了更为具体的法律。例如,《代顿和平协定》的附件四是关于波黑宪法,其中第9条(I)款甚至具体规定:"任何人因为犯下罪行被前南斯拉夫国际刑事法庭起诉,或被起诉后而没有对法庭做出答辩者,均不得为波斯尼亚和黑塞哥维那任何政府部门的公务候选人。"[2]

国际刑事法院在规定国内立法方面订立有一般性的规定。《罗马规约》第88条规定:"缔约各国应确保其国内法中订有关于本编规定的各种形式合作的程序。"缔约国应确保其国内法中订有各种形式合作的程序的规定仅仅针对缔约国,对于非缔约国则自然没有此项要求。

国际刑事法院是一个常设的,对全世界范围内战争罪、反人道罪、种族灭绝罪及侵略罪都有可能提出指控的国际刑事司法机构[3]。所以,它关于合作的请求不仅仅限于罪行发生地国,很可能向知情的非缔约国提出协助调查取证的请求,在此情况下就会涉及该国掌握的来自特工或情报部门方面的证据。这些都会使得非缔约国在与国际刑事法

---

[1] 参考:International Criminal Tribunal for the Former Yugoslavia, Yearbook of 1995, p. 345.

[2] 参考:International Criminal Tribunal for the Former Yugoslavia, chapter V: State Cooperation, Yearbook of 1996, p. 228.

[3] 参见关于国际刑事法院"行使管辖权"的《罗马规约》第13条。

院合作时显得更加重要和敏感。

3. 波黑战争罪法庭：国际国内合作的范例

国际刑事法庭与国内法院存在着互动作用，它们都具有惩治国际严重罪行的功能，并在发挥这一功能的过程中想到支持和借鉴。在这方面比较典型的就是波黑（波斯尼亚和黑塞哥维那，Bosnia and Herzegovina）的战争罪法院[①]。

对在波黑境内发生的战争罪行为，前南国际刑事法庭与波黑的法院者具有管辖权。2005 年，波黑在萨拉热窝设立了一个战争罪分庭（War Crimes Chamber），专门起诉和审理在 1992—1995 年波斯尼亚冲突中发生的侵犯人权和战争罪行的行为。

波黑法院共有三个部门，即：讯刑事、行政和上诉案件部门。其中刑事部门再分成三个处，战争罪、有组织罪行和综合性刑事案件。审理战争罪的第一处就是波黑法院的战争罪行分庭，所以也被称为第一处（Section 1）。它的管辖范围包括种族灭绝罪、反人类罪、战争罪，以及波黑刑法条文中定义的个人刑事责任等。由于这些罪行也都前南国际刑事法庭所共同管辖权罪行[②]，所以波黑法院的战争罪行分庭在行使其自己管辖权时，也都时不时地参考前南国际刑庭的案例，实践和经验。

波黑战争罪分庭，完全是波黑国内法律体系制的一部分。然而，由于波黑刚从战争中摆脱出来，各方面的困难很多，所以国际社会在资金、资源和人员等方面都给予波黑以很大的支持，而且波黑战争罪行分庭中的一些法官和检察官也都是国际上的专业人员。

前南国际刑事法庭是由联合国安理会成立的，它是一个特设（ad

[①] 该法院官方网站：http://www.sudbih.gov.ba。

[②] Statute of the International Criminal Tribunal for the Former Yugoslavia, Article 9 Concurrent Jurisdiction.

hoc)法庭,所以只是一个特定时期内为完成特定的使命而设置的机构。根据前南国际刑事法庭制定的"完成工作战略"(completion strategy),前南国际法庭将主要完成对其检察官在 2004 年年底公布的起诉书的审理工作,如果在这之前予以起诉,但可能完成不了的,则由检察官负责将案件转交给有关机关继续予以司法处理[①]。

所以波黑战争罪分庭的一些案子,就是由前南国际刑事法庭移送(refer)或转让(transfer)过去的,其法律根据是前南国际刑庭《程序与证据规则》的第 11 *bis* 条规定。在前南国际刑事法庭"完成工作战略"以后,该法庭共向其他国家的国内法庭转让了八个案子(共 13 名被告),其中六个案子(10 名被告)被转送到波黑战争罪法庭[②]。为了防止战争罪的案件审理在不同的地方出现不一样的标准,那些被转送到巴尔干地区国家的案子,则由欧洲安全与合作组织(Organization for Security and Cooperation in Europe)来负责监督该刑事程序是否符合国际标准。[③]

在波黑战争罪分庭最近审理的案子中,其中有一个是关于种族灭绝罪的。在该案中,被告奥斯托查·斯大尼切(Ostoja Stanišić)和马克·米洛什维切(Marko Milošević)被控犯有违反波黑《刑法》第 171 条种族灭绝罪和第 180 条个人刑事责任。[④] 具体地说,他们被指控协助波黑塞族军队和波黑塞族共和国内务部在兹沃尔尼克执行了清除所有波斯尼亚克平民的计划。因为 1995 年斯雷布雷尼察事件发生时,他

---

① 参见:www.icty.org/sid/103.

② 参见:www.icty.org/sid/8934.

③ 参见:OSCE, Accountability for War Crimes, www.oscebih.org/Default.aspx? id = 70&lang = EN.

④ 参见:S1 1 K 010315 12 KRI - Stanišić Ostoja and Another, Case Information, Court of Bosnia & Herzegovina, www.sudbih.gov.ba/index.php? opcija = predmeti&id = 821&jezik = e.

们分别担任兹沃尔尼克第六军旅营指挥官和副指挥官。由于这两人在认罪听讯时拒绝认罪,战争罪分庭于2012年10月16日开始了对该案的审理[1]。

在波黑法庭审理斯大尼切和米洛什维切案的同时,前南国际刑事法庭也正在审理卡拉季奇一案。卡拉季奇原是波黑塞尔维亚民主党的创始人之一。1992年3月波黑塞尔维亚共和国(Republika Srpska, RS)成立时任总统,直至1996年7月19日。所以卡拉季奇与斯大尼切和米洛什维切之间,也存在一定的关系。

根据前南国际刑庭《程序与证据规则》第92 bis条的规定,凡是符合92 bis条件的书面声明(written statement)或庭审证据笔录(transcript of evidence)都可以不经过口头证供录取为证据。这主要是为了节省庭审时间和提高法庭审理的效率。所以鉴于卡拉季奇与斯大尼切之间的关系,前南国际刑事法庭卡拉季奇案的检控方就将其在2009年斯大尼切提供的有关斯雷布雷尼察事件的证据提交给了波黑战争罪分庭。此外,在斯大尼切被起诉之后,卡拉季奇一案的辩护团也于2012年6月来见斯大尼切,以得到他能对卡拉季奇案辩护有利用的补充声明(supplemental statement)[2]。

卡拉季奇与斯大尼切和米洛什维切之间的互动,典型地表明了前南国际刑庭和国内法院司法管辖方面的主从关系(primacy)和互补性(complementarity)关系。

---

[1] 参见:Main trial commences in the case v. Ostoja Stanišić et al., (S1 1 K 010315 12 Kro), Court of Bosnia & Herzegovina Press Release, 15 October 2012, www.sudbih.gov.ba/index.php? id=2597&jezik=e 82 S1 1 K 010315 12 KRI - Stanišić Ostoja and Another, Case Information, Court of Bosnia & Herzegovina, www.sudbih.gov.ba/index.php? opcija=predmeti&id=821&jezik=e.

[2] 参见:Prosecutor v. Radovan Karadžić (IT-95-5/18-T), Motion for Admission of Supplemental Rule 92 bis Statements: Witnesses Birčaković and Stanišić, filed on 13 June 2012.

第三节　国家的合作义务

国家与国际刑事法院的合作在实践中是具体的，表现在方方面面，其中一个就是调查取证。调查是国际刑事法院立案过程中必不可少的一个步骤，检察官独立、有效的调查是其履行职能的必要条件。国际刑事法院本身没有任何能采取措施的手段和方法，所以必须要得到当地有关国家的合作和配合。

一、前南国际刑事法庭的管辖特权

按照国家与国家之间的刑事司法协助制度，各国司法机关通常只能在本国境内行使司法权，司法协助请求应由被请求国司法机关执行。请求国的司法人员需要在被请求国执行请求时到场，或直接到被请求国境内进行调查取证，需要征得被请求国的事先同意，且不得违反被请求国的法律，不得采取强制措施；在调查过程中，通常需要被请求国的官员作出安排并到场。

国际刑事法院所管辖罪行的特殊性决定了有关调查事项高度敏感。如果在调查时允许国内主管机关在场，受调查人就会感到压力，进而影响调查结果的客观性和可信性，因此国际刑事司法机构的调查人员或检察官是希望国内主管机关回避，以便自己能独立进行调查。那么，是否应该无条件地允许国际刑事法院检察官在缔约国境内进行现场调查，以便于诉讼程序的进行；还是应事先征得有关国家的同意？在这方面，国际刑事法院与联合国前南斯拉夫国际刑事法庭之间有很大差别。

前南国际刑事法庭《规约》第 29 条明确规定，各国应遵从法庭援助的请求，不作任何不当延迟地查人找人、录取证词和提供证据、送达文件、逮捕或拘留，以及将被告移送到国际刑事法庭，等等。《罗马规约》第86条尽管要求"充分合作"，要求缔约国必须尽全力履行其合作的义务，但同时又有"应依照本规约的规定"的措辞，要求与《罗马规约》关于合作的其他规定联系在一起来解释。

前南国际刑事法庭是联合国安理会基于当时特殊情势，根据《联合国宪章》第七章设立的机构。因此，联合国成员国根据《联合国宪章》承担与其合作的强制性义务。这种合作义务来源于《联合国宪章》的崇高地位和联合国安理会在维护国际和平与安全方面的责任和权力。它们对国家所承担的合作义务起着至关重要的作用。

正是因为如此，波黑对前南国际刑事法庭在该国领土范围内进行司法活动持非常积极的态度。波黑专门就合作事宜与前南国际刑事法庭检察长办公室达成协议，从而使法庭检察官办公室人员能自由地进入波黑进行调查和搜集证据。[①]《代顿协定》附件六第13(4)条特别规定：波斯尼亚和黑塞哥维那所有主管当局应与前南斯拉夫国际法庭，以及得到联合国安理会授权的其权限涉及人权或人道法的任何其他组织进行合作，并且提供不受限制的接近的机会。

前南国际刑事法庭《规约》规定：检察官应有权力讯问嫌疑人，询问被害人和证人，搜集证据并且实施现场调查。在执行这些任务的时候，如果合适，检察官可以寻求有关国家当局的协助。[②]

不过，前南国际刑事法庭去他国执行搜查令时，在当地的合作下收集与调查和审判有关的文件，这些现场调查通常都是在当地当局的配合和参与下进行的，但法庭认为，由于法庭《规约》规定了"优先权"（primacy），所以这种现场调查权并不必须经过有关国家的事先同意，

[①] 参考：International Criminal Tribunal for the Former Yugoslavia, Chapter V: State Cooperation, *Yearbook of 1996*, p. 232.

[②] 前南国际刑事法庭《规约》第18条第2款。

也不需要当地国家当局在场。

从特设国际刑事法庭的实践来看,大多数与法庭签订有合作协定的国家都没有对现场调查附有限制性的规定,但也有个别国家订有一些前提条件。例如,德国《关于与前南国际刑事法庭合作法》规定:"国际刑事法庭成员或经授权的代表可与德国主管当局磋商,并独立在德国境内进行讯问,向目击证人取证等类似的取证活动,但只有德国当局才有权根据德国国内法决定和执行采取强制措施(coercive measures)"[①];瑞士法律则在关于"特别协助"(Special assistance)一节中规定:国际刑事法庭的检察官人员只有在获得瑞士联邦司法和警察部的授权后,才能到瑞士境内进行调查,而联邦司法和警察部在给予授权前,应与地方当局(cantonal authorities)磋商[②]。

二、国际社会的支持

前南国际刑事法庭在调查和寻找证据方面,甚至还具有得到作为第三者的"执行部队"(Implementation Force)支持的有利条件。

执行部队是根据《代顿和平协定》而设立的。它不是《代顿和平协定》的当事方,与前南国际刑事法庭也没有直接联系,因而不承担与国际刑事法庭合作的协定义务。然而,它与落实代顿和平协定内容有关,是一支驻扎在波黑约 60,000 人的部队。所以不管是从法律方面还是从技术方面讲,它都具有配合或支持法庭工作的能力。事实上,它对前南国际刑事法庭在波黑从事调查的人员提供警卫,对挖掘群尸坑的人

[①] Germany, Law on Cooperation with the International Tribunal in Respect of the Former Yugoslavia, Article 4, para. 4;参考:International Criminal Tribunal for the Former Yugoslavia, *Yearbook of 1995*, p. 347.

[②] Switzerland, Federal order on cooperation with the International Tribunal for the Prosecution of Serious violations of International Humanitarian Law, Article 22,参考:International criminal Tribunal for the Former Yugoslavia, *Yearbook of 1995*, pp. 330-331.

员提供保护等,因而在保证前南国际刑事法庭调查和取证工作顺利进行上发挥了很大的作用。①

《罗马规约》第 99 条规定,检察官如要到缔约国境内直接调查,应事先与该国协商,并遵守该国提出的任何合理条件或关注,即需以国家同意为前提;但如该国是犯罪发生地国,且国际刑事法院已断定案件可予受理,则检察官可在与该国进行可能的协商后直接进行调查,即不必该国同意。

如果国际刑事法院的检察官到缔约国境内进行调查需以国家同意为前提并遵守该国提出的任何合理条件,那么对非缔约国的境内调查当然也必须以该国的同意为前提,也更需要遵守该国所提出的任何合理的条件。

三、国内合作的协调问题

即便国家因为合作而需要在国内立法,实践中存在一个如何解释和适用该国内立法的问题。特设国际刑事法庭是联合国安理会根据《联合国宪章》第七章设立的。《联合国宪章》是一个具有宪章意义的国际条约②。所以在司法合作方面,各国不得以国内法对抗国际法上的条约义务,但在判断有关条件是否满足等问题时,被请求国则可以根据国内法进行衡量。

1. 限制性条件与合作义务

在与前南国际刑庭合作的实践中,虽然不少国家通过立法表示愿意合作,但其立法中也附带有一定的限制条件。这些条件的一个共同

---

① "关于执行部队对前南国际刑事法庭的配合予支持",参考:International Criminal Tribunal for the Former Yugoslavia, *Yearbook of 1996*, p. 232.

② 《联合国宪章》第 103 条规定,当联合国会员国在《联合国宪章》下义务与其依其他国际协定义务发生冲突时,《联合国宪章》下的义务应居"优先"。

特点就是规定如何与本国国内法协调的问题。前南国际刑事法庭方面希望适用该法庭的《规约》与《证据与程序规则》,但该国际刑庭规则很可能与各国的国内法存在差异。如何处理此种情况,有的国家坚持优先适用自己国家的法律。

例如:瑞士《关于与国际刑事法庭合作法案》中的第17条规定:"应在没有任何其他情况下提供协助,如果被要求提供的文件显示该罪行:(1)属于国际法庭管辖,并且(2)根据程序法的规定如果一个国际法庭要求的措施是强制性的,那么它在瑞士法律之下应受到惩治。"①

德国《关于与国际刑事法庭合作法案》中关于"其他双边合作"(Other mutual assistance)的第4条规定:"如果法庭要求一个人为了接受质询、对质或调查的目的而在本法有效的领域内有权亲自出庭,那么同样的法律应被用来确保被传唤到一家德国法院或一个德国公诉人面前的情况下他们的出庭被允许。"②

克罗地亚《关于与国际刑事法庭合作法案》第3条规定:"进行合作的要求或对法庭一个判决的执行应为克罗地亚共和国政府所同意,如果这个要求或判决建立在法庭规约和程序与证据规则的适当条款之上,并且如果它不违反克罗地亚共和国宪法的话。"③。

相比较特设国际刑事法庭的合作义务,国际刑事法院关于合作的案文则是采用了较为中性的措辞。《罗马规约》第86条规定:"缔约国应依照本规约的规定,在本法院调查和起诉期管辖权内的犯罪方面同本法院充分合作。"缔约国应在法院调查和起诉方面同法院"充分合

---

① 参考:International Criminal Tribunal for the Former Yugoslavia, *Yearbook of 1995*, p. 329.

② 参考:International Criminal Tribunal for the Former Yugoslavia, *Yearbook of 1995*, p. 337.

③ 参考:International Criminal Tribunal for the Former Yugoslavia, *Yearbook of 1996*, p. 249.

作",这一规定的措辞既反映了缔约国有合作的义务,同时又没有过分强调它的强制性。

国际刑事法院关于合作的条款,制定得比较原则化。但合作在实践过程中却是比较具体化和技术化的。其中,如何将被告移送国际刑事司法机构,可以说是合作的关键和重要内容。因为刑事案件的审理首先需要被告出席才能进行,况且这也是国际人权法的基本原则之一。只要国际刑事法院决定对某个人进行起诉,接着要解决的重要问题,就是如何将该被告逮捕并移送到该国际刑事司法机构。

2. 强制性义务与灵活安排

为了保证法院的正常运转,国家向国际刑事法院移交被起诉的人员应是一项强制性义务,不应有任何拒绝的理由。况且,国际刑事司法机构在道义上是会充分保障受国际法保护的人权和程序方面的标准,因此,国家没有必要拒绝移交的请求。但从另一方面看,有些请求涉及到本国刑法或宪法的根本原则,因而仍有保留国内司法权的必要,如被请求人为本国国民、请求所附材料要符合被请求国的程序规定,以及要遵守"一案不二审"原则等。

从前南国际刑事法庭的实践看,该法庭规约中未规定任何可以拒绝合作的理由,各国关于与特设国际刑事法庭合作的立法里也没有关于拒绝合作的理由。尽管如此,有些国家在与国际刑事法庭合作法案中还是附带有一定的条件。

例如,瑞士与国际刑事法庭合作的法律规定,移交必须是属于国际刑庭管辖权范围之内,且根据瑞士法律也属可受处罚的罪行,即必须要遵守"双重犯罪"的原则[①];意大利法律规定,如果意大利法院已对同一

---

① International Criminal Tribunal for the Former Yugoslavia, *Yearbook of 1995*, p. 329.

人就同一犯罪做出最终判决,因为"一罪不二审"原则的原因,就不再同意将此人移送给国际刑事法庭[1];新西兰关于与国际刑事法庭合作的法律则明确规定,如当国际刑事法庭请求有损国家主权、安全时,它就有权拒绝进行合作。另外,如果要采取的措施不符合本国法律时,澳大利亚也可以拒绝合作[2]。

在借鉴前南国际刑事法庭经验的基础上,国际刑事法院《罗马规约》在关于缔约国或非缔约国引渡事宜方面最后达成了如下文本规定:

1. 缔约国如接到国际刑事法院和另一国家对同一人基于同一犯罪的移交/引渡请求,应将此情况通知国际刑事法院和请求国。

2. 在上述情况下,如请求国是规约缔约国,当法院在考虑了请求国所进行的调查或起诉后做出了可予受理的断定,则法院的请求优先;如法院尚未做出上述断定,则被请求国可自行决定着手处理请求国提出的引渡请求,但在法院断定案件不可受理之前,不得引渡该人。

3. 在上述情况下,如请求国不是规约缔约国,且被请求国没有向请求国引渡该人的国际义务,则在法院断定案件可予受理时,法院提出的请求优先;否则,被请求国可自行决定着手处理请求国提出的引渡请求。但如被请求国有向规约非缔约国的请求国引渡该人的国际义务,则由被请求国考虑所有相关因素后,自主决定是否向法院或请求国移

---

[1] "The Court of Appeal shall render judgment declaring that the conditions for the surrender of the accused have not been met only in any one of the following cases… a final judgment was pronounced in the Italian State for the same fact and against the same person." Italy, *Decree-Law* No. 544 of December 1993 (unofficial translation). International Criminal Tribunal for the Former Yugoslavia, *Yearbook of 1994*, p. 167.

[2] "The Act contains a number of miscellaneous provisions including the following: there are a number of circumstances under which the Attorney-General may decline to comply with requests for assistance by the Tribunals, including (1) where compliance with the request would prejudice the sovereignty, security, or national interest of New Zealand"; 参考:International Criminal Tribunal for the Former Yugoslavia, *Yearbook of 1995*, p. 349.

交该人。[①]

根据这条规定,如果国际刑事法院一缔约国在收到法院和一非缔约国关于引渡请求时,即便该缔约国对该非缔约国具有引渡的国际义务,它也可以自主地在法院和非缔约国之间进行选择。这不同于联合国特设法庭的"优先权",显示了国际刑事法院在合作问题上的灵活性。

第四节 国家不予合作的法律后果

国际刑事司法机构希望取得所有有关国家的合作,但国家如果拒绝合作会有什么样的结果呢?由于国际刑事司法机构成立的方式不同,不合作所产生的法律后果也不同。

一、缔约国不予合作问题

从法律上讲,一个国家一旦批准加入了《罗马规约》,自然就应承担规约中关于与国际刑事法院合作的义务。然而在国家政策实施的实际过程中,由于多种考虑却会出现三心二意的情况。比如乍得与马拉维等国家,虽然它们都批准加入了国际刑事法院,是法院的缔约国,但就苏丹总统巴希尔一案的合作问题上,采取了与国际刑事法院不合作的态度和立场。

2005年3月31日,联合国安理会根据《罗马规约》第13(b)条的规定,通过了1593号决议,将苏丹达尔富尔情势提交给国际刑事法院。达尔富尔情势是国际刑事法院自2002年成立以来收到的第一个由联合国安理会提交的情势。而在苏丹达尔富尔情势中,国际刑事法院经过调查,共向包括苏丹总统巴希尔在内的四名在苏丹政府担任要职的

[①] 《罗马规约》第90条。

嫌犯签发了五份逮捕令,并向三名反政府武装领导人签发了出庭传票。在公布其关于巴希尔的逮捕令时①,国际刑事法院从法理上拒绝了传统国际法关于国家元首可以享有豁免原则的理论,认为任何人犯有国际罪行都应受审判和惩治。②

国际刑事法院对苏丹总统巴希尔予以起诉,指控他在苏丹达尔富尔地区犯下战争罪、危害人类罪和种族灭绝罪,宣布了对他的逮捕令,要将他绳之以法③。然而对法院的这个决定,不少国家持不同的立场和态度。比如,非洲联盟就不同意,他们认为巴希尔是一个国家元首,理应享有国际法豁免权,免受任何一个机构的起诉和审判。此外,他们还认为国际刑事法院的指控影响了苏丹的和平进程。因此,非洲联盟通过了不少决议,来谴责国际刑事法院对苏丹总统巴希尔的起诉及逮捕令。在这些决议中,非洲联盟大会要求联合国安理会根据《罗马规约》第16条来阻止对巴希尔的起诉,并要求"所有非盟成员国应合作起

---

① Prosecutor v. Omar Hassan Ahmad Al Bashir, Case No. ICC-02/05-01/09, Decision on the Prosecution's Application for a Warrant of Arrest Against Omar Hassan Ahmad Al Bashir (Mar, 2009).

② See Prosecutor v. Omar Hassan Ahmad Al Bashir, Case No. ICC-02/05-01/09, Decision Informing the United Nations Security Council and the Assembly of the States Parties to the Rome Statute about Omar Hassan Ahmad Al Bashir's Recent Visit to Djibouti (July 12, 2011); Prosecutor v. Omar Hassan Ahmad Al Bashir, Case No. ICC-02/05-01/09, Decision Informing the United Nations Security Council and the Assembly of the States Parties to the Rome Statute about Omar Hassan Ahmad Al Bashir's Recent Visit to Republic of Chad (Aug 27, 2010); Prosecutor v. Omar Hassan Ahmad Al Bashir, Case No. ICC-02/05-01/09, Decision Informing the United Nations Security Council and the Assembly of the States Parties to the Rome Statute about Omar Hassan Ahmad Al Bashir's Presence in the Territory of the Republic of Kenya (Aug. 27, 2010).

③ Prosecutor v. Omar Hassan Ahmad Al Bashir, Case No. ICC-02/05-01/09, Warrant of Arrest for Omar Hassan Ahmad Al Bashir (Mar. 4, 2009. changing Bashir with war crimes and crimes against humanity); *Prosecutor v. Omar Hassan Ahmad Al Bashir*, Case No. ICC-02/05-01/09, Second Warrant of Arrest for Omar Hassan Ahmd Al Bashir (July 12, 2010. charging Bashir with genocide).

来",来抗衡国际刑事法院的决议。[1]

事实上,非洲联盟的好几个国际刑事法院的成员国国家,如乍得、肯尼亚、吉布提、马拉维等,在2010和2011年都接受了巴希尔来访,它们都没有根据《罗马规约》所规定的义务将他逮捕或移交给国际刑事法院。换句话说,《罗马规约》第86条的规定,即关于"在调查和起诉方面应承担同法院充分合作的义务"对它们不起一丁点儿的作用。[2]

如此蔑视国际刑事法院的《罗马规约》所规定的义务,后果非常可怕。作为一个国际机构,国际刑事法院怎么可能甚至被自己的成员所蔑视呢?为了阻止这一趋势,国际刑事法院于2011年12月就缔约国合作义务问题作出决定,认为乍得和马拉维在巴希尔访问他们各自的国土时没有把他逮捕或者移交国际刑事法院的行为违反了其在《罗马规约》第86条中的合作义务[3]。

国际刑事法院针对这一情况,于2011年10月19日专门开庭并作出"关于马拉维共和国和乍得共和国不履行《规约》第87条第7款项下的合作义务不逮捕和移交巴希尔的决定"[4],其中提到,联合国安理

---

[1] Assembly of the African Union, Assembly/AU/Dec.391-415(XVIII), ¶3(Jan. 30,2012); Assembly of the African Union, Assembly/AU/Dec.332-361(XVI), ¶3(Jan. 31.2011); Assembly of the African Union, Assembly/AU/Dec.2893311(XV), ¶4(July. 27.2010); Assembly of the African Union, Assembly/AU/Dec.268-288(XIV), ¶10 (Feb.2.2010); Assembly of the African Union, Assembly/AU/Dec.243-267(XIII), ¶9 (July.3.2009); Assembly of the African Union, Assembly/AU/Dec.208-242(XII), ¶10 (Feb.33.2009).

[2] See Rome Statute of the International Criminal Court art.16,opened for signature July 17,1998,2187 U.N.T.S. 90(hereinafter Rome Statute).

[3] Prosecutor v. Omar Hassan Ahmad Al Bashir, Case No. ICC-02/05-01/09, Decision Pursuant to Article 87(7) of the Rome Statute on the Failure by the Republic of Malawi to comply with the Cooperation Requests Issued by the Court with Respect of the Arrest and Surrender of Omar Hassan Ahmad Al Bashir (Dec,12,2011)(hereinafter Malawi Decision).

[4] ICC-02/05-01/09,2010年8月27日。

会 2005 年在通过 1593 号决议把达尔富尔情势提交给法院,就已"敦促所有国家以及相关区域组织和其他国际组织与国际刑事法院充分合作"①,提醒马拉维和乍得必须要铭记《罗马规约》下的义务,而且必须要遵守法院发出的"针对任何人,包括巴希尔"的逮捕令,逮捕并移交巴希尔②的命令。当然,国际刑事法院同时也给这些国家以机会,让它们来解释其不能与法院合作逮捕和移交巴希尔的原因。

能否对一个国家元首予以起诉? 关键在于如何解释。《罗马规约》第 27 条规定:"官方身份,作为国家元首或政府首脑、政府成员或议会议员、选任代表或政府官员的官方身份,在任何情况下都不得免除个人根据本规约所负的刑事责任"③,同时它还规定"根据国内法或国际法可能赋予某人官方身份的豁免或特别程序规则,不妨碍本法院对该人行使管辖权"④。

根据国际法,国家可以放弃他们元首或其他政府官员所享有的豁免权。所以,《罗马规约》第 27 条规定与一般国际法并不矛盾。事实上,国际刑事法院的大多数成员国也遵守规约中的规定。然而巴希尔问题的关键,在于他所在的苏丹并不是《罗马规约》的缔约国,所以根据条约不适用第三国的原则,苏丹不应该适用《罗马规约》第 27 条的规定⑤。

此外,《罗马规约》第 98 条规定:"如果被请求国执行本法院的一项移交或协助请求,该国将违背对第三国的个人或财产的国家或外交豁免权所承担的国际法义务,则本法院不得提出该项请求,除非本法院能

---

① S/RES/1593(2005).
② Ibid.
③ Rome Statute, supra note 3, art, 27(1).
④ Id, art. 27(2).
⑤ Note, however, Paola Gaeta's argument that Article 27 addresses only the powers of the ICC itself and does not relieve arresting states of their independent obligation to recognize immunities conferred by customary international law. See Paola Gaeta, Does Al Bashir Enjoy Immunity From Arrest? 7J. INT"L CRIM.J. 315 (2012).

够首先取得该第三国的合作,由该第三国放弃豁免权。"①《罗马规约》的这个规定,似乎在坚持习惯国际法中的关于国家元首所应享有的豁免权的原则。

目前在国际社会中,对于国家元首是否仍绝对享有国际法上的豁免权还存在不同观点的。例如,联合国国际法院在2004年"逮捕案"的判决中,认为国家元首及政府官员在习惯国际法下享有豁免权,所以比利时不能对现任的刚果政府官员发布逮捕令②。但国际刑事法院对此却有不同的解读,它认为比利时在这个案子中败诉,是由于本国国内法庭程序上的原因,并不是因为国际法或国际法庭上的问题③。

因为对《罗马规约》存在不同理解,非洲联盟就国际刑事法院起诉苏丹总统巴希尔公开表达它的不满和抗议。2012年1月9日,非盟大会再次表达了它对国际刑事法院决定的"强烈不赞同",并"敦促其他非洲国家在巴希尔问题上与国际刑事法庭的不合作"④,另外有意思的是,它进而要求非盟大会"考虑寻求国际法院对国家元首在国际法下的豁免权发表咨询意见。"⑤。

当然,国际刑事法院对国家是没有制裁力的。在目前的国际秩序

---

① Rome Statute, supra note 3, art, 98(1).
② Arrest Warrant of 11April 2000(Dem. Rep. Congo v. Belg,), 2002.ICJ9feb.14) [hereinafter Arrest Warrant]
③ Malawi Decision, supra note 3, ¶ 34.
④ Press Release, African Union Commission, On The Decisions of Pre-Trial Chamber I of the International Criminal Court (ICC) Pursuant To Article 87(7) of the Statute On the Alleged Failure by the Republic of Chad and the Republic of Malawi to Comply with the Cooperation Requests Issued by the Court with Respect to the Arrest and Surrender of President Omar Hassan Al Bashir of the Republic of the Sudan, AU Comm'n Press Release No. 002/2012(Jan. 9, 2012), available at http://www. au. int/en/sites/default/files/PR-%20002-%20ICC%20English. pdf.
⑤ Assembly of the African Union, ¶ 10, Assembly/AU/Dec. 391 – 415(XVIII, Jan. 2012).

结构中,能对国家有所行为的还只有联合国安理会。所以国际刑事法院《罗马规约》规定:当出现成员国不合作情况时,国际刑事法院成员国大会将按照第87条第5款和第7款的规定来讨论和处理国家与国际刑事法院"任何不合作问题"[1]。当然最后也可以提交给联合国的安理会,由联合国安理会视情况的严重性和必要性来决定。

二、非缔约国不予合作问题

关于非缔约国与国际刑事法院合作问题,可能出现这样的情况,即非缔约国先是答应与国际刑事法院合作,但随着案情的深入和需要合作事项的具体化和敏感化,该非缔约国的态度发生改变,不再愿意与国际刑事法院合作。这里也有产生法律后果问题。在解决该问题时,弄清其是否具有合作义务非常重要的。如果非缔约国已经就合作问题与国际刑事法院达成协议,就意味着非缔约国已承担了与国际法院进行合作的国际义务。达成协议后没有予以履行,非缔约国按照国际法原则就应承担由此产生的国家责任。

最后通过的成为《罗马规约》第87条第五款规定:"如果非本规约缔约国的国家已同本法院达成特别安排或协议,但没有对根据任何上述安排或协议提出的请求给予合作,本法院可以通知缔约国大会,或在有关情势系由安全理事会提交本法院的情况下,通知安全理事会。"

虽然都是提交,但较之该条款中关于非缔约国的不合作,对缔约国的不合作则多了一个国际刑事法院在提交前可以对其不合作情况进行"认定"(make a finding to that effect)的程序。这一措辞的区别用来显示缔约国与非缔约国在合作问题上义务有所不同。

如果说规约关于缔约国与非缔约国的措辞只有文字上的细微差

---

[1] 《罗马规约》第112条第2款(f)项。

别,但它体现了对国家不予合作时如何处理问题上的区别。这个问题的核心在于:当非缔约国不予合作时,国际刑事法院是否有权力来进行处理? 如果能够,应具体由哪一个机关处理? 如果不能处理,又应交给谁来处理?

如果问题是由联合国安理会向国际法庭指出来的,国际刑事法院可以告知安理会该非缔约国不予合作。安理会可以在联合国宪章的范围内依据其职权处理。如果有必要,安理会甚至可以考虑对该国采取适当的制裁措施。而在其他所有的案件中,国际刑事法院至少可以将不合作的情事提交给法院成员国大会。至于成员国大会在得到报告后可以采取什么措施,这在《罗马规约》第112条第2款(f)项中没有具体规定。

从一般国际法原理上讲,如果非缔约国没有与法院合作的义务,国际刑事法院成员国大会显然没有对它进行谴责或要求它承担国家责任的权利和资格,因为非缔约国由于没有批准加入国际刑事法院,使得它在国际刑事法院方面的权利和义务与缔约国有本质区别。当然,如果非缔约国已在某个具体案件上表达了合作意愿,并与国际刑事法院达成了协议,那么,该非缔约国就因此产生了国际法意义上合作的义务。国际刑事法院或者法院的缔约国就有权要求它履行合作义务。一旦它没有尽到义务,法院或法院缔约国就可以援引国际法有关国家责任的规定,追究该非缔约国的国家责任。

同样的道理当然也适用于联合国安理会向国际刑事法院提交的情势案件。如果联合国安理会根据《联合国宪章》第七章作出决议,它对联合国所有会员国都有拘束力。因此,所有国家都必须予以遵守,都有合作的义务。如果某个联合国成员国没有予以合作,即便它是国际刑事法院的非缔约国,法院也可以将这一情况报告给联合国安理会,以便后者根据《联合国宪章》的有关规定采取必要的措施。

国际刑事法院与联合国特设国际刑事法庭有所不同。就联合国特设国际刑事法庭而言,由于它们是联合国安理会设立,并且是该安理会的附属机构,所以有关国家如果拒绝与它们合作,就可被认为不遵守《联合国宪章》下的义务。对此,联合国安理会有权根据《联合国宪章》第七章采取措施,直至决定对该国实施制裁。安理会的这一权力是有法律根据有保障的。当然,安理会成员,其中包括法院非缔约国的成员在行使权力时,应考虑在"任何情况下"都必须"保证尊重"习惯国际人道法规则的义务。

国际刑事法院不仅不属于联合国安理会,而且还不属于联合国组织的机构。如果案件不是联合国安理会提出来的,法院就没有将不合作问题提交给安理会的法律依据。如果提交给缔约国大会,其实际效果也很难保证。原因就是缔约国大会不享有与联合国安理会类似的权威,它没有权力对不合作的主权国家实施制裁。

然而,尽管成员国大会很难保证有什么实际效果,但它是一个"自成一体"(sui generis)的机构。从《罗马规约》整体规定来看,它至少可以通过决议来代表整个法院来谴责不予合作的行为,并要求该国家承担国家责任。所以,大会决议对法院成员国与非成员国之间会产生影响,进而影响到非缔约国与法院的合作的态度和立场。从逻辑上讲,加入国际刑事法院的国家越多,成员国大会的作用就会越大,国家与法院之间的合作关系就越容易受到影响。

跋

我在前言中提到,国际刑事诉讼法是一个很有意思的学科。即便不专门研究国际刑法或国际刑事诉讼规则,就是了解一下其中的道理也是很有趣的。中国是国际刑法实践的摇篮之一,也是联合国安理会常任理事国之一,研究并理解国际刑事诉讼法规则,有助于了解如何能提高我国在国际社会中的影响力和地位。

一、国际刑事诉讼法的兴趣点

对含有如谋杀或凶杀这样的刑事案子,社会其实都会给予很大的关注,因为这涉及到大家的安全。社会关注的要点往往是:凶手是谁?怎么会发生的?凶手有没有被抓获?有没有受到惩罚?等等。其实所有这些问题的水落石出,都离不开一个公正的程序。

所以国际刑法与国内刑法一样,主要有两方面所组成,一是它的实体法,另一是它的程序法。国际刑事实体法规定国际罪行,即关于何为犯罪行为(如谋杀)和犯罪意图,并在此基础上制订国际规则来起诉和审判犯有这些罪行的行为人;国际刑事程序法则通过法律来规制国际审判各个阶段的行为。程序法的目的是为刑事执法提供基本的框架和机制。没有这么一个有效的机制,就不可能达到惩治国际犯罪的目的,刑法也就没有任何意义。

对犯罪嫌疑人要进行审判的程序,里面也一定要有规定和原则。例如,所有国际刑事司法机构都适用"无罪推定原则",即在被证实为有罪之前所有人都应被推定为无罪。然而，检察官要定罪，被告要辩护，从双方对阵上看，被告处于下风。检察官代表社会进行公诉，在资源和道德（包括社会舆论）方面都占有优势，而被告则势单力薄。鉴此，国际刑事诉讼程序上强调"控辩双方平等"，并设计了平等的审判制度。

在国际诉讼的制度中，控辩双方在诉讼中的地位平等，不存在一方地位高于他方的情形。从诉讼结构看，控、辩双方与审判官的距离相等，呈等腰三角形的外观。其中审判官处于等腰三角形的顶点，居中立的裁决地位。在法官眼中，即便是代表社会利益的公诉人（检察官），也和被告人一样是当事人之一，两者地位平等。双方的差异只是在于对案件事实和法律适用的主张不一致。所以在前南国际刑庭的组成结构上，检察长办公室是一个独立的机构。但在法庭审理的过程中，它又是一个当事者，作为控方而享有与辩方同等的诉讼权利。

前南国际刑事法庭与卢旺达国际刑庭的审理程序，基本上是属于普通法系的对抗式的刑事法庭，但又不完全是普通法系的。在普通法系国家的对抗式审判中，法官原则上是一个相对消极、被动、中立的仲裁者角色。审判中由控辩双方各自向法庭出示证据，并以控辩双方为主进行法庭调查。然而，与普通法系国家中的法官"消极、被动"相反，前南国际刑庭的法官可以在审理案件时采取积极、主动的姿态。如果需要，法官在案审的任何环节上都可以主动地向任一当事方澄清任何被忽略的或不清楚的问题。

除了提问题以外，法庭的法官可以提醒控方或辩方遵守法庭的规则，制止任何与案情无关的问题和回答，还可以随时随地亲自询问证人。法官为查清案件事实，还可以《程序与证据规则》第98条为依据，在起诉主张和证据范围之内，积极主动地搜集、评判控诉方未提出的证据材料，而不会受到在一般普通法系里的法官所受到的限制。

所以相比较英美司法制度的对抗式程序而言，国际刑事诉讼规则要更灵活一些。在国际刑事法庭的诉讼程序中,不但是由法官来掌握控制审判的进程,而且法官在审判的过程中可以向证人提问,可以命令任何一方提出补充证据,还可以传唤证人和命令其出庭。根据前南国际刑事法庭《程序与证据规则》第 89 条的规定,该国际法庭的审判庭"不受任何国家国内证据规则的拘束",而且在审判中"审判庭可采纳它认为有证明价值的任何有关的证据。"所以,国际刑事法庭的诉讼审判程序,还是不同于英美司法制度的对抗式程序,它是自成一类的。

也正是因为"无罪推定原则",国际刑事诉讼规定,举证责任在指控方,即检察官方面。在整个审理过程中,要检察起诉方来承担证明被告有罪的责任和义务。另外还需注意的是,法官采纳的证据,必须是控辩双方提出的证据或依法可以进入诉讼程序的证据。而且定罪的标准很高,要达到"排除任何合理怀疑"的地步。

因为还未被定罪,犯罪嫌疑人(被告)就有一些基本的权利,其中比较重要的是"享有律师帮助权"。考虑到国际刑法的专业性及国际诉讼的标准与要求,被告的这一权利是相当重要的。在所有的国际刑事司法机构中,被告都具有享有律师帮助的权利。每个犯罪嫌疑人或被告都有权得到法律协助,如果他没有足够的财力支付费用的话,国际刑事法庭就要为他支付。之所以作如此规定,是因为若被告不能为自己进行辩护,审判就很难成为公正的审判。

正是因为这一基本的道理,所有国际刑事司法机构的被告都享有一些基本权利,如:询问,或交叉询问证人,并且可以就证人在对其做不利证词的情况下亲自询问证人;如果他不懂或不能讲国际法庭使用的语言时可得到翻译的免费援助;以及不得被强迫提供对自己不利的证言或承认有罪,等等。

以上所有这些在诉讼程序上的安排,都是非常合理,也是有道理的。

二、中国是国际刑法的摇篮之一

谈起国际刑法或国际刑事诉讼规则,一般人会觉得有点遥远,会觉得比较抽象,但其实它与我国的命运却休戚相关。新中国的历史与抗日战争紧密相关。而抗日战争(或第二次世界大战)的胜利,催生了审判德国纳粹和日本军国主义法西斯的纽伦堡和远东国际军事法庭。所以从某种意义上讲,中国与国际刑法实践的渊源是连在一起的。

纽伦堡和远东国际军事法庭的审判在人类历史上是第一次。它通过对德国纳粹和日本军国主义一个个法西斯分子的审判,通过惩罚战争罪犯等一个个鲜活的案例,提示和宣告传统国际法上关于"国家责任"、"特权豁免"、"国际罪行"等理论和原则都发生了重大的变化。追究个人刑事责任,对现代国际法的发展产生了深远的影响。

远东国际军事法庭对战争罪犯的审判之所以能够进行,背景是因为美、苏、中等国对日本侵略者的反侵略战争取得了胜利,但最终能够将那些对中国人民犯下滔天罪行的甲级战犯绳之以法,则是远东国际军事法庭的贡献。远东国际军事法庭对土肥原贤二、坂垣征四郎、松井石根这三名双手站满了中国人民鲜血的刽子手进行了审判和惩治,如果没有国际刑法和法律正义,这些人的滔天罪行就不可能被记录在案,也不可能得到应有的惩罚。

东京审判中的国际罪行,其中最主要的就是对中国的侵略和在中国(尤其是在南京)犯下的罪,东京审判中又有中国的法官和检察官,所以对国际刑事诉讼审判从一开始就与我国有密切的联系。我国与现代国际刑法发展之间,有着开创性的天然联系。

国际刑事诉讼具有"国际"性,它把来自世界不同法律体系的法官、检察官和律师汇聚在一起,并通过适用国际法庭的诉讼规则,将审判变成一种与所有国家的国内法庭都不同的审判。二战后成立的不管是德国的纽伦堡国际军事法庭,还是日本东京的远东国际军事法庭,确实都没有适用审判地德国或日本的法律,而是采用新型的独特的国际刑事诉讼规则。冷战后设立的前南与卢旺达国际刑事法庭亦是如此。

与二战刚结束后成立的纽伦堡和远东国际军事法庭这两个国际军事法庭相比,现代的国际刑事司法机构的《程序和证据规则》要细致和周密得多。经过法庭的实践不断地被修正和完善,当今的国际法庭已建立起一个较为完整的符合国际人权法发展的基本原则的刑事诉讼体系。例如,纽伦堡和东京国际军事法庭不允许被告上诉,但前南和卢旺达国际刑事法庭以及国际刑事法院等都规定被告有上诉的权利。此外,现代国际刑事司法机构还注重对证人的保护和支持,专门设立了证人保护支助股执行此职能,等等。这些都是国际刑法在现代国际社会的发展。

三、加强国内立法,为国际刑事诉讼法的发展作贡献

自从我国于 20 世纪 80 年代末贯彻改革开放政策以来,各方面都取得了很大的进步,尤其是在国家经济建设和法制建设方面。与改革开放以前相比,我国的法律制度已经有了很大的改善,我国的国际环境也有了很大的改进。

国际刑事诉讼与一国国内立法是有紧密联系的。比如,国际刑事法院《罗马规约》第 13 条规定:《罗马规约》缔约国、联合国安理会和法院检察长可以向国际刑事法院提起诉讼。由于国际刑事法院在管辖权方面实行"补充性原则",所以,如果国际刑事法院调查的情势涉及中国人在国外某《罗马规约》缔约国的领土上所犯的罪行或某缔约国的国民为受害人的罪行等,国际刑事法院就会根据《罗马规约》第 18 条发出通报。如果该犯罪嫌疑人已被引渡回国,并已由中国司法部门开始处理,中国在收到国际检察官通报后,就应在一个月内将中国正在或已经对

该犯罪采取司法程序的情况告诉国际检察官,要求国际刑事法院等候中国的调查和起诉。如果我国认为国际检察官所通报的资料不够清楚,还可以根据国际刑事法院的《程序和证据规则》第52条第2款的规定,请检察官进一步提供资料,查实清楚法院检察官拟议调查的情势是否属于中国正在处理的犯罪。

如果中国不是国际刑事法院的缔约国,也不想与国际刑事法院发生任何关系,结果就有可能出现对同一个人会有两个独立的起诉书,甚至还有可能会有两个独立的判决:一个在中国,另一个则是在国际刑事法院。如果发生这种情况,这对被告不利,对我国捍卫本国的司法主权也不利。所以为了避免这种情况发生,中国作为非缔约国虽然不受《罗马规约》规定的拘束,但为了维护我国主权,就有必要根据《罗马规约》有关管辖权和可受理性的条款质疑国际刑事法院的管辖权,通知国际刑事法院不可受理,因为作为对该案具有管辖权的我国已经开始进行调查和起诉。

从上述假设的案例中可以看到,无论中国是否为《罗马规约》的缔约国,若中国不愿意让国际刑事法院受理涉及中国国民犯罪的情势和案件,最根本的是应该将国内刑法和刑事诉讼法与国际接轨。对本国公民的犯罪和在本国领土上的犯罪行使管辖权是国家主权的组成部分。

我国《刑法》里至今还没有"灭绝种族罪"、"反人道罪"和"战争罪"。其实,世界上每个国家都注重保护本国的主权,都不愿意将本国的国民交由国际刑事法院审判,所以,批准了《罗马规约》和参加了国际刑事法院的国家,都在批准规约的前后着手修改本国国内法,或制定新法,或对《罗马规约》与本国法规定相抵触的部分作出和谐解释,以使在国际刑事法院管辖范围内的犯罪能够在本国法院进行审判。从法律上讲,如果一国国内刑法中已经制订了关于"灭绝种族罪"、"反人道罪"和"战争罪"的规定,这从一个方面表明该国"愿意"并且"可能"对这些犯罪的责任者进行调查和审判。所以从这个意义上讲,我国还需要加强国内的立法,以便能有效地维护我国的主权及国家利益,也能为在国际社会推动国际法的发展做出我们的贡献。

参考文献

一、文件

1.《前南国际刑事法庭规约》
Statute of the International Criminal Tribunal for the Former Yugoslavia
2.《卢旺达国际刑事法庭规约》
Statute of the International Criminal Tribunal for Rwanda
3. 前南国际刑事法庭《程序与证据规则》
Rules of Procedure and Evidence
4. 卢旺达国际刑事法庭《程序与证据规则》
Rules of Procedure and Evidence
5. Security Council Resolution 808 [S/Res/808(1993)]
6. Security Council Resolution 827 [UN Doc. S/Res/827(1993)]
7. Security Council Resolution 955 [UN Doc. S/Res/955(1994)]
8. Report of the UN Secretary General (UN Doc. S/25704)
9. Rules of Detention (UN Doc. IT/38/Rev.4)
10. Headquaters Agreement (UN Doc. S/1994/848)
11. Regulations for the Establishment of a Complaints Procedure for Detainees (UN Doc. IT/96)
12. Regulations for the Establishment of a Disciplinary Procedure for Detainees (UN Doc. IT/97)
13. Regulations to Govern the Supervision of Visits to and Communications with Detainees (UN Doc. IT/98)
14. Directives on the Assignment of Counsel (UN Doc. It/73/Rev.2)
15. Rome Statute (July 19,1998,2187 UNTS 3)

以上所有这些文件,均能在 www. un. org/international law/icty;www. un.

org/international law/icty 或 http://www.icc-cpi.int 网站查到。

二、卢旺达与前南国际刑事法庭案例

1. *Prosecutor v. Akayesu*, ICTR, Trial Chamber I, Judgment of 2 September 1998, Case no. ICTR-96-4-T

2. *Prosecutor v. Barayagwiza* (Appeal), ICTR, Appeals Chamber, Decision of 2 November 1999, Case no. ICTR-97-19-AR72

3. *Prosecutor v. Barayagwiza* (Appeal on request forreview or reconsideration), ICTR, Appeals Chamber, Decision of 31 March 2000, Case no. ICTR-97-19-AR72

4. *Prosecutor v. Kambanda* (judgment and sentence), ICTR, Trail Chamber, Judgment and Sentence of 4 September 1998, Case no. ICTR-97-23-S

5. *Prosecutor v. Kambanda* (apppeal), ICTR, Appeals Chamber, Judgment of 19 October 2000, Case no. ICTR-97-23-A

6. *Prosecutor v. Musema*, ICTR, Triaal Chamber, Judgment of 27 January 2000, Case no. ICTR 96-13-T

7. *Prosecutor v. Rutaganda* (Judgment and Sentence), ICTR, Trial Chamber, Judgment of December 6, 1999, Case No. ICTR-96-3-T

8. *Prosecutor v. Serushago*, ICTR, Trial Chamber, sentence of 5 February 1999, Case no. ICTR-98-39-S

9. *Prosecutor v. Sagahutu* (Judgement and Sentence), May 17, 2011, Case No. ICTY-00-56

10. *Prosecutor v. Nzabonimana* (Judgement and Sentence), May 31, 2012, Case No. ICTY-98-44

11. *Prosecutor v. Nzuwonemeye* (Judgement and Sentence), May 17, 2011, Case No. ICTY-00-56

12. *Prosecutor v. Nyiranasuhuko et al* (Judgement and Sentence), June 24, 2011, Case No. ICTY-97-21

13. *Prosecutor v. Nteziryayo* (Judgement and Sentence), June 24, 2011, Case No. ICTY-97-29

14. *Prosecutor v. Nizeyimana* (Judgement and Sentence), June 19, 2012, Case No. ICTY-2000-55

15. *Prosecutor v. Ngirumpatse* (Judgement and Sentence), February 2,

2012, Case No. ICTY-97-28

16. *Prosecutor v. Ngirabatware* (Judgement and Sentence), December 20, 2012, Case No. ICTY-99-54

17. *Prosecutor v. Ndindiliyimana* (Judgement and Sentence), May 17, 2011, Case No. ICTY-00-56

18. *Prosecutor v. Ndayambaje* (Judgement and Sentence), June 24, 2011, Case No. ICTY-96-8

19. *Prosecutor v. Karemera* (Judgement and Sentence), February 2, 2012, Case No. ICTY-97-24

20. *Prosecutor v. Bizimungu* (Judgement and Sentence), May 17, 2011, Case No. ICTY-00-56

所有以上案例，均能通过在 http://www.ictr.org 网址查到。

21. *Prosecutor v. Stanišić & Simatović*, Judgement, May 30, 2013, Case no. IT-03-69-T

22. *Prosecutor v. Prlić et al.* Judgement, May 29, 2013, Case no. IT-04-74-T

23. *Prosecutor v. Stanišić & Župljanin*, Judgement, 27 March 2013, Case No. IT-08-91-T

24. *Prosecutor v. MomčiloPerišić*, Appeal Judgement, 28 February 2013, Case No. IT-04-81-A

25. *Prosecutor v. Zdravko Tolimir*, Judgement, December 12, 2012, Case no. IT-05-88/2-T

26. *Prosecutor v. Milan Lukić & Sredoje Lukić*, Appeal Judgement, 4 December. 2012, IT-98-32/1-A

27. *Prosecutor v. Haradinaj et al.* Retrial Judgement, 29 Nov. 2012, Case No. IT-04-84bis-T

28. *Prosecutor v. Gotovina and Markač*, Appeal Judgement, 16 Nov. 2012, Case No. IT-06-90-A

29. *Prosecutor v. Momčilo Perišić*, Judgement, 6 Sept. 2011, Case No. IT-04-81-T

30. *Prosecutor v. Gotovina et al*, Judgement, 15 April 2011, Case no. IT-06-90-T

31. *Prosecutor v. Vlastimir Đorđević*, Judgement, 23 February 2011, Case

no. IT-05-87/1-T

32. *Prosecutor v. VeselinŠljivančanin*, Review judgement, 8 December 2010, Case No. IT-95-13/l-R.1

33. *Prosecutor v. Haradinaj et al.*, Appeal Judgement, 21 July 2010, Case No. IT-04-84-A

34. *Prosecutor v. Rasim Delic*, Appeals Chamber decision, 29 June, 2010, Case No. IT-04-83-A

35. *Prosecutor v. Blaskic*, ICTY Trial Chamber I, Judgment of 3 March 2000, Case no. IT-95-14-T

36. *Prosecutor v. Delalic and others*, ICTY Trial Chamber II, Judgment of 16 November 1998, Case no. IT-96-21-T

37. *Prosecutor v. Delalic and others* (appeal), ICTY Appeals Chamber, Judgment of 20 February 2001, Case no. IT-96-21-A

38. *Prosecutor v. Erdermovic* (sentencing judgment), ICTY, Trail Chamber I, Judgment of 29 November 1996, Case no. IT-96-22-T

39. *Prosecutor v. Erdermovic* (Appeal), ICTY, Appeals Chamber, Judgment of 7 October 1997, Case no. IT-96-22-A

40. *Prosecutor v. Furundzija*, ICTY, Trial Chamber II, Judgment of 10 December 1998, Case no. IT-95-17/1-T

41. *Prosecutor v. Furundzija* (appeal), ICTY Appeals Chamber, Judgment of 21 July 2000, Case no. IT-95-17/1-A

42. *Prosecutor v. Jelisic*, ICTY Trial Chamber, Judgment of 14 December 1999, Case no. ICTY-IT-95-10-T

43. *Prosecutor v. Kordic and Cerkez*, ICTY Trail Chamber III, Judgment of 26 February 2001, Case no. IT-95-14/2-T

44. *Prosecutor v. Kupreskic and others*, ICTY, Trail Chamber, Judgment of 14 January 2000, Case no. IT-95-16-T

45. *Prosecutor v. Kupreskic and others* (appeal), ICTY, Appeals Chamber, Judgment of 23 October 2001, Case no. IT-95-16-A

46. *Prosecutor v. Milosevic* (Decition on Preliminary Motions), ICTY Trial Chamber III, Decision of 8 November 2001, Case no. IT-99-37-PT

47. *Prosecutor v. Milosevic* (Decition on Prosecutor's request to have written statements admitted), ICTY Trial Chamber III, decision of 21 March 2002, Case

no. IT-99-37-PT

48. *Prosecutor v. Simic and others*, ex parte donfidential (Decision on the Prosecution motion under Rule 73 for a Ruling concerning the testimony of a witness), ICTY, Trial Chamber, decision of 27 July 1999

49. *Prosecutor v. Tadic* (Opinion and Judgment), ICTY, Trial Chamber II, Judgment of 7 May 1997, Case no. IT-94-1-T

50. *Prosecutor v. Tadic* (Sentencing Judgment), ICTY, Trial Chamber II, Judgment of 14 July 1997, Case no. IT-94-1-T

51. *Prosecutor v. Tadic* (appeal), ICTY, Appeals Chamber, Judgment of 15 July 1999, Case no. IT-94-1-A

52. *Prosecutor v. Tadic* (Sentencing Judgment), ICTY, Trial Chamber II, Judgment of 11 November 1999, Case no. IT-94-1-T

所有以上案例,在 http://www.icty.org 网址都能查到。

三、国际刑事法院案例

1. *Prosecutor v. Omar Hassan Ahmad Al Bashir*, Decision on the Prosecution's Application for a Warrant of Arrest Against Omar Hassan Ahmad Al Bashir (Mar,2009),Case No. ICC-02/05-01/09

2. *The Prosecutor v. Saif Al-Islam Gaddafi and Abdullah Al-Senussi*, Warrants of Arrest, 27 June 2011,ICC-01/11-01/11

3. *The Prosecutor v. William Samoei Ruto and Joshua Arap Sang*, Decision on the confirmation of charges: 23 January 2012 (Opening of the trial: 10 September 2013),ICC-01/09-01/11

4. *The Prosecutor v. Uhuru Muigai Kenyatta*, Decision on the confirmation of charges: 23 January 2012 (Opening of the trial: scheduled on 12 November 2013),ICC-01/09-02/11

5. *Prosecutor v. Lubanga*, Judgment Pursuant to Article 74 of the Statute, Mar.14,2012,Case No. ICC-01-04-01-06

6. *Prosecutor v. Lubanga*, Decision on Sentence Pursuant to Article 76 of the Statute,July 10,2012,Case No. ICC-01/04-01/06

以上案例都能在 http://www.icc-cpi.int 网址查到。

四、著作

1.〔美〕约书亚·德雷斯勒、艾伦·C.迈克尔斯著:《美国刑事诉讼法精解》,第二卷·刑事审判(第四版),魏晓娜译,北京大学出版社2009年1月;

2.〔美〕约书亚·德雷斯勒、艾伦·C.迈克尔斯著:《美国刑事诉讼法精解》,第二卷·刑事侦查(第四版),吴宏耀译,北京大学出版社2009年1月;

3.〔美〕罗纳尔多·V.戴尔卡门著:《美国刑事诉讼——法律和实践》(第六版),张鸿巍译,武汉大学出版社2006年10月;

4.〔英〕麦克·麦康维尔、岳礼玲选编:《英国刑事诉讼法》(选编),程味秋、陈瑞华、杨宇冠等译,中国政法大学出版社2001年1月;

5.张效林译:《远东国际军事法庭判决书》,群众出版社1986年2月;

6.〔美〕约瑟夫·E.柏西科著:《纽伦堡大审判》,刘巍等译,上海人民出版社2000年7月;

7.梅汝璈著:《远东国际军事法庭》,法律出版社、人民法院出版社2005年7月;

8.李世光、刘大群、凌岩主编:《国际刑事法院〈罗马规约〉评译》,北京大学出版社2006年4月;

9.〔德〕格哈德·韦勒著:《国际刑法学原理》,王世洲译,商务印书馆2009年5月;

10.谢佑平主编:《刑事诉讼国际准则研究》,法律出版社2002年7月;

11.陈瑞华著:《刑事审判原理论》,北京大学出版社1998年10月第二次印刷;

12.樊崇义主编:《国际诉讼法专论》,方正出版社1998年12月;

13.赵永琛著:《国际刑法与司法协助》,法律出版社1994年7月;

14.凌岩著:《卢旺达国际刑事法庭的理论与实践》,世界知识出版社2010年7月;

15.向万隆著:《东京审判·中国检察官向哲浚》,上海交通大学出版社2010年3月;

16.赵秉志、卢建平主编:《国际刑法评论》(第1卷),中国人民公安大学出版社2006年5月;

17.赵秉志、卢建平主编:《国际刑法评论》(第2卷),中国人民公安大学出版社2007年1月。

18. Antonio Cassese and Paola Gaeta, *Cassese's International Criminal Law*, Oxford University Press (3 edition), Apr 5, 2013.

19. Jordan J. Paust, M. Cherif Bassiouni, Michael P. Scharf and Leila Sadat, *International Criminal Law: Cases and Materials* (Fourth Edition), Carolina Academic Press, Jan 7, 2013.

20. Kai Ambos, *Treatise on International Criminal Law: Volume 1: Foundations and General Part*, Oxford University Press, Mar 14, 2013.

21. Christian J Tams and Martin Mennecke, *Convention on the Prevention and Punishment of the Crime of Genocide: A Commentary*, Beck/Hart, Oct 5, 2013.

22. Henry F. Carey and Stacey M. Mitchell, *Trials and Tribulations of International Prosecution*, Lexington Books, Feb 14, 2013.

23. Kirsten Fisher, *Transitional Justice for Child Soldiers: Accountability and Social Reconstruction in Post-Conflict Contexts (Rethinking Peace and Conflict Studies)*, Palgrave Macmillan, October 11, 2013.

24. James Gow, Rachel Kerr and Zoran Pajic, *Prosecuting War Crimes: Lessons and legacies of the International Criminal Tribunal for the former Yugoslavia (Contemporary Security Studies)*, Routledge, August 22, 2013.

25. Abdul Haq al-Ani, Tarik al-Ani and Joshua Castellino, *Genocide in Iraq: The Case Against the UN Security Council and Member States*, Clarity Press, Mar 1, 2013.

26. Geoffrey Robertson, *Crimes Against Humanity: The Struggle for Global Justice*, New Press, (4th Edition), Feb 5, 2013.

27. Eliav Lieblich, *International Law and Civil Wars: Intervention and Consent*, Routledge, Feb 14, 2013.

28. Yvonne Dutton, *Rules, Politics, and the International Criminal Court: Committing to the Court*, Routledge, May 6, 2013.

29. Thorsten Bonacker and Christoph Safferling, *Victims of International Crimes: An Interdisciplinary Discourse*, T. M. C. Asser Press, Jul 23, 2013.

30. Anne T. Gallagher, *The International Law of Human Trafficking*, Cambridge University Press, Feb 13, 2012.

31. M. Cherif Bassiouni, *Introduction to International Criminal Law*, (2nd Revised Edition), Martinus Nijhoff, Nov 9, 2012.

32. Kevin Jon Heller, *The Nuremberg Military Tribunals and the Origins of International Criminal Law*, Oxford University Press, USA, Dec 12, 2012.

33. Harry M. Rhea, *The United States and International Criminal Tribunals: An Introduction (Supranational Criminal Law: Capita Selecta*, Intersentia, Oct 31, 2012.

34. Ronen Steinke, *The Politics of International Criminal Justice: German Perspectives from Nuremberg to The Hague*, Hart Publishing, May 25, 2012.

35. Allan A. Ryan, *Yamashita's Ghost: War Crimes, MacArthur's Justice, and Command Accountability*, Univ Pr of Kansas, October 25, 2012.

36. Paul Behrens and Ralph Henham, Elements of Genocide, Routledge, Nov 1, 2012.

37. Antonio A. Cassese, Guido G. Acquaviva, Mary D. Fan and Alex A. Whiting, *International Criminal Law: Cases and Commentary*, Oxford University Press, USA, May 26, 2011.

38. Lee Feinstein and Tod Lindberg, *Means to an End: U.S. Interest in the International Criminal Court*, Brookings Institution Press, Nov 1, 2011.

39. Christopher Ford and Amichai Cohen, *Rethinking the Law of Armed Conflict in an Age of Terrorism*, Lexington Books, December 23, 2011.

40. David Nelken, *Comparative Criminal Justice and Globalization (Advances in Criminology)*, Ashgate, July 1, 2011.

41. Yoram Dinstein, *War, Aggression and Self-Defence* (5 edition), Cambridge University Press, December 12, 2011.

42. Paul Battersby, Joseph M. Siracusa Ph.D. and Sasho Ripiloski, *Crime Wars: The Global Intersection of Crime, Political Violence, and International Law*, Praeger, January 19, 2011.

43. David A. Kaye, *Justice beyond the Hague: Supporting the Prosecution of International Crimes in National Courts (Council Special Report)*, Council on Foreign Relations Press, June 29, 2011.

44. Jessica Lincoln, *Transitional Justice, Peace and Accountability: Outreach and the Role of International Courts after Conflict*, Routledge, April 27, 2011.

45. Cherif Bassiouni, *International Criminal Law* (3rd edition), Volume I: Sources, Subjects, and Contents, Martinus Nijhoff Publishers, 2008.

46. Cherif Bassiouni, *International Criminal Law* (3rd edition), Volume II: Multilateral and Bilateral Enforcement, Martinus Nijhoff Publishers, 2008.

47. Cherif Bassiouni, *International Criminal Law* (3rd edition), Volume

III：International Enforcement，Martinus Nijhoff Publishers，2008.

48. Gideon Boas，James L. Bischoff，Natalie L. Reid，B. Don Taylor III，*International Criminal Law Practitioner Library*：International Criminal Procedure（Volume 3），Cambridge University Press，February 14，2011.

49. Beth Van Schaack，Ronald C. Slye，*International Criminal Law and Its Enforcement，Cases and Materials*（2nd edition），Foundation Press，April 13，2010.

50. Antonio Cassese，*International Criminal Law*（2nd edition），Oxford University Press，April 30，2008.

51. Antonio A. Cassese，Guido G. Acquaviva，Mary D. Fan，Alex A. Whiting，*International Criminal Law：Cases and Commentary*（1st edition），Oxford University Press，May 26，2011.

52. Robert Cryer，Hakan Friman，Darryl Robinson，Elizabeth Wilmshurst，*An Introduction to International Criminal Law and Procedure*（2nd edition），Cambridge University Press，June 28，2010.

53. Ilias Bantekas，*International Criminal Law*（4th edition），Hart Publishing，September 22，2010.

54. Gerhard Werle，*Principles of International Criminal Law*（2nd edition），T.M.C. Asser Press，October 8，2009.

55. Antonio Cassese，*The Oxford Companion to International Criminal Justice*，Oxford University Press，March 25，2009.

56. William A. Schabas，*An Introduction to the International Criminal Court*（4th edition），Cambridge University Press，March 28，2011.

57. Mark Jones，*History of Criminal Justice*（5th edition），Anderson，August 5，2011.

58. Bert Swart，Alexander Zahar，Goran Sluiter，*The Legacy of the International Criminal Tribunal for the Former Yugoslavia*，Oxford University Press，July 7，2011.

59. Robert Cryer，*Prosecuting International Crimes：Selectivity and the International Criminal Law Regime*（Cambridge Studies in International and Comparative Law，Reissue edition），Cambridge University Press，March 3，2011.

60. Nancy A. Combs，Fact-Finding Without Facts：The Uncertain Evidentiary Foundations of International Criminal Convictions（1st edition），Cambridge

University Press, July 30, 2010.

61. Edward M. Wise, Ellen S. Podgor, Roger Stenson Clark, *International Criminal Law: Cases and Materials* (3rd edition), Lexisnexis, 2009.

62. David Luban, Julie R. O'Sullivan, David P. Stewart, *International and Transnational Criminal Law*, Aspen Publishers, December 28, 2009.

63. Goran Sluiter, Sergey Vasiliev, *International Criminal Procedure: Towards a Coherent Body of Law*, Cameron May, June 15, 2009.

64. Benjamin N. Schiff, *Building the International Criminal Court* (1st edition), Cambridge University Press, May 5, 2008.

65. George Andreopoulos, Rosemary Barberet, James P. Levine, *International Criminal Justice: Critical Perspectives and New Challenges* (1st edition), Springer, December 3, 2010.

66. Geert-Jan Alexander Knoops, *Defenses in Contemporary International Criminal Law*, Transnational Pub, April 2001.

67. Henri 1880-1952 Donnedieu de Vabres, *Introduction À L' étude Du Droit Penal International; Essai D'histoire Et De Critique Sur La Competence Criminelle Dans Les Rapports Avec L'étranger* (French Edition), Nabu Press, September 28, 2010.

68. Behzad Razavifard, *La pénalité dans le droit des juridictions pénales internationales: Droit international pénal* (French Edition), Editions universitaires europeennes, September 1, 2010.

69. Charles Antoine, Pasquale Fiore, *Traité De Droit Pénal International Et De L'extradition*, Volume 1 (French Edition), Nabu Press, March 9, 2010.

70. Antonio Cassese, Damien Sciala, *Les grands arrêts du droit international pénal general*, Dalloz, Septembre 2010.

71. Eric David, *Eléments de droit pénal international et européen*, Bruylant, Avril 2009.

72. Ian Brownlie, *Principles of Public International Law*, 4th (ed.), Oxford University Press, New York, Oxford, 1990.

73. Ian Brownlie, *Principles of Public International Law*, 5th (ed.), Oxford University Press, New York, Oxford, 1998.

74. Antonie Cassese, *International Criminal Law*, Oxford University Press, New York, 2003.

75. JordanJ. Paust, M. CherifBassiouni, MichaelScharf, Jimmy Gurule, Leila Sadat, Bruce Zagaris, Sharon A. Williams: *International Criminal Law*, *Cases and Materials*, Carolina Academic Press, 2000.

76. Christopher L. Blackesley, Edwin B. Firmage, Richard F. Scott, Sharon A. Williams: *The International Legal System*, 5th Edition, Foundation Press, New York, 2001.

77. B. Broomhall, *International Justice and the International Criminal Court*: *between Sovereignty and the Rules of Law*, Oxford university Press, New York, 2003.

78. Antonie Cassese, Paola Gaela, John Jones, *The Rome Statute of the Internatinal Criminal Court*: *A Commentary*, Oxford university Press, New York, 2002.

79. Cherif Bassiouni, *Internatinal Criminal Law*, Martinue Nijihoff Publisher, the Netherlands, 1987.

80. Cherif Bassiouni, *Crimes against Humanity in International Criminal Law*, Martinuc Nijhoff Publishers, Dordrecht/Boston/London, 1992.

81. Cherif Bassiouni, *Introduction to International Criminal Law*, Transnational Publishers, Inc. Ardsley, New York, 2003.

82. Steven L. Emanuel, *Criminal Procedure*, CITIC Publishing House, Beijing, China, 2003.

83. Kriangsak Kittichaisaree, *International Criminal Law*, Oxford University Press, 2001.

84. Otto Triffterer ed. , *Commentary on the Rome Statute of the International Criminal Court—Observers' Notes*, *Article by Article*, Nomos Verlagsgesellschaft, Baden-Baden, Winter 1999.

85. Rodney Dixon, Karim Khan, Judge Richard May ed. , *Archbold International Criminal Courts—Practice*, *Problem & Evidence*, Sweet & Maxwell Limisted, London, 2003.

86. KnutDormann, *Elements of War Crimes under the Rome Statute of the International Criminal Court*, Cambridge University Press, 2003.

87. Bruce Broomhall, *International Justice and the International Criminal Court*, *Between Sovereignty and the Rule of Law*, Oxfor University Press, 2003.

88. Dominic McGoldrick, Peter Rowe and Eric Donnelly (eds), *The Perma-

nent *International Criminal Court*, *Legal and Policy Issues*, Oxford and Portland Oregon, 2004.

89. Yuval Shany, *The Competing Jurisdictions of International Courts and Tribunals*, Oxford University Press, 2002.

90. Edited by Dinah L. Shelton. Detroit, *Encyclopedia of Genocide and Crimes Against Humanity*, 3 vols. MI: Macmillan Reference, 2005.

91. By Lee, Karen (ed.), *Iran-United States Claims Tribunal Reports* (Vol. 36), Cambridge, New York, Melbourne: Cambridge University Press, 2006.

92. Roach, Steven C., *Politicizing the International Criminal Court: The Convergence of Politics, Ethics, and Law*.

93. Scharf, Michael P., & Gregory S. McNeal. Durham NC: *Saddam on Trial: Understanding and Debating the Iraqi High Tribunal*. Carolina Academic Press, 2006.

94. Andreas, Peter, & Ethan Nadelmann. *Policing the Globe: Criminalization and Crime Control in International Relations*. Oxford, New York, Auckland: Oxford University Press, 2006.

95. Combs, Nancy Amoury, *Guilty Pleas in International Criminal Law: Constructing a Restorative Justice Approach*. Palo Alto CA: Stanford University Press, 2006.

96. Guenael Mettraux. *International Crimes and the Ad Hoc Tribunals*, Oxford, New York: Oxford University Press, 2005.

97. Beigbeder, Yves, *Judging War Crimes and Torture: French Justice and International Criminal Tribunals and Commissions* (1940 – 2005). Leiden, Boston: Martinus Nijhoff, 2006.

98. Leurdijk, J. H., *Armed Intervention in International Politics: A Historical and Comparative Analysis*. Nijmegen, Netherlands: Wolf Legal Publishers, 2006.

99. Moghalu, Kingsley Chiedu., *Global Justice: The Politics of War Crimes Trials*. Westport CT, London: Praeger Security International, 2006.

100. Stromseth, Jane, David Wippman, & Rosa Brooks. *Can Might Make Rights? Building the Rule of Law after Military Interventions*. Cambridge, New York, Melbourne: Cambridge University Press, 2006.

101. By Gilbert, Geoff. *Responding to International Crime* (International

Studies in Human Rights, Vol. 88). Leiden, Boston: Martinus Nijhoff, 2006.

102. Zanotti, Isidoro. *Extradition in Multilateral Treaties and Conventions*. Leiden, Boston: Martinus Nijhoff, 2006.

103. Freeman, Mark. *Truth Commissions and Procedural Fairness*. Cambridge, New York, Melbourne: Cambridge University Press, 2006.

104. Bohlander, Michael, Roman Boed, & Richard J. Wilson. *Defense in International Criminal Proceedings: Cases, Materials, and Commentary*. Ardsley NY: Transnational, 2006.

105. Currat, Philippe. *Les crimes contres l'humanite dans le Statut de la Cour penale intemationale*. Brussels: Bruylant, 2006.

106. KreB, Claus, & Flavia Lattanzi (eds.) *The Rome Statute and Domestic Legal Orders (Vol. I)*. Baden-Baden: Nomos Verlagsgesellschaft, 2000.

107. KreB, Claus, et al. (eds.). *The Rome Statute and Domestic Legal Orders (Vol. II)*. Baden-Baden: Nomos Verlagsgesellschaft, 2005.

108. Philippe Sands. *From Nuremberg to The Hague: The Future of International Criminal Justice*. Cambridge: Cambridge University Press, 2003.

索 引

A

案卷移送制度 …………………………………………… 345—347

B

波黑战争罪法庭 ………………………………………… 516—519
并行管辖权 ……………………………………………… 26,46—47
补充性管辖权 …………………………………………… 47—57
"不愿意"或"不能够"的标准界定 ……………………… 52
不免责原则 ……………………………………………… 131—133
不得披露的事项 ………………………………………… 358
波茨坦公告 ……………………………………………… 123
被告自行辩护权 ………………………………………… 275
被告知指控罪行的权利 ………………………………… 265
辩护律师的资格 ………………………………………… 277
辩护律师的待遇 ………………………………………… 281—285
辩护律师的豁免权 ……………………………………… 291—293
变更起诉的罪名 ………………………………………… 317—318
辩诉交易 ………………………………………………… 336—338
披露 ……………………………………………………… 345

C

"超越任何合理性怀疑"的定罪标准 …………………… 424
传闻证据 ………………………………………………… 404—406

《程序与证据规则》 …………………………………… 113
惩罚 …………………………………………………… 110
出席审判的权利 ……………………………………… 260
沉默权 ……………………………………………… 288—291

D

代顿和平协定 ……………………………………… 513—514
东京审判 …………………………………… 6—7,362—264
缔约国不予合作的法律后果 ……………………… 527—532
对日本从事侵略战争的认定 ……………………………… 368
东帝汶严重罪行特别法庭 …………………………… 19—22
定罪程序 …………………………………………… 415—418
定罪标准 …………………………………………… 421—422
调查证据 …………………………………………… 30—304
调查和起诉标准 …………………………………………… 304
对受害人的保护机制 ………………………………… 39—42
对受害人的赔偿 ……………………………………… 40—41
对抗式审判 ………………………………………………… 252
对证人的主询 ……………………………………………… 393
对法庭藐视罪 ……………………………………………… 428
独立性 ……………………………………………… 201—202
逮捕 ………………………………………………… 324—325

F

法官的资格 ………………………………………… 220—222
法官选举 …………………………………………… 227—228
法官回避 …………………………………………… 231—232
法庭依法成立原则 ………………………………………… 371
法庭之友 …………………………………………… 411—414
法庭法官处 ………………………………………… 203—207
法庭检察长办公室 ………………………………… 207—213
法庭书记长官处 …………………………………… 213—217

索引　557

法庭书记长官 …………………………………… 214
"法无明文规定不为罪"原则 …………………… 97,107
反和平罪 ………………………………………… 9
反人道罪 ………………………………………… 63—67
反对强迫自证其罪原则 ………………………… 286—287
《凡尔赛条约》 …………………………………… 134
"法无明文不为罪"(Nullum crimen sine lege) …… 362
法律顾问的作用 ………………………………… 308—310
非缔约国不予合作的法律后果 ………………… 532—534
复核 ……………………………………………… 489—490
"复归社会"的理论 ……………………………… 463—464

G

官方身份不免责 ………………………………… 128—142
管辖豁免 ………………………………………… 128
管辖范围 ………………………………………… 43—45
国际刑事法院 …………………………………… 32—42
国际刑事法院缔约国大会 ……………………… 34—35
国际刑事法院启动机制 ………………………… 35—39
《国际刑事法院规约》 …………………………… 47
国际法的核心罪行 ……………………………… 57—59
国际法渊源 ……………………………………… 84
国际条约 ………………………………………… 86—89
国际习惯法 ……………………………………… 91—94
国际法一般性原则 ……………………………… 98—101
国际刑法与国内法的关系 ……………………… 109—111
国际罪行 ………………………………………… 120
国内立法必要性 ………………………………… 510—511
共同犯罪团伙 …………………………………… 162—194
公开受审的权利 ………………………………… 257
《关于指定辩护律师的指令》 …………………… 272
《关于核武器的合法性》咨询意见 …………… 442—443
关于管辖权的"中间上诉" ……………………… 483—484

H

合法性原则 …………………………………………………… 370
红十字国际委员会 ……………………………………… 436—437

J

甲级战犯 ……………………………………………………… 9
柬埔寨特别法庭 …………………………………………… 27—31
绝对责任原则 ……………………………………………… 174
羁押 ………………………………………………………… 332—334
具有初步确凿（prima facie）的证据 …………………… 310
检察官裁量权 ……………………………………………… 341
检察官的调查职能 ………………………………………… 305—306

K

开场陈述 …………………………………………………… 393
控审分离原则 ……………………………………………… 196

L

莱比锡审判 ………………………………………………… 160—161
量刑 ………………………………………………………… 110
《伦敦宪章》 ……………………………………………… 121
卢旺达国际刑事法庭 ……………………………………… 13—14
量刑程序 …………………………………………………… 452
《洛美和平协定》 ………………………………………… 388
联合国安理会的作用 ……………………………………… 500—502
联合国安理会第827号(1973)号决议 …………………… 12
联合国安理会第955(1994)号决议 ……………………… 15
联合国安理会第1593号(2005)决议 …………………… 37
《罗马规约》 ……………………………………………… 49
黎巴嫩特别法庭 …………………………………………… 16—18
《洛美和平协议》 ………………………………………… 23—24

M

美国 1940 年《陆战法规》 …………………………………… 169
免费提供法律援助 …………………………………………… 272

N

纽伦堡国际军事法庭 ………………………………………… 7—8

P

旁证 ……………………………………………………… 407—408
破坏和平罪 …………………………………………………… 363—364
判决的基本考虑 ……………………………………………… 449
普遍管辖原则 ………………………………………………… 387
平等诉讼权 …………………………………………………… 198—199
排除任何合理的怀疑 ………………………………………… 246

Q

前南国际刑事法庭 …………………………………………… 11—13
前南国际刑事法庭的《程序和证据规则》 ………………… 205
程序正义 ……………………………………………………… 246
侵略罪 ………………………………………………………… 76—82
起诉 …………………………………………………………… 310
起诉书格式 …………………………………………………… 312
起诉书的确认 ………………………………………………… 320—321

R

人身保护令(*writ of habeas corpus*) …………………… 262,492

S

塞拉利昂特别法庭 …………………………………………… 23—27
塞拉利昂特别法庭 …………………………………………… 383

双向披露 ……………………………………………… 359—360
司法公正原则 …………………………………………… 218—220
司法认知 ………………………………………………… 409—410
书面证据 ………………………………………………… 403—404
实物证据 ………………………………………………… 408—409
上诉权 …………………………………………………… 469—470
上诉标准及要求 ………………………………………… 477—478
上诉的基本规定 ………………………………………… 472—473
上诉的适用范围 ………………………………………… 473—474
上诉的可受理性 ………………………………………… 477—478
上诉庭自由裁量权 ……………………………………………… 479
苏丹达尔富尔情势 ………………………………………………… 37
属时管辖 …………………………………………………………… 45
实体正义 ………………………………………………… 245—246
审前羁押 ………………………………………………………… 334
审前程序 ………………………………………………………… 301

T

"特设"国际刑事法庭 ……………………………………………… 6
"条约必须遵守"原则 ………………………………………… 86—87
同罪同罚原则 …………………………………………………… 452

U

诱捕的合法性问题 ……………………………………………… 326

V

《维也纳外交关系公约》 …………………………………… 130—131

W

无罪推定 ……………………………………………… 246—250

X

刑罚程序 ………………………………………… 452
刑罚的基本考虑因素 …………………………… 459
刑罚威慑作用 …………………………………… 459—460
嫌疑人权利 ……………………………………… 250
迅速受审的权利 ………………………………… 266—267
享有律师的权利 ………………………………… 270—272

Y

要求姆芭法官回避案 …………………………… 233—238
要求贝尼托法官回避案 ………………………… 239—241
要求麦当娜法官回避案 ………………………… 241—243
严重违反1949年日内瓦公约行为的罪行 ……… 106
1949年《日内瓦公约》 ………………………… 69
1907《陆战法规和惯例公约》(海牙第二公约) … 108
1954年《惩治危害人类和平与安全治罪法草案》 … 133
优先权管辖权 …………………………………… 26,46—47
远东国际军事法庭 ……………………………… 7—11
一罪不二审原则 ………………………………… 253
移交 ……………………………………………… 330—332
与国际刑事司法机构的合作 …………………… 498

Z

战争罪 …………………………………………… 67—72
证据 ……………………………………………… 392
证据的采纳 ……………………………………… 394
证据被采用的标准 ……………………………… 398
证据展示 ………………………………………… 348—349
证据披露 ………………………………………… 355—359
证人证词 ………………………………………… 399—400
专家证人 ………………………………………… 401—402

作证义务 …………………………………………………… 428
作证豁免 …………………………………………… 431—432
种族灭绝罪 ………………………………………… 59—63
指挥官责任 ………………………………… 10,142—157
执行命令不免责原则 …………………………… 157—182
追究个人的刑事责任 …………………………… 119—125
种族清洗 …………………………………………………… 12
"罪刑法定"原则 ………………………………………… 97
罪刑加重情节 …………………………………… 454—456
罪刑减轻情节 …………………………………… 456—457
尊重国际人道法义务 …………………………… 504—505
"遵循先例"原则 ………………………………… 101—102
质疑证据 ………………………………………… 418—420

案例索引

阿卡耶苏（Akayesu）案 …………………………………………………… 346
巴拉亚圭扎（Barayagwiza）案 ……………………………………… 262,330,492
多科曼诺维奇（Dokamanovic）案 ………………………………………… 326
埃林德（Erlinder）案 ………………………………………………… 293—296
埃德莫维奇（Erdemovi）案 ………………………………………… 100,179—180
弗伦基伊（Furundzijia）案 ………………………………………………… 98
刚果诉比利时关于"逮捕令"案 …………………………………………… 140—142
卡拉季奇（Karadžić）案 ………………………………………………… 150,191
坎班达（Kambanda）案 …………………………………………………… 342
克里斯蒂奇（Krstić）案 …………………………………………………… 428
克耶斯马（Kayishema）案 ……………………………………………… 148—149
卢班加（Lubanga）案例 ……………………………………………… 40—41,74—75
穆拉迪奇（Ratko Mladić）案 ……………………………………………… 285
米洛舍维奇（Milosevic）案 ……………………………………………… 275
尼克里奇（Nikolic）案 …………………………………………………… 147
佩里西奇（Perisic）案 ………………………………………………… 152—153
上级命令案 …………………………………………………………… 145—146
山下奉文案 …………………………………………………………… 144—145
西曼扎（Semanza）案 …………………………………………………… 100
塔迪奇（Dusko Tadic）案 ………………………………………………… 48